Das

Strafverfahren gegen Abwesende,

geschichtlich dargestellt

und vom Standpunkt des heutigen Rechts geprüft

von

Hugo Meyer,

Dr. und ordentlichem Professor der Rechte zu Halle.

Berlin,

Verlag von Georg Reimer.

1869.

Seinem theuren Vater

Herrn Theodor Meyer,

Wirklichem Geheimen Kriegsrath und Militairintendanten zu Münster,

zugeeignet

vom Verfasser.

Vorwort.

Unter die Vorstudien zu einer deutschen Strafproceßordnung möchte sich auch die nachfolgende Schrift einreihen, deren Resultat freilich ein wesentlich negatives ist. Es fragt sich nämlich, ob, wie nach den meisten neueren Gesetzgebungen bis jetzt der Fall ist, auch in Abwesenheit des Angeklagten über die Anklage soll entschieden werden können oder nicht. Diese Frage wird in der nachfolgenden Schrift, mindestens für alle erheblicheren Straffälle, verneint.

Auch in diesem Punkte haben die heutigen deutschen Gesetze, wie im Strafproceß überhaupt, sich vorwiegend dem französischen Verfahren angeschlossen. Da dieselben jedoch zum großen Theil der Contumacialentscheidung eine mehr definitive Bedeutung beilegen, als das französische Recht gethan hatte, so zeigt sich in vielen von ihnen, sofern das oben angegebene Resultat dieser Untersuchungen richtig sein sollte, in diesem Punkte ein Rückschritt hinter den Standpunkt des französischen Rechts. Andererseits haben aber einzelne der neueren deutschen Gesetzgebungsarbeiten die Aburrtheilung Abwesender nicht bloß in erheblicherem Umfangge für eine nur provisorische erklärt, sondern dieselbe sogaar in verschiedenem Umfange ausgeschlossen, und insoferrn bekundet die moderne deutsche Strafproceßgesetzgebung, unteer derselben Voraussetzung, gegenüber dem französischen Recht dennoch einen bedeutsamen Fortschritt.

Das Ergebniß dieser Schrift stützt sich nicht bloß auf Erwägungen des heutigen Processes, sondern wesentlich auf die Untersuchung der geschichtlichen Grundlagen des Strafverfahrens und der dasselbe beherrschenden allgemeinen Grundsätze. Auf Grund dieser Untersuchung erschien es dem Verfasser an der Zeit, nachdem die Verurtheilung Abwesender Jahrhunderte lang durch die Verhandlungsmaxime des mittelalterlichen Processes gefordert und durch das darauf folgende Inquisitionsprincip mindestens nicht grundsätzlich ausgeschlossen war, jetzt endlich wiederum den Satz des römischen Rechts „ne absens damnetur" in Wahrheit zu erneuen. Dieser Satz, der während der Herrschaft des schriftlichen Untersuchungsprocesses von der gemeinrechtlichen Doctrin nur scheinbar als leitender Grundsatz des Strafprocesses hingestellt und mißverständlich mit dem Inquisitionsprincip in Zusammenhang gebracht wurde, ergiebt sich bei näherer Erwägung als nothwendige Folgerung gerade aus der accusatorisch-mündlichen Natur des heutigen Verfahrens, eine Ansicht, die gegenüber den bisherigen Darstellungen etwas Befremdliches haben mag, die aber, wie mir scheint, allein eine klare Auffassung der Sache ermöglicht.

Daß in dem dritten Abschnitt, welcher das Strafverfahren gegen Abwesende nach den heutigen Gesetzen behandelt, diese modernen Gesetze nicht in der Weise behandelt sind, um nach ihnen den in den einzelnen Territorien im Augenblick gerade geltenden Rechtszustand sofort zu erkennen, sondern daß die geltenden und die außer Kraft getretenen Gesetze nebst mehreren der hauptsächlichsten Entwürfe gleichmäßig um ihres sozusagen wissenschaftlich bedeutsamen Inhalts willen herangezogen wurden, rechtfertigt sich wohl dadurch, daß alle diese Gesetze eben nur Vorarbeiten sind und Versuche, die zum Theil so schwierigen Probleme des Strafprocesses zu lösen. Dadurch mag es auch entschuldigt sein, wenn in den Citaten dieses dritten Abschnittes nicht immer ausdrücklich angegeben ist, ob es sich um ein noch geltendes oder außer Kraft getretenes Gesetz, ob es sich um ein wirkliches Gesetz, oder nur um den Entwurf eines solchen handelt. Die Uebersicht über die Reihenfolge der Gesetze seit 1791 auf S. 216—271 der Schrift bietet die Möglichkeit, hierüber soweit nöthig sofort ins Klare zu kommen. Die revidirte sächsische Strafproceßordnung von 1868 stimmt, wie ich sehe, mit der im Einzelnen berücksichtigten sächsischen Strafproceßordnung von 1855 in den hier erheblichen Punkten überein. Das auf S. 15 über den würtembergischen Entwurf von 1863 Gesagte ist dadurch zu ergänzen, daß, wie an späteren Stellen der Schrift (vgl.

besonders S. 269 unter 5) schon bemerkt wurde, die würtembergische Strafproceßordnung vom Jahre 1868 sich denen Bestimmungen jenes Entwurfs angeschlossen hat und danach von den augenblicklich geltenden Gesetzen, soviel dem Verfasser bekannt, das einzige ist, welches in der Hauptsache, abgesehen von Nebenpunkten, dem Ergebniß der vorliegenden Untersuchung entspricht.

Halle a. S. August 1869.

M.

Inhaltsverzeichniß.

I. Allgemeine Erörterung.

Nur zu oft kommen die Fälle vor, in denen das regelmäßige Strafverfahren gehindert wird durch die, wie auch immer veranlaßte Abwesenheit des Angeschuldigten, und in denen es sich fragt, ob das Verfahren beruhen, oder ob und in welcher Weise und vorzüglich mit welcher Wirkung es fortgesetzt werden soll. Es gab eine Zeit im deutschen Strafverfahren, in welchem das Verfahren gegen Abwesende fast das regelmäßige Strafverfahren genannt werden konnte, und wenn auch Dank unserer staatlichen Zustände und der mitunter vielleicht allzu bereiten Hände der Polizei und der Gerichte das Verhältniß sich glücklicherweise jetzt umgekehrt hat, so haben doch die modernen Verkehrsmittel, die Leichtigkeit im Auslande Fortkommen zu finden, sowie die wachsende Möglichkeit, im Gedränge der großen Städte sich dem Auge der Polizei und der Justiz zu entziehen, auf die Vermehrung der Contumacialfälle gerade in neuerer Zeit unverkennbaren Einfluß geübt. Dazu fragt es sich, nach der Natur des neueren Strafprocesses, ob denn überhaupt in allen Straffällen Werth darauf gelegt werden soll, daß der Angeklagte persönlich sich zur mündlichen Verhandlung stellt, und ob nicht vor der Erschöpfung aller Zwangsmittel oder selbst vor Anwendung irgend welcher Zwangsmittel eine Aburtheilung des Straffalles soll stattfinden können. Die Frage, ob und wie in Abwesenheit des Angeklagten soll vorgegangen werden, ist somit von offenbarer Wichtigkeit, und der Einwurf, der aus dem bekannten Spruche von den Nürnbergern hergeleitet werden könnte, widerlegt sich natürlich dadurch, daß es sich nicht um die Frage der Vollstreckung, sondern um die der Aburtheilung in Abwesenheit des Angeklagten handelt. Die große Verschiedenheit, mit welcher diese Frage von der neueren Gesetzgebung behandelt worden ist, fordert von selbst dazu auf, sie wissenschaftlich zu untersuchen. Ein solcher Versuch ist denn in den nachfolgenden Blättern gemacht worden, bei denen es, wie bei allen ähnlichen Fragen, ebenso sehr darauf ankam, die allgemeinen Grundgedanken des Strafprocesses, wie dessen geschichtliche Entwicklung und die praktische Bedeutung des Gegenstandes gleichmäßig im Auge zu behalten. Vielleicht wird dabei einiges Licht auch auf das Strafverfahren überhaupt und auf einige leitende Grundsätze desselben fallen.

Die jetzigen deutschen Gesetzgebungen enthalten über das Strafverfahren gegen Abwesende die verschiedenartigsten, ja zum Theil entgegengesetzte Bestimmungen. Ganz richtig ist gesagt worden, daß in dem bunten (jetzt glücklicherweise etwas vereinfachten) Bilde der deutschen Strafproceßgesetzgebung das Verfahren gegen Abwesende vielleicht den buntesten Fleck bilde.[1]) Von gänzlichem Ruhenlassen der Sache bis zur vollständigen Erledigung des Falls in Abwesenheit des Angeklagten mit nur höchst beschränkter Möglichkeit späterer Anfechtung finden sich ziemlich alle denkbaren Variationen vertreten. Während die einen Gesetzgebungen erst nach Anwendung aller Zwangsmaßregeln eine, überdies im Wesentlichen nur provisorische Aburtheilung kennen, haben andere selbst in schweren Straffällen schon auf einfache Ladung hin ein entschieden definitives Verfahren. Während die einen die Contumacialverhandlung möglichst mit Garantieen richtiger Entscheidung umgeben und folgeweise nicht nur Geschworne zuziehen (in Fällen, die an sich vor die Geschwornen gehören) und einen Vertheidiger zulassen oder selbst von Amtswegen heranziehen, sondern auch eine eingehende Beweisaufnahme vorschreiben, kennen andere vielfache, wieder verschieden abgestufte Abkürzungen des Verfahrens.

1) Buchner, im Gerichtssaal 1857. B. II. S. 54. Aehnlich Planck, systematische Darstellung des deutschen Strafverfahrens S. 477.

Ungemein reichhaltig endlich ist der Catalog der nach den einzelnen Gesetzgebungen gegen das Contumacialurtheil zulässigen Rechtsmittel, und überhaupt sind die Abweichungen auf diesem Gebiete so groß, daß auch dem Theoretiker, dessen Lust angeblich diese Verschiedenheiten sein sollen,[1]) hie und da doch die Freude daran vergehen kann. Dieser bunte Gesetzeszustand ist gewiß nicht bloß eine Folge davon, daß die französische, von den deutschen Gesetzgebungen meist als Vorbild befolgte Strafproceßordnung in diesem Punkte crimes und délits verschieden behandelt und dadurch zwei Muster statt eines zur Copie darbot,[2]) von denen jedes wieder gewissen naheliegenden Modificationen unterworfen werden konnte, sondern der Grund liegt wohl hauptsächlich in der Schwierigkeit der Sache selbst und zu einem nicht kleinen Theil in der Unbestimmtheit, mit welcher auch heute noch manche Hauptgrundsätze des Strafverfahrens aufgefaßt und gehandhabt werden.

Zwar, wenn es richtig wäre, daß die ganze Frage mit den Principien des Strafprocesses überhaupt nichts zu thun habe, wie dies wenigstens von dem Hauptgegensatz des Strafprocesses Planck bemerkt,[3]) so möchte die Mündlichkeit und das Anklageprincip noch so inconsequent und schwankend im jetzigen Verfahren anerkannt sein, es wäre ein Nachtheil davon für die Behandlung des Gegenstandes nicht zu befürchten, andererseits wäre freilich auch von einer reineren Auffassung jener Principien eine richtigere Behandlung nicht zu erwarten. Wenn es ferner richtig wäre, daß auch bei diesem Gegenstande, wie vermeintlich bei so vielen anderen, die Forderungen der Wissenschaft mit dem sog. praktischen Bedürfniß im Widerstreit stünden,[4]) so wäre von einer wissenschaftlichen Erforschung keine Förderung der Sache zu erwarten. Allein die Richtigkeit jener ersteren Behauptung muß von vorn herein zweifelhaft erscheinen, da ein so erheblicher

1) Buchner a. a. O. S. 54.
2) Ebendas. S. 54.
3) Planck, systematische Darstellung S. 182.
4) So im Wesentlichen Buchner, Gerichtssaal 1857. B. II. S. 35, 64.

Punkt des Strafverfahrens nicht ohne Zusammenhang mit dessen leitenden Grundsätzen sein kann, und der zweite Satz scheint auf dem landläufigen Irrthum zu beruhen: als ob nicht die Wissenschaft begründete praktische Bedürfnisse anzuerkennen und ihnen wo möglich zum Rechte zu verhelfen, unbegründete Anforderungen aber zu widerlegen und ihnen entgegenzutreten habe.

Ein sehr genauer Zusammenhang dieses Gegenstandes mit gewissen Hauptprincipien des Strafprocesses findet denn in der That statt.

Wenn freilich schon aus dem obersten Princip des Strafprocesses, nämlich aus dem Streben nach Gerechtigkeit und nach materieller Wahrheit, die Entscheidung hergeleitet und die Unzulässigkeit einer Contumacialaburtheilung in erheblicheren Straffällen gefolgert wird, so möchte es fraglich sein, ob gerade dies oberste Princip im Stande sei, eine bestimmte Antwort zu ertheilen. Es hat diese Ansicht zwar einen der gewichtigsten Vertreter für sich, nämlich Zachariae, der sich in seinem Handbuch des Strafprocesses[1]) hierüber folgendermaßen äußert: „Es kann keinem begründeten Zweifel unterliegen, daß bei einer consequenten Festhaltung des Grundprincips des Strafprocesses ein Contumacialverfahren im (wie wir gesehen haben) sehr verschiedenen Sinn der modernen Gesetzgebungen, unter Verurtheilung des in der Hauptverhandlung nicht gegenwärtigen Angeklagten, als durchaus verwerflich betrachtet werden muß oder doch nur in den Fällen angeordnet werden kann, in welchen die Art des Vergehens und der Strafe die Adoption des Princips des Verzichts als unbedenklich erscheinen läßt. Für alle Criminalsachen dagegen muß die persönliche Gegenwart des Angeklagten vor dem das Urtheil findenden Richter und die dadurch bedingte Möglichkeit seiner Verantwortung gegen den Schuldbeweis im Ganzen und im Einzelnen als unentbehrliche Voraussetzung einer materiell vollständigen und gerechten Urtheilsfällung betrachtet werden, die selbstverständlich durch keine Fiction oder juristische Präsumtion ersetzt werden kann.“ Das den Strafproceß beherrschende oberste

1) Zachariae, Handbuch des Strafprocesses B. II. S. 391.

Princip wird aber von Zachariae[1]) dahin bestimmt, daß sich das Strafverfahren „überall mit Rücksicht auf die hierbei gebotene absolute Verwirklichung des Rechts gestalten und die Herstellung materieller Wahrheit in soweit erstreben muß, als es die mit anderen rechtlichen Rücksichten und sittlichen Anforderungen vereinbaren Mittel und das begrenzte Erkenntnißvermögen gestatten oder der Mensch überhaupt mit seinen Kräften zu erreichen im Stande ist." Gegen diese Argumentation ist zu bemerken, daß, wenn jenes oberste Princip auch, wie es in der That der Fall ist, auf das Entschiedenste einer jeden Fiction oder auch nur Präsumtion der Schuld widerstreitet, damit noch keineswegs gesagt ist, daß dasselbe auch mit einer jeden Art von Feststellung der Schuld in Abwesenheit des Angeschuldigten unvereinbar sei. Jenes Princip verlangt nur sorgfältige Erforschung des Falles in seiner wirklichen Gestalt, gebietet aber für den jedenfalls möglichen Fall, daß der Richter auch in Abwesenheit des Angeschuldigten zum Ziele, nämlich zu einer begründeten Ueberzeugung von der wirklichen Sachlage kommen sollte, durchaus nicht dem Gerichte ein Halt, und es möchte also, vom Standpunkt dieses Princips aus, gegen die Zulässigkeiteiner Contumacialaburtheilung keine gegründete Einwendung zu machen sein.

Wir müssen vielmehr von jener Höhe eine Stufe tiefer herabsteigen, nämlich zu dem Gegensatz des Accusations- und des Inquisitionsprincips, mit dem in der That die Frage auf das Entschiedenste zusammenzuhängen scheint, wenn auch in dem gerade entgegengesetzten Sinne als durchweg behauptet wird. Sehen wir freilich, wie im römischen Recht, welches doch bis zuletzt im Wesentlichen ein accusatorisches Strafverfahren blieb, in schwereren Strafsachen der Satz galt „ne absens damnetur," und daß eben dieser Satz später in Deutschland, als das Verfahren ein völlig geheimes und schriftliches Inquisitionsverfahren geworden war, als Regel für das Strafverfahren hingestellt und vielfach wirklich befolgt wurde, so sollten wir geneigt sein, einen solchen Zusam-

---

1) Handbuch des Strafprocesses B. I. S. 38 ff.

menhang zu läugnen, da so grundverschieden geartete Processe in diesem Punkte übereinstimmen. Allein diese Uebereinstimmung ist, was durchweg bis jetzt verkannt zu sein scheint, in der That nur eine scheinbare. In Wahrheit findet, wie unten näher zu zeigen sein wird, zwischen dem römischen Strafproceß und dem gemeinrechtlich deutschen Inquisitionsproceß auch in diesem Punkte eine durchgreifende Verschiedenheit statt. Während nämlich das römische Recht nicht bloß den Satz aufstellte ne absens damnetur, sondern in der That auch keine Feststellung des Verbrechens in Abwesenheit des Angeklagten kannte, sondern sich mit Zwangsmaßregeln, um sein Erscheinen zu bewirken, begnügte, die Sache selbst aber auf sich beruhen ließ, bis der Angeklagte etwa vor Gericht erschien oder gestellt wurde, machte der moderne Untersuchungsproceß auch für den Fall der Abwesenheit des Angeschuldigten dem Richter die möglichste Feststellung des Verbrechens, nicht nur hinsichtlich des objectiven Thatbestandes, sondern auch hinsichtlich der Herbeischaffung der Beweismittel gegen den Verdächtigen zur Pflicht, und in sehr vielen Fällen, die, wie unten näher zu zeigen sein wird, keineswegs als seltene Ausnahmen betrachtet werden dürfen, galt sogar die Fällung des Urtheils in Abwesenheit des Angeschuldigten für rechtlich zulässig, wenn auch in der Regel nicht für rechtlich geboten. Und während nach römischem Recht an dem später erschienenen Angeklagten die Strafe nicht anders vollzogen werden konnte, als nachdem nun ein völlig contradictorisches Verfahren stattgefunden hatte, wurde im deutschen Proceß an dem später Erschienenen auf Grund des in seiner Abwesenheit gesammelten und vielleicht nur noch nachträglich vervollständigten Beweismaterials das entscheidende Erkenntniß gefällt, ganz abgesehen davon, daß, wenn schon in Abwesenheit des Angeschuldigten ein Urtheil gesprochen worden war, dieses jetzt vollstreckt werden konnte, falls es nicht nach allgemeinen Grundsätzen jetzt noch zu einer Revision des Erkenntnisses kam. Die nachfolgende Darstellung wird zeigen, daß das deutsche Strafverfahren nicht nur im Mittelalter, als der Strafproceß noch wesentlich dem Civilprocesse gleich behandelt und nach der Verhandlungsmaxime gehandhabt wurde, die Verurtheilung Abwesender als natürlich und selbstverständlich ansah, sondern daß auch der spätere Inquisitionsproceß, wenn auch auf ganz anderen Grundlagen als das mittelalterliche Verfahren, die juristische Möglichkeit von der Feststellung des Verbrechens auch in Abwesenheit, ja selbst von der Verurtheilung Abwesender immer klarer herausstellte. Es wird sich zeigen, daß während der Zeit des Inquisitionsprocesses zwar der Grundsatz ne absens damnetur vielfach *aufgestellt*, auch wohl als rechtlich gültiges Princip des deutschen Strafverfahrens bezeichnet wurde, daß aber trotzdem der deutsche Inquisitionsproceß einer Erledigung des Straffalles in contumaciam keineswegs grundsätzlich entgegen war. Es wird sich ferner zeigen, daß *erst in der heutigen Gesetzgebung der Grundsatz ne absens damnetur wieder eine wirkliche, wenn auch zunächst noch beschränkte Anwendung gefunden hat.*

Diese Auffassung steht in ziemlich vollständigem Gegensatz zu den hergebrachten Ansichten. Vielfach hat man gerade in neuerer Zeit die Forderung wiederholt, daß in erheblicheren Straffällen kein Abwesender verurtheilt werden dürfe.[1]) Ebenso oft ist, und zwar meist aus sog. praktischen Rücksichten, der entgegengesetzte Standpunkt vertreten worden.[2]) Stets aber bewegte sich der Streit in mehr oder weniger unklaren Deductionen. Der Streit kann nicht zum Austrag kommen, so lange die Frage nicht in völlig logischer Weise aus den Grundsätzen des Strafprocesses entwickelt wird.

---

1) Vgl. hauptsächlich *Gerau* im Archiv des Criminalrechts, Jahrg. 1855. S. 555 ff., besonders S. 583 ff. u. 591. F. *Walther*, die Lehre von den Rechtsmitteln im Strafverfahren, Abtheil. II. S. 223 ff. v. *Stemann* in Goltdammer's Archiv für Preußisches Strafrecht B. XV. S. 660. *Zachariae*, Handbuch des deutschen Strafprocesses B. II. S. 391 ff. Und von Gesetzgebungsarbeiten die Motive zu dem sächsischen Entwurf einer Strafproceßordnung vom Jahre 1853 (Acten des außerordentlichen sächs. Landtags vom Jahre 1854) Abtheil. I. B. II. S. 555 ff.

2) S. z. B. *Buchner* im Gerichtssaal, Jahrg. 1857. B. II. S. 64, *Goltdammer* in seinem Archiv für Preußisches Strafrecht, B. II. S. 452 f.

Versuchen wir es, ehe wir an die geschichtliche Darstellung gehen, von der allerdings vorzugsweise überzeugende Kraft zu erwarten sein wird, den Gegenstand vom Standpunkte der allgemeinen Principien des Strafprocesses zu beleuchten.

Inquisitorisches Verfahren ist (nur dadurch wird ein klarer Gegensatz zum accusatorischen Proceß gewonnen) dasjenige Verfahren, bei welchem der Richter von Amtswegen einschreitet und auch die Sammlung der Beweise, ohne eigentliche Mitwirkung von Parteien, im Wesentlichen in seinen Händen liegt, so daß schließlich auf Grund dieser gerichtsseitig herangezogenen Beweise das Urtheil gefällt wird. Im Gegensatze hierzu ist accusatorisches Verfahren dasjenige Verfahren, in welchem wesentlich von dem Zusammen- und Gegeneinanderwirken des Anklägers und des Angeklagten die Ermittelung der Wahrheit erwartet wird und das Gericht daher im Wesentlichen auf Grund der von beiden Seiten vorgelegten Beweismittel den Fall entscheidet.[1])

Wünschenswerth ist nun gewiß in jedem Falle, mag der Proceß mehr inquisitorisch oder mehr accusatorisch gestaltet sein, daß der Angeklagte persönlich vor Gericht erscheint. Allein es fragt sich, ob bei einer dieser Formen und bei welcher derselben die Gegenwart des Angeschuldigten als rechtlich nothwendig und somit als eine unbedingte Voraussetzung der Aburtheilung des Straffalles selbst angesehen werden müsse. Die allgemeine Meinung geht nun dahin, daß der Inquisitionsproceß es sei, der die Gegenwart des Angeschuldigten mit Nothwendigkeit erfordere. Er gehe davon aus, daß der Richter durch eigene Nachforschung sich möglichst sichere und möglichst vollständige Kenntniß von dem Falle verschaffen müsse, und die Erlangung dieser habe nothwendig zur Voraussetzung, daß durch die Vernehmungen des Angeschuldigten selbst, dadurch, daß ihm die

1) Vgl. über diesen Gegensatz, aus dessen oben gewählter Fassung schon hervorgeht, daß hier mannichfache Uebergänge möglich sind, hauptsächlich Zachariae, Handbuch des Strafprocesses, B. I. S. 40 ff. Die Verwechslung des Accusationsprincips und der (civilrechtlichen) Verhandlungsmaxime sollte nachgerade zu den überwundenen Standpunkten gehören.

Resultate der Untersuchung vorgehalten und auf ihn hineininquirirt werde, die Wahrheit an den Tag gebracht werde. So äußert sich im Wesentlichen Gerau im Archiv des Criminalrechts,[1]) so Abegg gelegentlich der Besprechung des Preußischen Entwurfs von 1851,[2]) so ist der Gedankengang der oben angeführten sächsischen Motive von 1853,[3]) und im Wesentlichen ist dies auch die Deduction Walthers in seiner Lehre von den Rechtsmitteln.[4]) Insbesondere der Letztere kommt in seinen Erörterungen über das Contumacialverfahren immer wieder auf das Untersuchungsprincip zurück. Wenn auch in Abwesenheit des Angeklagten zur Feststellung des Verbrechens geschehe, was nur möglich, so sei dies doch im Verhältniß zu der in Gegenwart desselben stattfindenden Beweisaufnahme höchst dürftig und mangelhaft, da dabei stets eines der wichtigsten Mittel zur Erforschung und Erkenntniß der Wahrheit, nämlich die persönliche Gegenwart des Angeklagten fehle (S. 223). Ausdrücklich wird die „in der Natur der Sache liegende Unmöglichkeit einer vollständigen Untersuchung bei der Abwesenheit des Angeklagten" constatirt (S. 224) und sogar von der „absoluten Nothwendigkeit" der Anwesenheit desselben gesprochen (S. 229). Mit dieser absoluten Nothwendigkeit scheint es freilich nicht völlig zu stimmen, wenn gesagt wird (S 224): „Sodann kann es Fälle geben, in deren zwar eine Schuld des Flüchtigen außer allem vernünftigen Zweifel ist, nicht aber die Art und das Maß der Schuld, z. B. ob der Flüchtige sich des Mordes oder bloß des Todtschlags schuldig gemacht, ob er als Urheber, Gehülfe oder bloßer Begünstiger schuldig sei, ob er den ganzen Betrag oder nur einen Theil der entwendeten Summe gestohlen." Es wird endlich die Zulassung einer Aburtheilung in contumaciam wiederholt geradezu „als ein Abfall vom Untersuchungsprincip" bezeichnet, der

1) Jahrg. 1855. S. 583 ff.

2) Abegg, der Entwurf einer Strafproceßordnung für die preußischen Staaten. Halle 1852. S. 197.

3) Acten u. s. w. S. 555 f.

4) Abtheil. II. S. 194, 205, 223 ff.

„durch die wenigen und nicht im Voraus bestimmbaren Fälle, in denen zufällig eine eben so vollständige Beweisführung wie in Gegenwart des Angeklagten geliefert wird, unmöglich gerechtfertigt werden kann." An dieser Deduction ist gewiß zuzugeben, daß gerade ein sorgfältiger Inquirent in der Regel auf's Schmerzlichste die Gegenwart des Angeschuldigten vermissen wird, aber aus dem Wesen des Untersuchungsprincips ist auf diese Weise keineswegs die Unmöglichkeit einer Aburtheilung in contumaciam nachgewiesen. Wenn vielmehr zugestandener Maßen Fälle vorkommen können, in denen trotz der Abwesenheit des Angeschuldigten „die Schuld des Flüchtigen außer allem vernünftigen Zweifel ist," so ist es logisch unrichtig von einer Unvereinbarkeit der Contumacialaburtheilung mit dem Untersuchungsprincip zu sprechen. In der That ist denn auch das Gegentheil der Fall. Wenn der Richter nach freiem Ermessen einschreitet und nach seiner Erwägung, innerhalb der allgemeinen gesetzlichen Schranken den Fall untersucht, ohne daß eine Mitwirkung von Parteien processualisch nothwendig wird, so kann er, falls die sonstigen Beweismittel ergiebig sind, in manchen Fällen auch ohne Vernehmung des Angeschuldigten zum Ziele kommen, d. h. eine begründete Ueberzeugung von der Schuld oder Nichtschuld des Abwesenden und, wenn auch vielleicht schwerer, von dem Grade derselben gewinnen und, vorzüglich wenn es sich um eine genau bestimmte Strafe handelt, selbst zum Endurtheil vorschreiten. Mindestens ist es nicht das Untersuchungsprincip, sondern nur der vielleicht vorhandene factische Mangel an Beweismaterial, der ihn, wenn auch in zahlreichen Fällen, bestimmen wird, das Urtheil bis zur Gestellung des Angeschuldigten zu verschieben. Nur wenn die Gesetzgebung etwa solche Anforderungen an den Beweis stellen sollte, die nur in Gegenwart des Angeschuldigten erfüllt werden können, wenn insbesondere das gerichtliche Geständniß des Angeschuldigten zur unbedingten Voraussetzung der Verurtheilung überhaupt oder doch bei mangelndem Zeugenbeweis gemacht worden wäre, nur dann ist für den Untersuchungsproceß eine formelle Schranke der Aburtheilung Abwesender gegeben. Etwas derartiges war nun in der That nach der älteren gemeinrechtlichen Beweistheorie der Fall, insofern der Angeschuldigte nur bei directem Zeugenbeweis oder gerichtlichem Geständniß verurtheilt werden sollte. So lange dieses Beweisrecht galt, war die Verurtheilung Abwesender im Untersuchungsproceß, für die Fälle, in denen nicht directer Zeugenbeweis vorlag und der Angeschuldigte auch nicht etwa schon vor seiner Entfernung ein ausreichendes gerichtliches Geständniß abgelegt hatte, grundsätzlich unmöglich. Diese Beweisregel aber war eine Schranke, die weder der deutsche Inquisitionsproceß auf die Dauer ertragen hat, noch die auch nur mit dem Wesen des Untersuchungsprocesses irgendwie nothwendig zusammenhängt. Sobald aber die mehr oder weniger freie Ueberzeugung des Gerichts für die Beurtheilung der Schuldfrage maßgebend ist, so liegt völlig auf der Hand, daß der Beweis der Schuld oder Nichtschuld hergestellt sein kann, auch wenn der Angeschuldigte niemals dem Richter gegenübergestellt werden konnte. Allerdings wird der Richter, wenn ihm diese Erkenntnißquelle abgeht, um so eifriger und fleißiger die übrigen benutzen, aber daß er nun niemals werde überzeugt sein können, läßt sich durchaus nicht behaupten. Es ist eine Verwechslung des Wesens des Untersuchungsprocesses mit einer vorübergehenden (und vorübergegangenen) Erscheinungsform desselben, wenn man den Satz aufgestellt hat: im Untersuchungsproceß sei die Abwesenheit des Angeschuldigten ein entscheidendes Hinderniß der Aburtheilung. Vielmehr ist gerade umgekehrt zu sagen, daß im Untersuchungsproceß, trotz des hohen Werthes, den man gerade hier auf die Vernehmungen des Angeschuldigten legen mag, dennoch diese Vernehmungen nur eines, wenn auch unter Umständen das hauptsächlichste, in der Reihe der übrigen Beweismittel bilden, und daß es nur von der factischen Sachlage abhängt, ob dasselbe im einzelnen Falle entbehrt werden kann oder nicht.

Richtig jedoch ist, daß, so lange der Untersuchungsproceß schriftlich ist, in der Regel keine Nöthigung vorliegt, auch in Abwesenheit des Angeschuldigten das Urtheil zu fällen. Wenn man es für ausreichend hält, daß dem erkennenden Richter statt der mündlichen Zeugenaussagen die Acten vorliegen, so kann die

Urtheilsfällung der Regel nach ohne Schaden verschoben werden, bis der Angeschuldigte sich gestellt hat oder zur Haft gebracht und damit die Vollstreckung der Strafe möglich gemacht worden ist. Hält man es für eine genügende Grundlage des Urtheils, daß der Richter statt der Vernehmungen selbst nur die Protokolle der Vernehmungen oder gar nur einen Vortrag nach denselben kennen lernt, so ist es für die Zuverlässigkeit der Entscheidung im Wesentlichen gleichgültig, ob das Urtheil sogleich nach geschlossener Untersuchung, oder vielleicht erst nach Jahren gefällt wird, — falls nur für gute Aufbewahrung der Acten Sorge getragen wird. Nur wenn es sich um solche Strafnachtheile handelt, die auch in Abwesenheit des Angeschuldigten irgendwie factisch in Wirksamkeit gesetzt werden können, kann ein wirklich reelles Interesse vorliegen, schon in Abwesenheit des Angeschuldigten ein Urtheil ergehen zu lassen, damit eine wenigstens theilweise Vollstreckung des Urtheils vorgenommen werden könne. Dazu kommen Fälle, in denen, ganz abgesehen von jeder reellen Vollziehung, schon von der Verkündung der dem Verbrecher gebührenden Strafe oder etwa von einer (in ihrer Wirkung allerdings meist problematischen) symbolischen Vollziehung eine heilsame Wirkung auf das Publikum, sei es zur Abschreckung oder Genugthuung, erwartet wird. Nur in solchen Fällen wird der schriftliche Untersuchungsproceß ein Interesse daran haben, nach Schluß der Untersuchung auch noch die förmliche Aburtheilung zu betreiben; in anderen Fällen kann die Urtheilsfällung ausgesetzt bleiben, bis man des Verdächtigen habhaft geworden ist. Nur hieraus erklärt sich, daß der deutsche Inquisitionsproceß sich so lange gefallen ließ, daß das ne absens damnetur der Römer als eine auch für ihn verbindliche Vorschrift hingestellt wurde.

Ist jedoch die Mündlichkeit des Verfahrens zum herrschenden Princip erhoben, ohne daß der Proceß aufgehört hat wesentlich inquisitorisch zu sein, so ist eine solche Aussetzung des Urtheils nicht ohne Bedenken, da hier nicht die Aufbewahrung der Acten genügt, vielmehr das Urtheil auf Grund der mündlichen Aussagen gebaut werden soll, die später vielleicht gar nicht oder doch nicht mehr in ausreichender und zuverlässiger Weise wiederholt werden können. Es wird sich daher erst im mündlichen Verfahren, wenn und soweit dieses noch auf dem Inquisitionsprincip beruht, vollständig die Consequenz des letzteren herausstellen, und es fragt sich, ob sich nicht gerade daraus die in manchen neueren Gesetzgebungen noch sehr begünstigte Aburtheilung in contumaciam erklärt, die (sehr mit Unrecht) gerade entgegengesetzt häufig dem Anklageprincip schuld gegeben worden ist.

Der Accusationsproceß nämlich, der die Ermittelung der Wahrheit wesentlich von einem Zusammenwirken des Anklägers und des Angeklagten mit dem Gericht und mit einander erwartet, setzt, sofern er zugleich mündlich ist, mit Nothwendigkeit die Gegenwart des Angeklagten bei den wesentlichen Theilen des Verfahrens, also insbesondere bei der Beweisaufnahme voraus. Zwar ist es auch bei dieser Art des Processes möglich, daß durch den vom Ankläger einseitig vorgelegten Beweis der erkennende Richter völlig überzeugt wird und sich schwer vorstellen kann, diese Ueberzeugung könne durch irgend welches Vorbringen von Seiten des Angeschuldigten erschüttert werden; allein nach der Organisation dieses Processes ist doch auch in einem solchen Falle die Grundlage der Entscheidung stets eine einseitige und also als rechtlich unzureichend anzusehen, und der Richter muß sich sagen, daß er nur die eine Partei gehört hat und nicht auch die andere, deren Mitwirkung das Gesetz für ebenso wesentlich erklärt. Selbst die Ergänzungen, die der Richter ex officio seinerseits vorzunehmen berechtigt sein sollte, können jene einseitige Grundlage nicht zu einer vollständigen machen, da eben deshalb Parteien auch im Strafprocesse organisirt sind, weil das inquisitorische Vorgehen des Gerichts bedenklich erschien. Das audiatur et altera pars gewinnt also hier seine Bedeutung, und eine Verurtheilung kann nicht eintreten, so lange nicht der Angeklagte in der für das Auftreten der Parteien vom Gesetz vorgeschriebenen Weise vor Gericht sich verantwortet hat. Daß diese Verantwortung mündlich vor Gericht erfolgt, ist allerdings durch das Wesen des Anklageprocesses im Grunde nicht mit Nothwendigkeit gegeben, ergiebt sich dann aber unmittelbar von selbst als nothwendig, wenn der Proceß überhaupt als ein mündlicher organisirt ist. Ist dies der Fall, so kann der Proceß ohne Verletzung seiner eigenen Grundprincipien nicht zu Ende geführt werden, so lange nicht der Angeklagte in Person vor Gericht erscheint. Mag er sich hier vielleicht auch ganz passiv verhalten, immer ist doch sein ganzes Verhalten dem Verfahren und insbesondere den Einzelheiten des Beweises gegenüber eine ganz bestimmte Art der Mitwirkung, aus der bestimmte Schlüsse gezogen werden können über sein Verhältniß zur Anklage. Nur die von dem Angeklagten selbst durch Störungen veranlaßte Entfernung desselben aus dem Gerichtssaal kann vielleicht seiner Anwesenheit gleichgestellt werden, eine Ausnahme, auf welche unten näher einzugehen sein wird. Es möchte aber gerade diese Ausnahme die Regel bestätigen.

Auf diese Weise führt das strafrechtliche Accusationsprincip zu der ganz entgegengesetzten Entscheidung als die (civilrechtliche) Verhandlungsmaxime. Wenn noch in neuerer Zeit die Anschauung geltend gemacht worden ist, daß der flüchtige Angeklagte auf seine Vertheidigung verzichtet habe und es deshalb zulässig sei, in mehr formloser Weise zu seiner Verurtheilung zu schreiten, daß insbesondere auch eine Abkürzung der Beweisaufnahme oder gar eine vollständige Umgehung derselben zulässig sei im Falle der contumacia,[1]) so ist hiergegen schon öfters geltend gemacht, daß von einem rechtlich wirksamen Verzicht auf Vertheidigung oder gar von einer Präsumtion der Schuld strafrechtlich in diesem Falle wie überhaupt nicht gesprochen werden kann.[2])

Da nun das heutige Strafverfahren, trotz Beibehaltung mehrfacher inquisitorischer Elemente, dennoch nicht nur auf dem

1) Vgl. u. A. die bei Buchner (Gerichtssaal 1857, B. II. S. 99 f.) angeführten Vorberathungen der Frankfurter Strafproceßordnung.

2) Vgl. Buchner a. a. O. S. 100. Walther, Rechtsmittel, Abtheil. II. S. 227 sagt sehr richtig, Ungehorsam und Beweis stünden durchaus nicht im Verhältniß von Grund und Folge. Aehnlich Planck, systematische Darstellung, S. 477. Vgl. auch die Motive zu dem hessischen Entwurf von 1860 S. 105 und die hannoverschen Motive von 1849 bei Leonhardt, Justizgesetzgebung, B. I. dritte Aufl., S. 247.

Wege zu einem accusatorisch gegliederten Verfahren sich befindet, sondern in entscheidenden Beziehungen schon ein accusatorisches Verfahren zu nennen ist, so ergiebt sich als principielle Anforderung an das heutige Strafverfahren und als Lösung der in dieser Hinsicht in der jetzigen Gesetzgebung herrschenden Widersprüche der Satz: daß in allen erheblicheren Straffällen in Abwesenheit des Angeklagten **nicht** zur Aburtheilung geschritten, das Verfahren vielmehr ausgesetzt werde, bis es gelingt dem Angeklagten vor Gericht zu stellen; es erscheint also gerade jetzt eine Erneuerung des römischen ne absens damnetur erforderlich.

Dieser Anforderung ist erst von wenigen der neueren Gesetzgebungsarbeiten entsprochen; nur die, neuerdings durch die Preußische Gesetzgebung beseitigte **Frankfurter** Strafproceßordnung von 1856, ferner der **sächsische** Entwurf von 1853, der **Hamburger** Entwurf von 1862, sowie der **würtembergische** Entwurf von 1863 und in gewissem Umfange die **braunschweigsche** Strafproceßordnung von 1849 (und 1858) haben, beziehungsweise hatten sich entschlossen, die Aburtheilung Abwesender in schwereren Straffällen auszuschließen, wobei noch zu bemerken ist, daß sich diese Ausschließung in dem **Frankfurter** Gesetz nur auf Schwurgerichtsfälle und in der **braunschweigschen** Strafproceßordnung nur auf **diejenigen** Fälle bezieht, in denen es zu einer **öffentlichen** Vorladung des Angeklagten gekommen war.

Die **übrigen** deutschen Gesetzgebungsarbeiten kennen eine Contumacialaburtheilung auch in den schwersten Straffällen, und es ist dieser Gegensatz oft als ein sehr großer und principiell bedeutsamer hingestellt worden. Allein es ist doch zu bemerken, daß diese Gesetzgebungen zu einem großen Theile den vorhin genannten keineswegs fern stehen. Einmal nämlich ist in vielen Gesetzgebungen die Contumacialaburtheilung keineswegs als regelmäßiges Verfahren hingestellt, vielmehr nur für **Ausnahmefälle** bestimmt, und sodann ist die **Art** der vorgeschriebenen Contumacialaburtheilung vielfach eine im Wesentlichen **provisorische**. Beides verdient die größte Beachtung. Wenn man für gewöhnlich das Ruhenlassen der Sache im Falle der Abwesenheit des Angeklagten für angemessen erachtet, so ist damit schon ein erhebliches Zugeständniß gemacht, und wenn die in Abwesenheit erfolgende Aburtheilung wesentlich provisorisch ist, so liegt der Gedanke nahe, daß die Nothwendigkeit einer Contumacialaburtheilung überhaupt auf einer Täuschung beruhen möchte.

Eine solche provisorische Aburtheilung ist aber in den meisten Gesetzgebungen allerdings auf die schwerste Classe von Straffällen, nämlich auf die schwurgerichtlichen Fälle beschränkt, während in den mittleren und unteren Straffällen meist eine Aburtheilung mit mehr oder weniger definitiver Wirkung stattfindet. Nur wenige Gesetzgebungen, wie die oldenburgische und bremische, haben ein dem französischen Contumacialverfahren in Assisensachen ähnliches nur provisorisches Verfahren auch in mittleren Fällen. Ja, eine bedeutende Anzahl neuerer Gesetzgebungen (wie insbesondere die sächsische, thüringische, badische und die frühere hannoversche Strafproceßordnung) kennen eine solche mehr definitive Aburtheilung selbst auch in den schwersten Fällen, indem sie im Falle des Ausbleibens des Angeklagten das Verfahren in gewöhnlicher Weise stattfinden lassen, gegen die Aburtheilung aber dem Angeklagten gewisse besondere Rechtsmittel einräumen.[1])

In der That erheben sich, bevor wir einer ausnahmslosen Anwendung des oben ermittelten Princips das Wort reden, noch folgende sehr erwägenswerthe Fragen:

1) Fordert nicht zuweilen das öffentliche Rechtsbewußtsein, beziehungsweise die Nothwendigkeit der Repression des Staats gegen das begangene Verbrechen, daß gegen den Abwesenden, wenn auch auf mangelhafter Grundlage, eine wenigstens vorläufige Entscheidung ergehe?

2) Genügt nicht vielleicht für diejenigen Strafnachtheile, welche auch in Abwesenheit des Angeklagten vollzogen werden

1) Eine genauere Uebersicht über die von den neueren Gesetzgebungen eingeschlagenen mannigfach verschlungenen Wege s. unten im dritten Abschnitt.

können, jene einseitige Grundlage der Entscheidung, wie sie auch in Abwesenheit des Angeklagten beschafft werden kann?

3) Kann nicht vielleicht durch ein dem Verurtheilten nachträglich eingeräumtes Rechtsmittel das unbedingte Erforderniß der Gegenwart des Angeklagten ersetzt werden, besonders in Fällen, in denen anzunehmen ist, daß der Angeklagte Kenntniß von der Ladung erhalten hatte, und führt nicht die Nothwendigkeit der Gestellung eine zu große Weitläufigkeit und Umständlichkeit des Verfahrens herbei?

4) Wird nicht durch die Hinausschiebung des Urtheils und den damit verbundenen Zeitablauf der Beweis des Verbrechens in so erheblichem Maße gefährdet, daß, trotz ihrer vielleicht anzuerkennenden principiellen Unrichtigkeit, dennoch aus diesem Gesichtspunkte überwiegende Gründe für eine Contumacialaburtheilung sprechen?

5) Kann nicht in geringeren Straffällen schon um ihrer geringeren Bedeutung willen eine Abweichung von dem grundsätzlich richtigen Verfahren stattfinden?

Diese Fragen werden in dem dritten Abschnitt, bei der Würdigung der Einzelheiten der neueren Gesetzgebung, ihre nähere Erörterung finden. Schon hier jedoch sei auf Folgendes aufmerksam gemacht:

1) So sehr eine Repression des Staates gegen das begangene Verbrechen erforderlich ist, so ist es doch nothwendig, daß dieselbe nur im Wege eines grundsätzlich zulässigen Verfahrens stattfinde, und es bleibt fraglich, ob eine auf mangelhafter Grundlage ergangene und im Wesentlichen nur provisorische Entscheidung überhaupt geeignet ist, auch nur jene Wirkung hervorzubringen. Eine öffentliche Verkündigung der Anklage und der gegen den Abwesenden verhängten Zwangsmaßregeln möchte dem beabsichtigten Zweck hinreichend, ja vielleicht besser genügen, als eine Aburtheilung, die doch keine eigentliche Aburtheilung ist.

2) Als Nachtheile, welche in Folge einer Verurtheilung des Abwesenden über den Letzteren verhängt und mit Wirksamkeit in seiner Abwesenheit vollstreckt werden können, kommen nach dem heutigen Stande des Strafrechts nur in Betracht Geldbußen und

Confiscationen und gewisse mit dem Verlust der bürgerlichen Ehrenrechte verbundene Nachtheile, wie insbesondere der Verlust des von dem Angeklagten bekleideten Amtes. Allein in ersterer Hinsicht möchte eine Beschlagnahme und in letzterer Hinsicht die schon in Folge der Untersuchung zulässige Suspension dem beabsichtigten Zwecke genügen, und wenn die Hauptwirkung der Verurtheilung nothwendig ausgesetzt bleiben muß, so können auch jene Nebenwirkungen wohl vorläufig auf sich beruhen.

3) Allerdings wird durch Zulassung eines jeden über die bloße Nichtigkeitsbeschwerde hinausgehenden Rechtsmittels dem in contumaciam Verurtheilten die Möglichkeit eröffnet, seine Vertheidigung in gewisser Weise nachzuholen, und insbesondere ist dies dann der Fall, wenn (wie im französischen Recht bei délits) die Aufrechterhaltung oder Beseitigung des gegen ihn ergangenen Urtheils ganz in das freie Ermessen oder die Willkür des Angeklagten gestellt wird. Allein ganz abgesehen davon, ob es für das Ansehen der Justiz angemessen erscheinen kann, dem Angeklagten ein solches beliebiges Schalten mit dem Strafurtheil (in erheblicheren Fällen) freizustellen, so wird bei einer solchen Einrichtung dem Verzichte des Angeklagten ein zu großer Einfluß gestattet und die Möglichkeit herbeigeführt, daß der Angeklagte vielleicht aus nicht in der Sache selbst liegenden Gründen, und insbesondere, weil er sich vor einer neuen Verhandlung scheut, der einmal ergangenen Verurtheilung sich unterwirft. Es wird ferner zwar von vielen Angeklagten, die in ihrer Wohnung oder gar persönlich geladen worden waren und in der Hauptverhandlung nicht erscheinen, angenommen werden können, daß sie der Anklage nichts entgegenzusetzen haben; allein es ist dies doch im einzelnen Falle immer nur eine sehr allgemeine Vermuthung, und auch in einem solchen Falle kommt es darauf an, wie der Angeklagte sich zu den Einzelheiten der Anklage und des Beweises verhält. Es kann endlich durch das unbedingte Erforderniß der Gegenwart des Angeklagten zwar allerdings in nicht unerheblicher Weise das Verfahren verzögert und vertheuert werden, auch wird der Angeklagte selbst dadurch offenbar mehr in Anspruch genommen; allein es fragt sich, ob

es nicht für die durch die Strafjustiz zu erreichende Repression dennoch erforderlich sei, daß der Angeklagte sich in jedem erheblicheren Straffalle vor Gericht stellt, und ob dem gegenüber der veranlaßte Mehraufwand an Zeit und Kosten, sowie die für den Angeklagten selbst dadurch herbeigeführte Unbequemlichkeit in Betracht kommen kann.

4) Allerdings ferner wird durch die Aussetzung des Verfahrens bis zur Gestellung des Angeklagten der Beweis des Verbrechens in gewisser Weise gefährdet, da die einzelnen Beweismittel inzwischen verloren gehen oder doch abgeschwächt und unvollständig werden können. Selbst wenn im Vorverfahren die einzelnen Beweismittel sorgfältig zu den Acten gebracht sein sollten, so kann doch deren spätere schriftliche Vorlegung, nach dem allgemein anerkannten unendlichen Vorzug der Mündlichkeit, nur unvollkommen ihre unmittelbare Vorführung ersetzen. Und noch übler scheint die Sache zu stehen, wenn solche schriftlichen gerichtlichen Feststellungen nicht erfolgt sind, und auf vielleicht bloß polizeiliche Vorermittelungen sofort die Anklage erhoben war. Soll hier das Verfahren ausgesetzt und dadurch vielleicht der ganze Beweis gefährdet werden? Dieser Punkt bedarf gewiß einer ganz besonderen Beachtung. Sobald man jedoch erwägt, daß auch bei Zulassung einer Contumacialaburtheilung dem abwesend Verurtheilten im Falle seiner Gestellung stets doch eine mehr oder weniger leichte Anfechtung des Contumacialurtheils eingeräumt werden muß (und in der That auch von fast allen neueren Gesetzgebungen eingeräumt wird), und daß in der dadurch erreichten neuen Verhandlung doch stets die Beweismittel wieder möglichst unmittelbar vorgelegt werden müssen, so ergiebt sich, daß es nicht die Unterlassung der Contumacialaburtheilung, sondern die leidige Thatsache der Abwesenheit selbst ist, welche jene Gefahr für den Beweis herbeiführt. Es kann sich nur darum handeln, in denjenigen Fällen, in welchen für die Erhaltung der Beweismittel noch nicht durch die Acte des Vorverfahrens genügende Sorge getroffen sein sollte, hierfür noch nach der Feststellung der contumacia des Angeklagten in hinreichender Weise Aushülfe zu schaffen.

5) Die Frage aber ist unbedingt zu bejahen, daß in wirklich geringfügigeren Straffällen auch im heutigen Proceß von dem Grundsatz ne absens damnetur allerdings abgegangen werden kann. Selbst die Zulässigkeit eines Mandatsverfahrens, bei welchem ohne nähere Prüfung des Falles von Seiten des Gerichts sofort die Strafverfügung erlassen wird und dem Betroffenen überlassen bleibt, ob er sich unterwerfen oder eine gerichtliche Prüfung veranlassen will, kann für die geringfügigsten Straffälle nicht bezweifelt werden. Und wie auf dieser untersten Stufe ein Mandatsverfahren zulässig ist, so kann es sich recht wohl fragen, ob nicht für einigermaßen erheblichere, aber auch noch geringere Straffälle eine oder die andere jener in den neueren Gesetzen so vielfach ausgebildeten Arten der Contumacialaburtheilung angemessen sei. Insbesondere möchte hier diejenige Art der Contumacialerledigung in Betracht kommen, die von den neueren deutschen Strafproceßordnungen offenbar bevorzugt wird, wonach im Falle des Ausbleibens des Angeklagten, mit der Beweisaufnahme verfahren, nach Lage der Sache erkannt und dem in contumaciam Verurtheilten gegen das Erkenntniß ein motivirter Einspruch gestattet wird. Nur daran möchten wir mit Entschiedenheit festhalten, daß diese Ausnahmen von dem regelmäßigen Verfahren nur in wirklich geringeren Fällen gemacht werden dürfen, und daß ein derartiges Verfahren, wie das zuletzt erwähnte, nicht bei der ganzen Classe derjenigen Straffälle zur Anwendung kommen könne, welche heutzutage von dem französischen Recht zu den délits, von den deutschen Gesetzgebungen zu den Vergehen oder den mittleren Straffällen gerechnet werden. Solange die Competenz unserer Gerichtsabtheilungen oder Strafkammern derart bestimmt ist, daß sie zu mehrjährigen Freiheitsstrafen, ja selbst zum Zuchthaus verurtheilen können, kann nicht die Rede davon sein, in allen ihnen zugewiesenen Straffällen von dem wahren Contumacialprincip abzugehen.

Hierin liegt überhaupt die Spitze der ganzen Arbeit, da es offenbar viel unerheblicher ist, daß nach der heutigen Gesetzgebung vielfach in schwurgerichtlichen Fällen (wenn es hier überhaupt zu einer Contumacialaburtheilung kommt), ein Scheinverfahren gegen den Abwesenden stattfindet, bei dem es sich höchstens um die Execution von Geldstrafen u. dergl. handelt, als daß vielfach eine wirkliche, mehr oder weniger definitive Aburtheilung der Strafsache in Abwesenheit des Angeklagten auch in gewichtigeren Strafsachen stattfindet. Insbesondere handelt es sich hierbei um die altländische preußische Gesetzgebung, welche in den mittleren Straffällen dem in contumaciam Verurtheilten nicht einmal im Falle unverschuldeten Ausbleibens eine Wiedereinsetzung gestattet (während die Strafproceßordnung für die neuen Provinzen vom Jahre 1867 eine Milderung dieser Härte gebracht hat). Es handelt sich aber fast in gleicher Linie um mehrere andere Gesetzgebungen, welche selbst in den schwersten Straffällen eine definitive Erledigung des Falles statuiren und, zur Ergänzung der Einseitigkeit dieses Verfahrens, genug gethan zu haben glauben, wenn sie dem Verurtheilten einen motivirten Einspruch gestatten. Es handelt sich endlich kaum minder um die Kritik jenes französischen, in den deutschen Gesetzgebungen mehrfach nachgeahmten Verfahrens (bei délits und contraventions), wonach der Fall in contumaciam ermittelt und das Urtheil in gewöhnlicher Weise gesprochen, gegen dasselbe aber dem Angeklagten ein ganz unmotivirter Einspruch freisteht. Offenbar entfernt sich dies letztere Verfahren nächst dem erwähnten provisorischen oder Scheinverfahren am Wenigsten von dem oben ermittelten richtigen Grundsatz; auch nach ihm aber wird, wie schon bemerkt, dem subjectiven Ermessen und dem Verzichte des Angeklagten und schließlich auch dem Zufall mehr anheimgegeben, als dies im Strafproceß zulässig erscheint.

Die rechte Grundlage kann aber, wie für eine jede Erörterung hervorragender Grundsätze des heutigen Rechts, so auch für die hier unternommene Prüfung nur gewonnen werden durch eine rechtsgeschichtliche Darstellung, von der insbesondere zu erwarten ist, ob durch sie dasjenige, was oben in Bezug auf die Hauptprincipien des Strafprocesses und deren Verhältniß zu der Contumacialfrage bemerkt worden ist, bestätigt oder widerlegt werde. In ihr soll gezeigt werden

1) wie das römische Contumacialverfahren im Ganzen dem accusatorisch-mündlichen Strafverfahren der damaligen Zeit entspricht.

2) wie das mittelalterliche Achtsverfahren wesentlich aus der Herrschaft der Verhandlungsmaxime sich erklärt, wie aber ferner auch das im Laufe des Mittelalters allmählich hervortretende **inquisitorische** Princip keineswegs der Contumacialaburtheilung selbst, sondern nur der bisherigen Grundlage derselben entgegentrat, indem es mehr und mehr an Stelle der Präsumtion der Schuld eine sachliche Ermittlung des Straffalles durch das Gericht setzte.

3) wie die sog. gemeinrechtliche Doctrin und Praxis (seit der Carolina bis zur Gegenwart) zwar vielfach das römische Princip ne absens damnetur aufstellte, dennoch aber, und zwar Hand in Hand mit der fortschreitenden Entwicklung des inquisitorisch-schriftlichen Verfahrens, sich der Feststellung des Straffalls auch in Abwesenheit des Angeschuldigten immer mehr zuneigte, und wie endlich erst in der neueren Gesetzgebung, entsprechend der mehr accusatorisch-mündlichen Art des heutigen Strafprocesses, der Grundsatz ne absens damnetur allmählich wieder zu einer **wirklichen** Anerkennung sich durchringt.

Erst auf Grundlage dieser historischen Entwicklung, bei der auch das englische und französische Verfahren zu berücksichtigen sein wird, kann es sich dann lohnen, eine Uebersicht über die heutigen Gesetzgebungen und eine Erörterung der einzelnen Punkte des Strafverfahrens gegen Abwesende vom Standpunkte des heutigen Rechtes zu geben.

Zunächst aber schließen wir diese allgemeine Erörterung mit einer Angabe der bisherigen Bearbeitungen des Gegenstandes.

Die römischen Juristen scheinen über das Strafverfahren gegen Abwesende mehr nur gelegentliche Bemerkungen gemacht zu haben. Im Mittelalter dagegen fand das Achtsverfahren in den so zahlreichen Rechtsaufzeichnungen der damaligen Zeit meist eine ausführliche, jedoch unmittelbar auf die Zwecke der praktischen Anwendung berechnete Darstellung. Eine mehr wissenschaftliche Behandlung auch dieses Gegenstandes datirt erst aus der Zeit der italienischen Juristen, insbesondere nachdem Gandinus begonnen hatte, das Criminalrecht zum Gegenstande eingehenderer Darstellung zu machen. Gerade in dieser Zeit und gerade in Italien, als die Strafjustiz mit großem Eifer gehandhabt wurde, aber in stetem Kampfe lag mit der Unvollkommenheit und Verworrenheit der politischen Zustände, war das Strafverfahren gegen Abwesende ein besonders praktischer Gegenstand, und so wurden die Voraussetzungen und Wirkungen des Bannes und vor Allem die rechtliche Stellung der banniti in den criminalistischen und auch in den allgemeineren juristischen Werken dieser Zeit in zum Theil weitläufiger und gelehrter Weise erörtert. Bald erschienen auch Monographieen über die banniti, von denen die des Bartolus und die von Jacobus de Arena, insbesondere aber die unendlich gedehnte Arbeit des Nellus de S. Geminiano unten näher berücksichtigt werden sollen. Vorzüglich in der letzteren, dem tractatus insignis ac praeclarissimus editus ab excellentissimo jurisconsulto Domino Nello de S. Geminiano, cive Florentino ac advocato summae practico, super utili et necessaria, quotidiana ac practicabili materia de Bannitis (wie derselbe in der Sammlung von Modius genannt wird), werden alle einzelnen Fragen in der subtilsten und, wie man zugleich sagen muß, schwerfälligsten Weise besprochen und in dem Widerstreit barbarischer Satzungen, die der Jurist vorfand, und gelehrter, vorzugsweise dem römischen Recht entlehnter Anschauungen oft sehr eigenthümliche Entscheidungen getroffen. So ist es auch noch bei Hippolytus de Marsiliis, Julius Clarus und Farinacius in deren allgemeineren Werken. In Deutschland war von den Schriften des sechszehnten und siebzehnten Jahrhunderts bis auf Carpzow noch wenig zu erwarten, doch wird in dem bekannten Werke des sächsischen Juristen Chilian König über das gerichtliche Verfahren der in manchen Gegenden fortdauernd gültige Achtsproceß eingehend dargestellt und dabei zwar vorzugsweise der äußere

Hergang und die Formeln des Achtsverfahren geschildert, aber doch auch der Anfang gemacht zu einer rationelleren Darstellung. Carpzow's Ansichten sodann, für welche die quaestio 140 seines criminalistischen Hauptwerks und außerdem besonders der 15. Titel seines besonderen Werkes über den Inquisitions- und Achtsproceß in Betracht kommen, werden unten eine nähere Berücksichtigung finden, obwohl dieselben, da Carpzow sich gerade hier vorzugsweise an die sächsischen Eigenthümlichkeiten, nämlich an das sächsische Achtsverfahren hielt, für die gemeinrechtliche Praxis in diesem Punkte kaum von derselben Bedeutung gewesen sind wie in den meisten anderen. Im achtzehnten Jahrhundert treten dann auch in Deutschland die ersten Specialarbeiten über das Strafverfahren gegen Abwesende auf. Zuerst ist hier eine Dissertation zu nennen, die im Jahre 1711 auf der Universität zu Frankfurt an der Oder vertheidigt wurde praeside Henrico Coccejo, und die später in den Exercitationes Henrici de Cocceji[1]) (ihres Verfassers) auf's Neue abgedruckt wurde. Sie führt den Titel de justitia poenae in absentes vel mortuos statuendae atque in effigie exequendae und zählt eine Reihe zum Theil ziemlich unlogisch aneinander gereihter, theils richtiger, theils seltsamer Gründe auf, aus denen eine Verurtheilung Abwesender nicht erfolgen sollte, zeigt aber durch ihre ganze Darstellung recht deutlich, wie sehr das damalige Verfahren einer Feststellung des Verbrechens auch in Abwesenheit des Angeschuldigten und im Grunde auch einer Verurtheilung desselben zuneigte. Noch mehr ist dies der Fall bei der dissertatio inauguralis juridica de processu in contumaciam in causis criminalibus, die unter dem Präsidium ihres Verfassers Schoepf (pandectarum et praxeos prof. publ. ord.), zu Tübingen 1733 vertheidigt wurde. Diese Arbeit von Schoepf stellt zwar ebenfalls den römischen Satz ne absens damnetur als gemeinrechtliche Regel hin, häuft aber die hiervon zulässigen Ausnahmen auf Grund der verschiedensten gemeinrechtlichen und particulären Rechtsquellen dergestalt und betont außerdem die Verpflichtung und die Befugniß

---

1) Volumen II, Lemgoviae 1722, disputatio 50, S. 1013—1037.

des Gerichtes, auch in Abwesenheit des Angeschuldigten mit der Feststellung des Verbrechens vorzugehen, in dem Maße, daß sich gerade in ihr zeigt, wie äußerlich in jener Zeit die Autorität jenes römischen ne absens damnetur aufgefaßt wurde. Dies wird dann durch die allgemeineren Schriften des achtzehnten Jahrhunderts über das Strafverfahren durchaus bestätigt, die, wie unten näher dargelegt werden soll, zum Theil geradezu diesen römischen Satz fallen lassen und zu der Ansicht hinneigen, daß, sobald vollkommener Beweis vorliegt, auch über den Abwesenden ein Urtheil gesprochen werden könne. Insbesondere war dies der Fall, nachdem die Folter aufgehoben war und eine Verurtheilung auf Indicien allmählich für zulässig angesehen wurde. In der Abhandlung von v. Winckler de reo contumace in causa criminali (in dessen Opuscula minora, Dresden und Leipzig 1792 Vol. I. S. 85 ff.) wird endlich die Frage, ob in Abwesenheit des Angeschuldigten ein Strafurtheil ergehen solle, ganz dem richterlichen Ermessen überlassen, und Kleinschrod in seiner Abhandlung über das Contumacialverfahren gegen peinlich Angeklagte im Archiv des Criminalrechts von 1799 [1]) entwickelt wo möglich die Consequenzen des Inquisitionsprocesses noch vollständiger, indem er sich auf das Entschiedenste gegen jede Präsumtion der Schuld, ebenso bestimmt aber dafür erklärt, daß unter Umständen auch der contumax, selbst zu einer schweren Strafe, verurtheilt werden könne.

Die neueren gemeinrechtlichen Schriftsteller haben den Gegenstand meist nur in Kürze berührt, vielleicht weil derselbe bei der herrschenden Schriftlichkeit des Processes im Ganzen von nur geringem praktischen Interesse war; es wird sich zeigen, daß sie zwar fast sämmtlich den römischen Satz als Regel aufstellen, durch die Art und Weise aber, wie sie die hiervon zulässigen Ausnahmen bestimmen, diese Regel fast wieder beseitigen.

Der erste, der durch die Hereinziehung des englischen und französischen Rechts auch in dieser Lehre einen bedeutenderen Standpunkt einnimmt, ist Mittermaier, durch dessen Dar-

---

1) Archiv des Criminalrechts von 1799 Band I, Stück 3, S. 124—148.

stellung vielleicht erst allgemeiner bekannt wurde, welches besondere Interesse dieser Gegenstand für ein nach dem Grundsatz der **Mündlichkeit** eingerichtetes Verfahren besitzt,[1]) und der, trotz einer ziemlich unklaren und mangelhaften principiellen Begründung seiner Ansicht, durch jene rechtsvergleichende Darstellung auch in diesem Punkte nicht ohne Einfluß geblieben ist. Den Versuch einer Vergleichung des französisch-rheinischen Contumacialverfahrens mit einer bestimmten auf älterer Grundlage beruhenden deutschen Gesetzgebung, nämlich mit der Preußischen Criminalordnung von 1805, hatte inzwischen auch ein Praktiker, der Landgerichtspräsident **von Oppen**, im Archiv des Criminalrechts [2]) gemacht, der seine Aufmerksamkeit wesentlich auf die Unterscheidung des wirklichen Ungehorsams von sonstiger Abwesenheit richtet, die Verurtheilung des eigentlichen contumax aber zu einer möglichst auch in Abwesenheit zu verhängenden Strafe (mit einem dem Verurtheilten zu gewährenden Einspruchsrecht) als eine gar zu selbstverständliche Folge des Ungehorsams annimmt. Von nicht geringer Bedeutung für die umfassendere Behandlung des Gegenstandes war sodann die Dissertation des Niederländers **Jolles** de absentibus in causis criminalibus,[3]) in der das römische Recht, das ältere deutsche Recht und die Entwicklung des Gegenstandes in der niederländischen Gesetzgebung ziemlich eingehend behandelt und dadurch, obwohl die italienischen Juristen des Mittelalters und die **deutsche** gemeinrechtliche Lehre seit der Carolina theils gar nicht, theils nur obenhin berührt werden, eine dankenswerthe rechtshistorische Vorarbeit in kleinerem Rahmen gegeben wird.

Nachdem nun seit den Jahren 1846 und besonders 1848 auch in Deutschland ein **öffentlich-mündliches Strafver-**

---

1) Es kommt besonders in Betracht die vierte Auflage von **Mittermaiers** deutschem Strafverfahren, Heidelberg 1845 und 1846, Band II, S. 664—687.

2) Ueber die Folgen der contumacia im Strafverfahren, Archiv des Criminalrechts Neue Folge, Jahrgang 1835, S. 342 ff.

3) G. H. I. **Jolles**, Amstelodamensis, specimen historico-juridicum inaugurale de absentibus in causis criminalibus, Amstelodami 1844.

fahren mit accusatorischen Elementen eingeführt worden ist und in den mannigfachen Gesetzgebungen der einzelnen deutschen Länder das Strafverfahren gegen Abwesende die verschiedenste und zum Theil widersprechendste Behandlung gefunden hat, ist dasselbe in folgenden Darstellungen eingehender behandelt worden. Gelegentlich der Rechtsmittel im Strafverfahren, die durch ihn eine bekannte und verdienstvolle Erörterung gefunden haben, unterzog Fr. Walther auch das Strafverfahren gegen Abwesende einer näheren Untersuchung,[1] deren Hauptstandpunkt jedoch, wie oben nachzuweisen versucht wurde, nicht gebilligt werden kann. Trotz einer gewissen Anschaulichkeit und Lebendigkeit der Darstellung kann dieser Abschnitt des sonst vorzüglichen Werkes weder in principieller noch in historischer Beziehung gerühmt werden. Aehnliches gilt von der Abhandlung von Gerau (Hofgerichtsrath in Darmstadt) über das Contumacialverfahren im Strafproceß in einem der letzten Bände des Archivs des Criminalrechts,[2] der sich in einer ähnlichen Unklarheit über das Untersuchungsprincip und über das Verhältniß des neueren zum älteren Strafproceß befindet, und dessen Bekämpfung des rheinisch-französischen Contumacialverfahrens aus diesem Grunde auf ziemlich schwachen Füßen steht. Eine sorgfältige Darstellung der einschlagenden Bestimmungen der bis zum Jahre 1857 ergangenen deutschen Gesetze gaben dann etwa zu gleicher Zeit Planck in seiner durch Scharfsinn und Combinationsgabe so ausgezeichneten „Systematischen Darstellung"[3] und Buchner in einer höchst schätzenswerthen Arbeit über „das Strafverfahren gegen Abwesende" im „Gerichtssaal."[4] Bei beiden ist es jedoch nicht auf eine eingehendere principielle und historische Beurtheilung

1) Fr. Walther, die Rechtsmittel im Strafverfahren nach den Grundsätzen des englisch-französischen Strafproceßrechts, München 1853 und 1855, Abtheilung II, S. 190 ff. (§§. 83—94).

2) Jahrgang 1855. S. 555 ff.

3) Planck, systematische Darstellung des deutschen Strafverfahrens auf Grundlage der neueren Strafproceßordnungen seit 1848, Göttingen 1857, S. 180—186, 477—498, 600—606.

4) Buchner, das Strafverfahren gegen Abwesende, Gerichtssaal 9. Jahrgang (1857). Band II, S. 51—78, 81—138.

abgesehen. Planck's-Ansicht, daß die Frage überhaupt nicht mit den Hauptgegensätzen des Strafprocesses zusammen hänge, wurde oben schon berührt; wenn aber Buchner die Contumacialaburtheilung damit rechtfertigt, daß zwar im Falle der Abwesenheit des Angeschuldigten eine der Hauptgrundlagen für die Entscheidung fehle, daß aber dennoch gestraft werden müsse, weil — jedes Verbrechen Strafe verdient, so ist dies wohl kaum eine principielle Begründung zu nennen. An der Buchner'schen Arbeit, so verdienstlich sie durch ihre sorgfältige Zusammenstellung aller Einzelheiten ist, zeigt sich doch recht deutlich, wie wenig selbst eine scheinbar sichere Beherrschung des massenhaften Materials der neueren Gesetzgebungen ausreicht, um ein gründliches Urtheil über eine wichtigere Frage auch des heutigen Rechts zu erlangen, und wie nothwendig es ist, den größeren Gang der Rechtsentwicklung im Auge zu behalten.

Dies ist denn von der neuesten allgemeineren Behandlung des Gegenstandes durch Zachariä in dessen Handbuch des deutschen Strafprocesses in bekannter ausgezeichneter Weise geschehen.[1]) Allein einerseits berührt diese Darstellung, wenn auch für ein Handbuch verhältnißmäßig ausführlich, doch nur die Hauptpunkte der Entwicklung, und ferner hat, wie oben schon bemerkt wurde, unserer Ansicht nach auch Zachariä nicht den wirklich entscheidenden Gesichtspunkt getroffen.

Von den mehrfach hervorgetretenen Besprechungen einzelner particulärer Gesetzgebungen hinsichtlich des Contumacialstrafverfahrens sei hier nur die Abhandlung von Goltdammer genannt über das „Kontumazialverfahren nach Preußischem Recht,“[2]) worin die Mängel der preußischen Gesetzgebung gut gezeigt, eine Contumacialaburtheilung selbst aber aus praktischen Gründen für unumgänglich erklärt wird.

1) Zachariä, Handbuch des deutschen Strafprocesses, Band II. (Göttingen 1868) S. 375—395.

2) Goltdammer, Archiv für Preußisches Strafrecht Band XI. (1863). S. 450—463.

II. Rechtsgeschichtliche Darstellung.

A. Das römische Recht. [1])

1) Die ältere Zeit.

Das römische Recht, das auch in dieser Lehre theils als historische Vorstufe überhaupt, theils wegen der praktischen Autorität, die es in gewisser Hinsicht auch in diesem Punkte im späteren deutschen Rechte erlangt hat, in Betracht zu ziehen ist kannte in seinen früheren Perioden, ähnlich wie das später darzustellende mittelalterliche Recht, eine Art Achtserklärung, die unter Umständen über den gegenwärtigen Angeklagten, insbesondere aber auch über Abwesende als eine sehr häufige Strafart erkannt wurde. Daß dies Letztere mit der alterthümlichsten Form der Achtserklärung, mit der sacratio capitis, der Fall gewesen, läßt sich vielleicht nicht ausdrücklich nachweisen, obwohl es, da dieselbe sogar unter Umständen als von selbst eintretende Rechtsfolge des Verbrechens angesehen wurde, sehr

1) S. Geib, Geschichte des römischen Criminalprocesses, Leipzig 1842, S. 131 ff., 270 ff., 302 ff., 548 ff., 599 ff. Zumpt, das Criminalrecht der römischen Republik, B. I. Berlin 1865, Abtheil. 2, S. 154 ff., 250 ff. Fr. Walther, die Lehre von den Rechtsmitteln, Abtheil. II. S. 190 ff. Mittermaier, das deutsche Strafverfahren, 4. Aufl., B. II. S. 664 ff. Jolles, de absentibus in causis criminalibus, Amst. 1844, S. 1 ff. Zachariae, Grundlinien des gem. deutschen Criminalprocesses, Gött. 1837, S. 314 ff. Zachariae, Handbuch, B. II. S. 375—377.

natürlich erscheint. Daß aber die aquae et ignis interdictio zur Zeit der römischen Republik häufig gerade über abwesende Angeklagte verhängt worden ist, ist durch mannigfache historische Beispiele bezeugt. Wenn auch die hervorragenden politischen Processe, von denen vorzüglich Livius berichtet, nur mit einiger Vorsicht für die Erkenntniß des rechtlichen Ganges des römischen Strafverfahrens benutzt werden können, da hierbei nur zu häufig Leidenschaft und Willkür die herkömmlichen oder gesetzlichen Formen durchbrach, so steht nach den überlieferten Beispielen doch so viel fest, daß in der römischen Volksversammlung auch in Abwesenheit des Angeklagten unter Umständen de capite civis gerichtet und über ihn aquae et ignis interdictio ausgesprochen wurde.[1]) Auch gehörte es, wie bekannt, in der republikanischen Zeit zu den Vorrechten der römischen Bürger, wovon der Angeklagte noch bis zum Schluß der entscheidenden Abstimmung Gebrauch machen konnte, durch freiwilliges Exil der sonst drohenden Strafe zu entgehen, in welchem Falle es dann zu einer förmlichen Bestätigung dieses Exils durch die Volksversammlung kam. Mit der aquae et ignis interdictio war häufig oder der Regel nach Einziehung des Vermögens verbunden. Auch kommt, was die Form der Verurtheilung angeht, vor, daß über den ausgebliebenen Angeklagten eine bedingte Verurtheilung erging, wonach er als verurtheilt gelten sollte, wenn er nicht zu einem bestimmten neuangesetzten Termine erscheinen würde.[2]) Daß die Aburtheilung vorläufig ausgesetzt wurde, wenn von Seiten des ausgebliebenen Angeklagten oder doch für denselben genügende Entschuldigungsgründe geltend gemacht wurden, versteht sich von selbst und ist überdies durch Beispiele bezeugt.[3])

Zweifelhaft erscheinen folgende Punkte: kam gegen einen Abwesenden stets nur aquae et ignis interdictio als Verurtheilung vor, oder wurde ein Abwesender auch zu anderen Strafen,

1) Ueber die hier in Betracht kommenden Fälle s. Geib, Geschichte des röm. Criminalprocesses S. 130 ff. Zumpt, das Criminalrecht der röm. Republik B. I. Abtheil. 2, S. 251 f.

2) Vgl. Livius XXV, 4.

3) S. Geib a. a. O.

nämlich einerseits zu bloßen Geldstrafen, andererseits etwa auch zur Todesstrafe verurtheilt? und ferner: wurde die Verurtheilung rein auf Grund der contumacia ausgesprochen oder auf der Grundlage vorgeführter Beweise? Geldstrafen scheinen in der That auch im Falle des Ausbleibens des Angeklagten unter Umständen als hinreichend angesehen worden zu sein;[1]) von der Verurtheilung eines Abwesenden zum Tode aber findet sich (abweichend von den Griechen[2])) bei den Römern entschieden kein Beispiel. Der Grund davon ist wohl nicht bloß darin zu suchen, daß in den späteren Zeiten der Republik die Todesstrafe überhaupt nur in sehr seltenen Fällen erkannt wurde, auch nicht in dem freiwilligen Exil, welches gerade in solchen Fällen als rechtlich zulässige Maßregel nicht stattgefunden zu haben scheint, sondern es wirkte wohl auch die Anschauung ein, wonach durch die aquae et ignis interdictio, als allgemeine Friedloserklärung des Verbrechers, auch das Leben selbst dem Verbrecher abgesprochen schien. Andere Strafen aber kommen nach dem Stande des damaligen Strafrechts nicht in Betracht. Ob und wie weit aber Beweisverhandlungen dem Spruche über den Abwesenden voraufgingen, war sicher der Erwägung im einzelnen Falle überlassen, und es mag ebenso oft der Nachweis der Ladung und die Thatsache des Ausbleibens genügt haben, als wirkliche Beweise vorgelegt worden sein. Jedenfalls spielte die Notorietät eine große Rolle, und das Volk war in den Grundlagen seiner Entscheidung nicht gebunden.

Auch die etwaige Wiederaufhebung der über den Abwesenden ausgesprochenen aquae et ignis interdictio stand ganz im Ermessen der Volksversammlung, und Rechtsweg und Gnade fielen zusammen.[3])

Ebenso, wie in der Volksversammlung, konnte es zur Verurtheilung Abwesender auch dann kommen, wenn die höheren römischen Beamten, insbesondere die Consuln, in außeror-

1) Vgl. Geib, S. 131 ff., 304.

2) Heffter, athenäische Gerichtsverfassung, Cöln 1825, S. 356 f.

3) Vgl. Walther, die Rechtsmittel. Abtheil. II. S. 191.

dentlichen Fällen mit außerordentlichen Maßregeln einschritten, sei es, daß ihnen hierzu der Senat besondern Auftrag ertheilte, oder daß sie nach eigenem Ermessen vorgingen. Daß zu diesen außerordentlichen Maßregeln auch die Verurtheilung Abwesender zu Criminalstrafen gehören konnte, zeigt unter Anderen der berühmte Bacchanalienproceß,[1]) von dem ausdrücklich berichtet wird, daß nicht nur in ganz Italien die Schuldigen aufgegriffen, sondern auch viele Abwesende verurtheilt wurden.

Dasselbe war ferner der Fall, als die sog. quaestiones perpetuae eine allgemeine Einrichtung geworden waren. Auch in ihnen, und in der Zeit der bürgerlichen Unruhen vorzugsweise in ihnen, sind Abwesende vielfach zu Geldstrafen, noch öfter aber zu aquae et ignis interdictio verurtheilt worden.[2]) Der Streit, ob auch andere Strafen außer den genannten über Abwesende verhängt werden konnten, ist für diese Gerichte wohl in derselben Weise wie für die Volksversammlungen zu entscheiden, und auch in ihnen wird sich die Frage, in welcher Art Beweisverhandlungen stattfanden, ganz nach den Umständen gerichtet haben. Näheres darüber läßt sich wohl nicht feststellen, und schon die Bemerkung von Geib, daß zur Abstimmung geschritten wurde „ohne daß es auch nur zu einer genaueren Untersuchung der Schuld oder Unschuld des Angeklagten kam," möchte eine zu bestimmte Behauptung enthalten. Dies vielleicht auch deswegen,, weil mit der Abstimmung doch wenigstens bis zum Abend gewartet zu sein scheint.[3]) Ueberliefert ist ferner, daß Augustus eine Verordnung erließ, wonach von den judices über den Abwesenden öffentlich abgestimmt werden und Einstimmigkeit erforderlich sein sollte. Der Zweck dieser Verordnung war offenbar, daß bei diesen politisch häufig so bedeutsamen Aechtungen die Abstimmung des einzelnen Richters genau controlirt werden sollte; gerade sie aber zeigt, daß die Verurtheilung des Ausbleibenden doch nicht

1) Livius XXXIX, 8—19.

2) Geib, Geschichte des röm. Criminalprocesses, S. 304. Jolles, de absentibus, S. 9.

3) Cicero in Verrem II, S. 17.

als eine so ganz selbstverständliche Sache angesehen wurde. Schon zur Zeit der Republik also scheinen die Römer zu einer derartigen Herrschaft des Verhandlungsprincips im Strafverfahren, wie wir sie im Mittelalter finden werden, wenig Neigung gehabt zu haben.

Daß in allen diesen Fällen, in denen es zu der Verurtheilung eines Abwesenden kam, der Angeklagte in gewisser Weise aufgefordert sein mußte, sich zu stellen, erscheint durchaus als selbstverständlich, obwohl wir über die Art und Weise dieser Aufforderung keineswegs genügend unterrichtet sind. In jenen außerordentlichen Fällen, von denen der Bacchanalienproceß ein Beispiel giebt, mag irgend welche Art von öffentlichem Aufruf genügt haben. Zu der betreffenden Sitzung der Volksversammlung ferner, sowie zu der entscheidenden quaestio wurde der Angeklagte, wie überliefert ist, in bestimmter Form unmittelbar vor dem Beginn der Sitzung öffentlich aufgerufen. Der Entscheidung in der Volksversammlung gingen ferner mehrere öffentliche Termine (diei dictio, anquisitio u. s. w.) vorauf; in dem Verfahren der quaestiones aber mußte auf andere Weise für Feststellung der contumacia gesorgt sein. Offenbar nun konnte hierzu nicht in allen Fällen der Nachweis einer persönlichen Ladung erfordert werden, vielmehr genügte es wohl, wenn die Flucht oder Latitatio des Angeklagten notorisch war oder eine öffentliche Aufforderung an den Angeklagten, sich zu stellen, voraufgegangen war. Bestimmte Formen für eine solche der Hauptverhandlung vorangehende öffentliche Vorladung (Edikte) scheinen sich aber erst allmählich festgestellt zu haben.

Vielleicht aber waren die römischen Bürger noch in viel entschiedenerer Weise vor einer Verurtheilung als Abwesende gesichert. Im späteren römischen Recht nämlich findet sich der Satz, daß überhaupt Niemand in seiner Abwesenheit angeklagt werden solle (l. 6 Cod. de accusationibus et inscriptionibus IX, 2), und es wird dieser Satz dabei ausdrücklich als vetus jus bezeichnet. Cicero ferner eifert gegen den Verres ganz besonders heftig u. A. deswegen, weil derselbe bei seiner Verwaltung in Sicilien den Thermitaner Sthenius in dessen

Abwesenheit habe anklagen und abwesend habe verurtheilen lassen.[1]) „Iste non dubitat absentis nomen deferre: et tum primum opinor istum absentis nomen recepisse. Res clara Sicilia tota, propter caelati argenti cupiditatem reos fieri rerum capitalium, neque solum reos fieri praesentes, sed etiam absentes." Derselbe sagt ferner an einer anderen Stelle über denselben Vorgang[2]): „Nam si ita defenderet: recipi nomen absentis licet; hoc fieri in provincia nulla lex vetat; mala et improba defensione, verum aliqua tamen uti videretur. Postremo illo desperatissimo perfugio uti posset, se imprudentem fecisse, existimasse id licere. Quamquam perditissima defensio est, tamen aliquid dici videretur." Danach scheint in der That eine jede delatio nominis gegen einen Abwesenden, mindestens in Rom selbst, unzulässig gewesen zu sein, indem Cicero gerade dies Verfahren des Verres als ein schweres Vergehen brandmarkt. Allein schon Cujacius ist es höchst unwahrscheinlich vorgekommen, daß es in Rom kein Mittel gegeben haben solle, flüchtige und latitirende Verbrecher anzuklagen,[3]) und in der That lassen sich die Lamentationen Cicero's wohl auch auf die Anklage eines arglos Abwesenden beziehen, auf die Anklage Jemandes, dessen Contumacia in keiner Weise constatirt war.[4]) Die ausdrückliche Bestimmung, daß rei publicae causa Abwesende nicht angeklagt werden sollten,[5]) sowie die Erwähnung des „si quis absens fuerit in reos relatus" unter den rechtlich zulässigen Restitutionsgründen[6]) kommt hinzu, um jene Annahme auszuschließen. Es liegt endlich durchaus kein Grund vor, alle diejenigen Verur-

1) Cicero in Verrem IV, 19.

2) Cicero in Verrem II, 41.

3) Cujacius, observationes liber XX. cap. 4.

4) Vgl. Geib S. 271 ff.

5) Vgl. Geib a. a. O.

6) Vgl. Jolles, de absentibus, S. 7, der auffallender Weise gerade dies gegen die Zulässigkeit der Anklage eines Abwesenden anführt, obwohl doch die Möglichkeit einer Restitution die formelle Gültigkeit des betreffenden Actes voraussetzt.

theilungen Abwesender, die überliefert sind, nur von solchen Angeklagten zu verstehen, die in Folge der nominis delatio oder bei diesem Act selbst vor dem Prätor erschienen waren und erst hinterher sich dem weiteren Verfahren entzogen hatten. Allerdings wurden die meisten der überlieferten Fälle in der Volksversammlung entschieden, und in Folge dessen hat man behauptet, daß die Verurtheilung eines abwesend Angeklagten zwar zulässig, aber nur auf Grund eines Gesetzes rechtlich zulässig gewesen sei, eine Behauptung, für welche die Stelle aus Dio Cassius über das Verfahren gegen die Mörder Cäsars in der That angeführt werden kann.[1]) Allein es scheint doch auch ohne einen Volksbeschluß in den quaestiones perpetuae zu der Verurtheilung Abwesender gekommen zu sein, wie denn überhaupt die Entscheidungen der letzteren denen der Volksversammlung selbst im Wesentlichen gleichgestellt wurden.

Als vetus jus wird also wohl nur gegolten haben, daß Niemand abwesend verurtheilt werden sollte, dessen Contumacia nicht rechtlich feststand, d. h. qui neque denunciationibus neque edictis obtemperasset, und nur der Mangel eines geordneten Edictalverfahrens in der älteren Zeit mag es verschulden, daß einerseits ganz allgemein die Verurtheilung Abwesender verworfen und andrerseits factisch gegen Abwesende oft mit großer Härte vorgegangen wurde.

2) Die Kaiserzeit.

Während nun in der Zeit der Republik, mag man der engeren oder weiteren Ansicht folgen, jedenfalls vielfache Verurtheilungen Abwesender, selbst wegen der schwersten Verbrechen, vorkamen, wird in den Rechtsquellen der Kaiserzeit mit Nachdruck der Satz wiederholt, daß Abwesende überhaupt nicht verurtheilt

1) Dio Cassius c. 46 erzählt von Augustus: καὶ ἵνα γε μὴ βιαίως, ἀλλ' ἐν δίκῃ τινὶ ποιεῖν αὐτὸ δόξῃ, νόμον τε τινὰ περὶ τῆς κρίσεως αὐτῶν εἰςήνεγκε καὶ δικαστήρια καὶ ἀποῦσι σφίσιν ἐκάθισεν. Vgl. Jolles, de absentibus S. 8.

oder wenigstens Capitalstrafen nicht über einen Abwesenden ausgesprochen werden durften. Allerdings sind auch die hierher gehörigen Stellen nicht ganz ohne Bedenken.

Am Bestimmtesten erklärt Paulus, sententiarum V, 5. §. 9: in causa capitali absens nemo damnatur. Wenn aber in l. 1 D. de requirendis vel absentibus damnandis 48, 17 (Marcianus libro II. Publicorum) gesagt wird: Divi Severi et Antonini Magni rescriptum est, ne quis absens puniatur; et hoc jure utimur, ne absentes damnentur, neque enim inaudita causa quemquem damnari aequitatis ratio patitur, — so erhebt sich die Frage, ob in der letzteren Stelle zufällig oder absichtlich die Beschränkung „in causa capitali" fortgelassen worden ist. Die Vergleichung mit der Stelle von Paulus führt zu der ersteren Annahme, während die Fortsetzung der Stelle von Marcian selbst (§. 1.) für die zweite zu sprechen scheint. Diese Fortsetzung lautet: Si autem gravius quis puniatur, puta in opus metalli, vel similem poenam, sive capitalem, hoc casu non est irroganda in absentem poena, sed absens requirendus adnotandus est, ut copiam sui praestet, was im Zusammenhange mit dem Vorhergehenden den Sinn zu haben scheint: es kann zwar Niemand in seiner Abwesenheit verurtheilt, wohl aber, sobald es sich um einen schwereren Fall handelt, als zu Verfolgender adnotirt werden. Schwierigkeiten macht ferner auch die Hauptstelle, l. 5 D. de poenis 48, 19 (Ulpianus libro VII. de officio proconsulis): Absentem in criminibus damnari non debere, Divus Trajanus Julio Frontoni rescripsit. Sed nec de suspicionibus debere aliquem damnari, Divus Trajanus Adsiduo Severo rescripsit; satius enim esse impunitum relinqui facinus nocentis, quam innocentem damnare. Adversus contumaces vero, qui neque denunciationibus neque edictis praesidum obtemperassent, etiam absentes pronuntiari oportet secundum morem privatorum judiciorum. Potest quis defendere, haec non esse contraria, quid igitur est? Melius statuetur, in absentes pecuniarias quidem poenas vel eas, quae aestimationem contingunt, si saepius admoniti per contumaciam desint, statui posse et usque ad relegationem procedi; verum si quid gravius irrogandum fuisset, puta in metalla vel capitis poenam non esse absentibus irrogandam. Ulpian sagt an dieser Stelle zunächst, ein Abwesender könne in Criminalfällen nicht verurtheilt werden, gegen contumaces aber könne ähnlich wie im Civilverfahren vorgegangen werden. Er bemerkt sodann, es könne Jemand behaupten, daß darin gar kein Gegensatz liege (wohl weil Criminalstrafen gegen einen Abwesenden nicht vollzogen werden können), und er fragt nun, wie es sich denn in Wahrheit verhalte (d. h. ob nicht doch ein Unterschied vorhanden sei). Die Antwort auf diese Frage ertheilt er, indem er sagt: Richtiger werde man die Contumacialfolgen im Strafproceß so bestimmen, daß gegen Abwesende zwar mit Geldstrafen und bis zur Relegation einschließlich vorgegangen werden könne, daß aber schwerere Strafen (Capitalstrafen) gegen Abwesende nicht erkannt werden dürften.

Trotzdem, daß in dieser Stelle sehr bestimmt die Verurtheilung Abwesender im Falle der contumacia zu Geldstrafen und Relegation für zulässig, die Verurtheilung zu Capitalstrafen für unzulässig erklärt wird, sind doch auch mit Bezug auf sie, wie auf Grund der beiden anderen Stellen, sehr verschiedene Ansichten aufgestellt worden. Nach der einen soll sich der Satz, daß kein Abwesender zu einer Capitalstrafe verurtheilt werden dürfe, nicht beziehen auf solche Angeklagte, die bei der nominis receptio, also bei der formellen Feststellung der Anklage, noch zugegen gewesen waren; nach einer anderen Ansicht dagegen sollen auch Geldstrafen und Relegation nur gegen solche Angeklagte zulässig gewesen sein, die als praesentes inter reos recipirt waren. Allerdings ergiebt sich, daß beide Ansichten neben einander nicht gut bestehen können, da, wenn jede von ihnen richtig sein sollte, jeder Unterschied zwischen Capitalfällen und Nichtcapitalfällen hinsichtlich der Behandlung Abwesender damit fallen würde, während doch von Ulpian ein solcher Unterschied auf das bestimmteste hervorgehoben wird. Nichtsdestoweniger ist eine jede dieser behaupteten Einschränkungen näher zu prüfen.

Für die erstere Ansicht [1]), wonach ein praesens inter reos receptus auch zur Kaiserzeit abwesend zu einer Capitalstrafe verurtheilt werden konnte, wird hauptsächlich die Analogie des Civilprocesses geltend gemacht. Wie in diesem jeder, der einmal litem constatirt habe, im Falle späteren Ausbleibens verurtheilt werden konnte, so sei auch in allen Strafsachen die Verurtheilung zulässig gewesen, sobald nur der Angeklagte in seiner Gegenwart formell in Anklagestand versetzt worden sei. Dies sei durch die Natur der Sache gerechtfertigt und überdies werde von Ulpian ausdrücklich auf die Analogie des Civilprocesses hingewiesen (secundum morem privatorum judiciorum). Zwar sage Paulus in der angeführten Stelle: in causa capitali absens nemo damnatur, doch sei es nicht nothwendig, daß Paulus hierbei an den immerhin selteneren Fall der Entweichung nach der nominis receptio gedacht habe. Allein wenn Ulpian auch hinsichtlich des Strafverfahrens gegen contumaces im Allgemeinen auf den Civilproceß verweist, so fügt er doch sofort die ganz bestimmte Einschränkung hinzu, daß auf Capitalstrafen gegen Abwesende nicht erkannt werden könne, ein Satz, der offenbar seine sehr gute Bedeutung auch für die Fälle hat, wenn der Angeklagte im Vorverfahren zugegen gewesen sein sollte. Ueberdies scheint die nominis receptio im späteren römischen Strafproceß überhaupt nicht mehr eine so formelle Bedeutung gehabt zu haben als früher.[2]) Wenn endlich in mehreren Stellen gesagt wird, daß auch in Capitalfällen für den abwesenden Angeklagten ein Vertheidiger auftreten könne, so folgt daraus durchaus nicht, daß in irgend welchen Fällen ein Abwesender zu einer Capitalstrafe verurtheilt werden könne, sondern nur, daß für ihn ein Vertheidiger auftreten kann, um die sonstigen schweren Contumacialfolgen (insbesondere die dem contumax drohende Vermögensconfiscation) abzuwenden. L. 33 §. 2 D. de procu-

1) Vgl. die von Geib S. 599 Anm. 241 angeführte Dissertation von Deutz, ad l. 33 §. 2 D. de procurat. in Oelrichs thes. Vol. I. Tom. III. p. 325—328. Auch die bei Schöpf, de processu in contumaciam S. 14 f. angeführten älteren Schriftsteller kommen hier in Betracht.

2) Vgl. Geib, Geschichte, S. 551, 549.

ratoribus et defensoribus 3, 3 (Ulpianus libro IX. ad Edictum): Publice utile est absentes a quibuscunque defendi; nam et in capitalibus judiciis defensio datur. Ubicunque itaque absens quis damnari potest, ibi quemvis verba pro eo facientem et innocentiam excusantem audiri aequum est et ordinarium admittere; quod et ex rescripto imperatoris nostri apparet. Es erklärt sich diese Stelle vollständig, falls man nur mit dem Worte damnari, was gewiß zulässig ist, die allgemeinere Vorstellung von der Verhängung von Nachtheilen über den Angeklagten verbindet. In keinem Falle folgt aus ihr jener ganz bestimmte Satz, daß ein praesens inter reos receptus auch abwesend zu einer Capitalstrafe verurtheilt werden könne.

Die zweite Ansicht, wonach gerade umgekehrt selbst eine Verurtheilung zu Geldstrafen oder zur Relegation nur über solche, die im Vorverfahren erschienen waren, hätte ausgesprochen werden können,[1]) steht augenscheinlich im Zusammenhange mit der früher verbreiteten Meinung, daß im Civilproceß, auf dessen Analogie Ulpian selbst hinweist, gegen den contumax nur dann ein Urtheil ergehen könne, wenn von den Parteien schon die litis contestatio erfolgt war. Allein die Unrichtigkeit dieser Ansicht für den Civilproceß steht nach neueren Untersuchungen fest,[2]) und so fehlt es an einem Grunde, eine derartige Einschränkung für das Strafverfahren zu behaupten. Nicht nur, wenn der Angeschuldigte zur nominis receptio erschienen und in seiner Gegenwart förmlich in Anklagestand versetzt worden war, konnte er später auch abwesend zu einer Geldstrafe oder zur Relegation verurtheilt werden, sondern auch dann, wenn er im Vorverfahren geladen war und ausblieb, und selbst dann, wenn er sich absichtlich der Ladung entzogen hatte. „Die Latitatio stand der

1) Vertreten in älterer Zeit u. A. von Durantis, speculum juris, lib. III. tit. de contumacia accusati. Von Neueren vgl. Smallenburg Anm. 5 zu Schulting ad Dig. 48, 19 l. absentem und Jolles de absentibus p. 12.

2) Vgl. O. E. Hartmann, über das römische Contumacialverfahren, Göttingen 1851, S. 112 ff. Wetzell, System des ordentlichen Civilprocesses, Leipzig 1861, S. 461.

ersten persönlichen Ladung gleich." [3]) Zur nominis receptio war auch in dieser Zeit die persönliche Gegenwart des Angeklagten keineswegs durchaus erforderlich. Allerdings heißt es in der schon oben angeführten l. 6 Cod. de accusationibus et inscriptionibus IX, 2: „absentem in capitali crimine accusari non posse"; allein einmal kann diese Stelle ebenso wie jene eifrigen Worte Cicero's in den Reden gegen Verres von dem arglos Abwesenden (dessen contumacia nicht durch Ladungen oder Edicte constatirt war) verstanden werden, und sodann bezieht sie sich eben ausdrücklich nur auf Capitalfälle, kann also für die hier in Rede stehenden geringeren Fälle nichts bedeuten. In einer Stelle ist sogar geradezu von der nominis receptio einer Abwesenden die Rede (l. 14 Cod. ad legem Juliam de adulteriis IX, 9), und wenn hier dieselbe für zulässig erklärt wird mit dem Zusatz „postquam crimen contra eam inchoatum est," so ist darin wohl keine grundsätzliche Einschränkung zu finden, sondern die factische Voraussetzung des gegebenen Falles, auf den sich das Rescript des Kaisers bezieht. Ebenso wie bei dieser Sachlage würde die Entscheidung wohl ausgefallen sein, wenn der Fall einer schon vor dem Beginn des Processes vorhandenen latitatio vorgelegen hätte. „Si vero criminis commissi occasione latuerit," heißt es in Nov. 134 c. 5, „aut provinciam illam reliquerit, in qua deliquit, jubemus, legitimis edictis a judice vocari eum, et si non audiat, illa in eum procedere, quae nostris legibus sunt definita." Was aber für diesen Fall Rechtens sei, ist in verschiedenen Stellen gesagt: Vermögensbeschlag und Confiscation in Capitalfällen, Aburtheilung über die Anklage in geringeren Fällen.

Mit Verwerfung jener beiden Ansichten kommen wir also zurück auf den einfachen und naheliegenden Sinn der in dieser Lehre stets vorzugsweise citirten l. 5 D. de poenis 48, 19: Zu Capitalstrafen kann der abwesende Angeklagte, auch im Falle der Contumacia, niemals, wohl aber kann er zu den geringeren Strafen verurtheilt werden.

3) Wetzell, System S. 460. O. Hartmann S. 168 ff.

Von dieser Regel sind nun in der römischen Kaiserzeit bestimmte Ausnahmen gemacht worden, oder es werden doch solche Ausnahmen von älteren und neueren Schriftstellern auf Grund einzelner Stellen behauptet.[1]) Bei gewissen Verbrechen war die Verurtheilung Abwesender zu Capitalstrafen wirklich zulässig, oder es soll doch eine solche zulässig gewesen sein. So wird in l. 4 §. 2 D. ad legem Corneliam de sicariis et veneficis 48, 8 ein Rescript Hadrians erwähnt (constitutum quidem est, ne spadones fierent u. s. w.), worin es u. A. heißt: „qui hoc crimine tenentur, si non adfuerint, de absentibus quoque, tanquam lege Cornelia teneantur, pronunciandum esse.“ Doch fragt sich, ob diese Stelle mit Nothwendigkeit von einer eigentlichen Aburtheilung solcher Fälle verstanden werden müsse, und vielleicht hätte sich Cocceji die Mühe sparen können, durch zum Theil sehr wunderliche Gründe diese Ausnahme als vernünftig und zweckmäßig zu rechtfertigen.[2]) Denn es ist in jener Stelle ja keineswegs gesagt, daß, abweichend von den sonstigen Fällen der lex Cornelia de sicariis, in diesem Falle die eigentliche Strafe über den Abwesenden verhängt werden solle, sondern es ist nur gesagt, daß gegen die Schuldigen trotz der Entweichung im Wege des Strafprocesses vorgegangen werden soll; in welcher Weise dies zu geschehen habe, ist nicht gesagt, und es kann recht wohl das nach allgemeinen Grundsätzen in Capitalfällen überhaupt zulässige Einschreiten gemeint sein. Eine andere häufig aufgestellte Ausnahme ist das crimen apparitorum (l. 21 Cod. de poenis IX, 47), von dem jedoch gar nicht erwiesen ist, daß es zu den Capitalfällen gerechnet werden müsse. Es wird ferner von einzelnen Schriftstellern, denen daran lag die Ausnahmen zu vermehren,[3]) hierhin noch gerechnet das Verfah-

---

1) Geib, Geschichte S. 598. Jolles, de absentibus S. 13.

2) Cocceji, de justitia poenae in absentes vel mortuos statuendae §. 2: „Nullum foedius facinus etc.“ Sein Hauptgrund aber ist, daß in diesem Falle die Feststellung des Verbrechens magis ab inspectionis evidentia, quam ab examine rei abhänge, „vix quaestio cum medico superest.“ Als ob der medicus sagen könnte, wer das Verbrechen verübte.

3) Vgl. besonders Schoepf, de processu in contumaciam §. 10.

ren gegen Häretiker und Apostaten (nach l. 4 §. 4 Cod. de haereticis I, 5 und l. 2, 4 und 6 Cod. de apost. I, 7), das Verfahren gegen desertirte Soldaten (l. 3 §. 3, l. 6 §. 3 D. de re milit. 49, 16), sowie das crimen repetundarum, peculatus und residui (aus allgemeinen Gründen), und endlich auch das crimen majestatis auf Grund der l. 5 (quisquis) Cod. ad legem Juliam majestatis IX, 8. Allein alle diese Stellen sagen theils nichts anderes, als daß in diesen Fällen möglichst umfassend und energisch eingeschritten werden soll, theils handelt es sich weniger um die Criminalfolgen als um die Frage des Ersatzes, und vielleicht nur für die Desertion, bei der aber das Verbrechen in der Entweichung selbst liegt, läßt sich eine wirkliche Ausnahme behaupten.

Die Art des Vorgehens gegen Abwesende war nun bei den verschiedenen Classen von Straffällen folgende. Erhob Jemand Klage wegen eines Privatdelicts, so standen ihm gegen den abwesenden Verklagten dieselben Mittel zu Gebote wie wegen eines Civilanspruchs überhaupt. Gegen den einfach Abwesenden, von dem nicht nachgewiesen war, daß er sich der Ladung entzogen habe, konnte er also wohl nur (wenigstens ist dies durchaus das Wahrscheinlichere) missio in bona zum Zwecke der Sicherstellung wegen seines Anspruches erreichen; gegen den Latitirenden und eigentlichen contumax (dem die Ladung schon zugestellt war) aber konnte er einen definitiven Austrag der Sache auch in Abwesenheit des Verklagten erlangen.[1]) Diesem mußte aber, falls nicht persönliche Ladungen schon zugestellt waren oder noch zugestellt werden konnten, eine öffentliche Aufforderung des Verklagten, sich zu verantworten, oder ein Edictalverfahren vorausgehen, welches im späteren römischen Proceß natürlich bestimmter entwickelt war als in älterer Zeit. Der Austrag der Sache selbst aber bestand darin, daß, unter Ausschluß der Einreden des Verklagten dem Kläger der Beweis seines Klagegrundes zustand, und wenn ihm dieser gelang, die Verurtheilung des Verklagten

1) Siehe O. E. Hartmann, über das römische Contumacialverfahren, Gött. 1851. Wetzell, System S. 456 ff.

und die Vollstreckung des Erkenntnisses in das Vermögen des Verklagten erfolgte.

Aehnlich war nun auch das Verfahren in geringeren Criminalfällen, in denen nicht eine Capitalstrafe in Frage kam; es wurde secundum morem privatorum judiciorum, wie Ulpian sagt, vorgegangen. Auch hier wurden, falls nicht die persönliche Ladung des Angeklagten schon erfolgt oder noch möglich war, zunächst Edicte, öffentliche Aufforderungen an den abwesenden Angeklagten, sich gegen die Anklage zu verantworten, erlassen, und wenn durch das Ausbleiben des Angeklagten seine contumacia genügend constatirt zu sein schien, auf Grund der vom Ankläger vorgelegten (in späterer Zeit auch wohl auf Grund der vom Richter selbst noch ex officio ergänzten) Beweise über die Anklage erkannt.[1]) Daß dies Erkenntniß nothwendig zu Ungunsten des Abwesenden hätte lauten müssen, ist durchaus nicht gesagt; vielmehr konnte es, wie schon im civilrechtlichen Contumacialverfahren, so auch in diesen strafrechtlichen Fällen auch freisprechend ausfallen, indem der römische Richter in allen Fällen nur nach seiner wirklichen Ueberzeugung auf Grund der vorgelegten Beweise zu entscheiden hatte und keineswegs durch irgend welche Fiction oder Präsumtion der Schuld gebunden war.[2]) Auch können wir wohl annehmen, daß er nicht gezwungen war, in jedem Falle überhaupt ein Urtheil abzugeben, sondern daß er in zweifelhaften Fällen die Entscheidung wenigstens vorläufig hinauszusetzen befugt war. Daß, wenn der Angeklagte persönlich zur Hauptverhandlung geladen war und in derselben ausblieb, stets die zwangsweise Gestellung des Angeklagten und geeignetenfalls öffentliche Vorladung hätte stattfinden müssen, ist nirgends gesagt; vielmehr scheint schon das Aus-

1) Siehe Geib, Geschichte S. 599. Walther, Rechtsmittel II. S. 196.

2) Gut sagt u. A. Millaeus, praxis criminis persequendi, Parisiis 1551. S. 174: „in poenis autem citra relegationem imponendis non utique pronunciatur semper secundum praesentem contra absentem, sed interdum absens, si bonam causam habuerit, vincet.“

bleiben des Angeklagten auf gewöhnliche Vorladung die Aburtheilung gerechtfertigt zu haben.

Niemals aber konnte es zur Verurtheilung eines Abwesenden kommen in Capitalfällen. War die Anklage vielmehr auf ein Capitalverbrechen gerichtet und konnte man des Angeklagten weder durch Ladungen noch zwangsweise habhaft werden, so wurden Edicte erlassen,[1]) und wenn der Angeklagte sich auf das dritte Edict nicht stellte, sein Vermögen mit Beschlag belegt.[2]) Ueber die Behandlung des in Beschlag genommenen Vermögens ergingen nähere Vorschriften, insbesondere aber wurde eingeschärft: Curandum est autem, ne quid ei, qui profugit, medio tempore a debitoribus eius solvatur, ne per hoc fuga eius instruatur.[3]) Erschien dann der Angeklagte im Laufe eines Jahres, so erhielt er sein Vermögen zurück, und es begann der regelmäßige Criminalproceß; blieb er über ein Jahr aus, so wurde sein Vermögen confiscirt, und selbst wenn er bei späterer Gestellung seine Unschuld nachwies, erhielt er dasselbe nicht wieder. Mandatis cavetur, intra annum requirendorum bona obsignari, ut, si redierint (et se purgaverint) integram rem suam habeant; si neque responderint, neque qui se defendant habuerint, tunc post annum bona in fiscum coguntur.[4]) Das Jahr wurde gerechnet von der Bekanntmachung der Beschlagnahme, die in der Regel wohl mit der öffentlichen Ladung zusammenfiel.[5]) Starb der Angeklagte in dieser Zeit, so konnten seine Erben die Herausgabe verlangen.[6]) Den Anspruch auf Confiscation mußte jedoch der Fiscus in zwanzig Jahren geltend machen, widrigenfalls der Angeklagte oder seine Erben das Vermögen behaupten konnten.[7]) Diese

1) l. 1 Cod. de requirendis 9, 40.
2) l. 5 D. de requirendis vel absentibus damnandis 48, 17.
3) l. 5. §§. 1—3. D. de requirendis 48, 17.
4) l. 5 pr. D. de requirendis 48, 17.
5) l. 4 pr. l. 1. §. 3. D. eod. vgl. l. 2 Cod. de requ. reis 9, 40.
6) l. 1 §. 4. D. eod.
7) l. 2. §. 1 eod.

für den vermögenden Angeklagten so gewichtige Contumacialfolge, ist u. A. durch den Kaiser Constantin im Jahre 319 ausdrücklich bestätigt,[1]) durch Justinian jedoch dahin ermäßigt worden, daß den Descendenten sowie den Ascendenten des Angeklagten bis zum dritten Grade das Vermögen erhalten bleiben und erst die entfernteren Verwandten durch den Fiscus ausgeschlossen sein sollten. Auch behielt Justinian der Ehefrau des Angeklagten ihre Ansprüche wegen der dos oder donatio propter nuptias, sowie ihre gesetzlichen Erbansprüche in jedem Falle vor.[2]) Mit der Beschlagnahme war die Befugniß des Angeklagten, über sein Vermögen zu disponiren, aufgehoben; außerdem aber wurde noch durch ein Rescript vom Jahre 421[3]) bestimmt, daß die Edictalladung in Criminalfällen, zum Unterschied von derjenigen in Civilsachen, stets die infamia des Ausbleibenden mit sich führen solle.

Werfen wir hiernach einen Rückblick auf die Art und Weise, wie das römische Recht diese Fragen behandelt hat, so verdient es sicher zunächst eine gewisse Anerkennung (soweit von einer solchen einem ganzen Rechtszustande gegenüber die Rede sein kann), daß dasselbe die Bestrafung der contumacia als solcher von der Bestrafung des Abwesenden wegen des angeschuldigten Verbrechens unterschied und (in schwereren Straffällen) nur die erstere, nicht auch die letztere verlangte.[4]) Allein erwägen wir, daß diese Unterscheidung doch nur bei den schwersten Verbrechen und zwar bei solchen gemacht wurde, bei denen die unmittelbare Nichtvollstreckbarkeit der Strafe eine Contumacialaburtheilung weniger nahelegte, und erwägen wir, daß doch auch in diesen Fällen die zur Strafe der contumacia selbst verhängte

1) l. 2 Cod. de requirendis reis 9, 40. Quicunque ex eo die, quo reus fuerit in judicio petitus (vgl. S. 44 Anm. 5), intra anni spatium noluerit adesse in judicio, res eius fisco vindicentur.

2) Nov. 134 cap. 13.

3) l. 3 Cod. de requirendis reis 9, 40.

4) Vgl. insbes. Zachariae, Grundlinien des Criminalprocesses, Gött. 1837, S. 134. Jolles, de absentibus, S. 15.

Strafe (Confiscation des ganzen Vermögens) eine in dem Grade harte war, daß die Tendenz, damit zugleich das Verbrechen selbst (und zwar ohne nähere Untersuchung) mit zu bestrafen, unmöglich verkannt werden kann, so möchte sich jenes Verdienst nicht unerheblich verringern. Ja, es ist gewiß nicht zu gewagt, wenn man die in der Kaiserzeit über den contumax verhängte Confiscation geradezu in historische Verbindung bringt mit der alten aquae et ignis interdictio, die früher, und gewiß nicht bloß als Strafe der Contumacia als solcher, über den Abwesenden verhängt worden war. Die Person erklärte man, den fortgeschritteneren Zuständen gemäß, nicht mehr für vogelfrei, das Vermögen aber galt nach wie vor als verfallen. Es war dies in der That eine „schändliche Finanzmaßregel"[1]) der kaiserlichen Gesetzgebung, deren Einführung oder Beibehaltung aber ein Zeichen ist, daß selbst das römische Recht, auch in der Zeit seiner höchsten Entfaltung, die Consequenz des accusatorischen Strafprocesses rein und vollständig zu ziehen sich nicht getraute. Besonders muß es als eine Barbarei angesehen werden, daß auch der bei späterer Gestellung unschuldig Befundene das in seiner Abwesenheit confiscirte Vermögen nicht wiedererhielt, wie auch der in geringeren Fällen abwesend zu Geldstrafen oder Relegation Verurtheilte kein dem Contumacialverfahren eigenthümliches (über die gewöhnlichen Rechtsmittel hinausgehendes) Einspruchsrecht gehabt zu haben scheint. Als Mangel des römischen Contumacialprocesses muß ferner bezeichnet werden — dieser Mangel fällt aber der auch in dieser Zeit noch mangelhaften Entwicklung des Officialprincips zur Last —, daß sich keine Vorschriften finden, durch welche, als Ersatz für die in den schwereren Straffällen ausgeschlossene Contumacialaburtheilung, für die Sicherung der Beweise zum Zwecke künftiger Verhandlung und überhaupt für möglichste Aufklärung des Straffalles auch schon in Abwesenheit des Angeklagten gesorgt worden wäre. Trotz dieser Mängel aber bleibt das große Verdienst, welches der römischen Rechtsentwicklung in dieser

---

1) Vgl. Bluhme, System des in Deutschland geltenden Strafrechts (Encyclopädie III, 1) S. 155.

Lehre unstreitig eigenthümlich ist, bestehen: den Grundsatz ne absens damnetur, wenn auch nur für die schwersten Straffälle und auch für diese nicht ungetrübt, überhaupt zuerst herausgebildet zu haben. Dieser Grundsatz hat, wie wir sehen werden, in der langen Zeit des Mittelalters, wie manche anderen Reste des Alterthums völlig verschüttet gelegen, ist dann, wie andere Schätze des Alterthums nach ihrer Wiederentdeckung, Jahrhunderte lang viel gepriesen und vermeintlich nachgeahmt worden, im Wesentlichen aber doch unverstanden geblieben, und ist erst jetzt, also später als nach einem Jahrtausend, im Begriff, endlich wieder ein wirkliches, und nun allerdings reineres Dasein zu gewinnen. Der mittelalterliche Achtsproceß steht weit unter der Höhe dieses Gesichtspunkts; aber auch das inquisitorische Verfahren des canonischen Rechts und der letzten Jahrhunderte brachte es nur zu einer scheinbaren Befolgung oder doch nur zu höchst beschränkten Zugeständnissen an jenes Princip, und erst im heutigen Proceß gewinnt dasselbe nach und nach, und nur unter vielfachem Widerstreben und mancherlei Rückfällen, wirkliche Geltung. Statt aber den, überdies oben schon angedeuteten Gang der Rechtsentwicklung hier im Voraus zu schildern, wenden wir uns jetzt zu dem germanischen Recht.

B. Das Mittelalter.

1) Die ältere Zeit.[1])

Noch bedeutender, als im älteren römischen Recht, war die Achtserklärung oder Friedloslegung im älteren germanischen Recht. Bei allen germanischen Volksstämmen war die Friedloserklärung des Angeklagten eine sehr häufige Rechtsfolge des Verbrechens. Zwar möchten wir nicht so weit gehen, wie Wilda, der, gestützt auf die bekannte Stelle des salischen Gesetzes vom Todtenraub, annimmt, daß auch im Rechte der südgermanischen Stämme, wie in den späteren nordischen Rechtsquellen besonders Norwegens, Schwedens, Dänemarks, die Friedlosigkeit die regelmäßige Strafe aller eigentlichen Verbrechen gewesen sei.[2]) Vielmehr ist uns wahrscheinlicher, daß, trotz des Ernstes, mit dem auch vom älteren germanischen Recht der hartnäckige Verbrecher schließlich getroffen wurde, dennoch bei persönlichen Verletzungen auch in ältester Zeit zwar Fehde zwischen den Betheiligten stattfand, daß aber eine Friedlosigkeit Allen, der ganzen Rechtsgemeinschaft, gegenüber, keineswegs die regelmäßige Folge selbst schwerer Verbrechen war.[3]) Die schließlich so mannigfach und hier und da künstlich

---

1) S. Wilda, Strafrecht der Germanen, Halle 1842, S. 190, 197, 209, 278 ff. Jacob Grimm, Rechtsalterthümer, S. 732 ff., 846. G. L. Maurer, Geschichte des altgermanischen Gerichtsverfahrens, Heidelberg 1824, S. 55 ff. Walter, deutsche Rechtsgeschichte §. 678. Walther, Rechtsmittel II, S. 196.

2) Wilda, S. 278 ff. Derselbe in der Zeitschrift für deutsches Recht B. I, S. 180. Worin ihm die Meisten gefolgt zu sein scheinen, z. B. Du Boys, histoire du droit criminel des peuples modernes, Paris 1854, S. 120.

3) Auch Hälschner, Geschichte des brandenburgisch-preußischen Strafrechts, Bonn 1856, S. 16, scheint in der Auffassung der Friedlosigkeit zu

abgestufte Friedlosigkeit der nordischen Rechtsquellen setzt einen viel entwickelteren Zustand voraus und hängt augenscheinlich mit besonderen, vorzüglich auch örtlichen Verhältnissen (man denke an die oft scharfe Trennung von bewohnbarem und unbewohnbarem Land, Anbau und Einöde, im Norden) in dem Grade zusammen, daß man fehl gehen würde, einen Rückschluß auf die ältere Zeit und auf die südlicheren Gegenden zu machen. Wie das faidam portet der Volksrechte vielmehr, worüber wohl ziemliche Uebereinstimmung herrscht, nur den Zustand bezeichnet, daß der Thäter der Rache des Verletzten und seiner Verwandten ausgesetzt sein sollte, so brauchen wir auch für die älteste Zeit wohl nichts Anderes als eine gewisse rechtliche Erlaubtheit der Fehde als die Folge persönlicher Verletzungen anzunehmen. Von einer Friedlosigkeit des Thäters durch die That selbst der ganzen Volksgemeinschaft oder auch nur den Genossen einer Gemeinde gegenüber möchte sich bei Verbrechen gegen die Person schwerlich sprechen lassen, und noch weniger ist es wahrscheinlich, daß, falls der wegen eines solchen Verbrechens Angeklagte vor Gericht sich stellte, er etwa förmlich zur Friedlosigkeit oder etwas Aehnlichem in seiner Gegenwart verurtheilt worden sei.

Zwar gab es schon im ältesten germanischen Recht, wie besonders Tacitus bezeugt (cap. 12), gewisse Verbrechen, die schon in jener frühen Zeit mit schweren Strafen an Leib und Leben oder doch, im öffentlichen Interesse, mit sonstigen (geringeren) Strafen bestraft wurden, und in diese Kategorie möchte es gehören, wenn in jener Stelle der lex Salica [1]) der, welcher einen Todten beraubt, für einen wargus erklärt wird. Getödtet wie der Verräther und andere sollte der Thäter in diesem Falle nicht werden, wohl aber sollte er für die Schändlichkeit seiner Handlung aus der Gemeinschaft ausgestoßen sein. Die Wirkung dieser Ausstoßung war wohl weder ausdrücklich noch herkömmlich

---

weit zu gehen, wenn er ohne Einschränkung sagt, daß die regelmäßige Folge des Verbrechens die Friedlosigkeit gewesen sei, welche den Thäter rechtlos der Gewalt eines Jeden und namentlich der Rache des Verletzten preisgegeben habe.

1) Lex Salica emend. 57, 5.

näher bestimmt und mochte, wie die Bedeutung des sacer esto bei den Römern, auch für das damalige Verständniß schwankend und unklar sein, eine Unklarheit, die vielleicht deswegen erträglich schien, weil die Wiederaufhebung dieses Zustandes in jedem Zeitpunkt von der Genossenschaft selbst abhing und eine Aufhebung der Strafe gewiß Sache der besonderen Verhandlung war. Es mag nun dieses wargus esto ursprünglich in noch manchen anderen Fällen, als dem von der lex Salica genannten, Rechtens gewesen sein; nur dagegen wollten wir Widerspruch einlegen, daß unsere Vorfahren jemals einen Angeklagten, der sich dem gerichtlichen Austrag der Sache nicht entzog, etwa wegen offener Tödtung zu völliger Friedlosigkeit verurtheilt hätten. Zu einem solchen Ernste der Strafjustiz kam man erst später, und als man dazu gekommen war, sprach man über den Angeklagten, der sich gestellt hatte, in der Regel nicht die Acht, sondern verurtheilte ihn zu einer Strafe an Leib und Leben. Die Friedlosigkeit, falls sie nicht eine so abgeschwächte ist, wie in den späteren nordischen Rechtsquellen oder wie die Verfestung nach den späteren deutschen Stadtrechten, paßt überhaupt nicht recht zu einem Verfahren gegen einen gegenwärtigen Angeklagten.

Wohl aber war die Friedlosigkeit schon in älterer Zeit, und gerade in älterer Zeit, die Rechtsfolge des Verbrechens dann, wenn der Angeklagte sich einem gerichtlichen Austrag der Sache entzog, wenn er auf die in rechtlicher Form erhobene Anklage des Verletzten sich nicht stellte oder zwar sich stellte, aber Genugthuung verweigerte.[1]) Die Folge dieser beharrlichen Rechtsweigerung konnte in der That die schließliche Friedloserklärung des Angeklagten sein; durch sie wurde aus der persönlichen Angelegenheit der unmittelbar

1) Klar ist dies u. A. hervorgehoben und darin ein Uebergang der einen Classe von Straffällen (in denen es zunächst nur auf Privatgenugthuung ankam) zu der anderen (in welcher schon nach dem ältesten Recht öffentliche Strafen zur Anwendung kamen) nachgewiesen von Stein, Geschichte des französischen Strafrechts und Processes, Basel 1846 (Warnkönig und Stein, französische Staats- und Rechtsgeschichte B. III.) S. 162. S. u. A. auch Abegg, historisch-praktische Erörterungen, Berlin 1833, S. 182 und Walther, Rechtsmittel II. S. 196.

Betheiligten eine Sache des Gemeinwesens: die Gemeinschaft trat auf Seite des Anklägers und sagte sich von dem Angeklagten los. Das germanische Recht, welches Jahrhunderte lang, und in einzelnen Nachklängen noch über das Mittelalter hinaus, es zuließ, begangene Blutthaten mit Geldbußen zu sühnen, traf den Thäter mit völligem Rechtsverlust, wenn er sich einem gerichtlichen Ausgleich entzog.

Die Voraussetzungen dieser äußersten Maßregel waren aber wohl schon in ältester Zeit bei den verschiedenen Stämmen nicht ganz die gleichen. Insbesondere die Zahl der erforderlichen Ladungen und gerichtlichen Termine, die abgewartet werden mußten, die Länge der einzelnen dem Angeklagten gelassenen Fristen u. s. w. war wohl von jeher einigermaßen verschieden.[1]) Am häufigsten wurden wohl, wie im späteren Mittelalter, drei Ladungen vorausgesetzt, und was die Fristen anlangt, so scheinen diese überall ziemlich weite gewesen zu sein, entsprechend der Seltenheit der größeren Gerichtstage und der außerordentlichen Schwere der drohenden rechtlichen Folgen des Ausbleibens. Die Ladungen waren ursprünglich Sache des Anklägers, der den Nachweis der geschehenen Ladung vor Gericht zu führen hatte; doch findet sich schon in den Volksrechten auch die Ladung durch das Gericht und, vielleicht im Zusammenhang damit, dann das Erforderniß einer geringeren Zahl der Ladungen. Ueber die Art, wie die Ladung dem Angeklagten zugestellt werden mußte, sind keine genaueren Vorschriften überliefert, insbesondere möchte sich die Frage, ob es genügte, einen flüchtig Gewordenen in seiner Wohnung geladen zu haben, schwerlich bestimmt beantworten lassen. Doch ist es wohl unzweifelhaft, daß auch Flüchtige mit Erfolg angeklagt werden konnten; die Oeffentlichkeit des Gerichtsverfahrens und die Einfachheit der älteren Zustände mag ein geordnetes Edictalverfahren ersetzt haben. War der Thäter auf handhafter That entdeckt worden und hatte sich dem

1) Maurer, Geschichte des altgermanischen Gerichtsverfahrens S. 53. Siegel, Geschichte des altdeutschen Gerichtsverfahrens B. I. S. 69—77, besonders S. 76. Walther, Rechtsmittel II. S. 197.

weiteren Verfahren entzogen, so waren wohl schon nach dem ältesten Recht mehrmalige Ladungen überhaupt nicht erforderlich; es genügte, wie in den späteren Rechtsquellen so vielfach ausdrücklich gesagt ist, der Beweis der handhaften That und der Aufruf des Thäters vor Gericht zu seiner sofortigen Verurtheilung.

Bekannt ist, daß die Ladungen stets auf einen besonderen Gerichtstag lauteten und daß in jedem dieser Termine bis zu einer bestimmten Stunde auf den Angeklagten gewartet werden mußte, worauf sich die Ausdrücke solsadium, solem collocare u. dergl. beziehen. In jedem Termine wurde der Ungehorsam des Angeklagten ausdrücklich constatirt, nur ob dies durch ein förmliches Urtheil, insbesondere durch ein solches, in welchem der Angeklagte ausdrücklich für schuldig erklärt wurde, geschah, ist nicht ganz zweifellos.[1]) Wahrscheinlich galt schon das Ausbleiben in dem einzelnen Termin, worüber dem Kläger eine Bescheinigung ertheilt wurde, auch in Criminalsachen als Sachfälligkeit, und nur der Mangel einer ex officio betriebenen Execution scheint die Veranlassung zu sein, daß in den überlieferten Nachrichten aller Nachdruck auf die als Folge mehrmaligen Ausbleibens eintretende Friedlosigkeit des Angeklagten gelegt wird.

Diese Friedloserklärung des Angeklagten konnte ursprünglich gewiß in jeder größeren Gerichtsversammlung erfolgen. Nach der lex Salica (cap. 56) ist dieselbe jedoch Sache des Königs.[2]) Ist der Angeklagte dreimal vor dem gewöhnlichen Gericht ausgeblieben, so kann der Ankläger ihn schließlich ein viertes Mal, und diesmal vor den König selbst, laden. Bleibt der Angeklagte auch in dem Gericht des Königs aus, und werden bei dieser Gelegenheit die voraufgegangenen Fälle des Ausbleibens vor dem niederen Gericht von Seiten des Anklägers durch Zeugen erwiesen,

---

1) Vgl. hauptsächlich Sohm, der Proceß der lex Salica. Weimar 1867, S. 155 ff. gegenüber Waitz, das Recht der salischen Franken, Kiel 1846, S. 183.

2) Vgl. Sohm, Proceß der lex Salica S. 185.

dann erfolgt seine Aechtung durch das Gericht der Königs, — tunc rex, ad quem mannitus est, extra sermonem suum eum esse dejudicet. Der König, der in dieser Zeit als Bewahrer des Friedens, ja als Quelle desselben angesehen wurde, erklärt ihn für friedlos, setzt ihn aus seinem Frieden in den Unfrieden. Wie aber vor der Ausbildung der königlichen Gewalt die Friedloserklärung durch die gewöhnlichen Gerichte erfolgte, so war auch später, nach Begründung eines größeren staatlichen Gemeinwesens im fränkischen Reich, nicht mehr davon die Rede, daß die Proscription nur durch den König hätte erfolgen können.

Die Wirkung der Friedloserklärung bestand in der völligen Entziehung des rechtlichen Schutzes.[1] Der Friedlose war weder für seine Person, noch für sein Vermögen rechtlich geschützt, konnte also in beiden Beziehungen straflos verletzt werden. Auch sollte ihn niemand aufnehmen oder unterstützen, selbst seine Frau wird in der genannten Stelle der lex Salica mit Strafe bedroht, wenn sie ihm Nahrung reicht oder ihn beherbergt, — et quicunque ei panem dederit aut in hospitium collegerit, etiam si uxor eius propria sit, 15 sol. culpabilis judicetur. Und während in den meisten Rechtsquellen noch der späteren Zeit die Friedloslegung sich auf die Friedloserklärung als solche beschränkt und positive Maßregeln gegen den Schuldigen nur ausnahmsweise angewendet werden, findet sich gerade in älterer Zeit mehrfach die Vorschrift, daß die Wohnung des Geächteten zerstört und auf diese Weise nicht bloß er selbst aus der Gemeinschaft ausgeschlossen, sondern auch seine Stelle in derselben sichtbar getilgt werden soll.[2] Auch die Confiscation des Vermögens ist nach der lex Salica mit der Friedloserklärung verbunden, wobei aber in Betracht kommt, daß das unbewegliche Gut wohl nach germanischer Anschauung in den meisten Fällen den nächsten Verwandten erhalten blieb.

---

1) Wilda, Strafrecht der Germanen S. 281 ff.

2) Grimm, Rechtsalterthümer S. 729 f. Waitz, deutsche Verfassungsgeschichte B. IV. S. 441. Anm. 3.

Es konnte aber der Geächtete auch eine Wiederaufhebung der Acht erlangen, wenn auch in dieser Hinsicht gewiß das Meiste der Vereinbarung im einzelnen Fall überlassen war und insbesondere die Herausgabe seines Gutes gewiß nicht in allen Fällen erfolgte. Nach der lex Salica (c. 56) soll der Geächtete so lange friedlos sein, donec omnia, quae ei legibus imputantur, secundum legem componat, woraus wohl kaum der Schluß zu ziehen ist, daß der Geächtete ein Recht gehabt habe, durch Anbieten der Buße sich von der Acht zu befreien, noch weniger, daß, falls das zurückgelassene Gut zur Deckung der Bußen ausreichte, die Achtserklärung von selbst hinfällig geworden wäre. Die Abbüßung durch Geld wurde vielmehr als eine dem Thäter verstattete Gunst aufgefaßt, und selbst später, als im Interesse des Friedens die fränkische Gesetzgebung die verletzte Partei zwang, die Buße zu nehmen und dadurch auf Rache zu verzichten, wird die Einsetzung des Geächteten von besonderen Vereinbarungen abhängig gewesen sein.

Als Voraussetzung für die Friedloserklärung wurde oben das Ausbleiben des Angeklagten auf mehrmalige Ladung bezeichnet. Und in der That bedarf es nach der besonderen Natur des germanischen Beweisrechts wohl kaum einer Ausführung, daß kein weiterer Beweis der That erfordert wurde. Es war das Recht des Angeklagten, aber auch seine Pflicht, auf die gegen ihn erhobene Anklage sich zu vertheidigen; that er dies nicht, so galt die Anklage für bewiesen, und wie der Gegenwärtige verurtheilt wurde, wenn er zu der Anklage schwieg oder derselben kein zulässiges Beweismittel entgegenstellte, so galt der Abwesende als schuldig, wenn auf Grund der Ladungen und seines Ausbleibens seine Weigerung, sich zu vertheidigen, feststand. Nur wenn bei handhafter That eine sofortige Aechtung eintrat, mag schon in ältester Zeit, wie später, die Feststellung der Handhaftigkeit erforderlich gewesen sein, gewiß aber nur deswegen, weil in diesem Falle keine Ladungen ergingen, durch welche die Rechtsweigerung des Angeklagten erwiesen werden konnte. Geht man vielleicht auch zu weit, das germanische Urtheil überhaupt als ein Wahrscheinlichkeitsurtheil zu bezeichnen,[1]) so ist es doch richtig, daß das germanische Recht den Beweis der That wesentlich von dem Verhalten des Angeklagten abhängig machte und im Falle der Nichtvertheidigung die Schuld desselben präsumirte, ein Verfahren, bei dessen Beurtheilung man wesentlich in Betracht ziehen muß, außer der allerdings nicht zu läugnenden Rohheit und summarischen Natur des damaligen Verfahrens überhaupt, den Zusammenhang mit den sonstigen rechtlichen Anordnungen und mit der allgemeinen Natur der damaligen Verhältnisse. In einer Zeit, in welcher der freie und bisher nicht verurtheilte Mann der Regel nach einer jeden Criminalanklage durch seinen Eid oder sein Schwert entgehen konnte, in einer Zeit, in welcher die Entfernung von Haus und Hof und aus dem Kreise der Volksgenossen fast gleichbedeutend war mit dem Aufgeben alles Rechtes und rechtlichen Schutzes, in welcher der Fremde auswärts ein sehr unsicheres Dasein führte, war es keineswegs auffallend, wenn der ordentlich geladene Angeklagte im Falle seines Ausbleibens als schuldig angesehen wurde.

Zwar, ob dies Letztere wirklich der Fall war, ist doch mehrfach bezweifelt worden. Ja, es geht sogar die überwiegende Ansicht neuerer Schriftsteller über den Strafproceß dahin, daß, wie das römische Recht und die spätere gemeinschaftliche Doctrin den Satz befolgt habe ne absens damnetur, so auch schon das mittelalterliche germanische Recht eine eigentliche Verurtheilung Abwesender nicht gekannt, sondern über den Ausgebliebenen nur die Entziehung des Rechtsschutzes zur Strafe der contumacia als solcher verhängt habe. Es ist diese Ansicht mehrfach, u. A. von Abegg[2]) ausgesprochen worden, Hélie vertritt sie in seinem traité de l'instruction criminelle,[3]) Walther und

---

1) v. Bar, das Beweisurtheil des germanischen Processes, Hannover 1866. S. 58 ff.

2) Abegg, historisch-praktische Erörterungen S. 183. Derselbe, Untersuchungen aus dem Gebiete der Strafrechtswissenschaft S. 294.

3) Hélie, traité de l'instr. crim. B. I. Paris 1845. S. 217 ff.

Planck schließen sich ihr an,[1]) und mehr gelegentlich wird auch von anderen Schriftstellern Aehnliches bemerkt.[2]) Allein es scheint in dieser Ansicht eine ziemlich vollständige Verkehrung des Sachverhältnisses enthalten zu sein. Schon, daß das germanische Recht „nur“ die Entziehung des Rechtsschutzes zur Strafe der contumacia soll gekannt haben, muß auffallend erscheinen, wenn man erwägt, eine wie schwere Bedeutung in der That jene Maßregel in alter Zeit hatte; ferner würde es befremden, in einer Zeit, die kaum noch gerichtliche Ladungen an Stelle der durch den Kläger selbst bewirkten Aufforderungen, vor Gericht zu erscheinen, kannte, eine solche Strenge in der Beurtheilung der contumacia selbst entwickelt zu sehen. Wie vielmehr schon die Confiscation des römischen Rechts kaum als eine bloße Strafe der contumacia als solcher angesehen werden kann, so und noch weit mehr geht die germanische Friedlosigkeit über diese Grenze hinaus. Richtiger ist, daß nach germanischem Recht, welches in gewöhnlichen Fällen selbst bei schwereren Straffällen dem Angeklagten die Möglichkeit ließ, sich durch Zahlungen abzufinden, die Hartnäckigkeit des Angeklagten die ganze Strenge des Rechtes gewissermaßen erst weckte, so daß auch in solchen Fällen, die an sich gelinder hätten abgemacht werden können, jene schwere Strafe verhängt wurde, die nächst der Todesstrafe gewiß als die schwerste Art der Strafe betrachtet wurde. Nur wo die Todesstrafe dem Angeklagten gedroht hätte, würde die Verhängung der Acht als eine unmittelbar weniger bedeutsame Strafe betrachtet werden können. Allein in dieser Hinsicht kommt wieder in Betracht, daß gerade die todeswürdigen Verbrechen nach dem alten Recht solche waren, bei denen es überhaupt wohl seltener zu einem Contumacialverfahren gekommen sein mag. Aber auch in solchen Fällen war die Verhängung der Acht eine Rechtsfolge des Verbrechens selbst, das der Angeklagte durch sein Ausbleiben oder seine Entweichung eingestanden zu haben schien; es ist kaum

1) Walther, die Rechtsmittel im Strafverfahren, Abtheil. II. S. 197. Planck, systematische Darstellung S. 478.

2) S. u. A. v. Stemann in Goltdammers Archiv B. XV. S. 659.

möglich, eine so schwere Rechtsfolge wie die Friedlosigkeit bloß als eine Bestrafung der contumacia oder gar als eine Art processualischer Zwangsmaßregel zu betrachten.

Dieses altgermanische Recht wurde durch die fränkische Reichsgesetzgebung im Ganzen nur wenig geändert. Insbesondere wird in den Capitularien die Friedloserklärung (proscriptio) dessen, der sich der gerichtlichen Verhandlung entzieht, mehrfach bestätigt.[1]) Zwar findet sich zugleich in den Capitularien mehrfach der Satz, daß niemand ungehört verurtheilt werden dürfe, daß ein gegen einen Abwesenden ergangenes Urtheil keine Gültigkeit haben solle u. dergl. So wird in einem fränkischen Gesetze gesagt: „Si quis in aliquo crimine fuerit accusatus, non condemnetur penitus inauditus. Sed si in crimine accusatur, et habita discussione fuerit fortasse convictus, pro modo criminis sententiam qua meretur excipiat ultione,"[2]) und man hat Schwierigkeiten darin gefunden, diese und ähnliche Stellen mit jenem Verfahren gegen Ausbleibende zu vereinigen, ohne daß jedoch in Wirklichkeit ein Widerspruch vorliegt. Unrichtig freilich muß es, dem oben Gesagten nach, erscheinen, wenn man die Vereinigung in der Art gesucht hat,[3]) daß eben gegen Abwesende nicht auf Strafe erkannt worden sei, sondern nur Maßregeln wegen der contumacia stattgefunden hätten. Jeder Widerspruch aber schwindet, wenn man als Sinn jener Stellen den durchaus einfachen und natürlichen und in jedem Strafverfahren angemessenen Satz annimmt, daß Niemand verurtheilt werden soll, dem nicht Gelegenheit gegeben worden, sich zu verantworten, also kein absens im Gegensatz zum contumax, wie ja auch im römischen Recht jene Stelle Ulpians (L. 5 D. de poenis 48, 19) den doppelten Sinn hat, einmal daß in Capitalsachen ein Abwesender überhaupt nicht, und sodann, daß auch in den übrigen

---

1) Walter, deutsche Rechtsgeschichte S. 764.

2) Clotacharii I regis constitutio 3 (Pertz, Monum., Legum T. I, S. 2). Andere Stellen s. bei Maurer, Geschichte S. 94.

3) So Walther, Rechtsmittel, Abtheil. II, S. 198.

Straffällen nur der contumax, nicht auch der einfache absens verurtheilt werden dürfe.

Voraussetzung der Aechtung des Ausbleibenden war auch nach den Capitularien nur die mehrfache vergebliche Ladung; auch jetzt wurde kein weiterer Beweis für die Anklage verlangt, das Ausbleiben des Angeklagten genügte. Nähere Bestimmungen aber ergingen über den Einfluß der Proscription auf das Vermögen des Angeklagten. Auch nach den Capitularien sollte dies schließlich confiscirt werden; da aber die Proscription jetzt nicht mehr, wie nach der lex Salica, dem Könige vorbehalten war, sondern von den gewöhnlichen Gerichten ausgesprochen werden konnte, so konnte es angemessen erscheinen, die so harte Maßregel der Confiscation auf einen späteren Termin zu verschieben, und wir finden demgemäß angeordnet, daß die Confiscation erst nach einem Jahre (nach Jahr und Tag) stattfinden soll. „Si autem ad quartum venire contempserit, possessio eius in bannum mittatur, donec veniat et de re, qua interpellatus fuerit, justitiam faciat. Si infra annum non venerit, de rebus eius, quae in bannum missae sunt, rex interrogetur, et quicquid inde judicaverit, fiat.“ [1]) Ob diese Bestimmung mit der gleichen Anordnung des römischen Rechts direct zusammenhängt, sei dahingestellt, jedenfalls enthielt sie eine Art Ermäßigung des älteren Rechts, und entsprechend der in mancher Hinsicht sehr eingehenden Weise der fränkischen Gesetzgebung, werden jetzt auch nähere Vorschriften über die Befriedigung der Gläubiger des Angeklagten und insbesondere über die Rechte des Verletzten in Beziehung auf das Vermögen des Geächteten gegeben. „Debitum vero, quod is, cuius ea (proprietas) fuit, solvere debuit, per comitem ac ministros eius juxta aestimationem damni,

---

1) Capit. leg. Rib. add. c. 7 (Mon. Leg. I, S. 117). Vgl. Capit. Aquisgr. von 817. c. 11 (S. 212): Cuiuscunque hominis proprietas ob crimen aliquod ab eo commissum in bannum fuerit missa, et ille re cognita, ne justitiam faciat, venire distulerit, annumque ac diem in eo banno illam esse permiserit, ulterius eam non adquirat, sed ipsa fisco nostro societur. Vgl. Waitz, deutsche Verfassungsgeschichte Bd. IV. S. 440. Maurer, Gerichtswesen S. 92.

de rebus mobilibus, quae in eadem proprietate inventae fuerint, his, quibus idem debitor fuit, exsolvatur. Quod si rerum mobilium ibidem inventarum quantitas ad compositionem non sufficerit, de immobilibus suppleatur, et quod superfuerit, sicut dictum est, fiscus noster possideat. Si nihil super compositionem remanere potuerit, totum in illam expendatur." [1]) Es wird hier u. A. ausdrücklich bestimmt, daß auch, wenn das zurückgelassene Vermögen zur Deckung der Composition ausreicht, damit die Folgen der Anklage und der contumacia nicht als beseitigt angesehen, sondern der Rest des Vermögens noch confiscirt werden soll. Die Wiedereinsetzung des Geächteten in seine Rechte war geknüpft an seine ausdrückliche Unterwerfung und an eine besondere Vereinbarung. Dem entspricht auch Capit. Aquisgr. 813 c. 13, [2]) wo gesagt ist, der Gebannte solle so lange im Banne sein „usquedum comiti et ei, qui clamorem vel causam ad eum habuit, (satisfecerit), et tunc sit foris banno." Auch hier wird an eine Vereinbarung gedacht sein, die freilich um so selbstverständlicher eintrat, als die Capitularien den Verletzten ausdrücklich zur Annahme der compositio und damit zur Beilegung der Sache verpflichten.

Für die Person des Angeklagten hatte die Proscription dem Rechte nach noch die alte Wirkung; er sollte aller Rechte und jedes Rechtsschutzes verlustig sein, und wer ihn aufnahm oder ihn unterstützte, machte sich straffällig. Doch begnügt sich die fränkische Gesetzgebung dieser Zeit nicht mit diesen mehr negativen Maßregeln. Wie die Capitularien überhaupt den Versuch machen, mehr von Amtswegen einzugreifen und durch positives Einschreiten der staatlichen Organe für Ordnung und Gesetzlichkeit zu sorgen, so wird jetzt mehrfach vorgeschrieben, daß der in den Bann Erklärte von den Beamten verfolgt und der Ergriffene an das erkennende Gericht möglichst ausgeliefert werden soll. „Missus, qui eum forbannivit, non dimittat, ut eum non persequatur et comprehendat." [3])

1) Capit. Aquisgr. 817 c. 11. Vgl. Waitz u. Maurer a. a. O.
2) Mon. Legum. T. I, S. 188.
3) Caroli II. conventus Silvacensis c. 7 (Mon. L. I, S. 425).

Daß in dieser Zeit die Friedloserklärung nicht mehr, wie nach der lex Salica, dem Könige vorbehalten war, sondern von den gewöhnlichen Gerichten, insbesondere von dem Gerichte des Grafen ausgesprochen wurde, ist schon gesagt und für die Einrichtungen der carolingischen Zeit im Grunde vollkommen selbstverständlich. Und auch das gehört zur Entwicklung des Officialprincips und ist ein Zeichen staatlicher Ausbildung, daß den Beamten vorgeschrieben wird, die von ihnen ausgesprochenen Proscriptionen möglichst bekannt zu machen und insbesondere den benachbarten Beamten zu melden. „Comes qui latronem in forbanno miserit, vicinis suis comitibus notum faciat eundem latronem a se esse forbannitum, ut illi eum non recipiant.“[1]) Es sind dies Anfänge staatlicher Entwicklung, die freilich schon damals nur unvollkommen in's Leben getreten sein mögen, die aber den Zuständen des späteren Mittelalters gegenüber einen in mancher Hinsicht höheren Standpunkt bekunden.

2. Die deutschen Rechtsquellen.[2])

Im deutschen Reiche waren die rechtlichen Zustände und mit ihnen die Strafrechtspflege Jahrhunderte lang großen Schwankungen unterworfen. Insbesondere fehlte es an einheitlichen Grundsätzen darüber, was und wie gestraft werden sollte, und auf welchem Wege ein Verbrechen zu ermitteln sei. Dennoch ist eine ziemlich bestimmte nationale Eigenthümlichkeit auch der Strafrechtspflege in dieser Zeit nicht zu verkennen, und so finden wir in den zahllosen Rechtsquellen des späteren Mittelalters u. A. das Achtsverfahren ziemlich übereinstimmend entwickelt. Insbesondere mußte eine Zeit, in der sich überall kleine Herrschaften und

---

1) Capit. Aquisgr. 809 c. 4 (Mon. Leg. I. S. 156). Walter, deutsche Rechtsgeschichte §. 678.

2) Vgl. Maurer, Geschichte des altgermanischen Gerichtsverfahrens S. 216 ff. Perthes, de proscriptione et de banno regio, Bonn 1834. Budde, über Rechtlosigkeit, Ehrlosigkeit und Echtlosigkeit, Bonn 1842. Walter, deutsche Rechtsgeschichte §. 679. Walther, die Rechtsmittel im Strafverfahren II, S. 199 ff.

abgeschlossene Gewalten bildeten, in der es daran, was die carolingische Gesetzgebung herzustellen versucht hatte, nämlich an handlungsfähigen Organen einer einheitlichen Staatsgewalt, in so hohem Grade gebrach, zu dem Achtsverfahren als zu einem naheliegenden Surrogat einer eigentlichen Strafrechtspflege greifen. Je häufiger es vorkam, daß der Verbrecher sich der Bestrafung durch die Flucht entzog und je weniger bei der Abgeschlossenheit der Territorien, ja der einzelnen Gerichtsbezirke, die Macht des Gerichtes ausreichte, sich seiner zu bemächtigen, um so mehr ging man mit Acht und Bann vor und erschöpfte sich in oft ohnmächtigen Verwünschungen des entwichenen Thäters. Dies ist die Zeit, von der schon in der Einleitung gesagt wurde, daß es im deutschen Strafproceß eine Zeit gegeben habe, in welcher das Strafverfahren gegen Abwesende fast das regelmäßige Strafverfahren genannt werden konnte. Wenn wir aber im Folgenden die Einzelheiten des mittelalterlichen Achtsverfahrens nach einer Anzahl bedeutenderer Rechtsquellen darzustellen versuchen, so ist andererseits dabei zu beachten, daß die Acht und Verfestung des Mittelalters nicht bloß eine Maßregel gegen den abwesenden Angeklagten war, dessen man nicht habhaft werden konnte, sondern daß dieselbe vielfach auch gerade als die angemessene Strafe für das Verbrechen selbst erschien, und daß in Folge dessen in dieser Zeit die Acht (als Verbannung) vielfach auch über nichtentwichene Angeklagte ausgesprochen wurde. In hohem Grade auffallend ist für uns das Schwanken des mittelalterlichen Strafrechts zwischen der Abfindung für Verbrechen durch Geld, die sich noch lange erhielt, und den blutigen Strafen an Leib und Leben, die sich früh einstellen und bald den überwiegenden Theil des Strafengebietes ausmachen. Es ist nun durchaus wichtig und sehr beachtenswerth, daß zwischen diesen beiden Strafarten sich im Mittelalter vielfach, besonders in den Stadtrechten, die Verbannung des Thäters als ein sehr häufiges Strafmittel findet. In sehr vielen Fällen, in denen von der Verhängung der Acht über einen Angeklagten die Rede ist, fällt es jetzt schwer zu sagen, ob die directe Verhängung einer Strafe, oder eine Achtserklärung wegen contumacia vorliegt.

Diese Zwitternatur des Achtsverfahrens zeigt sich insbesondere auch in dem Verfahren der **Reichsgerichte**,[1]) die wesentlich mit der Ahndung des Landfriedensbruchs, vornehmlich gegen Reichsunmittelbare, zu thun hatten. Schon die Reichsgesetzgebung selbst setzt als Rechtsfolge des Landfriedensbruchs die Reichsacht unmittelbar fest und scheint dabei weit mehr ein Verfahren gegen Abwesende als ein geordnetes Verfahren gegen einen erschienenen Angeklagten im Auge zu haben. Wenn die Vollstreckung der Reichsacht schließlich zur Tödtung des Schuldigen führen konnte, so scheint es sehr inconsequent, daß über den gegenwärtigen Angeklagten nicht lieber (statt der Reichsacht) sogleich eine Strafe an Leib oder Leben ausgesprochen wurde. Es erklärt sich dies aber daraus, daß die Verhängung der Reichsacht zunächst nur eine vorläufige Maßregel war, die erst, wenn der Geächtete nicht in bestimmter Zeit aus der Acht sich befreite, zu einer definitiven wurde. Wie schon die Capitularien die Confiscation des Vermögens nur, wenn Jahr und Tag nach der Achtserklärung verstrichen war, hatten eintreten lassen, so soll auch in dieser Zeit die Reichsacht nur nach Jahr und Tag den Verlust des Vermögens zur Folge haben.[2]) Auch die Familien- und Standesrechte gehen erst mit diesem Zeitpunkte unter, und auch die persönliche Sicherheit des Reichsächters ist erst dann verwirkt, wenn er sich nicht im Laufe eines Jahres aus der Reichsacht befreit hat. Nur wer Jahr und Tag in der Reichsacht gewesen, hat das Wehrgeld verwirkt, und die Glosse zum sächsischen Landrecht sagt nur von diesem, daß er straflos verletzt oder getödtet werden könne.[3])

1) **Perthes**, de proscriptione et de banno regio, Bonn 1834. **Franklin**, de justitiariis curiae imperialis. Vratisl. 1860. S. 80 ff.

2) Sächs. Landrecht (Hom.) I, 38. §. 2: Die ok jar unde dach in des rikes achte sin, die delt man rechtlos, unde verdelt in egen unde len, dat len den herren ledich, dat egen in die koningliken gewalt. Richtsteig Landrechts 33. §. 8.

3) Vgl. die Glosse zu jener Stelle des Sachsenspiegels: rechtlos — dat is vredlos. Merke id underscheit: di ersten (im §. 1 genannten kempen, spelüde, unecht geborne u. s. w.) sind schalbar; me moit se aver nicht wunden oder doden, **dat moit me dissen wol don**.

Verhängt wurde die Reichsacht, wenn der Angeklagte die gegen ihn vorgebrachte Anklage nicht durch die zulässigen Beweismittel widerlegt und beseitigt hatte, oder falls er auf die ihm zugestellte und mehrmals wiederholte Ladung überhaupt nicht vor Gericht erschienen war. Ob im Falle handhafter That oder wenn das Verbrechen notorisch erschien, auch ohne voraufgegangene Ladungen im Gerichte des Königs der Angeklagte abwesend geächtet werden könne, scheint bestritten gewesen zu sein. Wenigstens stritten darüber die Fürsten in der Umgebung des Königs, als der Erzbischof Engelbert von Köln ermordet worden war und die allgemeine Entrüstung die sofortige Achtserklärung gegen die Thäter verlangte.[1]) Daß sofort nach begangener That dieselbe als handhaft gerade vor dem Gerichte des Königs festgestellt wurde, war natürlich ein seltener Fall; daß aber, wenn dies geschah, auch im Gerichte des Königs keine weitere Ladung des Thäters erforderlich war, ist nach dem Beispiel der niederen Gerichte von vorn herein anzunehmen. Nirgends aber verlangen die Reichsgesetze außer der Ladung des Angeklagten auch noch den Beweis der That, und die Verhandlungsmaxime des mittelalterlichen Strafprocesses brachte es mit sich, daß auch im Reichsgericht derjenige Angeklagte, der sich nicht vertheidigte, als der That schuldig erachtet wurde.

Ein ganz ähnliches Achtsverfahren nun, wie vor dem Gerichte des Königs, finden wir in den Rechtsquellen des Mittelalters für die mannigfachen niederen Gerichte angeordnet und geschildert, die unter dem Vorsitz der Grafen, Schultheißen, Vögte u. s. w. an den verschiedenen Orten des Reiches ständig oder wechselnd gehalten wurden. In allen diesen Gerichten wurde der Angeklagte, falls er auf die wiederholt an ihn ergangene Ladung ausblieb, in gewissem Sinne für rechtlos oder friedlos erklärt. Die Ausdrücke hierfür sind sehr verschieden. Der Sachsenspiegel braucht vorwiegend den Ausdruck vervesten, in den

---

1) Franklin, das Reichshofgericht im Mittelalter B. I (Weimar 1867) S. 105 ff.

Stadtrechten von Bremen, Hamburg und Lübeck [1]) kommt daneben friedlos legen, fredelos leggen vielfach vor; nicht selten ist auch der Ausdruck verzellen, verzelen, der sich u. A. auch in dem Gerichte des Königs, so in der bekannten Achtsentenz von 1309 findet. [2]) Sehr häufig wird aber auch der Ausdruck Acht für die Proscription der gewöhnlichen Gerichte gebraucht, so besonders im Schwabenspiegel, und der Ausdruck „hinz ihm richten mit der Acht" wiederholt sich u. A. sehr oft im Stadtrecht von Augsburg. Der Geächtete ist der Wortbedeutung nach der Verfolgte; der Verfestete mag den durch das Urtheil des Gerichts seiner Freiheit Beraubten und dadurch in gewissem Sinne Festgemachten bedeuten.[3]) Insbesondere in den Stadtrechten spielt die Acht oder Verfestung eine ungemein große Rolle; gerade für sie aber ist festzuhalten, daß diese Maßregel ebensowohl als Strafe gegen den Gegenwärtigen wie als Contumacialurtheil gegen den abwesenden Angeklagten ausgesprochen wurde. Gerade in den Städten erschien die Verbannung als eine geeignete Strafe für viele Verbrechen, bei denen man die Abfindung mit Geld nicht mehr für angemessen und andererseits blutige Strafen für zu hart hielt, und die Verbannung, die überdies in ihrer Dauer abgestuft werden konnte, bildete dadurch in Beziehung auf die Angehörigen der Stadt ein der späteren Landesverweisung ähnliches und für das mittelalterliche Strafrecht sehr bedeutsames Strafmittel. Der Schuldige wird „von der Stadt verurtheilt in das Elend," es wird ihm „Wiedergang und Eingang" in die Stadt verboten, auf bestimmte Zeit oder auf immer. Letzteres

---

1) Oelrichs, Sammlung alter und neuer Gesetzbücher der freien Stadt Bremen, S. 33, 34, 60. Lappenberg, hamburgische Rechtsalterthümer B. I, S. 34. Hach, das alte lübische Recht S. 290 f.

2) Mon. II, S. 497.

3) Vgl. Grimm, Wörterbuch unter „Acht" (I, S. 166 f.). J. Grimm, Rechtsalterthümer S. 881. Budde, Rechtlosigkeit S. 153. Osenbrüggen, Hausfrieden S. 26 ff. Der Letztere leitet den Ausdruck Verfesten davon ab, daß nach vielen Rechtsquellen der in die Verfestung Erklärte auf seinem Besitzthum (in seiner Were) noch eine gewisse Zeit gegen Ergreifung gesichert sein sollte, wonach der Verfestete soviel sei wie der „an einen bestimmten Ort (nämlich in seine Were) Gebannte und in eine unliebsame Ruhe Versetzte."

wird auch wohl so ausgedrückt, daß der Angeklagte verbannt wird „hundert Jahr und einen Tag," oder durch den Zusatz „ohne alle Hoffnung." Das Verzellen oder Verfesten wurde in manchen Stadtrechten eine sehr beliebte Strafart, die bei den schwersten und bei den geringfügigsten Vergehungen gleichmäßig angedroht wurde. Bald scheint dabei die Möglichkeit eines Loskaufs von der wirklichen Verbannung förmlich vorausgesetzt zu werden, bald aber wird der Verurtheilte ausdrücklich angewiesen, sein Haus zu bestellen und die Stadt zu verlassen.[1])

Während aber über den Gegenwärtigen die verschiedensten Strafarten und unter diesen die Verfestung, je nach dem Verbrechen, ausgesprochen werden konnten, war die Acht oder Verfestung ganz allgemein im Mittelalter die Rechtsfolge der Weigerung, sich auf eine Criminalanklage vor Gericht zu verantworten. Dies nicht nur dann, wenn der Verklagte auf die an ihn ergangene Ladung überhaupt ausblieb, sondern auch dann, wenn er in dem zur Beweisführung angesetzten Termine nicht erschien.

In gewissen Fällen konnte der Thäter, selbst ohne daß wiederholte Ladungen voraufgegangen, oder selbst ohne daß irgend eine Ladung ihm zugestellt war, geächtet werden. Der Sachsenspiegel sagt, daß, wenn Jemand um Ungericht (d. h. Verbrechen, die an Hals oder Hand gehen) vor Gericht beklagt wird mit deme gerüchte, ehe die That übernächtig geworden, sofort die Verfestung des Thäters vom Gericht ausgesprochen werden könne, und die Glosse zu dieser Stelle verwirft die Meinung duller lude, daß man dem Angeklagten noch bis zum anderen Tage Frist geben solle.[2]) Es genügt in diesem Falle, daß die handhafte That als solche vom Kläger mit Eidhelfern beschworen und der Angeklagte öffentlich vor Gericht aufgerufen wird. Dies wird auch in anderen Rechtsquellen bestätigt,[3]) von denen jedoch die

1) Osenbrüggen, Alamannisches Strafrecht §. 30. Köstlin, Geschichte des deutschen Strafrechts S. 176. Vgl. auch Tzschoppe und Stenzel, Urkundensammlung S. 220.

2) Sächs. Landrecht I, 70. §. 3. Homeyer S. 226, 227.

3) z. B. Rechtsbuch nach Distinct. IV. c. 20 d. 1 (Ortloff).

meisten nur den Fall hervorheben, daß die Leiche des Erschlagenen unmittelbar vor Gericht geführt und vor dieser selbst der Angeklagte als der That schuldig beschrieen wurde.[1] Es soll in diesem Falle ein sog. Leibzeichen, nämlich das blutige Gewand, eine Locke vom Haupthaar oder auch die Hand des Todten, im Gerichte zurückbehalten werden. Doch konnte nach einzelnen Quellen auch in diesen Fällen der Angeklagte nicht sofort geächtet werden, sondern nur, nachdem er zu einem neuen Termin (durch öffentlichen Aufruf) geladen und auch in diesem ausgeblieben war.[2] Es scheint aber in allen solchen Fällen das öffentliche Beschreien des Angeklagten genügt zu haben, so daß keine sonstigen Formen der Ladung erforderlich waren.

Abgesehen hiervon waren mehrfache Ladungen des Angeklagten die unbedingte Voraussetzung der Verfestung. Wen man beklagt um Ungericht, dem soll man „degedingen dries" (dreimal Termin setzen), in gewöhnlichen Fällen mit Fristen von 14 zu 14 Tagen, handelt es sich um einen sog. schöffenbar Freien, mit Fristen von je sechs Wochen.[3] Man soll dem Angeklagten „ding leggen unde ute deme en ander, unde ute deme dat drudde, unde jummer voreladen dreo warwe (dreimal) to jewelkeme dinge, erst dat ding, middest dat ding unde lest dat ding."[4] Diese Nothwendigkeit mehrfacher Ladung wird hier und da auch theoretisch begründet, so von Ruprecht v. Freysingen (cap. 70) mit Beziehung auf den Ausspruch des Nikodemus im Neuen Testament: unser gesatz verurtailt kain menschenn, er werd denn gehört; daraus folge, daß man Niemanden „verachten" soll, ihm werde denn vorher fürgeboten, daß er sich verantworten mag. Das Bremische Recht von 1428

1) Walter, deutsche Rechtsgeschichte §. 714.

2) Vgl. das Blutrecht von Bacharach bei Grimm, Weisthümer B. II, S. 211.

3) Sächs. Landrecht I, 67. §. 1.

4) So das Hamburger Stadtrecht von 1270 (Lappenberg S. 69). Das sog. kleine Kaiserrecht (I, cap. 30) sagt in seiner Art, man solle den Angeklagten heizzen rufen für des keysers ougen zu drien vierzehn nachten.

(Oelrichs S. 383) drückt sich geradezu so aus, daß es ein Recht jedes Bürgers sei, erst auf die dritte Ladung zu kommen: En man mot ock wol dre achte[1]) hebben eer he antworde gut (gift), unde so scal he antwort gheven. Diese dreimalige Ladung ist bei Weitem am häufigsten; hier und da kommt vor, daß auch beim dritten Ausbleiben der Angeklagte noch ein viertes Mal geladen wird.[2]) Es erklärt sich dies wohl dadurch, daß die feierliche Achtserklärung gewisse Formalitäten nöthig machte, die erst nach dem dritten Ausbleiben vorbereitet wurden; demgemäß brauchte diese letzte Frist wohl meistens nicht dieselbe zu sein, wie zwischen den drei ordentlichen Ladungen, und vereinzelt ist die Vorschrift des Rechtsbuchs nach Distinctionen, wonach beim dritten Ausbleiben „Verfestung," das vierte Mal aber die eigentliche Achtserklärung eintreten soll.[3])

Wichtig, aber nur nach einzelnen Rechtsquellen bestimmt zu beantworten, ist die Frage, in welcher Art in dieser Zeit die Ladung des Angeklagten zu erfolgen hatte, insbesondere ob in allen Fällen persönliche Ladung erforderlich war oder ob auch der Abwesende gültig in seiner Wohnung oder durch sonstigen Aufruf geladen werden konnte. Hier und da ist vorgeschrieben, daß, abgesehen von besonderen Fällen, nur bei Tage, usque ad noctis initium, cum stellae coeperint apparere, geladen werden sollte, daß der Gerichtsdiener selbst oder per suum certum nuncium laden solle, und daß der Beweis der Ladung durch den Eid des Gerichtsdieners geführt werden könne.[4]) Statt der mündlichen Ladung findet sich bald die Vorschrift, daß schriftlich „mit des vogts wachszeichen" geladen werden solle.[5]) Diese Ladung brauchte nun gewiß nicht dem Angeklagten in Person übergeben werden; in einzelnen Quellen wird sogar ausdrücklich gesagt,

1) Hier ist das Wort wohl soviel wie Gericht oder Termin. Vergl. Grimm, Wörterbuch I, 166.

2) Gaupp, deutsche Stadtrechte des Mittelalters B. II, S. 128 u. 164 (Rechte von Burgdorf und Murten).

3) Rechtsbuch nach Distinctionen IV, 20, 1 (Ortloff).

4) Gaupp B. II, S. 150, 164 (Murten).

5) Vgl. das Recht von Augsburg (Walch, Beiträge IV, S. 140).

daß sie entweder viva voce praesenti oder ad domum illius erfolgen solle.[1]) Wohnt der Angeklagte auswärts oder überhaupt an einem Orte, „wohin kein weibel darf hingehn," so genügt sogar der öffentliche Anschlag der Ladung am Gericht oder an einem bestimmten sonstigen öffentlichen Ort.[2]) Der öffentliche Anschlag an der Kirchthür, der Aufruf von der Kanzel, Anschlag der Ladung am Stadtthor u. dergl. scheinen schließlich überall als genügende Ladung für solche, deren Aufenthalt unbekannt war (oder die an ihrem bekannten Aufenthaltsorte nicht geladen werden konnten), angesehen worden zu sein.[3]) Natürlich konnten diese meist unvollkommenen Arten der Edictalcitation nicht in allen Fällen geeignet sein, eine Contumacia zu begründen, und so hing es schließlich von dem Ermessen des Gerichts ab, ob angenommen werden könne, daß der Angeklagte Kenntniß von der Ladung erhalten oder sich absichtlich der Ladung entzogen habe.

Natürlich mußte die Ladung, wenn darauf ein Contumacialerkenntniß gegründet werden sollte, das Verbrechen angeben, welches der Ankläger behauptete. Häufiger aber als dies Erforderniß wird in Quellen erwähnt, daß der Name des Angeklagten bekannt sein müsse[4]); es sollen nicht die unbekannten Urheber eines Straffalles, sondern stets nur ein bestimmter Angeklagter geächtet werden. Nur die unbekannten Theilnehmer an einem Verbrechen können, wie es mitunter heißt, zugleich mit dem Hauptthäter, auch ohne daß man ihre Namen kennt, geächtet und auf Grund der Acht später festgehalten werden, falls man sich getraut später ihre Theilnahme wirklich zu erweisen.[5])

---

1) Gengler, deutsche Stadtrechte S. 474 (Straßburg).

2) So nach dem Augsburger Recht bei Walch, Beiträge IV, S. 127.

3) Vgl. das lübische Recht bei Hach S. 291. Die Wormser Reformation von 1498 nennt als gültige Art der Ladung den Anschlag „an der neuen Münze, an der Pfarrkirche, an dem Stadtthor und an dem Thor der vier Straßen."

4) Sächs. Landrecht I, 66. §. 3.

5) Vgl. Richtsteig Landrechts 35. §. 4. Rechtsbuch nach Distinctionen IV, 20, 3. IV, 21, 2. Kleines Kaiserrecht I, 30. Göschen, Goslarer Statuten S. 472.

War nun der Angeklagte auf solche Ladungen ausgeblieben, so erfolgte, falls es sich um einen schwereren Straffall handelte, seine Verfestung oder Achtserklärung, deren Wirkungen im Einzelnen zu erörtern sind. Danach wird auch für diese Zeit sich die Frage entscheiden, ob die Achtserklärung sich als eine wirkliche Verurtheilung in der Sache selbst oder etwa nur als Strafe der Contumacia, beziehungsweise als processualische Zwangsmaßregel darstellt. Die letztere Auffassung ist gerade in neuerer Zeit mehrfach geäußert. So spricht Planck[1]) von dem (nicht nur im römischen, sondern auch) im älteren deutschen Recht „vorherrschenden Grundgedanken, daß regelmäßig ein Strafverfahren in der Sache selbst gegen einen Abwesenden unzulässig sei, vielmehr nur Zwangsmittel zum Erscheinen, und höchstens zur Strafe des Ungehorsams eine Entziehung des Rechtsschutzes in größerm oder geringerm Umfang anzuwenden sei." Walther[2]) sagt ganz ausdrücklich: „Die Strafe des Ungehorsams war die Verfestung", und bemerkt an einer anderen Stelle, der Satz contumax pro confesso habetur gehöre zwar dem Verhandlungsprincipe an, — „ob er aber auf Rechnung des deutschen Achtsprocesses gesetzt werden könne, ist eine andere Frage, welche vielleicht mit mehr Grund verneint als bejaht werden kann, indem die contumacia im deutschen Recht als ein eigenes Verbrechen erscheint, worauf die Acht erklärt wird, ohne daß es des wirklichen oder fingirten Beweises der Anklage bedürfte."[3])

In geringeren Straffällen scheint, wie der Regel nach in Civilrechtsfällen, der Ausbleibende einfach als schuldig angesehen worden zu sein, ja es fragt sich, ob nicht von jeher bei geringeren Geldbußen eine Art Mandatsverfahren zulässig war. In schwereren Straffällen dagegen, und lange Zeit nicht bloß in Strafsachen, sondern selbst in erheblicheren Civilfällen, war die

---

1) Planck, systematische Darstellung des deutschen Strafverfahrens S. 478.

2) Walther, die Rechtsmittel im Strafverfahren II, S. 199, 205. Anm. 1.

3) Aehnlich ist die Auffassung Hélie's, traité de l'instruction criminelle B. I, S. 217.

Folge des Ausbleibens die Acht. Auch im Civilproceß bildete die Acht im Mittelalter eine nicht seltene Rechtsfolge, welche, obwohl in der Regel als weniger gewichtig und nachtheilig angesehen wie die Acht wegen Verbrechen,[1]) doch nach einzelnen Rechtsquellen als gerade so schlimm behandelt wurde. So wird in einem Stadtrecht gesagt,[2]) wer den geächteten Schuldner verletze oder tödte, „pacem civitatis violabit nullo modo nec alicui super hoc nullatenus respondebit.“ In anderen Rechtsquellen dagegen wird die Acht oder Verfestung ausdrücklich auf Friedensbrüche oder auf erheblichere Criminalfälle beschränkt. Nach dem Sachsenspiegel und den ihm verwandten Rechtsquellen tritt die Verfestung nur ein bei Ungerichten oder solchen Klagen, die an den Leib oder die Hand gehen,[3]) und im Schwabenspiegel wird gesagt, um keine Klage solle man „den Mann verachten,“ außer wenn es ihm an den Leib geht.[4]) Einzelne Stadtrechte zählen die Hauptverbrechen, derentwegen geächtet werden kann, neben einander auf, z. B. fraus, perfidia enormis, homicidium, oder es wird die Acht für zulässig erklärt, wenn Jemand einen Andern „excecaverit aut mutilaverit, aut qui tale nefas horrendum perpetraverit, quod vulgo dicitur mort vel aliud quocunque nomine nuncupetur, quod huic fuit aequipollens.“[5]) Das Recht von Hamburg und Lübeck nennt Raub und jenigerhande undaet, und es wird dies von der sog. Langenbeckschen Glosse (aus dem Ende des 15. Jahrhunderts) als eine wesentliche Erweiterung gegenüber dem Sachsenspiegel bezeichnet.[6]) Daß schließlich in manchen Städten die Androhung des Verzellens zu einer übertrieben häufigen Maßregel gemacht wurde,

1) Walter, deutsche Rechtsgeschichte §. 680. Göschen, Gosl. Statuten S. 461 ff.

2) Gengler, Stadtrechte S. 345 (Passau).

3) Sächs. Landrecht I, 67. §. 1 u. 2. I, 68. §. 1 u. 2. Rechtsbuch nach Distinctionen IV, 20, 4. Vgl. Göschen, Goslarer Statuten S. 471 ff.

4) Schwabenspiegel 101, 107 (v. Laßberg). Ausdrücklich sagt der Schwabenspiegel (107): ez si danne umbe gulte, da sol man nieman umbe ehten. Vgl. Ruprecht v. Freysingen Cap. 70.

5) Gengler, Stadtrechte S. 547 (Winterthur).

6) Lappenberg, Hamburgische Rechtsalterthümer I, S. 69, 159.

ist oben schon bemerkt. Treffend sagt Klotzsch in seinem etwas wunderlichen und veralteten Buche vom Verzellen[1]), man habe oft Bären losgelassen, um Vögel damit zu scheuchen, wofür er u. A. anführt, daß zu Freyberg im Jahre 1487 für „Kehricht und Schlacken auf die Straße schütten, mit Fackeln leuchten und Hanfdarren in der Stadt" die Strafe des Verzellens angedroht worden sei.

Um nun die Bedeutung der Verfestung zu erkennen, sind schon die Formen, unter denen sie ausgesprochen wurde, nicht gleichgültig. Diese sind in einzelnen Quellen sehr ausführlich geschildert. Uebereinstimmend wird angegeben, daß in dem entscheidenden Termin nach nochmaligem Vorbringen der Anklage der Angeklagte dreimal aufgerufen und, falls weder er selbst noch ein genügender Bürge für ihn erschien, die Verfestung oder Acht über ihn ausgesprochen wurde. Besonders feierlich geschah dies, wenn es sich um eine Klage, die an den Hals ging, handelte. In diesem Falle[2]) solle der Richter aufstehen und die Schöffen fragen, wie der Angeklagte in die Acht gebracht werden solle. Die Schöffen antworten: mit Fingern und mit Zungen. So sal eyn iczlich dingmann, der vor dinge stet, zwene siner vingere ufrichten, unde der richter zwene siner vingere, unde sal swere vor, ioder man darnach, der daby ist: hy ist N. mit rechter clage vorvestent umme dy sache, ane sine wedirrede, des ich eyn geczug wel sy mit den schepphen undė mit allen dingpflichtigen, dye hyr keynwerdig sint, den kundige ich hy in mynes hern achte (ist iz eyn wichbilde, so spreche: in der stat wichbilde); ouch neme ich on synen frunden, unde gebe on synen vinden, unde erlaube unde kundige sin wip zcu eyner wetewen unde sine kinder zcu weysen, biz solange daz her zcu sime rechten kompt.

1) Klotzsch, das Verzellen nach seiner Bedeutung aus der alten Rechtsverfassung untersuchet und durch Urkunden erläutert. Dresden 1765.

2) Rechtsbuch nach Distinctionen IV, 20, 1 (Ortloff). Vgl. Göschen, Goslarer Statuten S. 473 ff. Zöpfl, das alte Bamberger Recht S. 131 ff.

Daz sol daz gericht dryens thun an der dingstat. Wen her daz getan hat, so ist dye achte volkomen. Aehnlich wird der Hergang noch in ziemlich späten Rechtsquellen beschrieben, nur daß wohl statt des Aufrichtens der Finger vorgeschrieben wird, daß der Vogt und die Schöffen mit zwei Fingern in die Erde weisen sollen,[1]) daß der Richter auf die Bank steigt u. dgl. Auch wird nach späterem Brauche bei der Achtserklärung, wie bei Executionen, mit den Glocken geläutet. Schon diese Formen,[2]) noch mehr aber der Wortlaut der Achtserklärungen selbst macht es unwahrscheinlich, daß wir es mit einer processualischen Zwangsmaßregel zu thun haben sollten oder mit einer Strafe der contumacia als solcher. Man vergleiche außer der angeführten Stelle z. B. die folgende Achtssentenz: Ich neme dir heutzutage dein lantrecht und all dein ere, um den todschlag, den du hast getan uf des reiches strassen und teile darum deinen leib den landleuten, dein lehen dem herren, dein erbe dem es gebuhret, dein elich weib zu einer wissentlichen witwen, deine kinder zu wissentlichen waisen und setze dich aus landrecht in unfried, also dass niemand an dir frevelt.[3])

Offenbar wird der Geächtete für völlig friedlos und schutzlos erklärt; er soll nerghen nene vrethe hebben, sagt das Bremer Stadtrecht; man soll wissen, dass der achter niendert keinen fried hat weder hie noch dort, heißt es im Stadtrecht von Augsburg.[4]) Si illi aliquis fecerit aliquid mali, nulla erit satisfactio nec villae nec domino nec laeso, heißt es anderwärts.[5]) Das kleine Kaiserrecht (I, 27, 30) sagt auch

1) Vgl. Statuten der Stadt Breslau (Zeitschrift des Vereins für Gesch. u. Alterth. Schlesiens, B. IV, S. 80 ff.), Nr. 14.

2) Ueber die Eintragung der Acht in bestimmte Register oder Achtbücher vgl. u. A. Budde, Rechtlosigkeit S. 153, Osenbrüggen, Hausfrieden S. 52, Franklin, de justitiariis S. 82 ff.

3) (Bodmann, Rheingau. Alterthümer S. 618). Kraut, Grundriß, 4. Ausg. S. 164. Vgl. Walter, Rechtsgeschichte S. 798. J. Grimm, Rechtsalterthümer S. 39 ff.

4) Oelrichs S. 33. Walch, Beiträge IV, S. 229.

5) Gaupp, Stadtrechte II, S. 132 (Burgdorf).

hier schwungvoll wie immer, man solle den Thäter antworten in des Kaisers Finsterniß, man solle ihn aus dem Reiche werfen, er habe sich selbst gemachet tode, Jeder könne ihn angreifen, da geschrieben stehe: wer also gewirket hat, daz er den kayser muss schuhen, der ist der lute.

Hier und da, nämlich in mehreren der älteren Stadtrechte, kommt auch noch jene oben erwähnte alterthümliche Maßregel vor, daß das Haus des Geächteten zerstört werden soll, theils, wie es ausdrücklich heißt, funditus, theils nach späterer Ermäßigung nur an dem fastigium oder der summitas des Hauses. Der Kläger soll den Richter an Ort und Stelle führen und der Richter das Haus selbst und was sub trabibus desselben sich befindet, zerstören (secabit vel confringet). Doch wird mehrfach hinzugesetzt, daß die Erben gegen Zahlung einer Buße das Haus wieder herstellen können.[1])

Dieser völligen Friedlosigkeit, der nach den meisten mittelalterlichen Quellen der Geächtete verfiel, scheint nun aber die Verfestung des Sachsenspiegels keineswegs zu entsprechen. In diesem nämlich wird zwar ausdrücklich gesagt, daß der Verfestete fortan unfähig sein soll vor Gericht als Zeuge, Fürsprecher oder gar als Urtheilsfinder aufzutreten und insbesondere auch keine Klage vor Gericht anstellen könne,[2]) auch wird ausdrücklich angegeben, daß er innerhalb des Gerichtsbezirks vom Kläger ergriffen und vor Gericht gestellt werden könne,[3]) aber keineswegs wird er schon mit der Verfestung aller seiner Rechte und jedes Schutzes für verlustig erklärt. Selbst die Reichsacht soll ja nach dem Sachsenspiegel diese Folge nicht unmittelbar mit sich

1) Vgl. Gengler S. 243. 441 (Lechnich und Soest), Gaupp II, S. 20, 24, 50 (Freiburg im Breisgau u. Bern).

2) Sächs. Landrecht II, 63. §. 2. Rechtsbuch nach Distinctionen IV, 21, 27 ff. Vgl. Göschen, Goslarer Statuten S. 479 ff. Gengler, Stadtrechte S. 345 (Passau:) nunquam pro qualicunque causa in judicio standi personam habebit.

3) Sächs. Landrecht II, 10 §. 1. II, 66 §. 2. Selbst an sog. gebundenen Tagen kann er dem Richter übergeben werden, I, 66.

führen, sondern, wie oben erwähnt, erst dann, wenn der Angeklagte Jahr und Tag in derselben verharrte.

Diese Verschiedenheit ist wohl zum Theil daraus zu erklären, daß jene Rechtsquellen, wie es der mittelalterlichen Rechtsaufzeichnung eigenthümlich ist, nur die schwersten Fälle ins Auge fassen, während der Sachsenspiegel von der Verfestung als einer allgemeinen Contumacialfolge in Criminalfällen handelt. Auch mag man trotz der Schrecklichkeit der Achtsformeln schon früh diese Formeln nicht mehr als völlig ernst gemeinte behandelt haben. Vor Allem aber ist, wenn wir genau zusehen, die Darstellung des Sachsenspiegels im Grunde gar nicht so abweichend von der in jenen Formeln sich aussprechenden, anscheinend so viel weiter gehenden Auffassung. Den Verlust des Vermögens knüpft freilich der Sachsenspiegel erst an das Verharren in der Reichsacht; wenn aber der Verfestete sofort mit der Verfestung unfähig wird, sein Recht vor Gericht zu verfolgen, so ist damit fast die gleiche Wirkung erreicht, und da nach den meisten Quellen überhaupt nicht eine Confiscation, sondern nur der Uebergang des Vermögens an die Verwandten oder den Herrn in Frage steht, so ist der Unterschied augenscheinlich kein sehr großer. Nach dem Sachsenspiegel ferner ist der Verfestete keineswegs allgemein friedlos, so daß er von einem Jeden straflos verletzt werden könnte; aber auch nach ihm hat der Kläger das Recht, den Verfesteten zu ergreifen und, dies schließt für den Fall, daß dieser sich zur Wehr setzt, auch die Befugniß ihn zu verletzen in sich.[1]) Auch nach dem Sachsenspiegel ferner braucht derjenige, der einen Verfesteten erschlagen hat, sich nicht mit den Verwandten desselben auf Zweikampf einzulassen und war also mindestens processualisch gesichert.[2]) Ueberhaupt kann es nach dem damaligen Beweisrecht wenig Unterschied gemacht haben, ob der Verfestete allgemein oder nur in jenem bestimmten Falle der Verletzung des Klägers preisgegeben war, und im Ganzen muß es als mehr zufällig erscheinen, ob jener Zusatz „falls er sich wehrt" in einer

1) Vgl. Sächs. Landr. II, 69.

2) Sächs. Landrecht I, 64.

Rechtsquelle vorkommt oder nicht. Ausdrücklich allerdings sagt der Schwabenspiegel:[1]) swer einen ehter oder fridebrecher vahen wil unde wert er sich unde sleht man in ze tode oder wundet man in, wen (man) wird dem rihter nihtes schuldig noch sinen vriunden, mag er in nit gesunden vahen, und sleht er in ze tode oder wundet er in, er sol in doch für gerichte bringen, unde sol der richter uber in richten nach siner schulde. Damit soll aber nicht gesagt sein, daß nicht diejenigen Rechtsquellen, welche jene Beschränkung enthalten, in der That einen Fortschritt bekunden; es werden die stärksten Wirkungen der alten Acht oder Verfestung einigermaßen zurückgedrängt, und sie gewinnt dadurch mehr den Charakter einer processualischen Maßregel oder einer bedingten Verurtheilung.

Dabei werden aber die Bestimmungen des älteren Rechts über die Aufnahme und Unterstützung des Verfesteten überall, wenn auch in verschiedenen Wendungen, wiederholt. Wer einen verfesteten Mann herbergt oder speist, sagt der Sachsenspiegel,[2]) soll darum büßen, es sei denn, daß er nachweist, daß er es nicht gewußt habe. In den Stadtrechten werden dafür bestimmte Bußen festgesetzt, hier und da aber wird bestimmt, daß den, der den Verfesteten unterstützt, dieselbe Strafe treffen soll wie den Thäter. Er soll in des Geächteten Stelle sein, auch sein Haus und Hof soll „auf die Erde geschlagen werden" u. s. w.[3]) Die Strenge dieser Bestimmungen ist hier und da durch die bekannte Ausnahme gemildert, daß man den Echter eine Nacht allerdings beherbergen dürfe; morgens aber „soll man ihn lassen reiten oder gehen; das ist gesetzt durch eines Mannes Hausehr willen."[4]) Wird in einem Hause nach einem Verfesteten gesucht, so muß der Wirth denselben entweder herausgeben oder wird selbst verant-

1) Schwabenspiegel (v. Laßberg) 252.

2) Sächs. Landrecht III, 23; vgl. II, 72.

3) Vgl. Budde, Rechtlosigkeit S. 74 ff. Osenbrüggen, Hausfrieden S. 51 ff.

4) Schwabenspiegel (Laßberg) 283. Ruprecht v. Freysingen c. 186.

wortlich, falls er nicht beschwören kann, daß er von der Verfestung nichts gewußt habe.[1])

Das Vermögen des Geächteten bleibt seinen Verwandten. Ausdrücklich wird gesagt: uxor et pueri eius atque omnia bona sua pacem habebunt;[2]) die Erben sollen der Missethat nicht entgelten;[3]) seines Gutes soll sich die königliche Gewalt nicht unterwinden, da der Friedensbruch damit gebüßt sei, daß der Thäter friedlos gelegt wurde.[4]) Ein gewisser Theil des Vermögens aber soll nach vielen Rechtsquellen dem Gerichte oder der Stadt verfallen sein. Bald ist es eine bestimmte Summe (60 Solidi, 10 Pfund), bald ein Drittel des Vermögens u. dergl. Nach einzelnen Stadtrechten soll die Frau und die Kinder des Flüchtigen zwei Drittel erhalten und der Rest der Stadt und dem Herrn der Stadt verfallen sein.[5]) Nur selten ist bestimmt, daß Alles, was der Angeklagte innerhalb der Stadt besitzt, verfallen sein soll.[6]) Aber auch hier können die nächsten Erben gegen eine Buße das in Beschlag genommene Eigen wieder erlangen, und nur die Bestimmung findet sich, daß auch in diesem Falle der Richter „wissenhait nemen" soll von dem Gute und dafür sorgen, daß der Flüchtige nichts davon erhalte.

Wurde nun, wenn der Angeklagte friedlos gelegt war, aus dem Vermögen desselben Wergeld und Buße entrichtet, und wie war es, wenn dies geschah, mit der Fortdauer der Verfestung? Diese Fragen sind nach dem schwankenden Zustande des damali-

---

1) Selbst ein caupo wird zu einem solchen Eide zugelassen. Gengler, Stadtrechte S. 346 (Passau). Wird an einem Orte gesucht, wo gerade ein Tanz stattfindet, so soll der Frauen und Jungfrauen geschont werden. Rechtsbuch nach Distinct. IV. 21.

2) Braunschweig, Urkundenbuch I, S. 2.

3) Schwabenspiegel 43.

4) So nach dem Rechte von Bremen (Oelrichs S. 113), Hamburg (Lappenberg S. 111), Uelzen (Gengler S. 497), Lüneburg (Kraut S. 5 f.)

5) Gaupp II, S. 217. Gengler S. 531. (Ens u. Wien).

6) Gaupp II, S. 20, 29 (Freiburg im Breisgau). Gengler S. 249 (Leobschütz).

gen Strafrechts nicht leicht zu beantworten. Daß dem Kläger sein Wergeld aus dem zurückgelassenen Vermögen ertheilt werden und eben so der Richter seine gebührende Buße erhalten solle, ist in mehreren Quellen gesagt,[1]) wobei aber in Betracht kommt, daß die Abmachung durch Geld der Regel nach eine besondere Vereinbarung zwischen dem Angeklagten einerseits und dem Kläger und Richter andererseits voraussetzte, so daß wohl die Verfestung keineswegs von selbst aufhörte, falls dem Kläger zu seinem Anspruch geholfen war. Meistens wird nur bestimmt, daß wenn sich der Angeklagte vergleichen und das Land wiedergewinnen will, seine Kinder oder Erben ihn nicht an seinem Gute hindern sollen; si vult satisfacere actoribus et civitati, juretur ad id cum propriis bonis.[2]) Hier und da aber wird eine Art Concurs über das Vermögen des Flüchtigen vorgeschrieben, in welchem sowohl der Kläger als die übrigen Gläubiger, si probare quiverint bono testimonio, quod ille debitor suus exstiterit, befriedigt werden sollen.[3]) Erst der Rest unterliegt der Confiscation oder wird, wo diese nicht stattfindet, den Erben des Flüchtigen überantwortet.

Um aber die juristische Natur der Verfestung zu erkennen, ist vor Allem wesentlich, was mit dem Verfesteten geschah, wenn man seiner habhaft wurde. Stellte der Verfestete sich freiwillig, so konnte er eine Wiederaufhebung der Verfestung erlangen, ja dies Ausziehen aus der Acht scheint ein förmliches Recht des Geächteten gewesen zu sein. Die Förmlichkeiten, die dazu nöthig waren, sind in der Regel dahin angegeben, daß der Geächtete um freies Geleit bei dem Richter nachsucht und vor diesem

---

1) In der Magdeburger Belehrung an Breslau von 1295 (bei Gaupp, das alte Magdeburger und Hallische Recht S. 263) heißt es: „und so telt man deme clegere daz wergelt uffe das erbe gewunnen und dem richter sin gewette." Ruprecht v. Freys. c. 36: „man soll aber den chlager davon pessern und dem richter sine rechte pues geben und den lutenn davon geltenn."

2) Gengler, Stadtrechte S. 400 (Salzwedel), S. 497 (Uelzen).

3) Gaupp, Stadtrechte II, S. 218 (Ens), Gengler, Stadtrechte S. 531 (Wien).

beschwört, daß er nicht mehr in der Verfestung sein, sondern sich gegen die Anklage verantworten wolle. Er wird dann unter ähnlichen Förmlichkeiten, wie bei der Verfestung selbst, wieder in den Frieden eingesetzt und sein Recht ihm wiederertheilt, wodurch er in dieselbe Lage kommt, wie vor der Verfestung.[1]) Auf diese Weise konnte sich der Angeklagte auch aus der Reichsacht lösen und darüber die Ausstellung einer Urkunde verlangen, auf Grund deren er überall Wiedereinsetzung in seine Rechte erreichen konnte.[2]) Selbst wer Jahr und Tag in der Reichsacht gewesen und dadurch in die Reichsoberacht verfallen war, konnte, nach dem Sachsenspiegel, noch auf eine Art sein „Recht" (nicht aber sein inzwischen verwirktes Vermögen) wiedererlangen, nämlich durch Auszeichnung vor dem Heere des Kaisers („he ne diustere[3]) vor des keiseres schare, dar he enen anderen koning mit stride bestat; so wint he sin recht weder unde nicht sin gut, dat ime verdelt is.")

Wurde der Verfestete aber in der Verfestung ergriffen und vor Gericht geführt, so ging es ihm nach den meisten Rechtsquellen an's Leben. Ohne weiteren Beweis, als den Nachweis der Verfestung selbst, wurde die Strafe, und zwar der Regel nach die Todesstrafe, an ihm vollstreckt. Der Nachweis der Acht selbst konnte durch Zeugen, die bei der Aechtung zugegen gewesen waren; geführt werden oder durch das Achtbuch, die Tafel, den Bürgerbrief, worin sie verzeichnet worden war.[4]) Außer diesem Nach-

---

1) Sächs. Landrecht I, 68 §. 5: Tiüt aver he sik ut der vestinge, unde kumt he ungevangen vor gerichte, he kumt to sime rechte, als of he nie vervest ne wurde. Ueber den Hergang bei dem Ausziehen II, 4. III, 17. Rechtsbuch nach Distinctionen IV, 20 ff. Schwabenspiegel (Laßberg) 108, 277, 285. Für das Ausziehen mußte in der Regel ein Achtschatz, Achtschilling oder Friedepfenning gezahlt werden.

2) Sächs. Landrecht III, 34. Schwabenspiegel 285. Franklin, de justitiariis S. 85 ff.

3) diusteren bedeutet „den Zweikampf zu Pferde mit dem Speere bestehen." Homeyer S. 410.

4) Vgl. z. B. über die Bestimmungen in Bremen, Lübeck und Hamburg Oelrichs S. 207, Hach S. 290, Lappenberg S. 69.

weis aber war nach den meisten Rechtsquellen kein weiterer Beweis erforderlich. Es wird vielmehr ausdrücklich gesagt, der Ergriffene solle „to rechte en vorwunnen man wesen", „he scal en vorwunnen man bliven, he si ghast oder borghere." [1]) Er soll pro convicto gelten sine aliquo testimonio, [2]) — se ipsum convicit per hoc et condemnavit. [3]) Es sind nicht etwa einzelne Stadtrechte (Hamburg, Lübeck, Augsburg), die dies bestimmen, sondern die große Mehrzahl norddeutscher und süddeutscher Quellen. [4]) Uebereinstimmend heißt es in Kaiser Ludwigs Landrechtsbuch von 1346, daß der wegen Nothzucht Geächtete und in der Acht Ergriffene „der notnunft schuldig" sein soll und im Rechtsbuch nach Distinctionen (IV, 20, 1. IV, 21, 12 u. 13): „die acht nimmt den lip, wenn man die vervesting erczugen mag," der Ergriffene sei „verwonden der schuld, dar er umb vorvested waz, und man bedarf in nicht anderwied vorwinden."

Eine auf den ersten Blick sehr wesentliche Abweichung enthält aber auch in diesem Punkte der Sachsenspiegel und einzelne ihm verwandte Rechtsquellen. Der Sachsenspiegel hat nämlich (II, 66) die Bestimmung, daß der Verfestete, der in der Verfestung ergriffen wird, ebenso wie der in handfester That Ergriffene noch vom Kläger übersiebnet werden müsse, ehe die Strafe an ihm vollzogen werden kann. [5]) Auch die Magdeburger Mit-

---

1) Hamburg (Lappenberg S. 69, 159), Lübeck (Hach S. 290).

2) Gaupp, Stadtrechte II, S. 155 (Murten).

3) Gaupp II, S. 50 (Bern).

4) Vgl. noch die Goslarer Statuten (Göschen S. 59) u. das Augsburger Stadtrecht an vielen Stellen (Walch, Beiträge IV, S. 128, 143, 198).

5) Sächs. Landrecht II, 66 §. 1: Svene man mit der handhaften dat veit, also, alse he gevangen wirt, also sal man ine vor gerichte bringen, unde selve sebende sal ine die klegere vertügen. §. 2. Also dut man den vervesten man, of man die dat getücht, dar umme he vervest wart. (Der letztere Zusatz findet sich nicht in allen Handschriften, s. Homeyer S. 223.) Vgl. Sächs. Landrecht I, 68 §. 5. Richtsteig Landrechts 29 §. 2, 35 §. 6.

theilung an Görlitz [1]) verlangt wenigstens, daß, wenn der Verfestete vor Gericht gestellt ist, der Kläger zunächst beschwören soll, daß er der That schuldig sei, und darnach noch schwören, daß sein Eid „rein sei und nicht mein." Es genügt also nicht der Beweis der Verfestung als solcher, sondern die That selbst muß noch beschworen werden, und die sogenannte Langenbeck'sche Glosse zum Hamburger Recht [2]) constatirt danach ausdrücklich, daß nach sächsischem Recht „die vorvestingh nicht vorwynne den mynsken der schult" und daß nach dem Rechte des Sachsenspiegels man niemanden verurtheilen soll, „he bekenne edder werde verwunnen myt 7 tygen." Sie setzt hinzu: „averst in stadtrechte (nach Hamburger Recht) isszet vele anders."

In der That scheint diese Abweichung sehr bedeutend. Während nach den früher erwähnten Quellen der Verfestete durch die Verfestung selbst der That überführt erscheint, hat er nach diesen Bestimmungen nur sein Vertheidigungsrecht verloren, kann aber noch immer den Beweis der Anklage gegen sich erwarten. Er ist durch die Verfestung nur dem handhaften Verbrecher gleichgestellt, der ebenfalls erst übersiebnet sein muß, ehe die Strafe an ihm vollstreckt wird. Es fragt sich, wie sich diese Abweichung erklärt und welche der beiden Bestimmungen dem Geiste des älteren deutschen Verfahrens mehr entspricht. In dieser Beziehung geht die herkömmliche Auffassung dahin, daß der Sachsenspiegel die allgemein herrschende Auffassung jener Zeit enthalte, ja in dieser Hinsicht, wie in vielen anderen, geradezu als gemeines Recht jener Zeit angesehen werden könne, während jenes andere Princip nur von einigen wenigen besonderen Rechtsquellen, insbesondere von einzelnen Stadtrechten (Hamburg, Lübeck, Augsburg) aufgestellt werde, [3]) ja es wird gesagt, daß sich die Bestimmungen dieser Stadtrechte als eine weitere Entwicklung und Ausbildung des im Sachsenspiegel enthaltenen Grundsatzes

---

1) Gaupp, das alte Magdeb. u. Hallische Recht, S. 304.

2) Lappenberg S. 159.

3) v. Wächter, Beiträge zur deutschen Geschichte S. 70. Köstlin, Geschichte des deutschen Strafrechts S. 175 f.

darstelle.[1]) Allein die Auffassung, daß die Verfestung selbst die Ueberführung enthalte, ist eine in den Quellen des mittelalterlichen Rechts so verbreitete, daß gerade umgekehrt der Satz des Sachsenspiegels mehr als die Ausnahme betrachtet werden muß, und bei näherer Erwägung stellt sich gerade die Anschauung jener anderen Quellen als die ursprünglichere, die des sächsischen Landrechts in gewissem Sinne als die fortgeschrittenere dar. Nur jene nämlich entspricht rein und vollständig dem schon im ältesten Recht nachgewiesenen Contumacialprincip, wonach der hartnäckig ausbleibende Angeklagte unmittelbar als der That schuldig gilt, da es Sache des Angeklagten ist, sich zu vertheidigen und der Verzicht auf Vertheidigung im Sinne des älteren Rechts die Anerkennung der Schuld in sich schließt. Wenn dem gegenüber der Sachsenspiegel den ergriffenen Verfesteten noch nicht als schuldig behandelt, sondern einen weiteren Beweis der Schuld verlangt, so liegt darin schon ein Hinausgehen über die ältere Anschauung, eine mehr rationelle Auffassung, die schon in weiterem Umfange von dem Ankläger den Beweis der Anklage erwartet. Noch näher betrachtet freilich erhebt sich die Frage, ob denn diese Abweichung in der That eine so bedeutende war, wie sie auf den ersten Blick zu sein scheint. Ist die Gleichstellung des Verfesteten mit dem Handhaften wirklich eine Erleichterung seiner Stellung, und hat er viel damit gewonnen, wenn zunächst der Kläger, allein oder mit Eideshelfern, die That noch zu beschwören hat? Es war eben doch nur ein Eid des Anklägers, der verlangt wurde, beziehungsweise die Verstärkung dieses Eides durch die sehr allgemeine Versicherung von Eideshelfern, und wenn auch der Sachsenspiegel (II, 66 §. 1) gerade an dieser Stelle den Ausdruck braucht, der Kläger müsse den Angeklagten selbsiebent „vertügen“ (durch Zeugniß überführen), so ist ja bekannt, wie weit dieses übersiebenen entfernt war von einem Beweis der That durch Zeugen oder durch sonstige Beweismittel im modernen Sinne. Ein erheblicher Unterschied war es also jedenfalls

1) Hälschner, Geschichte des brandenburgisch-preußischen Strafrechts S. 63.

nicht, ob man den ergriffenen Angeklagten auf den Antrag des Anklägers (ein solcher war wohl überall erforderlich) oder, nachdem derselbe die Anklage noch beschworen hatte, der Strafe unterwarf, und so erklärt es sich, wie selbst dem Sachsenspiegel nahe verwandte Rechtsquellen, wie das Rechtsbuch nach Distinctionen und das Goslarer Stadtrecht, jener anderen Auffassung folgen. Insbesondere mag dem Fortbestehen dieser letzteren, trotz der großen Autorität, die der Sachsenspiegel in so weitem Umfange erlangte, der Umstand förderlich gewesen sein, daß die Eintragung der Acht in Register und Bücher allmählich eine festere und gesichertere Einrichtung wurde, durch welche die Verfestung selbst an Ansehen und Bedeutung gewann, und insofern kann man vielleicht sagen, daß jene Stadtrechte, die in der genannten Art vom Sachsenspiegel abweichen, einen in gewisser Hinsicht neueren Standpunkt vertreten, nur darf man dies nicht in jenem oben erwähnten Sinne als eine weitere Entwicklung des im Sachsenspiegel enthaltenen Gedankens bezeichnen.

Ist aber das Schicksal des in der Verfestung ergriffenen Angeklagten in dieser Weise entschieden (mag nun der Kläger die Anklage zunächst noch beschwören müssen oder nicht), so ist offenbar für jene oben erwähnte Auffassung kein Raum, daß die im mittelalterlichen Recht über den Ausgebliebenen gesprochene Acht oder Verfestung nur eine processualische Zwangsmaßregel oder nur eine Strafe der contumacia sei und nicht einer wirklichen Verurtheilung gleichgestellt werden könne. Drohte vielmehr dem Ergriffenen in jener Weise die Execution, so ist offenbar die Verfestung entweder geradezu selbst als Verurtheilung anzusehen oder steht mit derselben doch hinsichtlich ihrer Wirkung ganz auf gleicher Linie.

Sehr merkwürdig jedenfalls wäre es, wenn man hieran deswegen etwa zweifeln wollte, weil an dem ergriffenen Aechter nicht genau diejenige Strafe vollzogen wurde, die er nach der Anklage genau genommen verwirkt hatte. Es wird nämlich sowohl im Sachsenspiegel wie in den meisten übrigen Quellen gesagt, dem Ergriffenen solle es stets an den Hals gehen, selbst wenn die Anklage auf ein an sich nicht todeswürdiges Verbrechen gegangen war. Sächsisches Landrecht I, 68 §. 5: Umme swelkerhande scult die man verfest wert, wirt he. binnen der vestinge gevangen unde vor gericht gebracht, it gat ime an den lief, of he der dat unde der vestinge vertücht wird. Ebenso III, 63 §. 3: Vestinge nimt dem manne sin lif, of he begrepen wert dar binnen. Ebenso wird in den Stadtrechten vielfach gesagt, der ergriffene proscriptus solle aufgehängt werden, es solle über ihn gerichtet werden „als recht ist über einen ächter, das ist dass man in das haupt soll abschlagen, man solle hinz dem richten mit blutiger hand, richten über sein hals an aller slacht widerred u. dergl.[1]) Der Grund dieser Steigerung der Strafe war allerdings wohl weniger die Erwägung, daß der contumax eben um seiner contumacia willen strenger gestraft werden müsse, obwohl auch dieser Gesichtspunkt mitgewirkt haben mag, auch nicht allein die Idee des städtischen Friedens, den der im Gebiete der Stadt ergriffene Aechter gebrochen zu haben schien.[2]) Vielmehr haben wir es hier mit einer Nachwirkung der alten Friedlosigkeit zu thun, durch welche der Verbrecher das Leben verwirkt hatte, eine Rechtsfolge, bei der auch diejenigen Rechtsquellen vorläufig noch stehen blieben, welche im Uebrigen die Wirkungen der Verfestung schon wesentlich gemildert hatten, und die einem Ausgleiche selbst schwerer Verbrechen durch Geldbußen keineswegs abgeneigt waren. Durch die Verfestung hatte der Angeklagte, selbst wenn die Anklage an sich nicht auf ein todeswürdiges Verbrechen ging, sein Leben verwirkt, dies aber gewiß nicht des bloßen Ungehorsams wegen, sondern weil er der That schuldig schien und durch seine Hartnäckigkeit nur noch eine größere Strenge des Rechtes gegen sich herausgefordert hatte. Unmöglich kann man dies Hinausgehen über die Anklage dahin auslegen, daß nicht wenigstens die Anklage selbst als bewiesen angesehen worden wäre. Es heißt vielmehr die ganze Grundanschauung des germanischen Beweisrechts verkennen,

---

1) Vgl. Gengler, Stadtrechte S. 345 (Passau), Walch, Beiträge IV, S. 158, 198 (Augsburg), Rößler, Rechtsdenkmäler I, S. 26 (Prag).

2) Köstlin, Geschichte des deutschen Strafrechts S. 176 f.

wenn man die Verfestung und ihre Wirkungen von dem Beweise der Anklage loslöst und in ihnen nicht vielmehr Maßregeln gegen den durch sein Ausbleiben überwiesenen Verbrecher erkennt.

Dies zeigt sich in denjenigen Rechtsquellen noch deutlicher, welche, die alte Idee der Friedlosigkeit mehr aufgebend, geradezu sagen, der ergriffene Aechter solle der ihm für seine Handlung gebührenden speciellen Verbrechensstrafe unterliegen, reus, quandocunque in urbe capietur, praedictae poenae subjacebit, — eandem poenam sustineat, ac si prima die fuisset comprehensus u. dergl.,[1]) eine Anschauung, die jedoch erst später eine allgemeinere geworden zu sein scheint und bei der Häufigkeit der Todesstrafe gerade im späteren Mittelalter nur geringe praktische Unterschiede herbeiführte.

Diese Bedeutung der Verfestung als einer wirklichen Ueberführung der That ist es, auf die es für den Zweck dieser Schrift wesentlich ankommt. Doch liegt es nahe, noch auf eine Seite der Verfestung einzugehen, die für ihre praktische Bedeutung von großer Wichtigkeit war. Während nämlich schon im fränkischen Reiche, wie wir sahen, die Anschauung sich geltend machte, daß die von irgend einem Gerichte im Reiche ausgesprochene Proscription möglichst für das ganze Reich gelten müßte, stellt sich in dieser Zeit, mit der Abschließung der Territorien, ja der einzelnen Gerichtsbezirke gegen einander und mit dem Aufhören des Amtscharacters der obrigkeitlichen Gewalt geradezu umgekehrt der Satz ein, daß die Verfestung oder Friedloslegung nur Wirkung habe für den besonderen Gerichtsbezirk, in welchem sie ausgesprochen wurde, und daß zwar die in dem höheren Gericht ausgesprochene Acht für alle diesem untergebenen Gerichte wirksam sei, nicht aber die in dem einen Gericht verkündete Acht für andere Gerichte gleicher Art. Niemand sollte den Verfesteten in einem anderen Gerichtsbezirk ergreifen und vor Gericht stellen dürfen, es sei denn, daß die ursprünglich in dem einen Gericht verwirkte Acht ausdrücklich auch „in das andere

1) Gaupp, Stadtrechte II, S. 90 (Freiburg im Uechtlande), 129 Burgdorf), 34 (Freiburg im Breisgau), 50 (Bern).

oder höhere Gericht gebracht" worden, d. h. der Angeklagte auch in diesem anderen oder höheren Gericht geächtet worden sei. Sächsisches Landrecht III, 24 §. 1: Man ne mach nemanne mit nener vestinge verwinnen in enem anderen gerichte. Sve in dem hogesten gerichte vervest wert, die is in all den gerichten vervest, die in dat gerichte horet. Sve aber in me nederen gerichte vervest is, he n'is in den hogesten nicht vervest, he ne werde dar redelike ingebracht.[1]) Derselbe Satz wird in sehr vielen anderen Rechtsquellen wiederholt[2]) und scheint, wenn auch hier und da angezweifelt, doch verhältnißmäßig früh eine feste Autorität erlangt zu haben. Die Glosse zum Sachsenspiegel sagt zu der Stelle, die von der Steigerung der Acht des niederen Richters zu der des höheren handelt (I, 71): dit is wedder de doren, de dar spreken, en vervest man hir, de si allerwegen vervest; sie setzt ausdrücklich hinzu: de hier vervest is bi der elve, de is nicht vervest bi der odere. In der That entsprach diese Anschauung dem damaligen Rechtszustand vollkommen: das einzelne Gericht hatte Bedeutung nur für seinen eigenen Bezirk, und sollte für einen größeren Kreis etwas geschehen, so mußte dies von den Machthabern dieses größeren Kreises oder von dem sog. höheren Gerichte ausgehen. Wen der Gograf verfestet hatte, war darum noch nicht im Gerichte des Grafen, wen dieser verfestet hatte, noch nicht im Gerichte des Königs geächtet.[3]) Doch konnte der Kläger die in dem einen Gericht verwirkte Acht auch in einem anderen nachsuchen und insbesondere von der Steigerung der Acht des niederen Gerichts zur Reichsacht wird mehrfach gehandelt.[4]) A judice terrae curiae regiae tradetur proscribendus, — sua debeat

1) Vgl. Sächs. Landrecht II, 63 §. 2. II, 66 §. 2 am Ende. I, 71.

2) Vgl. z. B. Rechtsbuch nach Distinctionen IV, 20, 2. IV, 21, 15. Budde, Rechtlosigkeit S. 156 u. A.

3) Sächs. Landrecht I, 71.

4) Sächs. Landrecht I, 71. Rechtsbuch nach Distinctionen IV, 20, 2. Schwabenspiegel (Laßberg) 103, 137, 285.

regiae vel imperiali curiae denunciari proscriptio.[1]) Wer mit rechter klag hier in die acht kumt, wil man den fürbas bringen in des königs acht, der soll des Vogts Brieff nemen und in dem könig bringen, so soll im der könig jenen in die acht tun, war (wo) er in sinem riche ist.[2]) Wie sich aber die Acht des niederen Richters nur zu oft als unwirksam erwies und sich wohl der Regel nach nur als eine Verbannung aus dem kleineren Kreise darstellte, so war auch die Acht des höheren Gerichts nur zu oft von geringer und verhältnißmäßig noch geringerer Bedeutung, indem sie nicht einmal eine solche Verbannung aus diesem größeren Kreise herzustellen im Stande war. Gerade der Reichsgewalt fehlte es nicht selten an den Organen, um die Vollstreckung der Reichsacht durchzusetzen, und es ist bekannt, daß schon im Mittelalter, trotz der wiederholten Einschärfung der Reichsgesetze „des Reiches Acht und Aberacht zu halten," die Reichsacht nicht selten als ziemlich illusorisch verspottet wurde. Ja, es kam vor, daß, nachdem der Angeklagte Jahre lang in der Reichsacht verharrt hatte und längst der Reichsoberacht verfallen und also ehrlos und rechtlos und dem Rechte nach völlig friedlos geworden war, man schließlich erst den geistlichen Richter, den Bischof, angehen mußte, um durch die Excommunication des Thäters doch wenigstens irgend einen Erfolg zu erreichen.[3])

Wirksamer, als die Steigerung der Verfestung zur Reichsacht, war es, wenn hier und da in den Territorien vorgeschrieben wurde, daß die in einem bestimmten Gericht ausgesprochene Acht für das ganze Territorium gleichmäßige Wirkung haben sollte. Wie es z. B. von Böhmen heißt[4]): Wer da zu Prage in der grossen stat geecht wirt umb cheinerlei untat (irgend eines Verbrechens wegen), der sol in dem lant zu Bechem

1) S. Franklin, de justitiariis S. 83 Anm. 11 (aus Rudolf I. Privileg an Rotenburg).

2) Walch, Beiträge IV, S. 125 (Augsburg).

3) Vgl. Franklin, de justitiariis p. 87 ff.

4) Rößler, Rechtsdenkmäler I, S. 27 ff., vgl. S. 17 f.

in allen steten und in allen dorfern, si sein des chuniges oder der heren oder wes si sein, geecht sein. Und wo es an solchen Festsetzungen für ein ganzes Territorium fehlte, halfen sich die Städte und Herrn durch Verträge und Einungen unter sich. In allen Städten lübischen Rechtes galt der Grundsatz, daß, wer in einer Stadt nach lübischem Recht friedlos gelegt war, auch in einer anderen nicht aufgenommen werden sollte, vielmehr auch dort vom Kläger zur Verantwortung gezogen werden konnte. Ohne weiteren Beweis der That konnte also auch in der fremden Stadt der Kläger die Vollstreckung der Strafe an dem Verfesteten durchsetzen, und selbst der in seine Heimathstadt Zurückgekehrte, der auswärts verfestet worden war, mußte sich dies gefallen lassen.[1]) Die niederlausitzischen Städte Guben, Crossen, Sagan, Sommerfeld und Triebel erlangten im Jahre 1318 ein Privileg von dem Markgrafen Woldemar zu Brandenburg, daß ein jeder, der in einer dieser Städte verfestet oder geächtet werden würde, in jeder der anderen angehalten und zur Strafe gezogen werden könne.[2]) Auch versprachen die Fürsten hier und da, den von einer bestimmten Stadt Geächteten kein freies Geleit geben zu wollen, und es wurde von Seiten der fürstlichen Gewalt auch darauf gehalten, daß die an dem einen Orte ausgesprochene Acht auch den übrigen Städten mitgetheilt werden sollte, damit auch dort auf die Geächteten gefahndet werden könne. So verordnete[3]) beispielsweise der König Johann von Böhmen im Jahre 1339, daß alle diejenigen, welche in den Städten Breslau, Glogau, Bautzen, Kamenz, Löbau, Strehlau und Ohlau wegen Raubes, Brandes oder Dieberei geächtet werden würden, den anderen Städten angezeigt werden sollten. Noch lange aber mußte man sich mit Verträgen unter einander oder mit Privilegien zu helfen suchen. So schlossen die Städte Glogau, Sagan, Freistadt, Steinau, Sprottau, Lüben und Guhrau im Jahre 1310 einen solchen Vertrag, und die Markgrafen von Brandenburg verbieten

---

1) Hach, das alte lübische Recht S. 585.

2) S. Klotzsch, das Verzellen, Dresden 1765. S. 114.

3) Tzschoppe u. Stenzel, Urkundensammlung S. 220.

ihren Vögten und Beamten, die Acht über die in Bautzen Geächteten aufzuheben, ehe dieselben Genugthuung geleistet haben würden.[1]) Auf diese Weise wurde doch in gewissem Umfange dafür gesorgt, daß das Urtheil des einzelnen Gerichts nicht ganz ohne Bedeutung blieb. Dennoch muß der Rechtszustand ein höchst unvollkommener genannt werden, nach welchem die Acht, die für den speciellen Gerichtsbezirk eine so nachdrückliche Bedeutung haben sollte, außerhalb desselben, ohne derartige besondere Vereinbarungen, nicht einmal die Ergreifung des Angeklagten rechtfertigte.

Nur für die Urtheile gewisser Gerichte war dies nach allgemeiner, wenn auch nicht unbestrittener Ansicht jener Zeit, anders. Die Vehmgerichte, wie sie Gerichtsbarkeit beanspruchten für alle Personen im Reich, so sollte ihre Acht auch gleich der Reichsacht Wirksamkeit haben für das ganze Reich.[2]) Und während die Reichsacht oft ohne Ausführung blieb, weil es der Reichsgewalt an den nöthigen Organen zur Vollstreckung sehr häufig fehlte, so bestand die Eigenthümlichkeit der Vehmgerichte und ihre furchtbare Gewalt gerade darin, daß ihnen hunderte und zeitweise tausende von Armen zur Vollstreckung ihrer Urtheile zu Gebote standen. Der Bund der Vehmschöffen, der sich zu Zeiten über ganz Deutschland erstreckte und Leute aus allen Ständen zu seinen Mitgliedern zählte, hatte einmal den Zweck, schwere Verbrechen möglichst zur Anklage zu bringen, und ersetzte dadurch in nicht unerheblicher Weise die im Mittelalter so schwach entwickelte Officialverfolgung der Verbrechen; eine zweite hervorragende Seite seiner Bedeutung aber liegt darin, daß die Vehmschöffen zugleich zur Vollstreckung der Vehmurtheile eidlich verpflichtet wurden. Mochte diese Verpflichtung den Kläger oder ein anderes Mitglied des Bundes treffen, selten fehlte es an Händen, die auf irgend eine, offene oder heimliche, Weise das Urtheil vollstreckten. Und dieses Urtheil war begreiflicher Weise

---

1) Tzschoppe u. Stenzel, Urkundensammlung S. 219 f., 442.

2) Vgl. bes. v. Wächter, Beiträge zur deutschen Geschichte, S. 21 ff., 208—218.

in den allermeisten Fällen die Acht oder Vervehmung, die über den ausgebliebenen Angeklagten gesprochen wurde. War der Angeklagte unter den besonderen Förmlichkeiten, welche von den Vehmrechtsbüchern hierfür vorgeschrieben waren, mehrmals geladen und vor dem Freistuhl ausgeblieben, so wurde er in diesen Gerichten, wie in den gewöhnlichen Gerichten, in die Acht erklärt. Abweichend ist wohl nur, daß im Vehmproceß der Ankläger stets noch mit Eideshelfern die Anklage zu beschwören hatte,[1]) während nach den übrigen Quellen, wie wir sahen, die Ladungen und die contumacia des Angeklagten als Beweis der Anklage genügten. Diese Abweichung, offenbar dadurch veranlaßt, daß die Vervehmung auf direkte Vollziehung berechnet war, ist aber nach der oben schon berührten Natur des Eidhelferbeweises offenbar eine geringe und nimmt dem Contumacialurtheil des Vehmprocesses nicht seine Bedeutung als einer im Wesentlichen auf Grund der contumacia und des daraus abgeleiteten Schuldbekenntnisses ergangenen Entscheidung. Diese Entscheidung nicht als eine Entscheidung in der Sache selbst, sondern etwa als processualische Zwangsmaßregel oder als Mißbilligung der contumacia aufzufassen, ist völlig unmöglich. Wenn es hier, ähnlich, aber wo möglich noch kräftiger, als bei der Friedloslegung der gewöhnlichen Gerichte, heißt,[2]) daß der Beklagte „aus dem Frieden, aus dem Recht und aus den Freiheiten gesetzt wird, die Kaiser Carl gesetzt und Papst Leo bestätigt haben," daß er „vom höchsten Grad zum niedrigsten Grad geworfen" und aus allen Freiheiten in den höchsten Unfrieden gesetzt werde, daß er echtlos, rechtlos, ehrlos, friedelos sein solle, wenn er „verführt und vervehmt wird nach Satzung der heimlichen Acht" und sein Hals dem Stricke, sein Leichnam den Thieren und Vögeln in der Luft geweiht wird ihn zu verzehren, wenn sein Weib für eine Wittwe, seine Kinder für Waisen erklärt werden, wenn er „von den vier Elementen, die Gott den Menschen zum Troste gegeben hat,

---

1) v. Wächter, Beiträge S. 208.

2) Vgl. v. Wächter, Beiträge S. 30, 209 f. Wigand, das Femgericht Westphalens, Hamm 1825. S. 434.

gewiesen wird, also daß man mit ihm thun und verfahren mag als mit einem andern verfeymten Missethäter," wenn seine Seele schließlich „Gott im Himmel in seine Gewalt befohlen wird, wenn er sie zu sich nehmen will," — so kann von jener oben erwähnten Auffassung, die in der Acht noch nicht einmal eine Verurtheilung erblickt, gar keine Rede mehr sein. Die Vertreter derselben drücken sich denn auch hinsichtlich der in den Vehmgerichten ausgesprochenen Acht ziemlich unbestimmt aus. So sagt Walther,[1]) in dem Contumacialverfahren der westfälischen Vehmgerichte sei, „weil sie kaiserliche Gerichte waren, immer sofort die strengste Acht ausgesprochen." Richtiger bemerkt Abegg:[2]) „Bei dem Verfahren in den Vehmgerichten kommt ein der Acht ähnliches und diese sogar an Strenge überwiegendes Princip vor, indem durch die Vervehmung, wenn sich der Vervehmte nicht rechtlich herauszog, er einem überwiesenen Verurtheilten gleich war; die Folge war dann, daß jeder Freischöppe das Urtheil an ihm zu vollstrecken berechtigt war." Nur überwiegt die Vervehmung die gewöhnliche Acht (mindestens wie die letztere in den meisten Quellen vorkommt) nicht deswegen an Strenge, weil nur bei ihr der Geächtete als verurtheilt angesehen worden wäre, sondern wegen derjenigen Folge, die in der letzten Bemerkung Abegg's ausgesprochen wird, deswegen nämlich, weil durch den Vehmbund auch für eine Vollstreckung des Urtheils gesorgt wurde.

3) Das Ausland, das canonische Recht und die italienischen Juristen.

1. In den deutschen Rechtsquellen des Mittelalters war das Strafverfahren gegen Abwesende, wie wir gesehen haben, wesentlich nach dem Grundsatz gestaltet, daß der Ausbleibende für überführt erachtet wurde; das Ausbleiben selbst genügte, um ihn als schuldig erscheinen zu lassen, und wenn über den Ausgebliebenen

1) Walther, die Rechtsmittel im Strafverfahren II, S. 200.

2) Abegg, Untersuchungen aus dem Gebiete der Strafrechtswissenschaft S. 297.

nicht die specielle dem Verbrechen gebührende Strafe erkannt, sondern er in die Acht erklärt wurde, so war dies nur noch ein Zusatz zur Strafe, oder vielmehr es galt der hartnäckig widerstrebende Angeklagte für noch schwerer verantwortlich als derjenige, der sich zur Entscheidung der Sache einfand.

Ein ganz ähnliches Achtsverfahren, wie nach den deutschen Quellen, finden wir nun im Mittelalter auch in England, Frankreich und Italien in Anwendung, und noch größer ist die Verwandtschaft mit den deutschen Rechtsquellen im engeren Sinne natürlich in den Statutarrechten der Länder, welche, wie die Niederlande, mit dem deutschen Reiche näher zusammenhingen und lange Zeit zu demselben in dem Verhältniß politischer Zugehörigkeit standen. Von den niederländischen Quellen hat Jolles in der mehrfach genannten Abhandlung über das Strafverfahren gegen Abwesende eingehende Rechenschaft gegeben,[1]) und aus den mannigfachen von ihm angeführten Quellenstellen geht hervor, daß auch in diesen Gegenden der ausbleibende Angeklagte schließlich in die Acht oder den Bann erklärt wurde, daß der Geächtete unfähig sein sollte, vor Gericht sein Recht zu verfolgen, daß er, mindestens dem Ankläger gegenüber, schutzlos war, und daß, falls er ergriffen und vor Gericht gestellt wurde, die Strafe unmittelbar an ihm vollstreckt werden sollte. Aus dem zurückgelassenen Vermögen des Angeklagten soll dem Kläger Genugthuung geleistet werden, die Frau und die Kinder des Entwichenen sollen daraus unterstützt werden oder bestimmte Antheile erhalten, der Rest aber soll, wie mehrfach gesagt wird, der Confiscation unterliegen. Auch nach diesen Rechtsquellen bleibt, ähnlich wie nach den eigentlich deutschen Quellen, mehreres unklar und manches scheint schwankend gewesen zu sein. So wird, wie schon angedeutet, die Friedlosigkeit des Gebannten mehrfach nur auf sein Verhältniß zu den Verwandten des Erschlagenen bezogen und diesen Personen ausdrücklich die Uebung der Blutrache gestattet, während anderwärts von einer

1) Jolles, de absentibus in causis criminalibus, Amstelodami 1844, S. 42 ff.

allgemeineren Schutzlosigkeit des Angeklagten und dann wieder überhaupt nur von einer Ergreifungsbefugniß ihm gegenüber die Rede zu sein scheint. Auch nach diesen Rechtsquellen findet die Verbannung des Angeklagten nicht bloß als Contumacialfolge Anwendung, sondern zugleich als Strafmittel überhaupt, was sich u. A. darin zeigt, daß der Angeklagte in gewissen Fällen auf bestimmte Zeit verbannt wird oder bis dahin, wenn er z. B. durch eine Betfahrt seine Schuld gesühnt haben würde. Auch hier endlich wird die Steigerung der niederen Acht zur höheren Acht erwähnt und mehrfach vorgeschrieben, daß der z. B. in einer Stadt Geächtete auch aus allen Landen, die zur Grafschaft von Holland und Seeland gehören („uyt der lande, der Graeffelykheit von Holland ende Zeeland toebehoerende") verbannt werden soll. Das Privileg z. B. des Herzogs Philipp von Burgund an die Stadt Zierikzee vom Jahre 1425[1]) bestimmt, daß, wenn ein Bürger von Zierikzee erschlagen wird, die Thäter (und zwar alle „die hem smerte deden") ihr Leben gegen den Herrn und die Verwandten des Erschlagenen verloren haben sollen. Dazu soll aus ihren Gütern der Todtschlag vergolten werden, und sind oder werden sie flüchtig, so soll man sie „gewinnen mit vier Dingtagen" und darauf in die Acht erklären. Selbst wenn sie sich dann mit den Betheiligten versöhnen und auch dem Grafen genugthun, sollen sie noch zwei Jahre hindurch (twe jaren agter een) der Stadt fernbleiben.

Für das englische Strafverfahren des Mittelalters kommt auch in diesem Punkte vorzugsweise die Darstellung Bractons in Betracht, der in seinem Werke de legibus et consuetudinibus Angliae auch das Strafverfahren gegen Ausbleibende behandelt.[2]) Danach war die schon in den angelsächsischen Rechts-

---

1) S. Jolles, de absentibus S. 47.

2) Bracton, de legibus et consuetudinibus Angliae lib. III. de corona cap. 3. Ausführliche, nach d. Zeugnisse Biener's sehr zuverlässige Mittheilungen aus Bracton u. den übrigen englisch. Rechtsbüchern des Mittelalters (Glanvilla u. s. w.) giebt Reeves, history of the english law, London 1787, B. II, S. 15 ff. Vgl. Mittermaier, das deutsche Strafverfahren,

quellen vorkommende utlagatio (in der späteren englischen Rechtssprache outlawry) im ganzen Mittelalter in England die regelmäßige Rechtsfolge, wenn auf eine eigentliche Criminalanklage der Angeklagte nach mehrmaligen Ladungen (es werden fünf Ladungen erwähnt) vor Gericht ausblieb. Er wurde für outlaw erklärt, wodurch er aller Rechte verlustig ging und nicht mehr über sein Vermögen verfügen konnte. Wenn aber die angelsächsischen Quellen die utlagatio als wirkliche Friedlosigkeit und als völlige Schutzlosigkeit gemeint hatten, so ist bei Bracton, ähnlich wie im Sachsenspiegel, nur von einer Ergreifungsbefugniß gegenüber dem utlagatus die Rede; er gilt als außer dem Gesetz stehend nur insofern, als er ergriffen und vor Gericht gestellt werden konnte. Auch in England aber scheint die Auffassung der Acht eine sehr schwankende gewesen zu sein. Denn es bemerkt u. A. Reeves in der oben angeführten Darstellung, nachdem er die Ansicht Bractons mitgetheilt: „tho' it seems that in the counties Hereford and Glocester in the neighbourhood of the marches of Wales, outlaws were in all cases considered literally as capita lupina.“ Auch ohne die Nachbarschaft von Wales wäre dies gerade als germanisch leicht zu erklären, und auch in England wird manches Statutarrecht sich noch sehr alterthümlich und schroff geäußert haben zu einer Zeit, als die mehr gelehrten Verfasser der Rechtsbücher schon einer gemäßigteren und moderneren Auffassung folgten. Das ist aber auch in diesen Rechtsbüchern festgehalten, daß an dem ergriffenen utlagatus ohne weiteren Proceß die Strafe, und zwar die Todesstrafe vollstreckt werden sollte. Wer nicht vorher die Gnade des Königs erlangt hatte und im Bann ergriffen wurde, mußte sterben; denn „justum est judicium,“ heißt es bei Bracton, „quod sine lege et judicio pereat, qui secundum legem vivere recuset.“ Diese Rechtsfolge der Acht ist in England erst später gemildert worden, und wenn wir sehen werden, daß sich in England das Achtsverfahren bis in die Gegenwart erhalten

---

4. Aufl., B. II, S. 674 f. Walther, die Rechtsmittel im Strafverfahren Abth. II, S. 208 ff.

hat, so hatte lange Zeit dasselbe gerade darin seine Hauptbedeutung, daß der für outlaw Erklärte als überführt angesehen wurde.

Auch in Frankreich scheint ein dem deutschen wesentlich gleiches Achtsverfahren im Mittelalter durchweg geherrscht zu haben.[1]) Nach mehrmaligen Ladungen, die entweder dem Angeklagten persönlich zugestellt oder öffentlich angeschlagen wurden und in denen derselbe aufgefordert wurde „pour cognoistre ou pour defendre", sollte auch hier der Angeklagte in den Bann erklärt werden, wobei ausdrücklich erwähnt wird, daß das Vermögen des Angeklagten gerichtlich in Beschlag genommen werden sollte (describuntur omnia et sub justitiae jugo et manu reducuntur).[2]) Auch wird, wie in einzelnen deutschen Rechtsquellen, erwähnt, daß das Haus des Gebannten zerstört werden soll, und es kommt vor, daß der König seinen Beistand verspricht, renitente in die Acht erklärte Barone zu bewältigen.[3]) Ueber die persönliche Stellung des Geächteten während der Acht scheint auch in Frankreich die Auffassung einigermaßen unklar gewesen zu sein; das aber wird in dem Rechtsbuch von Beaumanoir mit Bestimmtheit gesagt,[4]) daß der ergriffene Verbannte als justicié du fét hingerichtet werden soll für die That, deren er angeklagt worden war. Es wurde also auch in Frankreich der Ausgebliebene als schuldig betrachtet, und es bedurfte, wenn man seiner habhaft geworden war, keines weiteren Processes. Erst durch den Einfluß der gelehrten Jurisprudenz, insbesondere durch die italienischen Juristen, kam es allmählich dahin, daß dieser Satz gemildert und

---

1) Vgl. Stein, Geschichte des französischen Strafrechts und Processes (Warnkönig und Stein, französ. Staats- und Rechtsgeschichte B. III) S. 164, 171, 246 ff., 579 f.

2) Vgl. Claudius de Battandier, causarum criminalium praxis reg. 18 n. 2 (bei Modius, rer. crim. praxis et tractatus I, S. 541).

3) Stein, Geschichte S. 559 f.

4) Vgl. Stein, Geschichte S. 246 f.

auch dem Ergriffenen noch in rechtlicher Form der Beweis seiner Unschuld gestattet wurde.[1])

2. Zu einer moderneren Auffassung des Achtsverfahrens trug aber außer dem allgemeinen Fortschritt der Zeit insbesondere die Ansicht der Kirche und das Verfahren in den geistlichen Gerichten nicht unerheblich bei. Zwar bediente sich auch die Kirche, ganz ähnlich wie das weltliche Recht, der Excommunication als Strafmittel, die als die kirchliche Acht aufgefaßt werden kann und vorzüglich dann zur Anwendung kam, wenn der Thäter sich weigerte sich der kirchlichen Buße zu unterwerfen. Die Excommunication oder der geistliche Bann schließt den Betroffenen von dem kirchlichen Rechtskreise aus und gleicht darin offenbar der Verfestung oder Acht des weltlichen Rechts. Auch stand es im Mittelalter fest, daß der geistliche Bann, wenn der Betroffene sich nicht in bestimmter Zeit daraus löste, zur weltlichen Acht führen konnte, und es scheint daher die Kirche sich ganz der Auffassung des weltlichen Rechts anzuschließen. Allein von einer eigentlichen Friedlosigkeit, wie im weltlichen Recht, ist bei der Excommunication nicht die Rede, und ferner dringt die Kirche allmählich darauf, daß die Verhängung eines jeden rechtlichen Nachtheils über den Abwesenden auf einer gerichtlichen Cognition, auf einer Ermittelung des wirklichen Sachverhältnisses beruhe. Zwar konnte die Excommunication schließlich auch um des bloßen Ungehorsams willen erkannt werden, allein sobald es sich um die Anschuldigung eines Vergehens handelte, sollte stets das Vergehen selbst näher untersucht werden, ehe eine Strafe ausgesprochen wurde. c. 11 Causa II quaestio 1: Nemo episcopus, nemo presbyter excommunicet aliquem, antequam causa probetur, propter quam ecclesiastici canones hoc fieri jubent. Si quis autem adversus eam excommunicaverit aliquem, ille quidem, qui excommunicatus est, majoris sacerdotis auctoritate ad gratiam sanctae communionis redeat. Allerdings wird mehrfach scheinbar das Gegentheil gesagt; so heißt es c. 10 Causa III quae-

1) Vgl. Claudius de Battandier regula 18 u. 21.

stio 9: Decernimus vestram debere intra provinciam esse judicium et congregari synodum ante diem Calendarum Novembrium: ut si adesse voluerit, praesens, si confidit, ad objecta respondeat: si vero adesse neglexerit, dilationem sententiae de absentia non lucretur. Nam manifestum est, confiteri eum de crimine, qui indulto et toties delegato judicio, purgandi se occasione non utitur. Nihil enim interest, utrum in praesenti examine non (?) omnia, quae dicta sunt, comprobentur, cum ipsa quoque pro confessione procurata toties constet absentia.[1]) Allein hier handelt es sich wohl nur um die Rechtfertigung der schließlichen Aburtheilung selbst, und jener allgemeinere Satz, daß der kirchlichen Strafe eine causae cognitio voraufgehen müsse, ist damit wohl zu vereinigen. Insbesondere hatte der letztere Bedeutung für das Vorgehen gegen Geistliche mit der privatio beneficii und Deposition. Voraussetzung dieser Maßregeln war keineswegs, daß der angeschuldigte Geistliche sich zu einem förmlichen in seiner Gegenwart stattfindenden Verfahren gestellt hatte, sondern es konnte beides auch über den Abwesenden ausgesprochen werden. In c. 8 X. de dolo et contumacia 2, 14 wird über einen episcopus Curiensis, den seine canonici sowie die publica infamia schwerer Verbrechen und der Dilapidation des Kirchenguts bezüchtigt hatten, nachdem er schon vorher vom Amte suspendirt worden war, schließlich die sententia perpetuae depositionis verhängt. Dies geschieht aber nicht auf Grund der contumacia als solcher, obwohl entschiedenes Gewicht darauf gelegt wird, daß der Angeschuldigte sich vor dem vom Papste ernannten Richter nicht verantwortet habe; vielmehr wird ausdrücklich erwähnt, daß die Schuld des Bischofs durch eine Reihe in seiner Abwesenheit vernommener Zeugen festgestellt worden sei; es werden abbates, priores, praepositi et alii religiosi viri genannt, per quos quemlibet articulum criminum praedictorum constat fuisse

1) Vgl. c. 6 Causa XXIV quaestio 3: „ne ipsa te magis absentia obnoxium his quae dicuntur assignet."

probatum. Ebenso ist an mehreren anderen Stellen das Erforderniß ausgesprochen, daß der Abwesende der That überführt sei,[1]) oder es wird doch nur gesagt, daß die contumacia des Angeklagten zu dem schon vorhandenen Verdacht noch eine erhebliche Beschwerung hinzufüge. c. 7 in VI^{to} de haereticis 5, 2: cum contumacia (in causa praesertim fidei) suspicioni praesumtionem adjiciat vehementem.

Augenscheinlich ging die Tendenz der Kirche darauf hin, dem Angeschuldigten zwar Gelegenheit zu geben, sich zu verantworten, wenn er aber sich dem Richter nicht stellte, dann auch in seiner Abwesenheit den Fall zu untersuchen und zu entscheiden. Wenn, im scheinbaren Widerspruch hiermit, auch in den canonischen Rechtsquellen mehrfach gesagt wird: absente adversario non audiatur accusator, nec sententia absente alia parte a judice dicta ullam obtineat firmitatem,[2]) — absens vero nemo judicetur, quia et divinae et humanae hoc prohibent leges,[3]) — necesse est secundum sacrarum scripturarum documenta ac secundum justitiae tramitem, et accusatum et accusatorem simul adesse, et unam partem, quantacunque et qualicunque praedita sit auctoritate, sic prorsus audiri, ut alteri parti nullum praejudicium irrogetur,[4]) — so beziehen sich diese Sätze wohl vorzugsweise darauf, daß der Angeklagte aufgefordert sein mußte, sich zu stellen, und haben also keinen anderen Sinn als den folgenden: nec nos contra inauditam partem aliquid possumus diffinire,[5]) und quia nemo praepropere vel praepostere, scilicet non commonitus neque conventus, est judicandus.[6]) Sie sind danach mit dem obenerwähnten Verfahren sehr wohl zu vereinigen, wie denn auch c. 24 X. de accusationibus 5, 1, den scheinbaren Widerspruch aufklärend, deutlich bemerkt: debet igi-

1) Vgl. c. 24 X. de accusationibus 5, 1.
2) c. 11 Causa III qu. 9.
3) c. 13 Causa III qu. 9. Vgl. c. 1, 2, 3, 12, 14 eod.
4) c. 21 eodem.
5) c. 1. X. de causa possessionis 2, 12.
6) c. 6 Causa XXIV qu. 3.

tur esse praesens is, contra quem facienda est inquisitio, nisi se per contumaciam absentaverit. Theilweise allerdings mögen jene Sätze allerdings doch eine speciellere Bedeutung gehabt haben. Soweit nämlich der canonische Strafproceß noch Anklageproceß geblieben war, scheint man auch in den geistlichen Gerichten daran festgehalten zu haben, daß ein Beweisverfahren nur in Gegenwart des Angeklagten stattzufinden habe, es sei denn, daß die Parteien schon in ihrer Gegenwart litem contestirt hätten. Wie nämlich das canonische Recht die römischen Vorschriften über das Contumacialverfahren in Civilsachen dahin auffaßte, daß nur, wenn die Parteien litem contestirt hätten, der Beweis der Klage zu führen sei, so wurde auch im Strafverfahren die Aufnahme von Beweisen, insbesondere die Abhörung von Zeugen in Abwesenheit des Angeklagten für ungehörig gehalten. Vgl. c. 5 X. ut lite non contestata non procedatur ad testium receptionem vel ad sententiam definitivam 2, 6. Es beruht diese Ansicht weit weniger auf einer Abneigung des canonischen Rechts gegen Contumacialurtheile, als vielmehr auf der mittelalterlichen und germanischen Anschauung, wonach der Ausbleibende ohne Beweis als schuldig angesehen wurde und nur wenn er über die Anklage sich noch selbst als Gegenwärtiger erklärt und also „litem contestirt“ hatte, eine weitere Beweisführung erforderlich schien.

Die Formen des Anklageprocesses aber kamen immer seltener in den geistlichen Gerichten zur Anwendung; immer mehr wurde die inquisitorische Untersuchung der Straffälle Regel, und zwar nicht nur, wenn es sich um Disciplinarvergehen der Geistlichen handelte, sondern auch bei kirchlichen Vergehungen der Laien. Für alle diese Fälle eines inquisitorischen Einschreitens („quando excessuum inquisitio imminet facienda“) wird die Aufnahme des Beweises, insbesondere die Abhörung von Zeugen auch in Abwesenheit des Angeschuldigten ausdrücklich unbeschränkt für zulässig erklärt: absque litiscontestatione legitime possunt testes produci.[1]) Auch die schon angeführte Stelle c. 24 X. de

---

1) c. 5 §. 5 X. ut lite non contestata 2, 6.

accusationibus 5, 1 hat jedenfalls die Bedeutung, daß ein inquisitorisches Verfahren unbeschränkt gegen den contumax geführt werden könne.

Bestimmte Formen für dies inquisitorische Contumacialverfahren des canonischen Rechts scheinen nicht weiter bestanden zu haben. Doch scheint auf das Ausbleiben des Angeklagten der Regel nach zunächst die Excommunication ergangen und erst einige Zeit (ein Jahr) darauf die eigentliche Verurtheilung des Angeschuldigten wegen des angeschuldigten Verbrechens ausgesprochen worden zu sein. So heißt es c. 7 in VI^{to} de haereticis 5, 2: si suspectus de haeresi revocatus a vobis ut de fide respondeat, excommunicationis vinculo (pro eo, quod parere subterfugit aut contumaciter se absentat) per vos fuerit innodatus, quam si per annum animo sustineant pertinaci, extunc velut haereticus condemnetur. Es soll erst, wenn der Angeschuldigte ein Jahr hindurch im geistlichen Bann verharrte, seine definitive Verurtheilung wegen des ihm schuldgegebenen Vergehens erfolgen. Es mag hierbei ebenso sehr das Vorbild des römischen Rechtes eingewirkt haben, nach welchem ein Jahr nach der öffentlichen Ladung des Angeklagten und der Beschlagnahme seines Vermögens das letztere confiscirt werden sollte, als der (wenigstens für die Reichsacht feststehende) germanische Grundsatz, daß erst, wer Jahr und Tag in der Acht verharrt war, definitiv geächtet sein sollte.

Durch die genannten Grundsätze hatte nun das canonische Recht offenbar einen bedeutenden Schritt über das mittelalterliche Achtsverfahren hinaus gethan. Während dieses den ausgebliebenen Angeklagten für friedlos erklärte ohne nähere Feststellung des Falles und ohne Verurtheilung zu der speciellen dem Verbrechen gebührenden Strafe, verlangte das canonische Recht eine Ermittlung und Entscheidung des Falles auch in Abwesenheit des Angeschuldigten. Es that dies in Consequenz des in ihm wirksamen inquisitorischen Princips, welches dem nach der Verhandlungsmaxime geordneten Strafverfahren des Mittelalters in hohem Grade überlegen war. Erst jetzt war die Pflicht erkannt, daß das Gericht, statt auf eine rohe Präsumtion der Schuld, nur nach wirklicher Ueberzeugung entscheiden sollte. Keineswegs aber führte diese sich mehr und mehr Bahn brechende inquisitorische Idee zu einer Aufnahme des römischen Satzes ne absens damnetur. Dieser aus dem Accusationsprincip des römischen Strafverfahrens hervorgegangene Gedanke wurde vom canonischen Recht kaum noch für den Anklageproceß, der allmählich die Ausnahme bildete, festgehalten und für das inquisitorische Verfahren, das nach und nach Regel wurde, ganz bei Seite gelassen.

3. Wie lange es jedoch noch dauerte, bis die Consequenz des inquisitorischen Princips sich auch im weltlichen Strafverfahren klar entwickelte, zeigt sich in den Lehren der italienischen Juristen, zu denen jetzt überzugehen ist. Auch bei ihnen tritt schon in ziemlich entschiedener Weise der Gedanke hervor, daß es im Strafverfahren gegen Abwesende auf eine rationelle Ermittlung und Entscheidung des Falles ankomme, sie stehen aber andererseits noch fast sämmtlich in einem solchen Grade unter dem Einfluß des von ihnen vorgefundenen Achtsprocesses, daß die mannigfachsten Widersprüche dadurch veranlaßt werden. Vielfach geben sie sich Mühe, die oft barbarischen Satzungen der Local- und Statutarrechte ihrer Zeit zu ermäßigen und in vernünftigerem Sinne umzugestalten, und der Geist, in welchem sie dies thun, ist offenbar die Tendenz zu einem mehr inquisitorischen Verfahren. Gerade deswegen aber sind sie weit entfernt davon, den in den Quellen des römischen Rechts von ihnen vorgefundenen Satz ne absens damnetur zur praktischen Anwendung zu empfehlen. Dieser Satz wird zwar gemäß der einmal herrschend gewordenen Auffassung des römischen Rechts von ihnen als Satz des gemeinen Rechts behandelt, die von ihnen vorgefundene abweichende generalis consuetudo aber konnte dem gegenüber durchaus nicht bei Seite gesetzt werden; ihr ganzes Interesse richtet sich vielmehr darauf, diese generalis consuetudo vernünftig zu gestalten, d. h. deren aus dem Verhandlungsprincip hervorgegangene Sätze im Sinne einer inquisitorischen sachgemäßen Ermittlung des Straffalles umzubilden.

Es kommen hier hauptsächlich in Betracht und sind zu der nachfolgenden Darstellung benutzt worden die bezüglichen Abschnitte aus den allgemeineren Werken über das Strafrecht von Gandinus,[1]) Jacobus de Bellovisu,[2]) Angelus Aretinus,[3]) Aegidius Bossius,[4]) Hippolytus de Marsiliis,[5]) Julius Clarus[6]) und Farinacius[7]) und ferner die besonderen Tractate über die banniti und deren rechtliche

1) Albertus de Gandino, libellus super maleficiis (abgedruckt u. A. in Angeli Aretini de maleficiis tractatus Venetiis 1573 Blatt 281 bis 389) rubr.: quid sit agendum reo absente et contumace (Bl. 311) und rubr.: de bannitis pro maleficio (Bl. 311—316).

2) Jacobus de Bellovisu, practica criminalis (bei Modius, rerum criminalium praxes et tractatus Frcfti. 1587, B. I, S. 245 ff.) liber II, cap. 9 u. 12.

3) Angelus Aretinus, de maleficiis (u. A. Lugduni 1555) rubr.: qui dominus judex videns (S. 597 ff.), quod fama publica n. 76 u. 77 (S. 261), etiam vestem n. 8 u. 9 (S. 508), et ibi caput a spatulis n. 17 u. 18 (S. 758), Caium Sempronii n. 3 (S. 166, 167).

4) Aegidius Bossius, practica et tractatus varii seu quaestiones criminalem materiam . . . continentes (Basil. ?) tit. de reis requirendis et absentibus damnandis, tit. de bannitis, tit. bannire qui possint, tit. banniti quid amittant, de remediis contra bannum, tit. de litteris principis bannitum admittentis ad novas defensiones (S. 405—419).

5) Hippolytus de Marsiliis, practica criminalis, Averolda nuncupata (u. A. Colon. Agr. 1581, auch bei Modius B. I, S. 347—530) §. postquam n. 34—67. §. nunc videndum n. 34—47. §. aggredior pr. bis n. 135. §. opportune n. 8 u. 37. §. secunda quaestio n. 29. §. ultima quaestio pr. bis n. 39.

6) Julius Clarus, receptarum sententiarum opera omnia, u. A. Franceft. 1590, lib. V, §. finalis (practica criminalis) quaestio 44: quibus modis contra reos contumaces procedatur; außerdem quaestio 16 n. 4, qu. 64 n. 11, qu. 94 n. 12, qu. 96 n. 3—6.

7) Prosper Farinacius, opera omnia, Tom. I: praxis et theoricae criminalis libri duo (u. A. Frcft. ad M. 1622) lib. I, tit. 1 de inquisitione qu. 11: contumax bannitus et condemnatus, quando comparens seu captus ad se excusandum, defendendum et sententiae executionem impediendam admittatur. Außerdem Tom. III praxis et theoricae criminalis pars 3, Nro. 6: de bannitis et damnatorum praejudiciis.

Stellung von Bartolus,[1]) Jacobus de Arena[2]) und vorzüglich die weitläufige, schon im Eingang dieser Schrift genannte Darstellung von Nellus de S. Geminiano.[3]).

In allen diesen Darstellungen wird zunächst das römische Recht und dessen bekannte Unterscheidung hinsichtlich des Verfahrens gegen Abwesende zwischen Capitalfällen und geringeren Fällen erwähnt, wobei der Satz des römischen Rechts, daß in Capitalfällen kein Abwesender verurtheilt werden solle, in den Vordergrund gestellt, jedoch auch zugleich die Bestimmung, daß das Vermögen des contumax confiscirt werden solle, mit Interesse hervorgehoben wird. Diesen Bestimmungen des römischen Rechts werden sodann, in der Regel mit einer gewissen Schroffheit, die localen Bestimmungen über den Bann und das Schicksal des banniti gegenübergestellt, mitunter jedoch auch auf eine gewisse Aehnlichkeit des römischen Rechts und des vorgefundenen Bannprocesses aufmerksam gemacht, indem diese Aehnlichkeit darin gefunden wird, daß dort wie hier der Angeklagte infamis sein und unter Umständen sein Vermögen verwirkt haben solle. Viel auffallender, als diese Aehnlichkeit, mußte aber den damaligen Juristen die Verschiedenheit beider Rechtsbestimmungen entgegentreten. Wenn in den Statuten der italienischen Städte und Territorien hundertfach gesagt war und in zahllosen Wiederholungen eingeschärft wurde, daß der ausbleibende Angeklagte gebannt werden sollte, daß jeder Gebannte völlig rechtlos und schutzlos und dem Angriffe eines Jeden preisgegeben sein sollte, und daß an dem ergriffenen und vor Gericht gestellten bannitus sofort die Todesstrafe zu vollstrecken sei, so war alles dies den Bestimmungen des römischen Rechts so entgegengesetzt, daß die italienischen Juristen diesen Gegensatz anerkennen mußten und

1) Bartolus, consilia, quaestiones et tractatus (u. A. Lugduni 1511 fol. 5ᵇ), tractatus bannitorum.

2) Jacobus de Arena, tractatus de bannitis (bei Modius B. II, S. 305—311).

3) Nellus de S. Geminiano, tractatus insignis ac praeclarissimus super utili et necessaria, quotidiana ac practicabili materia de bannitis (u. A. ebenfalls bei Modius B. II, S. 311—460).

von einer stillschweigenden Verschmelzung des römischen und neueren Rechts, die sich in ihren Lehren so vielfach findet, auf diesem Punkte keine Rede sein konnte. Die allgemeine Verbreitung des Bannverfahrens wird von Allen gleichmäßig constatirt. Gandinus bemerkt, daß dasselbe nicht nur in den Statuten der norditalischen Städte, sondern auch in Tuscien und überhaupt in ganz Italien sich finde,[1] und Spätere, wie Clarus und Farinacius fügen hinzu, daß auch außerhalb Italiens, in Frankreich, ja in Spanien ein ähnliches Verfahren in Gebrauch sei.[2] Diese generalis consuetudo Italiae, ja totius mundi, wie sie mehrfach genannt wird, war eine Thatsache, deren Anerkennung sich auch die begeistertsten Anhänger des römischen Rechtes nicht entziehen konnten. Erörtert wird aber dennoch die Frage, ob denn wirklich diese Statuten Anspruch auf Gültigkeit haben könnten. Diese Frage wird schon von Gandinus aufgeworfen und kehrt bei den folgenden Schriftstellern wieder. Sie wird meistens aus dem Grunde bejahend beantwortet, weil der Kaiser einmal den Fürsten und Herrn, sowie den Städten das Recht, Statuten zu erlassen, ertheilt habe, und weil auch ein solches Statut dem öffentlichen Wohl diene, indem es die Verbrecher abschrecke und dafür sorge, daß die Verbrechen nicht unbestraft bleiben.[3] Nur in einzelnen Beziehungen wird hier und da, wie wir sehen werden, allerdings behauptet, daß ein derartiges Statut nicht gültig sein könne, z. B. wenn es bestimme, daß der Richter ohne jede causae cognitio den Abwesenden verurtheilen soll.

Indem nun aber die Juristen sich bestrebten, die rechtliche Natur dieses Bannes zu erkennen, konnte ihnen derselbe nur als eine Art Verurtheilung erscheinen. Die mehr unbestimmte Auffassung des älteren germanischen Rechts von der Friedlosigkeit

1) Gandinus, quid sit agendum n. 3.

2) Clarus §. finalis qu. 64. Farinacius, praxis I, 1 qu. 11 n. 3.

3) Gandinus, de bannitis pro maleficio n. 2 u. 3. Nellus, de bannitis, pars I, sec. temp. n. 1 ff. Hippolytus §. aggredior n. 1.

lag ihnen schon fern und paßte nicht zu der rationelleren Ansicht vom Recht und rechtlichen Verfahren, zu der sie durch das römische Recht erzogen waren und die durch die Bildungsstufe ihrer eigenen Zeit schon wesentlich vorbereitet war. Sie verlangten darum, daß der über den Angeklagten ausgesprochene Bann den Voraussetzungen und Erfordernissen einer Verurtheilung entspreche oder daß dem Bann als einer provisorischen Verurtheilung noch eine durch die Ermittlung der wirklichen Schuld motivirte definitive Verurtheilung des Abwesenden nachfolge. Letzteres findet sich schon bei Gandinus und ist augenscheinlich dadurch veranlaßt, daß nach den einmal bestehenden Statuten der Bann als solcher ohne weitere Untersuchung verhängt werden konnte, während doch die Wirkungen desselben denen einer Verurtheilung mindestens gleichkommen sollten und daher durch eine nachfolgende Definitivsentenz gerechtfertigt sein mußten. So kam es, daß der Bann (der seinerseits die contumacia des Angeklagten voraussetzte) doch zugleich aufgefaßt wurde als eine Art öffentlicher Vorladung, welche der Verurtheilung voraufzugehen hatte. So sagt Hippolytus: der eigentlichen Verurtheilung des Abwesenden durch die sententia definitiva müsse der Bann als interlocutoria voraufgehen, und jene ohne diese sei nichtig.[1] Aegidius Bossius bezeichnet (analog der Acht und Oberacht der deutschen Rechtsquellen) den eigentlichen Bann als bannum primum und jene Definitivsentenz als bannum secundum.[2] Doch scheint in dieser Beziehung ziemlich verschieden verfahren und gelehrt worden zu sein. Clarus stellt als Regel hin, daß der Ausgebliebene zunächst gebannt und dann noch besonders über ihn abgeurtheilt werde, setzt jedoch hinzu, daß in der Praxis vielfach anders verfahren und nur eine Entscheidung über den Angeklagten gefällt werde. So werde in den Mailändischen Gerichten in der Art verfahren, daß eodem contextu judex declarat et pronunciat ipsum reum contumacem et illum tanquam contumacem condemnat.[3] Auch Farinacius sagt, daß in Rom

1) Hippolytus §. aggredior n. 106 ff., n. 114 ff.

2) Aegidius Bossius, practica tit. de bannitis n. 3.

3) Clarus §. finalis qu. 64.

der contumax auch ohne voraufgegangene Bannsentenz verurtheilt werden könne („in urbe non sunt in usu talia banna"), während in den übrigen Gerichten des Kirchenstaates der Angeklagte „prius ponitur in banno et postea condemnatur."[1]) Gerade seine Darstellung aber zeigt, wie sehr es den italienischen Juristen darauf ankam, die Voraussetzungen und Wirkungen der Contumacialaburtheilung näher zu bestimmen, ohne daß sie dieser Contumacialaburtheilung selbst irgendwie grundsätzlich entgegentraten.

Der Bann nun und die entweder mit ihm verbundene oder sich an ihn anschließende Aburtheilung hatten zur Voraussetzung jedenfalls, daß der Angeklagte vergeblich vor Gericht geladen worden war. Von einer sofortigen Aechtung des handhaften Thäters, wie in den deutschen Rechtsquellen, findet bei den italienischen Schriftstellern sich wenig.[2]) Doch brauchte es natürlich nicht durchaus eine dem Angeklagten persönlich behändigte Ladung zu sein, vielmehr scheint es genügt zu haben, wenn auch der flüchtige Angeklagte in seiner Wohnung geladen worden war[3]), bis allmählich üblich wurde, daß alle, deren Aufenthalt unbekannt war, oder denen aus sonstigen Gründen eine Ladung nicht zugestellt werden konnte, durch ein proclama oder bannum praeconis, durch öffentlichen Aufruf, aufgefordert wurden sich zu stellen,[4]) an dessen Stelle dann der öffentliche Anschlag der Ladung an der Thür des Gerichts, ad valvas curiae üblich wurde.[5]) Nur soll außer dieser öffentlichen Ladung, wie Farinacius bemerkt, eine Abschrift der Ladung möglichst auch in der letzten Wohnung des Angeklagten abgegeben werden. Hinsichtlich der Zahl der Ladungen erfordern die Meisten ausdrücklich drei von

1) Farinacius I, 1 qu. 11 n. 44.

2) Häufiger wird die Frage erörtert, ob nicht bei notorischen Verbrechen der Thäter auch ohne Achtserklärung als ipso facto bannitus angesehen werden könne. Vgl. z. B. Hippolytus §. aggredior n. 114 ff.

3) Jacobus de Arena, tractatus de bannitis n. 12.

4) Nellus, de bannitis, p. III sec. temp. n. 3 ff.

5) S. Farinacius I, 1 qu. 11 n. 39 ff.

einander verschiedene Ladungen, propter magnum praejudicium,[1]) während Clarus und Andere eine Ladung, die sich jedoch als peremtorische ankündigen muß, für genügend erklären. Ueber den Inhalt der Ladung finden sich in der Regel keine näheren Angaben, als daß die Ladung die Aufforderung an den Angeklagten enthalten müsse, sich wegen eines bestimmten (näher anzugebenden) Verbrechens vor Gericht zu verantworten. Farinacius bemerkt, daß nach der Praxis der römischen Curie das Verbrechen nach seinen näheren Umständen angegeben werden müsse, fügt aber hinzu, daß nach allgemeinen Grundsätzen auch die Aufforderung an den Angeklagten inquisitioni contra eum formatae occasione talis delicti Rede zu stehen genügen müsse. Hier und da wird bemerkt, daß zur Feststellung der contumacia des Angeklagten nicht die bloße Thatsache des Ausbleibens genüge, sondern daß, da die contumacia sonat in delictum, der animus latitantis erfordert werde, oder daß doch das Verfahren ungültig sei, wenn der Richter um eine im einzelnen Falle vorhandene justa causa absentiae gewußt habe.[2])

War der Angeklagte auf diese Ladungen ausgeblieben, so sollte nach den Statuten sofort der Bann über ihn verhängt werden, und dieser Anforderung konnten sich auch die Juristen zunächst nicht entziehen. Sie erkennen an, daß der Bann an sich keine weiteren Voraussetzungen habe. So bemerkt z. B. Bartolus in dem oben erwähnten tractatus bannitorum, daß das u. A. den Bann von der römischen Relegation unterscheide, daß diese nur nach einer causae cognitio von Seiten des Richters verhängt werden könne, während für jenen die contumacia als solche genüge. Er sagt auch ausdrücklich, daß der Gebannte als confessus et convictus erscheine, wenn nicht sofort mit der Achtsentenz selbst, so doch nach Ablauf der in dem Bann vielleicht noch enthaltenen Frist: statim

1) Farinacius a. a. O.; nach der römischen Praxis werde sogar viermal geladen, n. 38.

2) Vgl. Antonius Rubeus, de potestate procuratoris n. 323 f. (bei Modius II, S. 59). Farinacius I, 1 qu. 11 n. 50 f.

elapso banno habetur pro confesso. Diese Anforderung der Statuten wird auch noch von Angelus Aretinus ausdrücklich anerkannt, der nur dem Richter einschärft, gerade wegen dieser strengen Rechtsfolge sorgfältig und genau zu verfahren: Sis igitur multum cautus, tu judex, ut ordinate facias processum tuum; nam nunquam ex tali confessione ficta poterit damnari, nisi processus fuerit rite et recte formatus.[1])

Gerade dieser Satz aber (contumax habetur pro confesso) mußte allmählich immer entschiedeneren Anstoß erregen. Die Beobachtung, daß nicht nothwendig das Schuldbewußtsein, sondern auch sonstige Umstände den Angeklagten zur Flucht veranlaßt haben könnten, mußte sich gerade in jenen bewegten und gewaltthätigen Zeiten aufdrängen. Insbesondere war das Strafverfahren jener Zeit nicht derart, daß der unschuldige oder gegenüber den Behauptungen der Anklage geringer Schuldige stets mit Sicherheit auf eine gerechte Entscheidung hätte rechnen können, und dieser Gesichtspunkt („nullus est ita insipidus, qui non cupiat cruciatum corporis vel mortis periculum declinare") veranlaßt schon Angelus Aretinus wenigstens zu der Einschränkung, daß stets nur die einfache That, nicht auch die von der Anklage etwa behaupteten erschwerenden Umstände als zugestanden angenommen werden sollten. Später aber wird der ganze Satz selbst als unbegründet verworfen. Hippolytus sagt geradezu, das Ausbleiben des Angeklagten könne überhaupt nicht als Zugeständniß angesehen werden, „nam idem operatur timor seu suspicio rei, quod operatur existentia ipsius rei."[2]) Nur unter besonderen Umständen könne die Flucht des Angeklagten ein Indicium und in gewissen Fällen allerdings selbst den Beweis des Verbrechens begründen.

---

1) Angelus Aretinus, qui dominus judex videns n. 32.

2) Hippolytus §. diligentes n. 41 ff.; er schärft dies nach seiner Art dem Leser nachdrücklich ein: tene mente praedicta, quia est consideratio mea nova, und wirklich sind in diesem Falle bei seinen Vorgängern nur erst Anfänge sich von der alten Anschauung loszumachen vorhanden.

Dieselbe Anschauung findet sich dann sehr entschieden vertreten bei Farinacius. Dieser bemerkt, daß nicht bloß der Schuldige, sondern auch mancher Unschuldige sich bannen lasse einfach deswegen, weil er nicht im Kerker schmachten wolle (besonders wenn er nicht die Mittel habe, sich dort zu erhalten); mancher wähle die Flucht, weil er sich nicht der Entscheidung eines anderen Menschen anvertrauen wolle, nicht weil er den Richter mißachte, sondern weil er sich selbst nicht verachte.[1])

Und dieser Gesichtspunkt führte denn allmählich zu einer entschiedenen Abweichung von der formellen Anforderung der Statuten. Schon früh wird bemerkt, daß doch nur ein solcher, qui ex delicto tenetur, Jemand, dem die That zugerechnet werden könne, dem Banne unterworfen werden dürfe, also nicht irgend ein infans, ein furiosus u. s. w. Sodann wird hervorgehoben, daß der Richter doch jedenfalls zu prüfen habe, ob das, was die Anklage behaupte, ein Verbrechen sei oder nicht, und allmählich tritt dann auch die Behauptung hervor, daß der Richter den Bann nicht aussprechen dürfe, wenn er den Angeklagten positiv für nicht schuldig halte. „Si liquet judici, talem absentem contumacem esse innocentem et non culpabilem, licet sit contumax, judex non potest nec debet eum condemnare.“[2]) Von hier bis zu der Forderung, daß der Richter überhaupt nur denjenigen bannen und verurtheilen dürfe, von dessen Schuld er positiv überzeugt sei, war nur ein Schritt, und zwar ein Schritt, der so sehr im Sinne und Geiste des werdenden Inquisitionsprocesses lag, daß er nicht ausbleiben konnte. Insbesondere ist es Hippolytus de Marsiliis,[3]) der mit voller Entschiedenheit und in bewußter Abweichung von den Statuten jene Abweichung aufstellt. „Item teneas menti perpetuo, quod contumax, licet ex forma statuti debeat haberi pro confesso tamen ad hoc, ut valeat condemnatio de delicto contra

---

1) Farinacius I, 1 qu. 11 n. 11.

2) Augustinus Ariminensis in den Bemerkungen zu Angelus Aretinus, qui dominus judex videns n. 39.

3) Hippolytus §. postquam n. 47 ff.

accusatum vel inquisitum de crimine, debet ultra contumaciam constare de delicto et debet convinci de ipso; aliter non valet bannum nec condemnatio." Ja er zögert nicht, abweichend von der allgemeinen, sonst auch von ihm getheilten Ansicht von der Gültigkeit der Statuten, in dieser Beziehung geradezu zu sagen: „Non valet statutum, quod liceret procedere sine causae cognitione; — quando judex procedit sine causae cognitione, censetur tanquam privatus, nec est sibi obediendum, — sine causae cognitione non valebit actus, et hoc maxime in causis criminalibus, ubi de gravissimo praejudicio agitur." In demselben Sinn, nur einfacher und darum desto nachdrücklicher, sagt Aegidius Bossius:[1]) „Lex abhorret, ut ex praesumtionibus quis damnetur." Er beruft sich auf einen Ausspruch Ludwig Sforza's: nolo, ut quis moriatur propter contumaciam, und fügt hinzu, daß der Mailänder Senat stets wirkliche Beweise erfordere. „Et ita etiam senatus noster observat, nisi ex lectura processus tuta omnino reddatur eius conscientia, quod bannitus delictum patraverit."

So sehr aber die Untersuchung des Verbrechens auch in Abwesenheit des Angeschuldigten im Sinne und Geiste des neueren Verfahrens lag, so nahm man doch vielfach daran Anstoß, und zwar aus ganz verschiedenen Gesichtspunkten. Die Theorie bezweifelte die rechtliche Zulässigkeit der Beweisaufnahme in Abwesenheit,[2]) und die Praxis hielt eine solche mehr oder weniger für überflüssig. Mehrfach wird an die Vorschrift des canonischen Rechtes erinnert, daß, wenn nicht die Parteien litem contestirt hätten, eine Beweisaufnahme in Abwesenheit des Angeklagten auch nicht in perpetuam rei memoriam zulässig sein sollte, und erst allmählich gewöhnt man sich, diese Bestimmung als für das inquisitorische Verfahren unverbindlich zu betrachten. Wie schon in den canonischen Rechtsquellen selbst bei einer

1) Aegidius Bossius, tit. de reis requir. n. 1.

2) Vgl. Durantis, speculum juris lib. III, tit. de contumacia accusati. Jul. Clarus, §. finalis n. 10.

excessuum inquisitio die Beweisaufnahme in Abwesenheit des Angeschuldigten für rechtlich zulässig gehalten worden war, so wird schließlich auch für das bürgerliche Strafverfahren geradezu gesagt: Si reus contumaciter abesset, tunc in eius odium facta fide prius de infamia procedetur ad receptionem testium et ad diffinitivam, und man sucht dies wohl dadurch theoretisch zu begründen: Partis absentis contumacia Dei praesentia suppletur, et judex non solum per se, sed quemcunque alium veritatem quaerere debet.[1]) Man sieht also, daß die Theorie sich mit ihren Bedenken doch ziemlich bald zu beruhigen wußte, ja die Aufnahme des Beweises in Abwesenheit des Angeschuldigten als eine naturgemäße Anforderung des neueren Verfahrens hinzustellen verstand. Schlimmer war es mit der Neigung der Praxis, dem alten Brauche und dem Wortlaut der Statuten zu folgen und den contumax, ohne weitere Beweisaufnahme, auf Grund der contumacia als solcher, in den Bann zu erklären und auch wohl formell zu verurtheilen. Sehen wir nur auf die Lehren der Doctrin, so sollten wir glauben, daß schon ziemlich früh ein sorgfältigeres und rationelleres Verfahren üblich geworden sei. Insbesondere nach den Aeußerungen des Aegidius Bossius und Hippolytus de Marsiliis scheint es, als sei die alte Rohheit des mittelalterlichen Achtsverfahrens definitiv überwunden. Wie aber die damalige Jurisprudenz überhaupt mit ihrer Gelehrsamkeit und umständlichen Breite in einem gewissen Mißverhältniß zu stehen scheint zu der gleichzeitigen Praxis, die wohl noch sehr häufig den Character einer gewissen Rohheit und Willkürlichkeit an sich trug, so scheint auch in diesem Punkte zwischen beiden eine erhebliche Kluft gewesen zu sein, und insbesondere von Clarus, also noch im 16ten Jahrhundert, wird dies ausdrücklich zugegeben. Dieser sagt, de jure könnte zwar gesagt werden, daß zur Verurtheilung eines Abwesenden legitimae pro-

1) S. Boniconti, tractatus d. accusat. et inquisit. n. 40 (Mobius II, S. 17 f.). Antonius de Canario, de excusatore n. 4. (Mobius II, S. 23).

2) J. Clarus, §. finalis n. 10.

bationes erforderlich seien. „Sed quidquid sit de jure, contrarium facto servatur.“ Es werde nämlich ganz allgemein in der Praxis, sobald nur genügende Indicien vorhanden seien zur Eröffnung der eigentlichen inquisitio, auf Grund der contumacia des Angeschuldigten das Urtheil gesprochen absque aliis probationibus, et in hoc non videtur aliquo modo haesitandum. An einer anderen Stelle sagt derselbe, daß zwar in Gegenwart beider Parteien der Richter unzweifelhaft ex officio den Fall nach seiner wahren Natur aufzuklären habe (pro utraque parte veritatem inquirendo novas probationes ex officio inducere) und daß man an sich dasselbe auch für den Fall der Abwesenheit des Angeklagten annehmen sollte, er setzt aber auch hier hinzu: Sed quidquid sit de jure, in practica servatur totum contrarium. Der Richter vernehme wohl Zeugen gegen den Angeschuldigten, nicht aber stelle er eine vollständige Untersuchung des Falles an, bei welcher es auch auf Erhebungen für den Angeschuldigten ankomme, ja er setzt sogar hinzu: „et judex, qui produceret testes ex officio pro reo contumace, posset tanquam imperitus et fatuus ab officio removeri.“ Allerdings aber verringert sich dieser anscheinend so bedeutende Gegensatz dadurch wieder einigermaßen, daß in dieser Zeit an den Beweis des Verbrechens nicht selten solche Anforderungen gestellt wurden, die in Abwesenheit des Angeschuldigten schwer erfüllbar waren, und daß die auch von Clarus erwähnten zur Eröffnung der eigentlichen inquisitio erforderlichen Indicien in vielen Fällen wohl schon ihrerseits eine Art von Beweis (in unserem Sinne) darstellen mochten. Farinacius, der überhaupt den über den Abwesenden auszusprechenden Bann durchweg einer eigentlichen Verurtheilung gleichstellt, stellt als Anforderung des gemeinen Rechts wiederholt und entschieden den Satz hin, daß auch zur condemnatio eines Abwesenden probationes plenae et concludentes delictum erforderlich seien, wobei er es der Praxis überläßt, sich mit dem entgegenstehenden Sinne vieler Localstatuten abzufinden.[1])

---

1) Farinacius I, 1 qu. 11 n. 79.

Der Hergang bei der Erklärung des Bannes und die bei derselben angewandten Formeln waren auch in Italien sehr verschieden, insbesondere je nachdem noch eine von der eigentlichen condemnatio unterschiedene Achtssentenz beibehalten war oder nicht. Aehnlich wie in Deutschland werden auch in Italien libri proscriptorum oder bannitorum erwähnt, in welche die Namen der Gebannten eingetragen werden sollten.[1]) Die über den Angeklagten gesprochene Verurtheilung unterschied sich ihrer Form nach im Wesentlichen nicht von einer jeden anderen Definitivsentenz; insbesondere wurde, wie die italienischen Criminalisten übereinstimmend berichten, in derselben der Angeklagte zu der bestimmten, für das specielle Verbrechen gesetzlich feststehenden Strafe verurtheilt. „Condemnatur in poenam confessatorum criminum, confiscationis bonorum et exilii vel triremium vel ultimi supplicii, quatenus poenae praedictae sint delicto condignae."[2]) „— Dicimus, declaramus, decernimus et definitive in his scriptis sententiamus, dictum B. forjudicandum esse, prout tenore huius definitae sententiae forjudicamus atque ipsum B. poenis in constitutione regni, quae incipit.., expositis subigimus."[3]) Die mit dem Bann außerdem noch verbundenen specifischen Rechtsnachtheile wurden entweder in dieser Endsentenz selbst oder, wo eine besondere Achtserklärung voraufging, in dieser ausgesprochen, mitunter jedoch theils in dieser, theils in einer besonderen der Endsentenz noch voraufgehenden öffentlichen Vorladung verkündigt. So wird in den bei Cyrillus Fulgeonius mitgetheilten Formeln in der eigentlichen Achtserklärung der Angeklagte für contumax erklärt, zum Verlust eines Theiles seines Vermögens zur Strafe der contumacia verurtheilt und zugleich beschlossen „ut persona capiatur et ad carceres ducatur"; es erfolgt aber außerdem

1) z. B. bei Hippolytus §. aggredior n. 4 ff.

2) Farinacius I, 1, qu. 11 n. 4. Vgl. Clarus §. finalis qu. 44 n. 15.

3) Vgl. die bei Cyrillus Fulgeonius, summa criminalium (Venetiis 1568) abgedruckten Formeln.

ein öffentlicher Aufruf,[1]) in welchem der Angeklagte für contumax et curiae rebellis erklärt, Allen mit ihm Gemeinschaft zu haben verboten wird u. s. w. „Quapropter nemo, cuiuscunque conditionis aut dignitatis is existat, audeat, cum eodem B. sermonem habere vel alimenta ei ministrare, ipsumve hospitio accipere aut opem, auxilium, consilium et favorem eidem quovis modo praestare. Imo, quicunque ipsum alicubi viderit e vestigio, debeat capere captumque ad nostram curiam trahere, si id commode fieri potuerit, sin minus rem omnem statim ad nos deferat."

Die den Gebannten treffenden Rechtsnachtheile waren aber in Italien, ähnlich wie in Deutschland, nach den Statutarrechten ziemlich verschieden und oft sehr unbestimmt, insbesondere da die Doctrin sich bemühte, die große Strenge der alten statutarrechtlichen Bestimmungen zu ermäßigen, und es lange dauerte, bis die über den Gebannten gesprochenen Achtformeln von der alten Schroffheit nachließen.

Sehr verschieden waren zunächst die Bestimmungen hinsichtlich des Vermögens des Gebannten. Nach römischem Recht hatte das Vermögen des Abwesenden in Capitalfällen stets mit Beschlag belegt und nach Ablauf eines Jahres confiscirt werden sollen. Dieser Strenge schloß man sich in dieser Zeit doch nicht an; es wird vielmehr bezeugt,[2]) daß vielfach nur bei denjenigen Verbrechen, auf welche an sich die gänzliche oder theilweise Vermögensconfiscation gesetzt war, überhaupt eine Beschlagnahme eintreten sollte, die in diesen Fällen dann allerdings auch in eine Confiscation schon in Abwesenheit des Angeklagten übergehen konnte, nämlich dann, wenn der Abwesende formell ver-

1) Dieser wird dem Gerichtsdiener in folgender Form aufgetragen: Sed quia parum esset, sententias proferri, nisi debitae executioni illae mandarentur, propter ea tibi committimus et mandamus, ut literis ac mandatis acceptis te conferas ad loca publica solita et consueta huiusce oppidi et ibi alta et intelligibili voce more praeconis praedices, ipsum B. esse contumacem u. s. w.

2) Vgl. Clarus, §. finalis qu. 44. n. 3.

urtheilt worden und seit seiner öffentlichen Ladung (insofern wurde die römische Bestimmung beibehalten) ein Jahr verstrichen war. Anderwärts freilich[1]) sollte in allen Fällen, also auch in solchen, in welchen keine Confiscation auf das Verbrechen gesetzt war, die Beschlagnahme des Vermögens eintreten, dieselbe jedoch nur in den besonderen Fällen, für welche die Confiscation an sich die angemessene Strafe war, in eine Confiscation übergehen.[2]) Hier und da aber wurde bestimmt (ähnlich wie in einer Reihe von deutschen Stadtrechten), daß der Gebannte zur Strafe seiner contumacia einen gewissen Theil seines Vermögens verlieren solle, während der andere ihm oder doch seinen nächsten Verwandten verbleibt.[3]) Es scheint eine große Mannigfaltigkeit in dieser Beziehung stattgefunden zu haben, wobei aber in Betracht kommt, daß nach damaligem Recht auch den gegenwärtigen Angeklagten in sehr vielen Fällen gänzlicher oder theilweiser Vermögensverlust als Strafe treffen sollte, und daß deshalb die Abweichung von der Strenge des römischen Contumacialprincips keine so erhebliche war, als es zunächst scheint.

Besonders schwankend aber war die Auffassung hinsichtlich des persönlichen Schicksals des bannitus.[4]) Daß derselbe in

---

1) Vgl. Jacobus de Bellovisu II, 9 und den oben angeführten Cyrillus Fulgeonius in dem Abschnitt „si reus in jus vocatus non ierit." Vgl. auch die Angaben bei Clarus, §. finalis n. 3.

2) Jacobus de Bellovisu setzt als Begründung hinzu „cum non debeat plus operari quam fictio."

3) Nach Cyrillus Fulgeonius (s. oben) soll der Angeklagte mit dem Bann ein Drittheil seiner Mobilien einbüßen, und nach Ablauf eines Jahres das übrige Vermögen zwischen dem Fiscus und den Kindern des Gebannten getheilt werden.

4) Vorzugsweise hierüber verbreiten sich die oben angeführten verschiedenen Abhandlungen de bannitis aus jener Zeit, von Bartolus, Jacobus de Arena und Nellus, die mit oft sehr spitzfindiger Casuistik ihre Aufgabe zu lösen suchen und nicht selten einen auffallenden Gegensatz zwischen den rohen Satzungen und der oft subtilen Gelehrsamkeit jener Zeit erkennen lassen. Dabei wird sehr häufig, so besonders von Bartolus, von einer Vergleichung des bannitus mit dem relegatus und deportatus des römischen Rechts, sowie andererseits mit dem excommunicatus des canonischen Rechts ausgegangen.

dem Sinne rechtlos wurde, daß er vor den Gerichten des betreffenden Territoriums nicht klagend auftreten konnte, darin stimmen alle oben erwähnten Schriftsteller überein;[1]) auch wird eine jede rechtliche Verfügung, die er über sein Vermögen treffen würde, für ungültig erklärt, und insbesondere soll Niemand etwa als Cessionar des Gebannten mit irgend einem Anspruche zugelassen werden. Ja, er gilt in dem betreffenden Territorium in dem Grade als mortuus, daß er im Testamente ohne Nachtheil präterirt werden kann.[2]) Auch soll der Gebannte natürlich unfähig sein, in dem betreffenden Territorium ein Amt oder überhaupt eine öffentliche Function zu bekleiden, und wird als mindestens mit einer infamia facti behaftet, und, wenn es sich um ein infamirendes Verbrechen handelt, auch als im eigentlichen Sinne infamis angesehen. Damit aber galt der Gebannte doch nicht als völlig rechtlos, vielmehr wird, ähnlich wie nach den deutschen Rechtsquellen, die Wirkung des Bannes auf das betreffende Territorium beschränkt, und insbesondere Bartolus in dem mehrfach erwähnten tractatus bannitorum[3]) sagt ausdrücklich: „Perdit omnia jura et privilegia illius civitatis, — non est transfuga Romani imperii.“ „Desinit esse civis, — perdit tantum beneficia inducta e statutis illius civitatis.“ Daraus wird u. A. die Folgerung gezogen, daß der bannitus die patria potestas als solche (abgesehen von ihrer Verfolgbarkeit in dem betreffenden Territorium) behalte und secundum jus commune, nur nicht secundum jus civitatis, noch immer ein Testament machen könne.[4])

Sicher war ferner, daß der Gebannte in dem betreffenden Territorium nicht stare nec habitare dürfe, und nur darüber wurde wohl gestritten, ob diese (in den Statuten mehrfach gebrauchten Ausdrücke) auch das transire umfaßten oder nicht.

1) Vgl. insbesondere Nellus, de bannitis, pars 1 secundi temp. Hippolytus, §. aggredior n. 88 ff.

2) Hippolytus §. aggredior n. 89.

3) Bartolus, consilia (Lugduni 1511) fol. 5b.

4) Vgl. Bartolus, tr. bannitorum. Hippolytus §. aggredior n. 98 ff.

Dieser letztere Streit war aber insofern müßig, als zweifellos der Gebannte, sobald er sich in dem Territorium blicken ließ, ergriffen und vor Gericht gestellt werden konnte. Die Statuten setzten nicht bloß Strafen fest für diejenigen, welche den Gebannten aufnehmen und unterstützen würden,[1]) sondern forderten in der Regel auch auf, zu der Ergreifung desselben thätig zu werden, und häufig ist von der Verpflichtung der potestates und officiales die Rede, auf die Gebannten zu fahnden und sich möglichst ihrer zu bemächtigen. Auch Prämien werden auf die Ergreifung oder auf den Kopf der banniti gesetzt.

Ob nun aber der Gebannte auch straflos getödtet werden könne, darüber wurden bald verschiedene Ansichten aufgestellt. Die Statuten gaben offenbar das Leben des Geächteten beliebigen Angriffen preis, und die älteren Schriftsteller entziehen sich auch keineswegs der Anerkennung dieser Thatsache. Doch scheinen schon früh gewisse Zweifel in dieser Hinsicht laut geworden zu sein, so daß schon Gandinus sich genöthigt sieht zu constatiren, daß, wenn das Statut den Ausdruck braucht, der bannitus könne straflos verletzt werden (offendi posse), dies auch die Befugniß zur Töbtung desselben mit umfasse.[2]) Bartolus[3]) sagt einfach: dico bannitum ex forma statuti impune occidi posse et recte et proprie dici transfugam civitatis suae; er nennt ihn einen hostis, cui civitas indixit bellum permittendo, quod possit occidi, et statuendo officiales ad eos capiendos. Allein schon früh wird dies dahin beschränkt, daß sich dies doch nur auf die wegen eines eigentlichen Verbrechens Gebannten beziehen könne, und daß insbesondere der wegen einer Civilschuld verhängte Bann milder beurtheilt werden müsse;[4]) und auch für Verbrechen, die an sich nicht todeswürdig waren, war die Rechtfertigung des Gandinus, daß hier durch das Hinzukommen der contumacia die Schuld des Thäters sich steigere („talis

1) Vgl. u. A. Gandinus, rubr. de bannitis pro maleficio n. 14.
2) Gandinus, rubr. de bannitis pro maleficio n. 5.
3) Bartolus, consilia etc. (Lugduni 1511) fol. 5^b.
4) Gandinus, rubr. de bannitis pro maleficio n. 10 u. 11.

contumacia auget poenam"), nicht von durchschlagender Wirkung. So finden wir denn, daß später verschiedene Einschränkungen aufgestellt werden. Es wird die Frage aufgeworfen, ob, wenn nach den Statuten der Gebannte straflos getödtet werden könne, auch derjenige, der odio privato oder proditorie einen bannitus tödte, frei sei von Strafe. Und wenn diese Frage meistens bejaht wird, und überhaupt hervorgehoben wird, daß auch ein solches Statut „debet late interpretari, cum contineat publicam utilitatem", so wird doch mehrfach das mit Bestimmtheit behauptet, daß der einmal ergriffene bannitus nicht hinterher noch getödtet werden könne. Schon Gandinus sagt, das Statut spreche immer nur von demjenigen bannitus, cui per judicem poena imponi non poterat. Wie aber auch der ergriffene hostis nicht beliebig getödtet werden könne, so dürfe auch an dem captus bannitus nur durch die Obrigkeit die Strafe vollzogen werden.[1]) Von diesem Gesichtspunkte lag es nahe, überhaupt nur die Tödtung desjenigen bannitus zu gestatten, der sich seiner Ergreifung widersetzt, eine Einschränkung, die, wie wir gesehen haben, in hervorragenden deutschen Rechtsquellen schon des 13ten Jahrh. ausdrücklich gemacht wird. Und in der That sagt Hippolytus, daß, wenn das Statut gestatte, daß der Gebannte ungestraft verletzt werden dürfe (offendi posse), dies nicht ohne Weiteres, wohl aber dann die Tödtungsbefugniß in sich schließe, wenn der bannitus sich seiner Ergreifung widersetzt.[2]) Um aber ganz allgemein die Tödtungsbefugniß in dieser Art zu beschränken, scheinen die italienischen Statuten zu bestimmte Vorschriften enthalten zu haben. Wir müssen uns überdies vergegenwärtigen, daß für die praktische Anwendung

---

1) Gandinus, rubr. de bannitis pro malef. n. 16. Hippolytus §. aggredior n. 24 f.: capti seu carcerati sunt sub protectione curiae. Strafbar sei selbst derjenige, der einen zur Hinrichtung geführten bannitus eigenmächtig tödte.

2) Wofür er nicht sehr geschmackvoll das Beispiel anführt, daß auch das Züchtigungsrecht des Mannes gegenüber der Frau sich unter Umständen bis zur Tödtungsbefugniß steigern könne. Hippolytus §. aggredior n. 79.

auch jene Beschränkung nur geringe Bedeutung gehabt haben würde, und so finden wir denn die Tödtungsbefugniß (für den Fall, daß das Statut ausdrücklich den Ausdruck occidi posse gebrauche) auch bei Hippolytus ausdrücklich anerkannt. Nur solche Fragen werden verneint, ob auch eine mulier praegnans bannita straflos getödtet werden dürfe,[1]) ob ein Sohn seinen gebannten Vater tödten dürfe u. dergl., während die Frage, ob auch einem, der selbst bannitus seie, die Befugniß einen bannitus zu tödten zustehe, ausdrücklich bejaht wird.[2]) Für unerlaubt wird ferner erklärt, einen solchen bannitus zu tödten, dessen rebannitio (Wiedereinsetzung) unmittelbar bevorstehe (einen statim rebanniendus), falls nur der andere Theil Kenntniß von der bevorstehenden Wiedereinsetzung gehabt habe; der rebanniendus stehe dem rebannitus gleich, eben so wie der zum heiligen Grabe Wallfahrende auch unterwegs schon sich der Indulgenz erfreue.[3]) Wie weit aber noch die Anschauung von der Schutzlosigkeit des bannitus ging, zeigt sich u. A. daran, daß Hippolytus die Frage, ob der getödtete bannitus auch beraubt werden dürfe, ausdrücklich bejaht, falls nur die Wegnahme der Sachen in continenti erfolge. Nur die Frage wagt er nicht zu bejahen, ob der bannitus auch vorher beliebig in rebus verletzt werden und u. A. Brandlegung zu seiner Ergreifung angewandt werden dürfe.[4]) Alle diese Erörterungen über das Schicksal des bannitus stehen augenscheinlich im Zusammenhang mit der Anschauung, daß bei der für die öffentlichen Organe

1) Quia gravissimum facinus committit, qui praegnantem occidit, etiamsi partus esset adulterinus vel in carcere conceptus, et etiam si ipsa mulier esset praegnans decem vel viginti dierum tantum, quia licet non sit anima, tamen spes est eius. Hippolytus, §. nunc videndum n. 49 f.

2) Cum sit favor publicus, quod banniti occidantur a quocunque; — illa, quae geruntur ratione publici officii, semper valent et tolerantur propter bonum publicum, etiamsi ab inhabili vel indigno ministrantur. Hippolytus §. aggredior n. 53.

3) Hippolytus, §. aggredior n. 27.

4) Hippolytus, §. aggredior n. 83 ff.

häufig vorhandenen Unmöglichkeit, den Verbrecher zur Strafe zu ziehen, die Vollstreckung der Todesstrafe auch den Privaten überlassen werden könne, wobei in Betracht kommt, daß die Todesstrafe damals die häufigste Strafart bildete. Dennoch fehlte es nicht an solchen, welche geradezu die Statuten in diesem Punkte für ungültig erklärten. Jacobus de Arena sagt, man dürfe in dieser Beziehung die Statuten nicht wörtlich nehmen („talis interpretatio esset ambitiosa, quia homines vita privaret et aliis materiam delinquendi daret"), und setzt dann hinzu: imo, quod plus est, talia statuta hoc expresse permittentia non valent de juris subtilitate.[1]) Er steht aber hierin ziemlich allein, und Hippolytus, der offenbar sehr geneigt ist, die Schutzlosigkeit des bannitus einzuschränken, sagt doch nur, daß der, welcher einen bannitus tödte, zwar frei sei von weltlicher Strafe, nicht aber nach dem jus divinum.[2])

Gerade in dieser ziemlich allgemein anerkannten Schutzlosigkeit des bannitus aber zeigt sich, daß der Gebannte auch als wirklich schuldig betrachtet wurde. Zwar konnte derselbe, wenn er sich freiwillig stellte, noch eine Wiederaufhebung des Bannes erlangen, aber schon diese Wiederaufhebung scheint in Italien beschränkter gewesen zu sein, als nach den deutschen Rechtsquellen, insbesondere, indem gelehrt wurde, daß nur der innerhalb eines Jahres Zurückkehrende sein Vermögen wiedererhalte[3]) und überhaupt dem Nichtgebannten gleichgestellt werde. Und selbst dieser, bemerkt Clarus, finde sehr häufig sein Vermögen nicht mehr vor und werde auch vorläufig als Schuldiger behandelt und nur ad se de novo defendendum zugelassen. „Non dicat, sibi non opus esse defensionibus, eo quod nulla eum

---

1) Jacobus de Arena, tractatus de bannitis n. 16 f. (Mobius II, S. 307).

2) „Sed secus est secundum jus divinum, quia talis homicida punitur poena aeterna", das Gebot non occides habe ganz allgemeine Geltung. Hippolytus §. aggredior n. 10.

3) Clarus (§. fin. qu. 44. n. 3) nennt diese Praxis „valde conformis juri communi", und es mag das römische Recht selbst nicht ohne directen Einfluß hierauf gewesen sein.

premant indicia; satis enim gravatur sententia condemnatoria, quae contra eum viget."[1]) Farinacius macht zwischen dem vor und dem nach Ablauf eines Jahres Zurückkehrenden nur den Unterschied, daß jener stets und dieser nur ausnahmsweise im Wege der Gnade zur Ausführung seiner Unschuld zugelassen werde.[2])

An dem im Banne Ergriffenen aber und vor Gericht Gestellten sollte ohne weiteres Verfahren die Strafe vollstreckt werden. Auch dies war in den Statuten ausdrücklich gesagt und wird von den Schriftstellern, wie wir jedoch sehen werden bald nicht ohne erhebliche Einschränkungen, anerkannt. Bartolus sagt auch hier auf Grund der Statuten: „exbanniti statim elapso banno habentur pro confesso de malificio, nec possunt innocentiam purgare secundum statuta et consuetudines Italiae; — nec post bannum audiuntur ad aliquam excusationem." Aegidius Bossius bemerkt: „propter statuta civitatum Italiae contumax habetur pro confesso et amplius de crimine non auditur; — illis captis non est opus novo processu, sed sola executio sufficit."[3]) Selbst noch Farinacius constatirt, daß der Regel nach im Falle der Ergreifung des Gebannten, wenn derselbe in seiner Abwesenheit ordnungsmäßig verurtheilt worden sei, „absque alio processu sententia contra eum lata exsequutioni demandatur."[4]) Meistens war nur in den Statuten bestimmt, daß dem Ergriffenen eine ganz kurze Frist, etwa drei Tage, gelassen werden sollte, um sich auf die Execution vorzubereiten und seine Verhältnisse zu ordnen, nach deren Ablauf sofort die Vollstreckung in's Werk zu setzen sei.

1) Clarus §. finalis qu. 44 n. 6.

2) Farinacius I, 1 qu. 11 n. 100 ff. Daß dem vor Ablauf eines Jahres Zurückkehrenden auch sein Vermögen häufig nicht ausgeantwortet werde, nennt Farinacius eine „prava et reprobata consuetudo" und sagt „non est stylus sed abusus et prava consuetudo."

3) Aegidius Bossius, tit. de reis requirendis n. 2.

4) Farinacius, I, 1 qu. 11 n. 3.

„Et tale statutum est hic Bononiae in hac nostra civitate“, sagt Hippolytus nicht ohne Nachdruck.[1])

Offenbar hatte diese Bestimmung eine wesentlich andere Bedeutung, wenn der über den Abwesenden ergangene Bann einfach als Folge der contumacia über ihn gesprochen worden war, als wenn diesem Banne eine wirkliche Untersuchung und Feststellung des Falles vorausgegangen war. Im ersteren Falle wurde durch die sofortige Vollstreckung der Strafe an dem Ergriffenen die Consequenz des Verhandlungsprincips zur Geltung gebracht, wonach der Ausgebliebene als überführt und schuldig angesehen wurde, im letzteren Falle sollte einfach das seinerseits sorgfältig begründete und auf die sachliche Ermittlung des Straffalles gefällte Erkenntniß zur Ausführung gebracht werden. Doch lag es nahe, in beiden Fällen von der Strenge des Princips abzuweichen. Die Verurtheilung des contumax auf Grund der contumacia beruhte doch nur auf einer Präsumtion, welche der Widerlegung fähig ist, und schließt nicht aus, daß der Ergriffene nachträglich noch seine Unschuld darlegt. Die Verurtheilung des Abwesenden auf Grund der in seiner Abwesenheit erhobenen Beweise schließt nicht aus, daß die Untersuchung, sobald sich hierzu die Gelegenheit bietet, vor der Vollstreckung des Urtheils noch vervollständigt und nach dem Ergebniß dieser Vervollständigung noch abgeändert werde. Es fragt sich nun, wie sich die italienischen Juristen, die offenbar zwischen diesen beiden Standpunkten schwanken, zu jener Vorschrift der Statuten verhalten.

Die Aelteren scheinen sich einfach bei dieser Vorschrift zu beruhigen; sehr bald aber findet sich die Bemerkung, daß im Falle der Ergreifung des bannitus doch das Verfahren stets in einem gewissen Sinne wieder aufgenommen werden müsse. Mindestens müsse doch feststehen, daß die ergriffene Person wirklich mit dem in den Bann Erklärten identisch sei,[2]) und in keinem

1) Hippolytus, §. ultima quaestio princ.

2) Vgl. besonders Aegidius Bossius, tit. banniti quid amittant n. 18, tit. de requirendis reis n. 2.

Falle dürfe, trotz des Wortlauts der Statuten, dem Ergriffenen die nachträgliche Ausführung seiner Unschuld abgeschnitten werden. Unmöglich könnten die Statuten so verstanden werden, daß dem Ergriffenen alle Einreden abgeschnitten sein sollten. Mindestens müßten doch im Sinne der Statuten selbst solche Einreden noch zugelassen werden, die aus demselben oder aus einem anderen Statut sich ergäben.[1]) Ueberhaupt aber seien unter den von den Statuten ausgeschlossenen Einreden wohl nur Ausflüchte und frivole Einwendungen zu verstehen, nicht auch die Berufung des Angeklagten auf seine Unschuld. Besonders Hippolytus ist sehr weitläufig in der Begründung dieser Meinung, konnte sich aber für den Satz „statutum tollens seu excludens omnes exceptiones non tollit nec excludit exceptionem innocentiae" schon auf Baldus, Angelus Aretinus u. A. berufen.[2]) Das Statut könne nur defensiones requirentes longam disputationem et altiorem indaginem abschneiden wollen, nur defensiones dilatorias, non autem peremtorias; es verbiete alle exceptiones frivoles, frustatorias, cavillosas seu calumniosas et dilatorias, non autem tollit defensiones legitimas, validas et peremtorias, maxime illas, quae inpromptu secum habet ipse bannitus.[3]) Es hieße die Statuten judaice interpretari, wollte man sie anders verstehen, während sie doch civiliter et rationabiliter ausgelegt werden müßten. „Veritas non consistit in verbis scripturarum, sed in eorum sententia, non in superficio, sed in medulla, non in foliis, sed in radice rationis."[4]) Ja es sei zu vermuthen, daß wenn man die statuentes, qui fecerunt illud statutum, fragen könnte: sed ponamus, domini statuentes, quod bannitus in contumaciam est captus et statim vult ostendere suam innocentiam, vultisne quod tunc non audiatur? certe nemini

1) Hippolytus, §. ultima quaestio n. 5 ff.

2) Vgl. Hippolytus, §. ultima quaestio n. 11.

3) Hippolytus, §. ultima quaestio n. 34.

4) Hippolytus, §. ultima quaestio n. 35, 36. Vgl. Jacobus de Arena, tractatus de bannitis n. 19 (Mobius II, S. 307): non verba legis dura, sondern der vermuthliche Sinn sei zu beachten.

dubium est, quod dixissent, se velle quod audiretur; et si diceremus contrarium, certe sequeretur, quod tale statutum esset iniquum et tanquam continens iniquitatem non valeret. Mit dieser letzteren Behauptung schreitet die rationelle Auffassung des Bannes ganz über die Statuten selbst hinweg. Hippolytus [1]) sagt geradezu, der Fürst oder die Obrigkeit könne ein so natürliches Recht gar nicht aufheben, der princeps könne zwar allerlei civilrechtliche Einreden abschneiden, nicht aber die Ausführung der Nichtschuld gegenüber einer Criminalanklage. „Princeps enim sive superior non potest tollere nec dare ea, quae sunt juris naturalis, nec illa supplere." Ein Statut, das wirklich alle Einreden abschneiden wollte, „esset nedum absurdum, sed etiam absurdissimum et iniquissimum, contra Deum, justitiam, aequitatem et rigorem et contra honorem superioris."

Abweichend von diesen jedenfalls nicht unbedenklichen Bestrebungen, den Sinn der Statuten umzudeuten, oder gar sich über sie ganz hinwegzusetzen, geben Andere einfach zu, daß, wo dergleichen Statuten bestehen, dem Rechte nach an dem Ergriffenen allerdings ohne Weiteres die Strafe vollstreckt werden müßte, daß aber im Wege der Gnade ihm noch die Ausführung seiner Unschuld oder geringeren Schuld gestattet werden könne. Hierhin gehört insbesondere Aegidius Bossius, der ausdrücklich zugesteht, daß der Proceß als solcher eigentlich zu Ende sei und es sich nur um die Vollstreckung handeln könne, der aber hinzufügt, daß dem Ergriffenen stets noch der recursus ad clementiam principis freistehe, durch den er nicht nur Milderung oder Erlaß der Strafe, sondern insbesondere auch die Befugniß zu nachträglicher Vertheidigung erlangen könne.[2]) Hierhin gehört aber ferner auch Farinacius, der, für den Fall, daß Statuten wie die genannten wirklich bestehen, dem Ergriffenen ebenfalls nur den Weg der Gnade offen läßt. Selbst die Einrede der Nichtigkeit des Bannes dürfe der Richter nicht eigenmächtig zulassen,

---

1) Hippolytus, §. ult. quaestio n. 20, 35 ff.

2) Aegidius Bossius, tit. banniti quid amittant n. 19 u. 20.

sondern nur consulto principis, und Sache des letzteren sei es, den reus ad novas defensiones zuzulassen.[1]) Dabei wird aber auch von diesen Schriftstellern hinzugefügt, daß es sich hier doch nicht um eine reine Gnadenertheilung handele, sondern um ein Verfahren sub fundamento justitiae.[2]) Farinacius sagt, es sei hier nicht von mera gratia die Rede, sondern von „gratia justitiae, quia semper eam princeps concedit." „Princeps tenetur concedere"; ein Fürst, der die nachträgliche Vertheidigung nicht zulassen würde, „diceretur denegasse justitiam."[3]) Er schildert das Verfahren, welches in diesem Falle in Rom stattzufinden pflege, im Einzelnen. Das Gesuch um Wiederaufnahme sei zunächst von den Referendarien des päpstlichen Stuhles zu prüfen und sodann von vier Cardinälen der signatura gratiae zu prüfen, worauf Sr. Heiligkeit über die Sache Vortrag gehalten werde. Eine Verweigerung des Gesuchs hält Farinacius nur in dem Falle für gerechtfertigt, wenn nach genauer Prüfung das Vorbringen des Angeklagten als gänzlich haltlos erscheine, und fügt hinzu, daß er selbst, wenn er in der Lage des Staatsoberhauptes sich befände („si ego princeps essem") in jedem Falle die Wiederaufnahme des Verfahrens zugestehen würde. Genauer, als die Uebrigen, hebt Farinacius hervor, daß, wenn nun auf diese Weise der Angeklagte ad novas defensiones zugelassen worden sei, es sich für ihn nicht bloß um den Beweis eigentlicher Einreden handle, oder daß er den vollen Gegenbeweis oder den vollen Beweis seiner Unschuld zu liefern habe, sondern man müsse wohl beachten, daß es in einem solchen Falle dem Angeklagten nur obliege, die gegen ihn vorgebrachten Beweismittel zu entkräften, — tantum elidere indicia vel probationes contra ipsum in processu laborantia.[4])

Immer mehr aber wurde betont, daß ein an sich unbegründetes Urtheil auch ohne eine solche weitere Vertheidigung des

1) Farinacius I, 1 qu. 11 n. 44, 45.
2) Aegidius Bossius, tit. banniti quid amittant n. 20.
3) Farinacius I, 1 qu. 11 n. 64 ff.
4) Farinacius I, 1 qu. 11 n. 100 f.

Angeklagten vom Richter nicht vollzogen werden dürfe, daß vielmehr der Richter ex officio die Richtigkeit des Erkenntnisses vor dessen Vollstreckung zu prüfen habe. „Et rigor et aequitas exposcunt, quod innocens non puniatur aliqua poena et maxime poena ultimi supplicii vel alia irreparabili, et ubi aequitas aliquid poscit, hoc judex obstante vel resistente lege vel statuto habet latas habenas.“ Wollte man auch an Unschuldigen die Strafe vollziehen, bloß weil sie einmal formell ausgesprochen worden sei, so würde dies auch für das Gemeinwesen die schädlichsten Folgen haben, — „proprie esset ponere populum in maxima anxietate, perplexitate ac timore, considerando, quod innocentia non juvat hominem a poena nec a morte, et tantum prodest esse nocens sicut innocens et tantum bonitas quam iniquitas.“[1]) Clarus zwar[2]) sagt ausdrücklich, daß, wenn einmal in Abwesenheit des Angeklagten über ihn ein Urtheil gesprochen worden sei, ein weiteres Verfahren später gar nicht gegen ihn stattzufinden brauche, — satis enim gravatur sententia condemnatoria, quae contra eum viget, weshalb es sich nur darum handeln könne, dem Ergriffenen noch eine Frist zur Ausführung seiner Einwendungen zu geben und danach sofort das Urtheil zu vollstrecken. „Quare illi tempus ad se defendendum statuetis, et si quas fecerit defensiones, perscribetis; si vero nihil egerit, sententiam contra eum latam exequimini.“ [3]) Aber von der durch ihn bezeugten Mailänder Praxis wird von anderer Seite bekundet, daß doch auch abgesehen von den Einwendungen des Angeklagten keineswegs eine sofortige Vollstreckung stattfand.

Eine bedeutsame Rolle auch in der Entwicklung des Contumacialverfahrens spielt die Folter. Als es üblich geworden war, in zweifelhaften Fällen an Stelle eigentlichen Beweises oder zur Ergänzung ungenügender Beweismittel von dem Angeklagten

1) Hippolytus, §. ultima quaestio n. 39.

2) Clarus, §. finalis qu. 44 n. 6.

3) Aus einem von Clarus angeführten obergerichtlichen Erkenntniß von 1548.

ein Geständniß zu erzwingen, lag es nahe, auch den ergriffenen bannitus vor der Execution der eigentlichen Strafe zunächst noch der Tortur zu unterwerfen. Schon Angelus Aretinus sagt, daß es nützlich, ja nothwendig sei, daß der bannitus, bevor er die Strafe erleide, bekenne, das Verbrechen begangen zu haben.[1]) Aegidius Bossius theilt mit, daß der Mailänder Senat den ergriffenen bannitus stets noch foltern lasse, wenn er nicht entschieden von der Schuld desselben überzeugt sei.[2]) Und Farinacius sagt, daß, wenn es dem ad novas defensiones Zugelassenen nicht gelinge, die gegen ihn vorliegenden Indicien zu entkräften, oder wenn derselbe zwar die übrigen Indicien widerlege, nicht aber das indicium contumaciae, die Folter zur Anwendung zu bringen sei. Nur wenn überhaupt keine Indicien, welche zur Aburtheilung ausreichten, vorhanden waren, sei die sententia nichtig und könne auf sie auch nicht die Tortur des Ergriffenen begründet werden. Farinacius hält daran fest, daß, wenn die Contumacialaburtheilung auf vollständigen Beweis gegründet sei (auf probationes plenae et concludentes delictum), dann auch für den Fall der Ergreifung des Angeschuldigten kein weiteres Verfahren erforderlich sei, vielmehr einfach das Erkenntniß zum Vollzug gebracht werden könne. Wenn dies aber nicht der Fall sei (und auf Grund der mannigfachen, auch im Kirchenstaat bestehenden Statuten werde nur zu häufig der Angeklagte ohne vollen Beweis gebannt und verurtheilt), so müsse noch die Folter als Ergänzung des mangelhaften Beweises eintreten.[3])

Es fragt sich, wie dieses Verfahren den allgemeinen früher erörterten Principien gegenüber zu beurtheilen sei. Wir sahen, daß das mittelalterliche Achtsverfahren in seiner ursprünglichen Gestalt im Wesentlichen auf dem Verhandlungsprincip beruhte,

---

1) Angelus Aretinus, rubr. Caium Sempronii n. 3: semper utile, imo necessarium mihi videtur, quod bannitus confiteatur se tale maleficium commisisse.

2) Aegidius Bossius, tit. banniti quid amittant n. 18.

3) Farinacius I, 1 qu. 11 n. 70 ff. Er setzt hinzu (n. 79), daß die Folter niemals bloß auf die Contumacialsentenz als solche, sondern auf die derselben zu Grunde liegenden Indicien gestützt werden dürfe.

indem die Schuld des Angeklagten auf Grund seines Ausbleibens als feststehend angenommen und an dem Ergriffenen deswegen sofort die Strafe vollstreckt wurde. Wir sahen ferner, daß mit dem Eindringen des inquisitorischen Gedankens in den Strafproceß mehr und mehr die Anforderung gestellt wurde, auch den contumax materiell des Verbrechens zu überführen. Wenn wir nun finden, daß der Ergriffene stets noch der Folter unterworfen werden sollte, so fragt sich, ob auch dies als eine Wirkung inquisitorischer Gedanken aufzufassen sei. Dabei aber ist zu beachten, daß die Folter an sich keineswegs eine nothwendige Consequenz des Inquisitionsprincips bildet, vielmehr eher eine Art Schranke für die freie Ermittlung des Verbrechens durch den untersuchenden Richter darstellt. So lange die Folter besteht und das Geständniß des Angeschuldigten die unbedingte Voraussetzung der Vollstreckung bildet, ist allerdings das über den Angeschuldigten gesprochene Contumacialurtheil nur sehr provisorischer Art, und wir werden daher finden, daß später gerade nach Beseitigung der Folter die Möglichkeit einer Contumacialaburtheilung mit größerer Bestimmtheit hervortritt.

C. Die neuere Zeit.

1) Die Zeit der Folter.

Während die italienische Jurisprudenz schon ziemlich früh das von ihr vorgefundene mittelalterliche Achtsverfahren umzubilden suchte zu einem rationelleren Verfahren, zeigen sich in Deutschland auch am Ende des Mittelalters noch wenig Spuren der Aenderung. Allerdings mag dies zum Theil Schuld der oft knappen und kurzen und nicht selten gesucht alterthümlichen Art der deutschen Rechtsquellen sein, und vielleicht können wir annehmen, daß, auch ohne daß es eine eigentlich gelehrte Jurisprudenz in Deutschland gab, die sich des Gegenstandes angenommen hätte, häufig eine mildere und rationellere Praxis geübt sein mag. Trotz des Wortlauts der Quellen mag vielfach als Voraussetzung der Acht außer den vergeblichen Ladungen des Angeklagten noch ein materieller Beweis des Verbrechens erfordert sein, und noch wahrscheinlicher ist es, daß der im Bann Ergriffene keineswegs in allen Fällen ohne weiteren Proceß gerichtet wurde. Schon der Sachsenspiegel hatte, wie erwähnt, für diesen Fall noch außer dem Beweis der Verfestung verlangt, daß der Ankläger zuvor die Anklage mit Eideshelfern beschwören solle, und es mag im Anschluß hieran später sehr häufig der Proceß im eigentlichen Sinne wiederaufgenommen und insbesondere dem Ergriffenen die Ausführung seiner Unschuld gestattet worden sein. Wichtig war auch in Deutschland in dieser Beziehung insbesondere das Aufkommen der Folter, die schon vor der Carolina in vielen Gegenden Deutschlands in sehr häufigem Gebrauch war, und deren Bestehen es nahelegte, auch den im Banne Ergriffenen noch diesem vermeintlich bewährten Wahrheitsforschungsmittel zu unterwerfen.

Das Bestehen der Folter mußte es aber bald als zweifelhaft erscheinen lassen, ob überhaupt noch eine Achtserklärung stattfinden sollte, und so finden wir (obwohl das Achtsverfahren in manchen Territorien sich noch Jahrhunderte hindurch, ja fast bis zur Gegenwart erhielt), daß schon die Carolina (Art. 155) das Achtsverfahren nur als etwas, was „an etlichen Orten gewonheyt“ sei, also nicht mehr als allgemein übliches Verfahren erwähnt.

Die sog. Wormser Reformation von 1498[1]) erwähnt das Achtsverfahren nur beiläufig, indem sie unter den gegen eine Klage möglichen Einreden auch die Einrede der Acht oder des Bannes aufzählt: einem Geächteten oder Gebannten braucht man auf seine Klage nicht zu antworten. Dagegen hat sie keine besonderen Vorschriften über das Achtsverfahren selbst, insbesondere schreibt sie nicht vor, daß der flüchtige Angeklagte nothwendig gebannt werden müsse, und wie mit dem ergriffenen Gebannten verfahren werden solle. Sie hat nur die Bestimmung, daß die Flucht des Angeschuldigten ein hinreichender Grund sei, um an ihm im Falle der Ergreifung die Folter zur Anwendung zu bringen, wobei sie nicht unterscheidet, ob inzwischen der flüchtige Angeklagte in die Acht erklärt worden war oder nicht. Augenscheinlich betrachtet sie diese Aechtung als eine Form, deren Anwendung sie keineswegs ausschließen will, die sie aber noch weniger als wesentlich vorschreibt.

Anders die Tiroler Malefizordnung von 1499,[2]) die ausdrücklich die Achtserklärung des flüchtigen Uebelthäters anordnet. Wenn der Angeschuldigte, dessen man habhaft werden kann, in gehöriger Weise öffentlich geladen worden ist, so soll, „der Todtschläger oder Uebelthäter komme oder komme nicht,

1) Satzung, Statuten und Ordnungen beständiger guter Regierung u. s. w. weilant in des h. Reichs Statt Worms fürgenommen, jetzt mit höchstem Fleiß restituirt und an Tag geben, Francfurt a. M. 1531, Buch III, Theil 2 Tit. 8, Buch VI, Theil 2 Tit. 2.

2) Gesetz und Ordnung der Ynzichten, Malefitzrechten u. anderen nothdürftigen Handlungen des Landes der Graweschaft Tyrol, abgedr. bei Weiske, Abhandlungen S. 192 ff.

doch nicht desto minder über ihn nachmals als auf einen Tag beschehen, was Recht ist", d. h. der Angeklagte soll in die Acht erklärt werden. Es wird nämlich fortgefahren: „und so einer also in die Acht verurtheilt, so soll desselben Mißhandel mitsammt dem Urtheil durch den Gerichtsschreiber öffentlich verlesen werden." Die Voraussetzungen und Wirkungen der Achtserklärung werden nicht weiter angegeben, insbesondere wird über das Schicksal des Ergriffenen nichts Näheres bestimmt. Nach der Art aber, wie hier von der Verlesung „des Mißhandels mitsammt dem Urtheil" die Rede ist, können wir annehmen, daß es sich hier keineswegs mehr um ein ganz rohes Achtsverfahren im älteren Sinne, sondern um eine sachliche Ermittlung des Straffalles handelt.

Der Laienspiegel [1]) sagt nur allgemein, daß man den Ungehorsamen „mit Acht und Bann beschwären mag, nach Gebrauch und Gewohnheit wie ein jeder Gerichtszwang gefreyt und von Alter herkommen" und fügt hinzu, daß, wie ein Gericht höher sei als das andere, „also ein Acht schwärer weder die andere." Von den Voraussetzungen und Wirkungen der Acht im Einzelnen wird auch hier nicht gehandelt. Die Hauptsache ist dem Laienspiegel, wie den meisten Quellen dieser Zeit, daß der Ergriffene, falls er nicht gesteht, der Folter unterworfen werden kann.

In einzelnen der Bearbeitungen älterer Stadtrechte aus dieser Zeit wurden dagegen noch ganz die alten Formen des Achtsverfahrens beibehalten. So soll nach den in dieser Zeit umgearbeiteten Statuten der Stadt Breslau [2]) der Kläger ganz in der alten Weise die Achtserklärung des Angeklagten vor versammeltem Gerichte beantragen und nach den üblichen Fragen und Antworten die feierliche „Verlobung" (d. h. Preisgebung, Aechtung) des Angeklagten unter den früher schon (S. 72) an-

1) Der neü Layenspiegel, von rechtmäßigen ordnungen in Burgerlichen und peinlichen Regimenten, Augsburg 1511, fol. 147. v.

2) Zeitschrift des Vereins für Geschichte und Alterthumskunde Schlesiens B. IV, S. 80 ff. Vgl. Stobbe, Rechtsquellen II, S. 280.

geführten Förmlichkeiten erfolgen. Doch wird von diesen und ähnlichen Statuten wohl mit Recht bemerkt,[1]) daß sie in herkömmlicher Weise manches enthielten, was doch schon ziemlich oder völlig unpraktisch geworden war, mindestens fragt sich, ob nicht schon unabhängig von diesen alterthümlichen Formen des Achtsprocesses ein rationelleres Verfahren in Wirklichkeit stattfand.

Daß die Acht als solche in der damaligen Zeit vielfach im Grunde nur wenig Bedeutung hatte, zeigt sich an der gehäuften Androhung der Verfestung oder Verzellung in einzelnen Städten und an dem schwächlichen und unwürdigen Spiel, das damit nicht selten von denen, welche sie handhabten, selbst getrieben wurde. Bezeichnend hierfür ist unter Anderem der „Schied Herzog Georgs zu Sachsen zwischen Hermann von Weissenbach an einem und dem Rath zu Freyberg am anderen Theil wegen des jenen betroffenen Verzellens" vom Jahre 1490[2]), worin der Rath von Freyberg ausdrücklich anerkennen mußte, daß, wenn er den v. Weissenbach wegen nächtlichen Unfugs verzellt habe, dies demselben weder an seiner Ehre, noch an seinen Rechten irgendwie nachtheilig sein solle, also im Grunde gar nichts zu bedeuten habe.

Eine ausführliche Regelung des Achtsverfahrens enthält aber noch die Bambergensis, die Grundlage der Carolina. In den Artikeln 229 bis 249 werden folgende Vorschriften gegeben. Wenn Jemand erschlagen ist (item so yemant erschlagen oder ermördt wirdet in unsern halsgerichten), so sollen die Amtleute und Bannrichter desselben Halsgerichts, in welchem die That geschehen ist, möglichst in Gegenwart zweier oder dreier geschworener Schöffen von dem Erschlagenen sogleich, ehe er begraben wird, ein Leibzeichen nehmen lassen, wie dies in jedem Gerichtsbezirk Herkommen und Gewohnheit sei, und wenn der Verletzte noch nach der That sich in einen anderen Gerichtsbezirk begeben hatte und dort gestorben war, so soll der Richter, in dessen Bezirk die That geschehen ist, den anderen Richter um ein

1) S. Stobbe II, S. 280.

2) Bei Klotzsch, das Verzellen, Dresden 1765 Beilage Nro. V.

solches Leibzeichen ersuchen. Schwarzenberg nahm also diesen alten Brauch noch ausdrücklich in seine Gerichtsordnung auf, erklärt aber sofort, daß dieses Leibzeichennehmen keineswegs eine unbedingte Voraussetzung für die Achtserklärung des Thäters sei. Die Bambergensis fährt nämlich fort (Art. 230), daß auch, wenn die Amtleute oder Richter kein Leibzeichen erlangen können (dess sie doch alles fleyss haben söllen), dennoch die Achtserklärung vor sich gehen kann, falls nur die That von Seiten des Anklägers auf andere Weise genugsam erwiesen sei (so dann die ankläger die that sunst genugsam bewisen, — söllen nichts destoweniger die tetter in die acht erkennt werden, in aller mass, als ob das leybzeichen vorhanden were). Das zur Achtserklärung erforderliche Verfahren wird dann folgendermaßen beschrieben (Art. 231). Der Ankläger (item so dann des erschlagenen oder ermördten freunde den tetter, so der nit in gefängnuss lege, in die mordtacht sprechen lassen wöllen) soll den Bannrichter ein förmliches Halsgericht zu besetzen ersuchen. Wenn dann das Halsgericht oder Zent gehörig besetzt ist, so mögen die cleger den todten oder ein leybzeichen von ime und ander glaublich kundschafft der tate, wie sich gepürt, fur gericht bringen und den Richter bitten, jm gegen den tetter rechts zu verhelffen; wo sie aber den todten oder das leybzeychen nach gehabtem fleyss fur gericht nit bringen könnten, das soll jnen an der rechtvertigung zu keynem nachtheyl komen. Vor Gericht soll dann der Kläger über den Thäter dreimal Geschrei erheben, „waffnach jo oder mörder jo uber mein mörder und des lands mörder“, wie dies an jedem Orte Herkommen und Gewohnheit sei. Wenn dann der Angeklagte nicht erscheint, so soll der Richter auf des Klägers Begehren den Angeklagten durch den Büttel also aufrufen lassen: N., ich forder dich zum ersten Mal, das du komst zwischen die schöpfen und schrannen und dich verantwortest von des mordes wegen als man dann zu dir clagt. Wenn dann der Angeklagte vor Mittag nicht erscheint, so mag der Kläger bitten, daß erkannt werde, was auf des Beklagten Ausbleiben recht sei. Dies geschieht dahin, daß der Kläger den ersten Rechttag erstanden habe, und zugleich benennt ihm der Richter den anderen Rechttag. Dieser wird öffentlich vor Gericht durch den Büttel ausgerufen und muß wenigstens vierzehn Tage von dem ersten entfernt sein, „damit die verclagung desto statlicher an den tetter gelangen möge.“ Erscheint dann der Angeklagte in diesem zweiten Gerichtstag ebenfalls nicht, so soll ein dritter und letzter (endhafft rechttag) angesetzt und ebenso wie früher vorgegangen werden. Ist der Angeklagte auch im dritten Termin ausgeblieben, so soll in diesem dritten Gerichtstag auf des Klägers Begehren und Beweis der Anklage der Angeklagte in die Mordacht erkannt werden. Durch einen Anwalt kann er sich nicht im eigentlichen Sinne vertreten lassen, sondern nur seine Abwesenheit entschuldigen. Wird eine solche Entschuldigung nicht vorgebracht oder nicht genügend befunden, so wird die Acht über ihn ausgesprochen. Diese soll nach der Bambergensis folgendermaßen lauten: N., als du mit urteyln und recht zu der mordtacht erteylt worden bist, also nym ich dein leyb und gute auss dem fride und thu sie in den unfride und künde dich erloss und rechtloss und künde dich den vögeln frey in den lüfften und den Thiern in dem walde und den vischen in dem wage, und solt auf keiner strassen noch in keiner munthat, die Kaiser oder König gefreyet haben, niendert frieden noch gleyt haben; und künde alle dein lehen, die du hast, jren herren ledig und loss, und von allem rechten in alles unrecht; und ist auch allermenigklich erlaubt uber dich, dass niemant an dir freveln kan noch solle, der dich angreyfft. Es folgen dann noch Bestimmungen über die „vergleyttung“ des Angeklagten, falls dieser sich, mit Zustimmung des Anklägers, ohne dessen Willen sie nicht ertheilt werden soll, stellen will (Art. 242 und 246), über die Aussetzung der Achtserklärung, falls sich der Angeklagte noch rechtzeitig zum Beweise seiner Unschuld erbietet (Art. 244 und 245), und über das Verfahren bei Aufhebung der Acht, wenn sich der Geächtete mit Zustimmung des Anklägers aus der Acht zieht und zum rechtlichen Verfahren erbietet (Art. 247); item so dann ein sölcher echter umb die begangene tat mit verwilligung der partheien ernstlich mit uns vertragen wirdet, so behalten wir uns bevor, denselben echter selbst auss der acht zu tun und ime söllicher Absolucion auff sein begeren brieflich urkundt zu geben. Zum Schluß wird über die Kosten des Achtsverfahrens bestimmt (Art. 248) und u. A. auch noch angeordnet, daß der Körper des Erschlagenen im Laufe des Verfahrens und ohne Nachtheil für den Fortgang desselben inzwischen begraben werden könne (Art. 249).

An diesen Anordnungen der Bamberger Halsgerichtsordnung über das Achtsverfahren [1]) ist vor Allem bemerkenswerth, daß die Acht stets nur auf geführten Beweis, „beweysung der clag", erkannt werden soll. Art. 230: so dann die ankläger die tat sunst genugsam bewisen. Art. 239: auf der cleger begeren und beweysung der tat. Es ist also mit dem alten mittelalterlichen Contumacialprincip, wonach der Angeklagte durch sein Ausbleiben selbst als überführt galt, entschieden gebrochen, und die von den italienischen Criminalisten, wie wir sahen, so vielfach aufgestellte Anforderung, die auch in Deutschland schon früher nicht selten praktisch befolgt sein mochte, jedenfalls aber nicht ausdrücklich ausgesprochen worden war, mit Bewußtsein aufgenommen. Der Richter ist fortan verpflichtet, auch im Falle des Ausbleibens des Angeklagten nach dem Beweis der That zu fragen, und, wenn er auch noch nicht geradezu verpflichtet wird, selbst von Amtswegen zur Aufklärung des Falls Beweismittel heranzuziehen, so darf er doch nicht mehr auf die bloße Anklage hin auf die Aechtung des Angeklagten erkennen. Ein anderer großer Fortschritt, der durch die Bambergische Halsgerichtsordnung erfolgt, besteht darin, daß sie in Art. 180 ausdrücklich bestimmt, daß der in die Mordacht Erklärte, falls er später ergriffen wird, stets noch mit seiner Vertheidigung gehört werden soll. Item so einer in gefengknuss käme, der davor in die mordtacht erkannt were, und in der gefengknuss sein entschuldigung (wie in den vorgemelten artickeln davon sagende gesatzt ist) ausszufüren erbüte, der solt (unangesehen dass er davor in

1) Vgl. im Allgemeinen Zöpfl, das alte Bamberger Recht als Quelle der Carolina S. 131. Walther, die Lehre von den Rechtsmitteln II, S. 200 ff. Abegg, historisch-praktische Erörterungen I, S. 173 ff.

die mordtacht erkant were) mit bestimpter aussfürung zugelassen werden. Auch dadurch ist die Schroffheit und summarische Art des mittelalterlichen Achtsverfahrens gebrochen; obwohl schon die Achtserklärung selbst nur auf wirkliche Beweise hin ausgesprochen werden soll, so soll an dem Ergriffenen das Urtheil nicht einfach vollstreckt, sondern demselben noch ein Gegenbeweis zugelassen werden. Daß der Richter auch von Amtswegen noch in diesem Stadium des Verfahrens sich um die Richtigkeit des Urtheils bekümmern und zu diesem Zwecke etwa eine Vervollständigung der Untersuchung vornehmen solle, sagt die Bambergensis nicht, keinesfalls aber soll der Angeklagte ungehört die Strafe erleiden.

Zweifelhaft erscheint, ob im Sinne der Bambergensis das Achtsverfahren auf die Fälle einer Tödtung (Mord und Todschlag, wozu auch gewiß, nach der heutigen Rechtssprache ausgedrückt, Körperverletzung mit tödtlichem Erfolge zu rechnen ist) beschränkt sein soll, oder ob wir anzunehmen haben, daß dasselbe auch bei sonstigen Verbrechen sollte Anwendung finden können. Für das Erstere spricht nicht nur der Wortlaut (da das Gesetz stets von der Mordacht, von dem Körper des Erschlagenen und dem Leibzeichen redet), sondern auch, daß nach der Bambergensis der Aechter ausdrücklich für im eigentlichen Sinne friedlos erklärt wird und straflos verletzt werden kann. Es wird dies nicht bloß in der Formel der Achtsentenz gesagt, bei der man ja vielleicht an dem vollen Ernste der Bestimmung zweifeln könnte, sondern außerdem im Art. 175 ausdrücklich bestätigt, indem daselbst unter den verschiedenen Arten strafloser Tödtungen auch die Tödtung des Echters genannt wird. Eine solche Rechtsfolge, wonach der Thäter der weitgehendsten Rache insbesondere des Anklägers preisgegeben war, hat, kann man sagen, ihre richtige Stelle nur bei solchen Verbrechen, bei denen die persönliche Rache auch im Sinne jener Zeit in gewisser Weise als zulässig oder entschuldbar betrachtet wurde, also bei einer Blutschuld, deren Bestrafung auch jene Zeit noch in gewissem Umfange der Privatthätigkeit zu überlassen in der Lage war, da die öffentlichen Organe noch immer nicht die genügende Kraft und Gelegenheit hierzu hatten. Allein nichts destoweniger würde es wohl unrichtig sein, im Sinne der Bambergischen Halsgerichtsordnung das Achtsverfahren ausdrücklich und ausschließlich auf Fälle wirklicher Blutschuld zu beschränken. Wie es überhaupt in der Art auch noch jener Zeit liegt, allgemeine Anordnungen in der Form concreter Bestimmungen zu treffen, so mag auch die Bambergensis in diesem Punkte, wie in manchen anderen, verfahren sein und die Fälle der Tödtung nur als den hauptsächlichsten, jedoch keineswegs ausschließlichen Anlaß einer Achtserklärung hingestellt haben. Es ist nicht unwahrscheinlich, daß ebenso gut wie Todschläger, so auch Räuber und Brandstifter nach der Bambergensis sollten geächtet werden können, und nur bei solchen Verbrechen, wie gemeiner Diebstahl u. dergl., mag in der Regel die Anstellung eines Achtsverfahrens aus naheliegenden Gründen unterblieben sein. An einer festen Grenze fehlte es hier wie auch in anderen Punkten, und dem Ermessen des Richters und der Schöffen war auch hier wahrscheinlich die richtige Unterscheidung überlassen.

Die Wirkungen der Achtserklärung für die rechtliche Stellung des Angeklagten waren nach der Bambergensis noch sehr hart. Wie bemerkt, sollte der Geächtete vollkommen schutzlos sein und also straflos getödtet werden können. Selbstverständlich sollte der Geächtete inzwischen auch aller seiner Rechte insofern verlustig sein, als er vor den Gerichten des Landes nicht klagend auftreten konnte. Doch ist dieser letztere Punkt von der Bambergensis nicht näher geregelt, und nur hinsichtlich des Vermögens des Flüchtigen ausdrücklich bestimmt (Art. 265 und 266), daß dasselbe mit Beschlag belegt werden solle. Diese Bestimmung bezieht sich aber nicht nur auf den Fall der Achtserklärung, sondern auf die Flucht des Angeklagten überhaupt. „Item so ein ubeltetter aussweycht, so soll man alles, sein hab und gute eygentlich beschreyben, in gegenwertigkeit des Richters und zweyer des gerichts, und dem ubelteter nichts davon volgen lassen.“ Die Vermögensbeschlagnahme wird als eine allgemeine Maßregel gegen den flüchtigen Angeschuldigten angeordnet, und zwar bildet sie, wie es scheint, die einzige Maßregel, die gegen die Abwesenden außerhalb des Achtsverfahrens angewendet wird. Ob und wie weit, wenn es nicht zur Achtserklärung kam, das Verbrechen auch in Abwesenheit des Angeschuldigten untersucht und festgestellt werden sollte, darüber schweigt die Bambergensis.

Vergegenwärtigen wir uns nun, in welcher Lage sich die Reichsgesetzgebung befand, als es sich darum handelte, die Bestimmungen der Bambergensis auf das ganze Reich auszudehnen. Bekanntlich ist die Bambergensis zum bei Weitem überwiegenden Theil einfach in die Carolina hinübergenommen; einer der wenigen Punkte aber, in welchen die Carolina von der Bambergischen Halsgerichtsordnung erheblich abweicht, ist das Achtsverfahren. Die, wie wir sahen, so ausführliche Darstellung des Achtsverfahrens in der Bambergensis blieb schon aus dem ersten Projecte zur Carolina von 1521 fort, obwohl die Bestimmung über die Straflosigkeit der Tödtung des Geächteten in diesem Project (Art. 156) noch stehen blieb. Aus dem Project von 1529 ist aber auch diese Bestimmung verschwunden, und die Carolina selbst enthält über das Achtsverfahren nur die Erwähnung, daß dasselbe an etlichen Orten Gewohnheit sei, und die Vorschrift, daß der ergriffene Geächtete stets noch mit seiner Vertheidigung gehört werden solle. Art. 155: Item so eyner inn gefengknuss kem, der davor inn die mordtacht erkant wer, wie an etlichen orten gewonheyt, und inn der gefengknuss sein entschuldigung, wie inn den vorgemelten artickeln von den entschuldigungen gesatzt ist, auszufüren sich erbüte, der soll, unangesehen dass er hievor inn die mordtacht erkant wer, mit bestimpter aussfürung zugelassen werden. (Vgl. Art. 180 der Bamb. und Art. 161 der Projecte). Die Carolina erwähnt also das Achtsverfahren als etwas an manchen Orten Herkömmliches und trifft für dasselbe jene oben besprochene schon in der Bambergensis enthaltene wichtige Anordnung; sie ist aber weit entfernt das Achtsverfahren als eine allgemeine Einrichtung vorzuschreiben. Ebensowenig aber trifft sie sonstige Anordnungen über das Verfahren gegen Abwesende, mit Ausnahme der Bestimmung über die Beschlagnahme des Vermögens. In wesentlicher Uebereinstimmung mit der

Bambergensis schreibt sie (Art. 206) vor, daß im Falle der Flucht der Richter mit zwei oder drei Verwandten des Angeschuldigten und in Gegenwart zweier Schöffen die zurückgelassenen Güter des Angeschuldigten aufzeichnen, die dem Verderb ausgesetzten Sachen verkaufen und den Erlös bei Gericht hinterlegen soll, wobei hinzugesetzt wird, daß das Vermögen auch den Angehörigen des Angeschuldigten, falls diese Caution stellen, überlassen werden kann, und daß die Frau und die Kinder desselben nothdürftigen Unterhalt aus dem Vermögen erhalten sollen. Der Artikel schließt mit der Bestimmung, daß „die richter und oberkeyt zu jrem nutz den flüchtigen von jren güttern gar nichts nemen“ sollen, wodurch die älteren Bestimmungen des römischen Rechts und mancher germanischen Rechtsquellen über die Confiscation des Vermögens im Falle der contumacia ausdrücklich beseitigt werden. Die Carolina läßt sogar den Zusatz, den die Bambergensis in dieser Hinsicht gemacht hatte, fort: es weren dann sunder fell, darumb die aussflüchtigen misstetter jr gut verwürckt hetten, und durch uns oder unser Rete wissentlich zugelassen oder geschafft wurde zu jrem oder jrer anhenger gute zugreyffen.

Hiernach ist eine gewisse Halbheit in der Haltung der Carolina nicht zu verkennen; sie will das Achtsverfahren nicht verwerfen, aber doch auch nicht ausdrücklich vorschreiben, sie trifft über das Vermögen des Abwesenden Anordnungen, ohne sich über das sonstige gegen den Abwesenden zulässige Verfahren zu erklären. Diese Halbheit hatte, wie wir sehen werden, viel Zweifel und Schwanken bei der späteren Praxis zur Folge. Ob das Achtsverfahren beibehalten werden sollte oder nicht, konnte sich allerdings nach wie vor nach dem Herkommen richten; wie aber sollte außerhalb des Achtsverfahrens gegen Abwesende vorgegangen werden? Sollte n u r die Beschlagnahme des Vermögens erfolgen, oder konnte unter Umständen auch zu einer Aburtheilung der Sache in Abwesenheit des Angeschuldigten übergegangen werden? Es fragte sich, ob eine solche als im Sinne der Carolina stillschweigend ausgeschlossen angesehen werden sollte oder nicht. Die Carolina verlangte als vollen Beweis Geständniß oder die übereinstimmende Aussage von zwei Zeugen. War nun die letztere vorhanden, warum sollte nicht wenigstens in einem solchen Falle auch der Abwesende verurtheilt werden können? Immerhin aber ist es erklärlich, daß die Carolina eine Antwort auf diese Frage schuldig bleibt; denn daß der ganze Beweis durch directe Zeugenaussagen beschafft werden kann, ist doch immer der seltenere Fall, und eine Gesetzgebung, nach welcher die Folter eine so außerordentliche Bedeutung hat, kann leicht dazu kommen, ihre ganze Aufmerksamkeit auf die Voraussetzungen ihrer Anwendung zu richten. Bestimmungen über eine rationelle Sammlung der Beweismittel auch in Abwesenheit des Angeschuldigten liegen der Carolina noch fern, und die ganze Art, wie sich die Carolina zu unserem Gegenstande verhält, zeigt, daß dieselbe zwar dem mittelalterlichen Verfahren entwachsen, aber noch keineswegs zu der Klarheit eines modernen inquisitorischen Verfahrens durchgedrungen war.

Die der Carolina folgende Praxis hatte sich darüber zu entscheiden, ob nach alter Weise mit der Aechtung verfahren und wie es in diesem Falle mit den Voraussetzungen und Wirkungen der Achtserklärung gehalten werden solle, oder ob das Verfahren bis zur Ergreifung des Angeschuldigten ganz zu beruhen habe, oder ob und mit welcher Wirkung etwa auch in Abwesenheit des Angeklagten ein eigentliches Erkenntniß in der Sache selbst gesprochen werden sollte.

Gobler[1]) begnügt sich auch hier mit einer Uebersetzung im Wesentlichen des Wortlauts der Carolina, obschon zu beachten ist, daß er den Ausdruck „Mordacht" mit latronum bannum seu interdictum wiedergiebt und dadurch zeigt, daß es sich nicht nur um eine für Tödtungen, sondern überhaupt für schwere Gewaltthätigkeiten bestimmte Rechtsfolge handelt. Im Uebrigen drückt er den Sinn des Art. 155 so aus, daß der ergriffene bannitus „certa deductione seu purgatione concessa atque

1) Abegg, Gobleri interpretatio et Remi nemesis Carulina, Heidelberg 1837 S. 172.

praefixa" zur Ausführung seiner Unschuld zugelassen werden soll. Remus dagegen in seiner Paraphrase enthält einen bemerkenswerthen Zusatz.[1]) In der Ueberschrift des Art. 155 spricht er nicht von der Acht und von der dem Geächteten stets noch freistehenden Vertheidigung, sondern von dem absens damnatus und dessen Befugnissen, und giebt sodann den Artikel selbst in folgender Weise wieder: Absens ne quis puniatur neve damnetur rescriptum est: quod inaudita causa quemquam damnari aequitatis ratio non patitur. Diverso tamen jure nonnullae proviuciae ex consuetudine utuntur, quod in medio relinquentes constituimus, ut si is, qui ob homicidium proscriptus fuit, capitur, e vinculis causam dicere velit, hoc est ad exceptionis suae probationem se idonee offerre, ei reo hoc non tam beneficium quam debitum legitimum ex judicis arbitrio indulgendum neque denegandum esse. Es wird hier also das römische Recht „ne absens damnetur" als allgemeine Regel hingestellt und das deutsche Achtsverfahren als particuläre Abweichung bezeichnet, die zwar auch fernerhin soll bestehen bleiben können, für die aber die bestimmte Vorschrift ertheilt wird, daß der Ergriffene stets noch gehört werden soll. Die oben aufgeworfene Frage also, ob die Carolina, auch abgesehen vom Achtsverfahren, einer Aburtheilung des Straffalles in Abwesenheit des Angeschuldigten durchaus entgegen sei, wird hier bejahend beantwortet und das römische Recht unmittelbar als maßgebend betrachtet, soweit nicht das particuläre Herkommen des Achtsverfahrens zur Anwendung kommt.

In ähnlicher Weise sagt Perneder[2]), daß Niemand unerhört oder abwesend, wie auch Niemand auf Argwohn oder Vermuthung in peinlichen Sachen verurtheilt werden solle; denn es sei besser, die Uebelthat bleibe ungestraft, denn daß ein Unschuldiger sollte verurtheilt werden. Er setzt aber hinzu: „Aber in bürgerlichen Fällen, die allein geld oder gut berühren, mag auf der Theil ungehorsam procedirt, auch so weit fürgefahren werden,

1) Abegg S. 173.

2) Perneder, Straff und Peen aller und yeder Malefitzhandlungen, Ingolstadt 1559 Fol. 3.

daß man dem, so in seinem ungehorsam über beschehene Warnung. verharrt, das Gericht oder die Herrschaft verbieten mag. Ita est text. in L. absentem D. de penis." Nur haben diese Aeußerungen insofern noch einen weitergehenden Sinn, als damit das Achtsverfahren in eigentlichen Criminalfällen überhaupt ausgeschlossen und nur für bürgerliche Fälle vorbehalten zu sein scheint.

Vigelius[1]) bemerkt nur, daß die in der Carolina Art. 206 angeordnete Annotation mit den Bestimmungen des römischen Rechts (abgesehen von der nach deutschem Recht ausgeschlossenen Confiscation) übereinstimme, setzt jedoch hinzu, daß nach dem Zeugniß von Clarus die Annotation nicht gerade üblich sei, vielmehr an ihrer Stelle ein eigentliches Achtsverfahren stattzufinden pflege (annotationem in usu esse desiisse et in eius locum poenam banni subrogatam). Er erwähnt dann im Verlaufe (S. 180 ff.) die in den Reichsgesetzen angeordnete Acht wegen Landfriedensbruches und spricht im Capitel 7 de homicidio (S. 263) unter Berufung auf Art. 155 der Carolina davon, daß auch der Gebannte im Falle seiner Ergreifung stets noch die ihm etwa zu Gebote stehenden Entschuldigungsgründe geltend machen könne, und zwar nicht bloß, wenn er sich (wovon allerdings Art. 155 zunächst rede) vorher verhaften lasse, sondern auch, wie aus Art. 156 hervorgehe, auf freiem Fuß.

Ausdrücklich spricht von dem gegen den Abwesenden stattfindenden Achtsverfahren auch Sawr in seinem, besonders auf Hessen Rücksicht nehmenden peinlichen Proceß.[2]) Er sagt zunächst (S. 3), daß der criminosus absens durch edicta legitima vorzufordern sei, und falls er ausbleibt, der Richter „contra eum procedere potest." Dieses procedere wird sodann (S. 4) näher

---

1) Nicol. Vigelius, jctus, constitutiones Carolinae publicorum judiciorum in ordinem redactae cumque jure communi collatae, Basiliae 1583 S. 59 ff.

2) Abraham Sawr, peinlicher Proceß, das ist gründliche und rechte Underweisung, wie man in peinlichen Sachen heutigen Tages nach allgemeinen geistlichen und weltlichen Rechten procediren soll, u. A. Frankfurt a. M. 1607.

dahin beschrieben, daß die zu erlassende citatio peremtoria den wesentlichen Inhalt der Klage näher angeben müsse, und daß die zurückgelassenen Güter des Flüchtigen annotirt und nach einem Jahre auch confiscirt werden müßten. (Es wird also in dem Art. 206 nicht ein Verbot der Confiscation erblickt.) Ueberdies aber werde der Abwesende nicht nur nach sächsischem Recht, sondern ebenso in Hessen auch persönlich in die Acht erklärt und wenn er sich in Jahr und Tag nicht aus der Acht ziehe, die Oberacht über ihn ausgesprochen und er damit seines Leibes, Gutes und Ehre verurtheilt. Es werden (S. 22 ff.) Beispiele von Edictalcitationen, Ungehorsamsbeschuldigungen und Contumacialurtheilen gegeben. Die Edictalcitation enthält die Warnung, daß auch im Falle des Ausbleibens „nichts desto weniger wider euch procedirt und gerichtet werden soll, als sich das nach Ordnung der Rechten und peinlicher Art zu thun gebürt." Die Ungehorsamsbeschuldigung (Seitens des Fiscals) ist darauf gerichtet, daß, da der Angeklagte zu nicht geringer Verachtung des Herrn Richters und des gehegten Gerichts ungehorsam verbleibe, sein Ungehorsam hiermit angeklagt und gebeten werde, ihn nunmehr pro contumace zu erklären und, quod contumax pro confesso habeatur, anderen Leuten zum abschewlichen Exempel und ihm zu wohlverdienter Strafe in die Mordacht zu erkennen und zu verdammen, auch seine Güter, was vorhanden, zu annotiren und zu confisciren. Das Urtheil lautet endlich dahin, daß auf die vorgebrachte Anklage und die Ladungen, sowie auf das sonstige Vorbringen („deßgleichen alles anderes mündtliches Vortragen und gethanen Rechtssatz") der Angeklagte pro contumace und in die Mordacht erklärt und seine Güter, sofern deren vorhanden, annotirt und selbst confiscirt werden. Auch kann in dem Urtheil (nach einem anderen S. 23 f. mitgetheilten Formular) ausdrücklich des Beklagten Leib und Gut aus dem Frieden in den Unfrieden erklärt und Jedermann Erlaubniß zur Rache ertheilt werden, „also daß er auff einiger Straß, auch sonsten an einem Ort keine Freyheit, Geleyt oder Sicherheit haben soll." Schließlich (S. 24) wird bemerkt, daß wenn der Geächtete ergriffen wird, er stets noch mit bestimmter Ausführung seiner Unschuld zugelassen werden soll, wie auch nach sächsischem Recht an dem Ergriffenen, abgesehen von dem Fall des Geständnisses, nicht ohne Weiteres die Strafe vollstreckt werden könne; nur dilatorische Einreden würden nicht mehr zugelassen.

Nach v. Rosbach[1]) soll, wenn auf mehrmalige Ladung der Angeklagte ausbleibt, der Ankläger an das Gericht den Antrag stellen, den Angeklagten nunmehr anderen Leuten zum abscheulichen Exempel und ihm selbst zu wohlverdienter Strafe in die Mordacht zu erkennen, wobei ebenfalls darauf Bezug genommen wird, quod contumax habeatur pro confesso. Es wird hier das Achtsverfahren als etwas ganz allgemein gültiges und keineswegs als particuläre Ausnahme behandelt.

Die hervorragendsten unter den criminalistischen Schriftstellern des sechszehnten und siebzehnten Jahrhunderts sind aber Damhouder, Matthaeus und Carpzow, deren Ansichten über das Contumacialverfahren daher eine nähere Prüfung erfordern.

Damhouder[2]) erwähnt im 28. Capitel seines Werkes, ähnlich wie die italienischen Criminalisten, zunächst das römische Recht und fährt dann fort: Verum stylus et usus receptus habet, ut, quisquis in camera Flandriae citatus fuerit personaliter et non comparuerit, incidat in contumaciam. Er werde nämlich, nachdem er dreimal geladen und jedesmal ausgeblieben sei, noch ein viertes Mal, und zwar ad poenam exilii geladen, und es sei mit dieser poena exilii schließlich der Verlust des ganzen Vermögens verbunden. Selbst gegen solche Angeklagte, die, wie die Bürger von Gent, Brügge und Ypern, durch Privilegien gegen die Confiscation des Vermögens gesichert seien, werde dennoch von der curia Flandriae stets auf Confiscation erkannt und den Angeklagten überlassen, ihre Pri-

---

1) Joh. Emer. a Rosbach, practica criminalis seu processus judiciarius, Francof. 1610, S. 21 ff.

2) Jodocus Damhouder, Brugensis, eques auratus, quondam Caesareus, nunc Hispanarum regis Philippi consiliarius atque ejusdem regis per totam Belgiam financiarum commissarius, praxis rerum criminalium, u. A. Coloniae Agripp. 1591.

vilegien noch im Stadium der Vollstreckung zur Geltung zu bringen. Auch in anderer Beziehung ist das von Damhouder geschilderte Contumacialverfahren ein auffallend strenges. Es wird nämlich ausdrücklich gesagt, daß, wenn der Angeklagte auf die letzte Ladung nicht erscheint, „acrius deinde contra ipsum tanquam contumacissimum proceditur, nempe ad perpetuum exilium Flandriae et poenam confiscationis omnium bonorum suorum, ad usum comitis Flandriae, absque ulla alia inquisitione, quam quae praecesserat." Damit ist jedoch nicht gesagt, daß der Abwesende auf Grund der bloßen contumacia ohne wirklichen Beweis verurtheilt werden solle. Es heißt nämlich ausdrücklich, daß der Gerichtshof nicht auf die bloße Anklage und die Thatsache des Ausbleibens erkennen solle, sondern die Anklage una cum informationibus, actis, actitatis, munimentis et meritis caussae soll die Grundlage der Aburtheilung bilden. Nur die Vornahme einer förmlichen (Special=) Inquisition wird also für unnöthig erklärt, eine materielle Prüfung des Falles dagegen geradezu erfordert. In dieser Beziehung sagt Damhouder weiter: Sunt qui autumant, absentes contumaces in re criminaria criminum objectorum esse reos et obnoxios omniaque objecta habenda esse pro confessis, quod is condemnabilis sit in principali ratione suae contumaciae, quam aestimant pro ficta probatione: contumax enim videtur fictione juris crimen confiteri. Dem gegenüber aber müsse gesagt werden, daß es im Criminalrecht stets auf wirklichen Beweis ankomme, ja auf probationes luce clariores. Diligentius enim debet fieri examinatio, ubi de hominis salute tractatur, non autem ex praesumtione, quia sanctius est impunitum relinqui facinus nocentis, quam innocentem damnari. Er steht also ganz auf dem Standpunkt der italienischen Criminalisten, die das Achtsverfahren keineswegs verwerfen, als Voraussetzung des Contumacialurtheils aber eine sachliche Ermittlung des Straffalles erfordern. Ueber die Wirkung der auf dieser Grundlage erkannten Acht sagt Damhouder in dem genannten Capitel nur noch, daß dieselbe von selbst die infamia des Geächteten herbeiführe, und daß derselbe so lange infamis bleibe, bis er durch den princeps priori nominis sui integritati restituirt sei. Im Uebrigen verweist er hinsichtlich der rechtlichen Stellung des bannitus auf die auch über Italien hinaus vielfach verbreitete Schrift des Nellus, wie er auch in dem Abschnitt über den Bann als Strafmittel (de exiliis sive bannis, Cap. 58) sich selbst eingehenderer Erörterungen unter Verweisung auf Nellus überhebt. Doch finden sich in einem späteren Capitel, bei der Erörterung der verschiedenen Arten der Tödtung (Cap. 81 de aliis homicidiis illicitis), Betrachtungen über die Frage, ob ein Gebannter straflos getödtet werden könne, und hier ist es gewiß bemerkenswerth, daß auch noch diese in vieler Hinsicht schon sehr moderne Arbeit des sechszehnten Jahrhunderts noch ausdrücklich den Gebannten dem Feinde gleichstellt und geradezu sagt: concessum est item interficere exules atque hostes quocunque patriae, qui per latam sententiam ad interficiendum damnati sunt. Nur darüber werden noch gewisse Zweifel angeregt, ob derjenige, der von dieser Befugniß Gebrauch gemacht und einen Gebannten getödtet hat, in jeder Hinsicht makellos sei, und ob er nicht insbesondere doch unfähig erscheine, ein öffentliches Amt zu bekleiden, sowie, ob er nicht wenigstens in foro conscientiae verantwortlich bleibe. In beiden Beziehungen aber wird gesagt: talis occisor, quicquid facit, autoritate legis facit, et ita ut minister et executor legis habendus est; unde, sicut judex puniendo et occidendo malefactorem secundum formam legis non peccat, imo meretur, ita et iste, qui hoc facit autoritate legis et ob vindictam et utilitatem publicam. Nur wenn der Thäter livore et delectatione effudendi sanguinem humanum gehandelt habe, sei eine Ausnahme zu machen: tunc enim peccat mortaliter. Ueber die Aufhebung der Achtssentenz sagt Damhouder (Cap. 29 de contumaciis purgandis), daß in den Niederlanden nach festem Herkommen eine solche Restitution nur auf dem Wege der Gnade (per indultum principis) erlangt werden könne, und daß auch in diesem Falle der Gebannte in den Besitz seiner Güter nur dann gelange, wenn dies in der ihm ertheilten Restitution ausdrücklich gesagt ist.

Auch Matthaeus[1]) in seinem Commentar zu den libri terribiles geht zunächst von dem römischen Verbote ne absens damnetur aus und stellt demselben, ganz in der Weise der Italiener, das Herkommen und die Statuten der neueren Zeit über das Achtsverfahren gegenüber. Auch er betrachtet dies Achtsverfahren keineswegs als eine seltene Ausnahme, sondern als etwas ganz allgemein Uebliches, das auch in sich durchaus gerechtfertigt sei und nur vernünftig gehandhabt werden müsse. In dieser Beziehung wendet er sich noch nachdrücklicher als Damhouder gegen eine jede bloß auf Grund der Präsumtion der Schuld erfolgende Verurtheilung. Sola contumacia ad poenam non sufficit, sed requiruntur etiam legitimae probationes. Eingehend werden von ihm die heimischen Statuten, besonders die statuta Ultrajectina, berücksichtigt. Die Güter des Flüchtigen sollen mit Beschlag belegt werden, jedoch nicht, wie noch Damhouder gewollt hatte, zum Zwecke der Confiscation, sondern als Zwangsmittel gegen den Angeschuldigten, und damit etwaige Geldstrafen sogleich aus dem mit Beschlag belegten Vermögen entnommen werden könnten; die Beschlagnahme kann daher auch durch Bürgschaft abgewandt werden. Doch soll der contumax in jedem Falle nicht nur die Kosten des Verfahrens tragen, sondern es ist auch eine bestimmte Summe (80 Carolinen) als Strafe der contumacia an den Fiscus verfallen. Der Angeklagte wird, in den bekannten Fristen, dreimal vorgeladen, und zwar soll in der Vorladung das Verbrechen, dessen er angeklagt ist, wenn auch nicht speciatim cum omnibus qualitatibus et circumstantiis, angegeben werden. Bleibt der Angeklagte aus, so soll der scultetus, der die Rolle des öffentlichen Anklägers übernimmt, eine schriftliche Anklage (intentio) mit Angabe aller Beweismittel, auf welche sich dieselbe stützt, einreichen (una cum probationibus, quibus ea firmatur), und auf Grund dieser Anklage und einer materiellen Prüfung der Sache, causa cognita probationibusque praetoris examinatis, entscheidet das Gericht über die Schuld

---

1) A. Matthaeus, de criminibus ad lib. 47 et 48 comment., Traj. ad Rhen. 1644, S. 966 ff., S. 971.

oder Nichtschuld des Angeklagten (pronunciant scabini aut absolventes aut condemnantes reum). Diese Entscheidung wird von Matthaeus, ähnlich wie von den meisten italienischen Criminalisten, einer jeden anderen Verurtheilung im Wesentlichen völlig gleich gestellt, und es kann danach der Angeschuldigte je nach Lage der Sache zu einer leichteren oder schwereren Strafe verurtheilt werden. Daß der Angeschuldigte stets formell in den Bann erklärt werden müsse oder nur in den Bann erklärt werden könne, wird durchaus nicht gesagt, und es scheint, daß Matthaeus die Verhängung des Bannes, wie im Falle der Anwesenheit des Angeklagten, so auch im Falle der Abwesenheit desselben, nur als eine der verschiedenen Möglichkeiten der Aburtheilung betrachtet. Insofern also enthält seine Darstellung eine erhebliche Abweichung von dem herkömmlichen Achtsverfahren auch der niederländischen Statuten und eine Umbildung desselben zu einer rationellen Erledigung des Straffalles ganz nach der speciellen Natur desselben. Die Verbannung betrachtet er keineswegs als Friedloslegung im älteren Sinne, vielmehr faßt er sie im Wesentlichen als Landesverweisung auf, durch welche die Verurtheilten keineswegs hostes und sacri werden. Nur für den Fall der perduellio soll der über den Angeklagten verhängte Bann ausnahmsweise diese Wirkung haben; im Uebrigen besteht die Wirkung des Bannes wesentlich in der Verweisung aus dem Territorium, und nur die Verbannung auf Lebenszeit wird zu den Capitalstrafen und zu denjenigen, quae civitatem damnato auferunt, gerechnet.

Auch bei Carpzow steht die Möglichkeit einer wenigstens vorläufigen Entscheidung der Sache auch in Abwesenheit des Angeschuldigten sehr entschieden im Vordergrunde, obwohl er insofern von den italienischen Criminalisten und von den soeben genannten Schriftstellern abweicht, als er das römische Verbot ne absens damnetur entschiedener als gemeinrechtlich gültigen Satz auffaßt und die Aburtheilung Abwesender, und zwar im Wege eines eigentlichen Achtsverfahrens, mehr nur als eine immerhin verbreitete, aber nicht ganz allgemeine particuläre Abweichung darstellt. Schon die Ueberschrift der Quaestio 140 (im dritten Theil der practica nova), in welcher von dem Verfahren gegen Abwesende gehandelt wird, lautet „de banno ejusque processu usitato in foro Saxonico, vom Achtsproceß", und nur einleitungsweise werden hier die römischen Grundsätze vorangestellt. Der Zusammenhang, in welchem bei Carpzow das Strafverfahren gegen Abwesende überhaupt vorkommt, ist der, daß gelegentlich der Vollstreckung der Strafen von den causae impedientes executionem gehandelt und fünf solcher causae, darunter u. A. auch rei absentia, genannt werden.[1]) Demgemäß beginnt die Quaestio 140: Secunda causa impediens poenae executionem est rei absentia, quando scilicet reus crimine perpetrato latitat, vel postquam fuit captus et condemnatus, effracto carcere effugit nec citatus vult comparere. Durch diese Abwesenheit werde nicht bloß unter Umständen die Aburtheilung und die Vollstreckung der Strafe verhindert, sondern es werde auch die Untersuchung selbst dadurch unmöglich, siquidem per inquisitionem contra absentem non proceditur. Juris namque expediti est, quod contra absentem deveniri nequeat ad sententiam definitivam sive condemnationem, wofür dann die bekannten Stellen des römischen Rechts als maßgebend angeführt werden. Ja nach canonischem Recht sei in Abwesenheit des Angeklagten, außer wenn derselbe schon litem contestirt gehabt habe, nicht einmal eine probatio in perpetuam rei memoriam möglich. Alles dies jedoch mit der Beschränkung auf poenae capitales und corporis afflictivae, während Relegation und Geldbußen auch nach gemeinem Recht über Abwesende verhängt werden könnten. Doch bleibe, auch wenn es sich um Capitalfälle handle, keineswegs die Sache völlig liegen, vielmehr werde auch in diesem Falle, gerade wegen der praesumtio et suspicio criminis perpetrati haud levis, die sich aus der Flucht des Angeschuldigten ergebe, gegen ihn eingeschritten, was aber auf keine andere Weise geschehen könne als durch Annotation und Confiscation seiner Güter. Wenn die

1) Vgl. den Eingang von Quaestio 139; die fünf causae impedientes executionem sind 1) appellatio, 2) rei absentia, 3) mors delinquentis, 4) praescriptio, 5) poenae remissio.

Angeschuldigten auf ergangene Vorladung nicht erscheinen, so werden ihre Güter mit Beschlag belegt und ihr Name öffentlich eingetragen (annotantur et referuntur eorum nomina in publica acta); wenn sie dann nicht innerhalb eines Jahres sich stellen (si a die annotationis infra annum contumaciter se absentent nec se purgent), so sollen ihre Güter unwiderruflich dem Fiscus verfallen sein.

Augenscheinlich haftet aber für Carpzow wenig Interesse daran, diese römischen Sätze weiter zu entwickeln, da er sodann fortfährt: „Sed ex consuetudine variorum locorum hodie paulum aliter ac diversimode adversus delinquentes fugitivos processus ille annotationis peragi solet, ut apparet ex traditis Julii Clari. Quibus missis solum de processu juris Saxonici adversus reos absentes hic agere fert animus, qui in eo potissimum consistit, ut absentes proscribantur sive in bannum declarentur. Moribus namque Saxonicis et consuetudine totius Germaniae poena contumaciae adversus reos absentes et fugitivos perhibetur bannum, die Acht.“ Und zur Darstellung dieses Achtsverfahrens geht er dann sofort über, indem er zuerst von dem Begriff und der Eintheilung des Bannes handelt, sodann davon, wann und bei welchen Verbrechen das Achtsverfahren Anwendung finde, ferner von der Form des Achtsverfahrens und endlich von den Wirkungen der Acht. Diese Darstellung Carpzow's vom Achtsverfahren soll in der später folgenden eingehenderen Erörterung des sächsischen Achtsverfahrens näher berücksichtigt werden; an dieser Stelle sei nur hervorgehoben, daß als Voraussetzung der Acht Carpzow ausdrücklich verlangt, daß nicht nur das corpus delicti feststehe, sondern auch die Person des Angeklagten mindestens wahrscheinlicher Weise als der That schuldig zu betrachten sei. Außer der Flucht des Angeschuldigten müßten jedenfalls noch andere Verdachtsgründe gegen ihn vorliegen, und es müsse darum eine inquisitio generalis nicht nur der Achtserklärung selbst, sondern sogar der Einleitung des Achtsverfahrens voraufgehen;[1]) nur wenn ein Pri-

1) N. 49 ff.: Etsi enim fuga per se suspicionem criminis perpetrati contra fugientem faciat, ea tamen sola sufficiens non est ad pro-

vatankläger auftrete und die Einleitung des Achtsverfahrens verlange, so müsse allerdings diesem Antrag Folge gegeben und der Achtsproceß eingeleitet werden „etiamsi nulla alia suspicio criminis adsit.“

Ganz ähnlich ist die Darstellung, die Carpzow in einem anderen Werke, nämlich in seinem „Inquisitions- und Achtsproceß“ von dem Strafverfahren gegen Abwesende giebt.[1]) Auch hier werden die römischen Sätze nur kurz berührt, das sächsische Achtsverfahren aber noch eingehender dargestellt, und bezüglich desselben u. A. auch hier entschieden verlangt, daß das corpus delicti gewiß sei und „der bezüchtigte Thäter solcher Missethat wegen über das indicium fugae mit noch anderem genugsamen Verdacht gravirt sein müsse.“

So zeigt sich bei den hervorragendsten Schriftstellern dieser Zeit keineswegs etwa eine Tendenz, die Verurtheilung Abwesender durchaus auszuschließen, vielmehr sind sie der Aburtheilung der That in Abwesenheit des Angeschuldigten auch bei den schwersten Verbrechen mehr oder minder geneigt. Und vergegenwärtigen wir uns außerdem, daß die Landesverweisung, auf die schon nach römischem Recht auch gegen den Abwesenden erkannt werden konnte, in dieser Zeit eine sehr verbreitete Strafart bildete, so kann man nicht sagen, daß der damalige Strafproceß in der Aburtheilung Abwesender zurückhaltend gewesen sei.

Daß dies letztere keineswegs in der Richtung der Zeit lag, daß vielmehr das immer mehr sich entwickelnde Inquisitionsprincip zwar der mittelalterlichen Fiction der Schuld des Abwesenden, aber keineswegs der Feststellung des Verbrechens in Abwesenheit des Angeschuldigten entgegen war, zeigt sich auch in der Particulargesetzgebung dieser Zeit, von der in Folgendem einzelne Beispiele hervorgehoben werden sollen.

---

cessum banni instituendum, nisi et aliae conjecturae ac indicia probabilia hanc suspicionem augeant et aggravent.

1) B. Carpzow, peinlicher Inquisitions- und Achtsproceß, Leipzig 1662, Tit. 15.

Nur selten zwar kam es noch vor, daß eine Gesetzgebung, wie die Hessische Halsgerichtsordnung von 1553, die im Uebrigen fast ganz der Carolina entspricht, das Achtsverfahren ausdrücklich in weitem Umfange bestätigte. Diese ließ den Art. 155 der Carolina als selbstständigen Artikel fallen, vervollständigte aber dafür die von der Beschlagnahme handelnden Bestimmungen (Art. 206 der Carolina) durch nähere Vorschriften, wie im Falle der Flucht des Angeschuldigten gegen ihn selbst vorgegangen werden solle. Nach dem auch in der Carolina, und zwar am Schlusse des Art. 206, enthaltenen Verbot an den Richter, von des Flüchtigen Gütern sich selbst irgend etwas zuzueignen, wird dem Richter ferner vorgeschrieben, nach Ablauf eines Jahres wider den Thäter und seine Güter nach Ordnung der gemeinen Rechte zu procediren, vorbehaltlich der der Frau und den Kindern des Abwesenden zustehenden Rechte. Darneben mag man auch den thäter, so er zu recht fürgeheyschen ist und ungehorsam aussbleibt, nach vermög der landsgewonheyt in die acht sprechen, welch acht, wie ausdrücklich gesagt wird, auch leib und gut erlaubt, jedoch nur, wie hinzugesetzt wird, vermög der recht, also nur im Wege eines geordneten gerichtlichen Verfahrens. Den Schluß macht dann die Bestimmung, daß der Geächtete, so er persönlich ergriffen wirdet, dennoch das leben alleyn auff die gesprochen acht nicht verlieren soll, es sei dann, dass sein missethat zuvor erweiset, sonder ausfündig gemacht sei. Es wird also dem Ergriffenen nicht nur eine nachträgliche Vertheidigung freigestellt, sondern ausdrücklich vorgeschrieben, daß nur auf Grund der bewiesenen That eine Vollstreckung erfolgen soll.

Häufiger scheint es gewesen zu sein, daß durch die Particulargesetzgebung mehr im Allgemeinen vorgeschrieben wurde, daß auch über den Flüchtigen schließlich ein Urtheil gesprochen werden solle. So bestimmte die Henneberger Landesordnung von 1539[1]) (ähnlich, aber doch keineswegs ganz so, wie die

1) Der Fürstlichen Graffschaft Hennenbergk Landsordnung, Buch 7, Titel 5.

Tiroler Malefizordnung von 1499, mit der sie im Uebrigen wesentlich übereinstimmt), daß „Todtschläger, die weder betreten, noch innerhalb Jahresfrist von uns begnadet und eingelassen würden, auf Anrufen des Entleibten Freundschaft oder der Obrigkeit in die verwirkte Strafe erkannt und erklärt werden sollen." Es wird sodann eine nähere Erläuterung, wie dies geschehen soll, hinzugefügt. Die flüchtigen Todtschläger oder Uebelthäter, die nicht betreten werden können, sollen auf Anrufen der Gefreundten oder der Obrigkeit durch den geschwornen Gerichtsknecht vor Gericht (vor dem gehegten Rechten und Schöffenstuhl) öffentlich dreimal, in Fristen von vierzehn Tagen, vorgerufen und ein bestimmter Rechttag anberaumt werden, wo sie erscheinen und sich verantworten sollen. „Sie erscheinen alsdann oder nicht, so soll nichts desto weniger auf Anrufen des Klägers auf denselbigen Tag in contumaciam wieder sie ergehen und beschehen, was Recht ist, und der Angeklagte für einen fürsetzlichen Uebelthäter zu der verwirkten Straff erklärt und berufft werden." „Und wo dann also einer in solche peen und straff erklert und verurtheilt wird, so soll desselbigen Mißhandlung neben der gefallenen Urtail durch den geschwornen Gerichtsschreiber öffentlich verlesen werden," wobei der Gerichtsknecht auch noch eine Erzählung über die Einzelheiten der That hinzufügen soll („auch soll der Gerichtsknecht der Mißhandlung erzählen, wie sich die begeben hat"), damit sowohl des Entleibten als des Thäters Freundschaft Gelegenheit erhalte, noch nachträglich Beweismittel für und wider herbeizubringen. Es wird sodann (Cap. 3) noch angeordnet, daß des Flüchtigen Hab und Gut durch das Gericht inventirt, die Gläubiger daraus befriedigt und der Rest desselben eingezogen, jedoch den Erben des Angeschuldigten ausgeantwortet werden soll, wenn derselbe, ohne sich zu verantworten, mit Tode abgehen sollte. Schließlich (Cap. 4) wird gesagt, daß für den Flüchtigen ein Anwalt oder Stellvertreter nur auftreten dürfe, um seine Abwesenheit zu entschuldigen. — Diese Vorschriften sind insofern beachtenswerth, als nach ihnen (und darin liegt auch die Abweichung von der Tiroler Malefizordnung) zwar eine öffentliche Contumazerklärung, nicht aber mehr die Verhängung einer eigentlichen Acht erfolgt.

Die als Gesetzgebungsarbeit dieser Zeit nicht unwichtige, wenn auch nicht als Gesetz publicirte Brandenburgische Landesordnung von 1594 [1]) schreibt vor, daß des flüchtigen Uebelthäters Güter vom Gericht beschrieben und vorläufig eingezogen werden sollen, und daß auch in der Sache selbst gegen den abwesenden Angeschuldigten bis zum Endurtheil verfahren werden soll. Verfestung und Achtserklärung, wie sie an vielen Oertern, sonderlich sächsischen Rechtes herkömmlich, sei in den Brandenburgischen Landen „nicht allenthalben gebräuchlich", es könne vielmehr bei jener Aburtheilung und bei der Annotation der Güter verbleiben. Hinsichtlich dieser letzteren ist bemerkenswerth, daß diese nach einem Jahr zwar keineswegs, wie nach römischem Recht, in allen Fällen in eine Confiscation übergehen soll, daß aber bei denjenigen Verbrechen, auf welche an sich die Confiscation als Strafe gesetzt ist, die Beschlagnahme nach einem Jahr zur Confiscation der Hälfte des annotirten Vermögens gesteigert werden soll. Was aber die Erledigung der Strafsache selbst betrifft, so soll, und zwar ebenfalls nach Ablauf eines Jahres („nach vorausgelaufener Jahresfrist") bis zum Endurtheil verfahren, gesprochen und exequirt werden; es soll also nach Lage der Sache und auf Grund der vorliegenden Beweise ein Erkenntniß ergehen und dasselbe, so weit dies in Abwesenheit des Angeschuldigten möglich, zur Vollstreckung gebracht werden, und zwar wird ausdrücklich hinzugesetzt, daß bis zur Vollstreckung des Urtheils jedenfalls die Beschlagnahme fortdauern soll, „man möchte sich denn sonsten mit dem Gerichte und den Intestaterben in ander wegen vertragen; dabei es auch allenthalben soll gelassen werden."

Zu denjenigen gesetzlichen Anordnungen, die eine Erledigung der Strafsache auch in Abwesenheit des Angeschuldigten vorschrei-

---

1) Johanns Georgen, Markgrafen u. s. w., Verbesserung und weitere Erklärung unserer Landes-Constitution und Cammer-Gerichts-Ordnung mit anderen mehr Constitutionen und Satzungen, — Theil 4, von Malefitz-Sachen und derselben Straffen, Tit. 26: Welchergestalt wider die flüchtigen Uebelthäter zu verfahren. Mylius, corpus constitutionum Marchicarum Theil IV, Abtheil. 3.

ben, gehört auch eine „Fürstliche Verordnung über verschiedene Criminalia" vom Jahre 1607 bei Michelsen, Dithmarsisches Urkundenbuch S. 388 ff., nach welcher über den flüchtigen Angeklagten schließlich ebenfalls erkannt werden soll, was in der Sache den Rechten gemäß sein wird.

Endlich bestimmt u. A. das Bairische Landrecht von 1616 (Theil IX, Titel 2, Art. 3), daß unter Umständen der Angeschuldigte auch „als abwesend mag in die straff der übelthat, derenthalben er in verhafft kommen, verurtheilt werden," beschränkt dies jedoch, wie es scheint, auf den Fall, daß der Angeschuldigte schon ergriffen war und aus der Untersuchungshaft wieder entweicht.

Vielfach aber enthielten die Landesgesetze dieser Zeit gar keine näheren Bestimmungen, indem sie das Strafverfahren gegen Abwesende ganz der Praxis und dem oft schwankenden Herkommen überlassen. So sagt z. B. über den Würtembergischen Entwurf einer Criminalordnung von 1609 Geßler[1]), daß nach diesem Entwurf die Flüchtigen möglichst ergriffen, falls dies aber nicht gelingt, durch drei je nach Verfluß von vierzehn Tagen angeschlagene Edicte öffentlich citirt, ihr Vermögen mit Beschlag belegt und öffentlich verwaltet oder den Verwandten gegen Caution ausgefolgt werden soll. „Darüber aber, ob ein Criminalerkenntniß gegen sie zulässig sei, ist keine Bestimmung getroffen, es ist nur verordnet, daß sie nimmermehr begnadet noch eingelassen werden sollen, ob sie schon mit dem Beleidigten sich vertragen wollten oder hätten, damit böse Thaten und Laster desto eher vermieden bleiben."

Dafür aber, daß diese Zeit keineswegs geneigt war, im Falle der Flucht des Angeschuldigten die Sache ruhen zu lassen, ist u. A. von großer Bedeutung das sogenannte sächsische Achtsverfahren, das sich Jahrhunderte hindurch, und zwar nicht nur in den eigentlich sächsischen Gegenden, erhielt. Wie sich überhaupt manche Grundsätze des älteren deutschen

---

1) Zeitschrift für deutsches Recht, B. 20, S. 247.

Rechts und manche Formen des altdeutschen Verfahrens vorzugsweise in den obersächsischen Gerichten erhielten, so findet sich auch das Strafverfahren gegen Abwesende hier noch sehr lange in auffallender, wenigstens äußerlicher Uebereinstimmung mit dem mittelalterlichen Verfahren. Während die Carolina den Achtsproceß fallen ließ oder doch nur erwähnt, daß derselbe an etlichen Orten in Uebung sei, giebt bald nach der Carolina die bekannte Darstellung des gerichtlichen Verfahrens von Chilian König eine noch durchaus auf die praktische Anwendung berechnete ausführliche Darstellung des sächsischen Achtsprocesses, die für die spätere sächsische Jurisprudenz lange Zeit ersichtlich die Grundlage der Darstellung dieses Gegenstandes geblieben ist.[1])

---

1) Das Werk von König wurde erst nach des Verfassers Tode, im Jahre 1541, herausgegeben und führt in dem hier benutzten Exemplar (vgl. Stobbe, Rechtsquellen II, S. 180 Anm. 50) den Titel: „Processus und Practica der Gerichtsleuffte, nach Sächsischem Gebrauch, aus Bepstlichen, Keiserlichen und Sechsischen Rechten durch D. Chilianum König zusammengezogen." Die hierin enthaltene (vielleicht nicht von König selbst herrührende) Darstellung des Achtsverfahrens wird dann im Wesentlichen nur wiederholt in Rauchdorn's Practica und Proceß Peinlicher Halsgerichts-Ordnung, Budissin 1564, Theil 4, der die Ueberschrift trägt: „Wie die Jenigen, So in Jemandts Gerichte und Oberkeit Freveln, Mißhandeln oder ungericht begangen, in die Verfestung oder Acht nach Sächsischen Rechten mögen rechtlicher weise erklagt und erfolgt werden, Innaßen sölcher im Sachsenspiegel zu befinden ist." Von späteren Darstellungen des sächsischen Achtsverfahrens sind zu erwähnen Colerus, decisiones Germanicae (vierte Auflage, Leipzig 1631), decisio 108 de processu banni contra absentes reos in causis criminalibus et bonorum annotatione, vor Allem aber, wie schon oben bemerkt, Carpzow, practica nova rerum criminalium, quaestio 140, und desselben Inquisitions- und Achtsproceß, Titel 15; ferner Kayser, praxis criminalis Theil II. Noch im achtzehnten Jahrhundert gehen auf den Achtsproceß mehr oder weniger ausführlich, und zum Theil noch sehr ausführlich ein Ludovici, Einleitung zum Peinlichen Proceß (u. A. zehnte Auflage 1732), Knorr, gründliche Anleitung zum Proceß, Halle 1734, Hauptstück 9, und Heil, judex et defensor in processu inquisitorio, Hildburghausen 1755. Auch Brunnemann, Kreß, Pufendorf, J. S. F. v. Boehmer, und später Quistorp, Tittmann und Stübel in ihren allgemeineren Werken, sowie Cocceji und Schoepf in den schon in der Einleitung genannten speciellen Abhandlungen über das Strafverfahren gegen Abwesende nehmen auf den Achtsproceß mehr oder weniger Rücksicht.

Die Darstellung bei König geht davon aus, daß das Achtsverfahren vielfach in Verruf gekommen sei in Folge willkürlicher Behandlung, insbesondere deswegen, weil die Acht oft ohne genügende Grundlage ausgesprochen sei. Im Falle handhafter That hält zwar auch König nicht einmal wiederholte Ladungen für erforderlich, vielmehr läßt er, dem Sachsenspiegel folgend, im Falle handhafter That sofortige Achtserklärung zu. Auf das bestimmteste aber fordert König gerade für den Fall der handhaften That, daß das Verbrechen wirklich bewiesen sei, und zwar begnügt er sich nicht, wie der Sachsenspiegel, mit einem Beweis durch Eidhelfer, sondern verlangt die Bekräftigung der Anklage durch zwei eigentliche Zeugen; auf das Entschiedenste wendet er sich gegen den Irrthum, als ob etwa aus der Thatsache der Tödtung, aus dem Daliegen des erschlagenen Körpers, ohne Weiteres folge, daß auch der Angeklagte der Thäter sei; er macht dem Richter ausdrücklich und bestimmt zur Pflicht, nur auf eine wirklich bewiesene Anklage die Acht über Jemanden zu verhängen. Für den Fall der übernächtigen Klage dagegen läßt auch noch König, dem Sachsenspiegel folgend, die hier erforderlichen mehrmaligen Ladungen und die Thatsache des mehrmaligen Ausbleibens genügen; erst von späteren Schriftstellern wird auch für diesen Fall eine materielle Feststellung des Verbrechens durch bestimmte Beweismittel als Voraussetzung der Achtserklärung erfordert. Was diese Ladungen betrifft, so scheint für dieselben noch lange Zeit eine Ladung des Angeklagten in seiner Wohnung, beziehungsweise an seinem letzten Aufenthaltsorte genügt zu haben, in Verbindung mit dem öffentlichen Aufruf des Angeklagten in den bestimmten Gerichtstagen, zu denen er geladen worden war. Erst später wird eine öffentliche Ladung, und zwar durch Anschlag der Citation an bestimmten Orten, als Erforderniß hingestellt. Nach Carpzow (qu. 140 n. 66 ff.) soll, wenn der Angeklagte ein bestimmtes Domicil gehabt hatte, es genügen, daß die Ladung in seiner Wohnung an die Angehörigen abgegeben wird, außerdem aber soll die Ladung am Orte des Domicils öffentlich angeschlagen werden. Nur für solche, welche kein bestimmtes Domicil haben, für vagabundi, verlangt er den öffentlichen Anschlag der Ladung an drei verschiedenen Orten, und zwar in „dreier unterschiedener Herrn Länder.“ Indem aber auf diese Weise die Voraussetzungen der Achtserklärung erschwert und für eine größere Publicität des Verfahrens gesorgt wurde, ließ man andererseits das Erforderniß einer wirklich dreimaligen Ladung fallen, und erklärte eine einmalige Edictalladung mit der dreifachen Frist (6 Wochen und 3 Tagen) für genügend. In der Ladung selbst soll das von der Anklage behauptete Verbrechen näher, wenn auch nicht nach allen seinen Einzelheiten, angegeben und der Angeklagte möglichst bei Namen genannt werden. Außer diesen Ladungen aber, die lange Zeit die einzige Voraussetzung der Achtserklärung gebildet hatten, wird nun allmählich eine wirkliche Ermittlung des Straffalls, eine materielle Feststellung des Verbrechens als Voraussetzung der Achtserklärung hingestellt. So verlangt Colerus wenigstens eine probatio summaria, in qua sufficiant etiam praesumtiones et indicia, quae judicem ad praesumendum vel ad conjecturandum inducunt. Voller Beweis allerdings konnte nach dem damaligen Beweisrecht nicht gut erfordert werden, denn dieser setzte nach den Anforderungen der Carolina, directen Zeugenbeweis oder das Geständniß des Angeschuldigten voraus und die Fälle, daß die That nach allen ihren Richtungen hin durch directen Zeugenbeweis erwiesen schien, waren der Natur der Sache nach selten. So genügt denn auch nach Carpzow eine inquisitio generalis, durch welche einerseits der objective Thatbestand erwiesen und andererseits genügende Verdachtsgründe gegen die Person des Thäters festgestellt sind.[1]) Später sagt u. A. Heil ganz ausdrücklich: ante omnia de delicti tum gravitate tum veritate ejusque auctore, testibus super eo exa-

---

1) Carpzow, practica qu. 140 n. 49 ff. Im Inquisitions- und Achtsproceß Tit. 15 drückt sich derselbe so aus: das corpus delicti müsse gewiß und der bezüchtigte Thäter solcher Missethat wegen über das indicium fugae mit noch anderem genugsamen Verdacht gravirt sein und deswegen eine summarische Inquisition dem Achtsverfahren vorhergehen.

minatis, constare debet.[1]) Schoepf[2]) erfordert außer dem Beweis des corpus delicti noch legitima indicia et probabiles praesumtiones und macht darauf aufmerksam, daß es im Falle der Abwesenheit des Angeschuldigten wo möglich auf eine noch sorgfältigere Untersuchung ankomme, als wenn der Angeschuldigte zugegen sei; der Richter solle provide et circumspecte verfahren, da es sich im Criminalproceß und speciell im Achtsverfahren um mehr als de glande legenda handle. Knorr[3]) meint zwar, daß nach sächsischem Recht im Falle des Ausbleibens des Angeklagten die poena confessi et convicti statthabe, setzt aber hinzu, daß dennoch vor allen Dingen untersucht werden müsse, ob die That auch wahrhaftig geschehen sei und gegen den Flüchtigen genugsamer Verdacht vorliege, daß er das Delict wahrhaftig, völlig und vorsätzlich verübt habe. Quistorp fordert dann später ausdrücklich auch für das Achtsverfahren, daß die „abwesenden Verbrecher ihrer Missethaten bereits überwiesen seien."[4]) Dabei wurde es, mit der weiteren Ausbildung des inquisitorischen Verfahrens, mehr und mehr üblich, daß das Untersuchungsgericht zunächst ex officio vorging, für die Feststellung des objectiven Thatbestandes sorgte und zugleich die geeigneten Zwangsmaßregeln gegen den Verdächtigen, wie insbesondere Steckbriefe und vorläufige Beschlagnahme des Vermögens, zur Anwendung brachte, und daß dann erst, auf Grund der vorgelegten Acten, von Seiten des Obergerichts die Einleitung des Achtsverfahrens beschlossen wurde. Erst dann wurde die öffentliche Ladung erlassen und der Angeklagte zu einem bestimmten Termin vorgeladen. Auf diese Weise wurde das Achtsverfahren zu einem feierlichen Schlußverfahren in schwereren Fällen, und die alterthümlichen Formen desselben traten nicht selten in einen merkwürdigen Gegensatz zu dem voraufgegangenen wesentlich modern inquisitorischen

1) Heil, judex et defensor, cap. 7 de absente eoque contumace, S. 550.

2) Schoepf, de processu in contumaciam in causis criminalibus, 1733, §. 18 S. 21, 22. §. 4 S. 7.

3) Knorr, Anleitung zum Proceß, Hauptstück 9, §. 12 Anm. a.

4) Quistorp, Grundsätze des peinlichen Rechts S. 1760.

Verfahren. Jener Termin nämlich wurde auch noch in späterer Zeit öffentlich, unter freiem Himmel abgehalten und unter zum Theil auffallenden Gebräuchen. Noch nach Heil (in der genannten Schrift judex et defensor) besetzt der Amtmann zu diesem Zweck die Gerichtsbank mit vier Schöppen und läßt aus den Amtsdorfschaften 70 bis 80 Mann kommen, die einen bewaffneten „Umstand" zu bilden haben. In diesem Termin wird bis zu einer bestimmten Stunde (nach Heil bis vier Uhr Nachmittags) gewartet, und falls bis dahin der Angeklagte nicht erscheint, von Seiten des hiezu bestellten Anklägers die Achtserklärung beantragt. Diese selbst aber erfolgt noch nicht sofort; es werden vielmehr die Acten auf's Neue zum Spruche versandt und von dem erkennenden Gericht der Angeschuldigte zunächst „bis auf Ehehafft" in die Acht erklärt, d. h. ihm eine Frist zur Entschuldigung seines Ausbleibens gesetzt, und dieses Erkenntniß in einem neuen Termin (der aber gleichzeitig mit dem ersten Termin in der öffentlichen Vorladung angegeben sein kann) ebenfalls öffentlich verkündigt. Erst wenn der Angeschuldigte auch in der neuen ihm ertheilten Frist sich nicht gestellt und auch nicht sein Ausbleiben entschuldigt hat, wird, und zwar wiederum durch das Obergericht, nun der Angeschuldigte wirklich in die Acht erklärt und diese Achtserklärung in ähnlicher Weise, wie der frühere Beschluß, in öffentlicher Gerichtssitzung feierlich verkündigt.

Hinsichtlich der Wirkung dieser Achtserklärung aber bestanden lange Zeit große Meinungsverschiedenheiten. Die Formeln, die bei ihrer Verkündung nach wie vor angewandt wurden, waren meistens die alten, wonach der Angeklagte „aus dem Frieden in den Unfrieden gesetzt" und „sein Leib und Gut (oder auch Leib und Leben) jedermann erlaubt" sein sollte. Colerus (decisio 108) drückt dies lateinisch so aus: ponitur de pace in guerram ipsius corpus, et vita publica fit et concessa ut avis in aere, et permittitur omnibus ejusdem jurisdictionis subjectis eum sine poena occidere, ita ut nemo in eo delictum committere queat. Und in der That erblickten in der Achtserklärung noch spätere Schriftsteller eine wirkliche Friedloserklärung, wonach im Ernste der Geächtete von einem Jeden straflos getödtet werden könnte. Trotz der schon im Sachsenspiegel ausgesprochenen Abschwächung der Verfestung, wonach der Verfestete nur angehalten, aber nicht sofort straflos getödtet werden kann, kehren noch viele Schriftsteller dieser späteren Zeit zu der ursprünglichen Bedeutung der Achtserklärung zurück, wonach in der That dem Angeklagten dadurch jeder rechtliche Schutz entzogen und er im eigentlichen Sinne für vogelfrei erklärt wurde. Vermuthlich ist dies die Meinung von König und Rauchdorn, welche sich über diesen Punkt zwar nicht direct erklären, die Formeln der Achtserklärung aber ohne weiteren Zusatz und ohne abschwächende Bemerkung mittheilen. Colerus sagt, wie schon erwähnt, ausdrücklich: permittitur omnibus, eum sine poena occidere, ita ut nemo in eo delictum committere queat. Auch Damhouder rechnete, wie schon früher mitgetheilt, die Tödtung eines Gebannten zu den zwar nicht lobenswerthen, aber erlaubten Handlungen, die autoritate legis erfolgen und also ebenso wenig bestraft werden können, wie die Vollziehung der Strafe durch den Richter, und noch Wesenbeck in seinem Commentar zu den Pandekten (Titel 48, 17) sagt von der Achtserklärung ganz einfach: cuius vis ea est, ut in loco illius territorii impune occidi possit, und an einer anderen Stelle (zu 48, 2): proscribitur, ut impune postmodum occidi possit. Natürlich aber mußte diese Ansicht doch allmählich auf Widerspruch stoßen, und insbesondere Carpzow weiß sich mit jenen alten Formeln glimpflicher abzufinden, und wundert sich sogar höchlich, wie jene strenge Meinung überhaupt habe aufgestellt werden können. Nach ihm haben jene alten Formeln überhaupt keine andere Bedeutung, als, wie der Sachsenspiegel schon gelehrt hatte, daß der Angeklagte von einem Jeden im Gerichtsbezirk ergriffen und vor Gericht gestellt werden könne. Nur das wolle der Ausdruck, daß das Leben des Angeklagten einem jeden aus dem Gerichtsbezirk erlaubt sei, besagen.[1]) Hierin

---

1) Vgl. Carpzow, practica nova qu. 140 n. 131 ff.: denique hoc loco quaeritur, an quis bannitum impune occidere possit? Quod affirmare videntur doctores communiter, ponentes formulam banni iam primi

stimmen ihm dann die Späteren, wie Brunnemann, Pufendorf, Ludovici, Cocceji, Schoepf, Boehmer u. s. w. bereitwillig bei, und selbst von der Reichsacht, für die Carpzow, gerade im Gegensatz zur sächsischen Acht, noch die strengere Wirkung beibehalten hatte, wird schließlich gesagt, daß auch sie potissimum ob terrorem und nur scheinbar jene strengere Bedeutung beanspruche. Es bildet daher Carpzow auch in diesem Punkte den entscheidenden Wendepunkt, und nur das ist auffallend, daß erst so spät dieser Umschwung sich einstellte. Bemerkenswerth ist ferner, daß auch noch nach Carpzow derjenige, der einen Geächteten tödtet, zwar keineswegs frei sein soll von Strafe („nec is, qui hominem noxium interficit, poena caret"), aber doch nicht mit der vollen Strafe, sondern nur mit einer poena extraordinaria belegt werden soll. Später bestimmten dann die sogenannten kursächsischen Decisionen (Decisiones electorales Saxonicae von 1661, decis. 77) ausdrücklich, daß die Achtserklärung nur die Wirkung haben solle, daß der Geächtete von Jedermann aufgefangen, zur Haft gebracht und dem Gerichte zu fernerem rechtmäßigen Verfahren übergeben werden könne. Doch hielten noch neuere Lehrbücher des Criminalrechts es für erforderlich, die Ansicht, daß der Geächtete

---

seu inferioris —. Sed absque dubio Doctores hi omnes, ut pace eorum dixerim, aliquid humani passi fuere, confundentes scilicet bannum Imperiale et Statuum Imperii cum banno hoc Saxonico —, cui nec effectus banni Imperialis, nec eius natura et qualitas adaptari potest, ut nil unquam minus, ac formula praedicta banno Saxonico convenire possit. Carpzow führt dann 5 Gründe an, weshalb jene Ansicht nicht richtig sein könne: 1) weil niemals der Einzelne thun dürfe, was die Obrigkeit von Amtswegen vorzunehmen habe, 2) weil nicht einmal der Richter an dem Ergriffenen ohne Weiteres die Strafe vollstrecken dürfe, sondern 3) der Ergriffene nach sächsischem Recht erst noch übersiebenet, d. h. der That überführt werden müsse, 4) weil die Bestrafung wegen eines jeden Delictes eine förmliche Untersuchung voraussetze und 5) weil selbst mit der sogenannten Oberacht erst der Verlust des Vermögens verbunden sei und darum nicht schon durch die Unteracht das Leben verwirkt sein könne.

straflos getödtet werden könne, ausdrücklich für verwerflich zu erklären.[1])

Von dieser ersten oder sogenannten **Unteracht** wurde nun aber im späteren sächsischen Verfahren in bestimmterer Weise als es im Mittelalter der Fall gewesen war, die sogenannte **Oberacht** unterschieden. Noch **König** spricht, im Anschluß an den Sachsenspiegel, nur von einer Steigerung der Acht des niederen Richters zu der Acht des höheren Richters und schließlich zur Reichsacht und nur in Beziehung auf die Reichsacht von einer nach Jahr und Tag eintretenden Verschärfung zur Reichsoberacht. Später aber wird dann behauptet, daß dieselben Wirkungen, welche die Reichsacht und die Reichsoberacht für das ganze Reich habe, der Territorialacht für das Territorium beigelegt werden müßten, woraus jedoch nur vorübergehend gefolgert wird, daß die Unteracht wirklich für das ganze Territorium, und nicht bloß für den speciellen Gerichtsbezirk Geltung haben müsse.[2]) Vielmehr lehrt **Carpzow**, und nach ihm alle Späteren, daß die Wirkungen der Unteracht sich auf den Gerichtsbezirk des bannenden Richters beschränken und erst die nach Jahr und Tag eintretende Oberacht diese Wirkung auf das ganze Territorium ausdehne.[3]) Wenn der Geächtete Jahr und Tag in der Unteracht verharrte, so konnte auf Einleitung des Oberachtsprocesses angetragen werden. Dieser bestand darin, daß der Angeklagte auf's Neue öffentlich vorgeladen wurde, und wenn er in dem bestimmten öffentlichen Termine sich nicht stellte, sein Ungehorsam beschuldigt und auf Grund der zum Spruche versandten Acten nun von dem erkennenden Collegium, wenn alle Förmlichkeiten für richtig befunden wurden, der Angeklagte zunächst „bis auf Ehehafft in

---

1) Vgl. u. A. G. J. F. **Meister**, principia juris criminalis, 7. Auflage, Göttingen 1828, §. 127: sed committi potest jure hodierno quoque in bannitos ac — zingaros.

2) Vgl. D. **Moller**, ordinationes et constitutiones de processu judiciario dubiisque aliquot et in jure controversis casibus definiendis, Lips. 1599, Pars IV, tit. 13.

3) **Carpzow**, quaestio 140 n. 34 ff.

die Oberacht," und wenn er auch innerhalb der neuen ihm bewilligten Frist sich nicht gestellt oder sein Ausbleiben entschuldigt hatte, definitiv in die Oberacht erklärt wurde. Diese Oberachtssentenz soll nach Carpzow (qu. 140 n. 88) dahin lauten, daß Angeklagter nunmehr bis auf die Oberacht erstanden und erlangt sei, und derowegen nunmehr über die vorige zu Recht erkannte und ergangene Achtserklärung „Angeklagtens Ehre, Leib und Gut als anrüchtig, recht= und friedlos vertheilet und jedermann an allen Orten wider ihn peinlich zu klagen verstattet und nachgelassen und Angeklagter also und auf diese Maße in die Oberacht würklichen erklärt sei." Auch diese Sentenz wird öffentlich bekannt gemacht.

Durch die Oberacht wurden zunächst die Wirkungen der niederen Acht auf das ganze Territorium ausgedehnt, so daß, wie früher im Gerichtsbezirk, so jetzt im ganzen Lande ein jeder den Angeklagten festnehmen und vor Gericht führen konnte; außerdem aber wird von Carpzow und den Folgenden als Wirkung der Oberacht bezeichnet, daß der Angeklagte nunmehr ehrlos und sein Vermögen dem Fiscus verfallen sein soll.[1]) Insbesondere die letztere Wirkung wird übereinstimmend von allen sächsischen Schriftstellern als Wirkung der Oberacht hingestellt[2]) und auf diese Weise, während die Carolina nur eine Beschlagnahme des Vermögens vorgeschrieben hatte, gerade von demjenigen Particularrecht, welches die Formen des älteren deutschen Rechts am längsten bewahrte, jener römische Rechtssatz von der Confiscation des Vermögens des Abwesenden aufgenommen. Es fragte sich, wie dies gegenüber den Bestimmungen des gemeinen Rechts gerechtfertigt werden konnte, da ja schon Justinian in der Novelle 134 die Confiscation zu Gunsten der näheren Verwandten ausgeschlossen hatte und die Carolina im Art. 206 nur von einer Beschlag=

1) Carpzow, qu. 140 n. 113 ff.

2) Ludovici, Einleitung zum Peinlichen Proceß (10. Ausg.) S. 38 ff. Heil, judex et defensor S. 562, 563. Stuebel, das Criminalverfahren in den deutschen Gerichten, B. II, S. 21.

nahme redet, dem Richter untersagt, von den Gütern sich irgend etwas zuzueignen, und im Art. 218 ausdrücklich verbietet, in anderen als den vom Gesetze bestimmten Fällen eine Confiscation vorzunehmen. In Bezug auf jene Novelle aber beruhigte man sich in der Regel dabei, daß auch nach sächsischem Recht der Frau des Angeklagten stets ihre statutarische Portion, den Kindern der Pflichttheil und den nächsten Erben die sogenannten Stammgüter erhalten bleiben sollten [1]), und Art. 206 und 218 der Carolina werden so ausgelegt, daß sie einer Confiscation in dem vorliegenden Falle nicht entgegenstehen. Da im Art. 206 nur gesagt wird, der Richter solle sich von dem Gute nichts zueignen, so sei dadurch die Obrigkeit als solche nicht gebunden, und Art. 218 müsse so verstanden werden, daß alle rechtmäßigen, wenn auch nur landesgesetzlich bestehenden Confiscationsfälle gebilligt und überhaupt nur ungesetzliche Confiscationen ausgeschlossen sein sollen. [2]) Von einer Seite wird zugegeben, daß zwar höchst wahrscheinlich die Carolina, wenn sie diesen Brauch gekannt hätte, ihn abgeschafft haben würde, jedoch hinzugesetzt: apertae decisioni juris Saxonici eo usque standum est, donec de abrogatione vel contraria consuetudine probetur. [3])

Diese Vermögensconfiscation war allmählich die einzige reelle Wirkung des Achtsverfahrens, weshalb später auch meist nur in solchen Fällen, in denen eine Confiscation sich lohnte, zum Achtsverfahren geschritten oder doch dasselbe bis zur Oberachtserklärung fortgesetzt wurde. Denn für den Fall der Ergreifung des Geächteten wurde es seit Carpzow mehr und mehr Regel, daß dem ergriffenen Geächteten nicht bloß, wie die Carolina im Art. 155 vorgeschrieben hatte, immer noch der Nachweis seiner Unschuld vorbehalten blieb, sondern auch daß

1) Carpzow, qu. 140 n. 126. Brunnemann, de inquis. processu S. 229. Ludovici, Einleitung S. 38 ff. Meckbach, Anmerkungen, zu a. 206.

2) Carpzow, qu. 140 n. 118.

3) Colerus, decisiones Germanicae, dec. 108.

von Amtswegen die Untersuchung wieder aufgenommen werden müsse. Carpzow[1]) sagt zwar, daß der Geächtete pro confesso et convicto gehalten werde, setzt aber hinzu, daß dies nur praesumtive et fictione juris der Fall sei, und daß auf Präsumtionen hin nach Art. 22 der Carolina Niemand eine Strafe erleiden solle. Es müsse deswegen im Falle der Ergreifung des Angeklagten das Verfahren von Neuem wieder aufgenommen werden. Diese Wiederaufnahme der Untersuchung besteht aber nach ihm einfach darin, daß der Ergriffene jetzt ohne Weiteres der Tortur unterworfen wird.[2]) Der über den Angeklagten ausgesprochene Bann soll die Anwendung derselben eo ipso rechtfertigen, ohne daß eine andere Grundlage für dieselbe erforderlich wäre. Hierin stimmen die meisten der auf Carpzow folgenden Schriftsteller ihm unmittelbar bei, so Ludovici, Heil, Knorr[3]), während Andere nur die dem Ergriffenen freistehende Vertheidigung betonen.[4]) Boehmer sucht diese Ansichten dahin zu vereinigen, daß ja auch der Anwendung der Folter stets noch eine Vertheidigung voraufgehen müsse.[5]) Doch fehlt es auch in dieser Zeit schon nicht völlig an Vertretern der weitergehenden Ansicht, daß unter Umständen das in Abwesenheit des Angeschuldigten ergangene Urtheil an dem Ergriffenen ohne Weiteres vollstreckt werden könne. Schoepf[6]) sagt ausdrücklich,

---

1) Carpzow, quaestio 140 n. 99 ff.

2) Carpzow, qu. 140 n. 103: Quare bannitum poena mortis haudquaquam afficiendum esse dixerim, priusquam veris ac plenis probationibus de crimine convictus aut confessus fuerit —. Ac ne quis putet, effectum bannimenti propterea frustraneum esse, reum ex eo solo indicio, quod bannitus fuerit, tormentis subjiciendum ac confessionem quaestionibus extorquendam esse existimo, licet alias sola fuga ad torturam sufficiens indicium non praebeat.

3) Ludovici, Einleitung, Cap. 3 §. 43, Heil, judex et defensor S. 561 f., Knorr, Anleitung, Hauptstück 9. §. 12 ff.

4) So Brunnemann, de inquis. processu S. 295, Blumlacher, comm. ad art. 155, Cocceji, de just. poenae in absentes Cap. 3, §. 14. Kress, ad art. 155.

5) Boehmer, medit. in C. C. C., zu Art. 155.

6) Schoepf, de proc. in contum. §. 27, S. 29.

daß, wenn das in Abwesenheit des Angeschuldigten ergangene Urtheil auf vollen Beweis gegründet war, dasselbe an dem Ergriffenen einfach zur Vollstreckung zu bringen sei. „Sane, si processus contra absentem rite ac legitime peractus et reus apprehensus nihil ad sui defensionem adferre queat, sine ulteriore mora et absque novo processu poenae per sententiam definitae subjici potest.“

In allem diesen zeigt sich, wie auch das sächsische Achtsverfahren, gleichwie der übrige Strafproceß jener Zeit, allmählich der Sache nach zu einem inquisitorischen Verfahren wurde. Dennoch bewegte sich dasselbe formell bis zuletzt in gewissen Formen des Anklageprocesses. Wenn nämlich auch in der späteren Zeit der Regel nach die ersten einleitenden Schritte zur Ermittlung des Verbrechens, wie in gewöhnlichen Fällen, von Amtswegen von Seiten des Gerichts vorgenommen wurden, so galt es doch fortdauernd als erforderlich, daß mindestens in dem schließlich angesetzten öffentlichen Termine ein Ankläger auftrat und die Ungehorsamsbeschuldigung vorbrachte. Uebernommen wurde diese Rolle des Anklägers entweder von einem Privatmann, und zwar, wenn es sich um Tödtungen handelte, fortdauernd von einem Verwandten des Getödteten, oder, falls sich kein Privatankläger gestellt hatte, von dem peinlichen Fiscal, oder es ernannte der Richter ad hoc einen peinlichen Anwalt, der im Termin die Rolle des Anklägers formell zu vertreten hatte.[1])

Schon wegen dieser und anderer Förmlichkeiten, besonders aber wegen der regelmäßigen Nutzlosigkeit des Verfahrens wurde der Achtsproceß auch in den sächsischen Ländern allmählich mehr und mehr beschränkt. Seit Carpzow gilt es als feststehend, daß nur bei todeswürdigen Verbrechen von einem Achtsverfahren die Rede sein könne, wobei Mord, Straßenraub, Diebstahl,

1) In dem bei Heil, judex et defensor S. 570, fingirten Falle ernennt der Amtmann kurz vor dem Termin den „Amtslandknecht Nicolaus Greiffzu“ zum peinlichen Ankläger und dessen Collegen „Balthasar Packan“ zum sog. Blutrufer, der das Zetergeschrei zu übernehmen hat.

Ehebruch und Brandstiftung als Beispiele angegeben werden.[1]) Die Frage, ob hierbei die im Allgemeinen auf das Verbrechen gesetzte, oder die im gegebenen Falle verwirkte Strafe maßgebend sein solle, wird mehrfach im letzteren Sinne beantwortet, obwohl wiederum ausdrücklich bemerkt wird, daß etwaige Schuldausschließungsgründe nur dann in Betracht kommen könnten, wenn sie von vorn herein als unzweifelhaft (als exceptiones probatae ac liquidae) erscheinen.[2]) Und auch bei todeswürdigen Verbrechen fand allmählich nur noch ausnahmsweise ein Achtsverfahren statt, obwohl nach sächsischem Recht im Falle einer Tödtung die nächsten Verwandten des Getödteten fortdauernd als verpflichtet galten, gegen den Thäter oder die Thäter Anklage zu erheben.[3]) Schon Carpzow tadelt die Nachlässigkeit der peinlichen Ankläger in der Betreibung des Achtsprocesses, durch die es selten insbesondere zu der Durchführung des Achtsverfahrens bis zur Oberachtssentenz komme,[4]) und später wird unter Anderem gesagt: „Es geschiehet auch selten, daß an denjenigen Orten, wo der Achtsproceß noch in usu ist, mit dem Oberachtsprocesse verfahren werde; denn entweder versteht der Unterrichter solches nicht, oder der Ankläger und Fiscal hält um Eröffnung desselben und Fortsetzung der Oberacht nicht an und meint, es wäre nun genug, wenn der fugitivus in die Unteracht erkläret worden."[5]) Darum wurde später in einzelnen der zahlreichen sächsischen Territorien Unterachts- und Oberachtsproceß

---

1) Carpzow, qu. 140 n. 41—46, Clasen ad art. 155, Ludovici Einleitung S. 32, Pufendorf introd. cap. 12, §. 4, Schoepf de proc. in cont. §. 12 S. 5, Heil, jud. et defensor S. 549.

2) Schon Carpzow, qu. 140 n. 55, 56 sagt, daß beim Ehebruch die Acht nicht eintrete, wenn derselbe als verziehen anzunehmen sei. Vgl. aber hauptsächlich Heil, judex et def. S. 551.

3) Vgl. Stübel, das Criminalverfahren in den deutschen Gerichten, B. II, S. 21.

4) Carpzow n. 81: rarissime hodie ad bannum superius proceditur, ex negligentia nimirum accusatorum, qui judicis officium super bannum superius non implorant, ac maxima ex parte hoc bannum in desuetudinem abiisse male sibi persuasum habent.

5) So Meckbach, Anmerkungen, zu Art. 155.

in der Art vereinigt, daß sofort mit der ersten Achtserklärung auch die Wirkungen der Oberacht eintreten sollten. [1]) Allmählich scheint aber auch die Unteracht immer seltener geworden zu sein und schließlich fast nur noch in besonders auffallenden Fällen stattgefunden zu haben, so daß z. B. Carrach [2]) sie nur noch für Fälle handhafter That erwähnt und den früher so häufigen Fall der Aechtung bei übernächtiger Klage ganz ausscheidet. Und Quistorp [3]) sagt geradezu: „In den Bann fielen bei den Deutschen die Todtschläger, welche das Sühn- und Wehrgeld nicht bezahlen konnten, und überhaupt auch andere Verbrecher, die auf handhafter That ergriffen worden, allein entsprungen waren."

Doch war der Achtsproceß längere Zeit hindurch selbst in mehreren nicht-sächsischen Ländern üblich. Brunnemann [4]) erwähnt einen Vertrag zwischen Brandenburg, Pommern und Mecklenburg, wonach gegen Straßenräuber ein bannähnliches Verfahren stattfinden sollte; Kreß, Pufendorf und Boehmer sagen, daß außer in Obersachsen der Achtsproceß noch in der Mark Brandenburg (?), in Holstein, im Würzburgischen und in Tirol und ferner auch in einzelnen Städten, wie Lübeck und Lüneburg, in rechtlicher Uebung sei. [5]) Cocceji und Schoepf erwähnen den Achtsproceß, ähnlich wie die italienischen Juristen, als etwas sehr allgemein vorkommendes, und bemerken, daß gegen Abwesende überhaupt fast in jedem Lande und jeder Provinz verschieden verfahren werde und das gemeine Recht in diesem Punkte exigui in Germania usus sei [6]). Heil dagegen

---

1) Ludovici, Einleitung S. 40. Schoepf, de proc. in cont. §. 25, S. 28. So wird dies von Sachsen-Gotha berichtet.

2) Carrach, kurze Anweisung zum Proceß, Halle 1776, S. 271.

3) Quistorp, Grundsätze des deutschen peinlichen Rechts, S. 1758.

4) Brunnemann, de inquisitionis processu S. 293.

5) Kress, comm. ad art. 155. Pufendorf, introductio, cap. 12, §. 2. Boehmer, medit. zu Art. 155 §. 2.

6) Cocceji, de just. poenae in abs., Einleitung; Schoepf de processu in cont. §. 16, S. 19.

sagt [1]): excepta Saxonia nullibi ferme receptus est (processus bannitorius), während Boehmer [2]) bemerkt: alicubi servatur, sed in plerisque territoriis desiit. Schließlich wurde der Achtsproceß hier und da schon etwas Mythisches und galt als halb oder ganz verschollen, wie dies u. A. aus den merkwürdigen Streitschriften hervorgeht, die seiner Zeit Oldekopp mit dem Braunschweiger Rath wechselte. In seiner Schrift: „Ungehewres Injustitiae monstrum Burgermeister und Raths der Stadt Braunschweig, Zeitz 1665" erzählt Oldekopp, wie er vom Rath der Stadt Braunschweig „bei Strafe der Verfestung" vor denselben citirt worden und weil er, „nicht wissend, was der Verfestigungsproceß vor ein Werk und Creatur und wie es darum eigentlich beschaffen wäre", nicht erschienen, wirklich verfestet worden sei. „Die vom Rath" seien „zu ihrer Schandglocken gelauffen", hätten dieselbe ergriffen, dapffer gezogen und vor allem Volk hören lassen und nach dergleichen öffentlichen äußerst schimpflichen Ceremonien vor dem Untergericht am offenen Markt ihn wirklich öffentlich als geächtet verschrieen. Weitläufig polemisirt er gegen diesen „meuchlerischen Ehrenmord", und sagt, daß in ganz Deutschland seit langen Jahren fast an keinem Orte mehr davon gehört worden; der Rath von Braunschweig habe sich durch diese veraltete Maßregel nur ein Ansehen zu geben und terribel zu machen gesucht und hätte mit seinem Lumpen- und Schandgeläut „wenigstens einen alten ehrlichen, allenthalben Gottlob Ehre und Ruhm habenden doctorem juris verschonen sollen." Der Rath in seiner (hinter der obigen mitabgedruckten) Gegenschrift beruft sich dann auf König, Carpzow und Andere, und wundert sich höchlich, daß Oldekopp, selbst ein criminalistischer Autor, von einer so gewöhnlichen Maßregel nicht gehört haben wolle. Wogegen Oldekopp in seiner Replik wieder geltend macht, daß, wenn auch die Maßregel an sich im Rechte begründet wäre, was er nicht zugebe, dennoch der Achtserklärung mindestens eine causae cognitio hätte

1) Heil, judex et def. S. 547.
2) Boehmer, med. zu Art. 155 §. 2.

voraufgehen müssen, da es unerhört sei, ohne Feststellung eines Verbrechens Jemanden zu verurtheilen; übrigens habe es sich um eine geringfügige Sache gehandelt und in einer solchen hätten in keinem Falle so beschimpfende Formen gebraucht werden dürfen. — Trotz solcher so lebhaften Opposition gegen das Achtsverfahren findet sich der Achts- oder Bannitionsproceß selbst noch in der Landesgesetzgebung des siebzehnten Jahrhunderts gelegentlich bestätigt. So findet sich derselbe u. A. in dem revidirten Landrecht für das Herzogthum Preußen vom Jahre 1685 für den Fall des Landfriedensbruches erwähnt.[1]) Es wird hier angeordnet, daß insbesondere derjenige, der einem gerichtlichen Erkenntnisse entgegen gewaltsame Selbsthülfe braucht, citirt und falls er nicht erscheint, proscribirt und seine Güter eingezogen und erst nach seinem Ableben seinen Kindern oder sonstigen Erben herausgegeben werden sollen. Bemerkenswerth ist, daß der Gebannte, falls er ergriffen wird, „ewig gefangen gesetzt oder mit dem Schwert weggerichtet werden soll." Wer ihn inzwischen hegt und beherbergt, desselben „Ehre und Leib soll gleichfalls in unser und des Parts Gewalt sein." Außer diesen specielleren Bestimmungen wird in derselben Gesetzgebung [2]) unter der Ueberschrift „von ungehorsamblichem Außenbleiben des Anklägers und Beklagten" als rechtliche Folge des Ausbleibens des Angeklagten in allen peinlichen Fällen die Mordacht genannt, ohne daß deren Wirkungen, insbesondere für den Fall der Ergreifung, näher angegeben werden.

Wenn aber auch das Achtsverfahren in der That immer seltener in dieser Zeit zur Anwendung kam, so ist damit nicht gesagt, daß nun auch eine jede Art der Erledigung des Straffalls in Abwesenheit des Angeschuldigten unterblieb, vielmehr zeigt sich in der Doctrin und Gesetzgebung der ersten Hälfte des achtzehnten Jahrhunderts schon sehr deutlich das Bestreben, daß auch in Abwesenheit des Angeschuldigten für die Feststellung des

1) Churfürstlich Brandenburgisches revidirtes Landrecht für das Herzogthum Preußen, Königsberg 1685, Buch I, Titel 47 §. 11.

2) Ebenda Buch VI, Tit. I, Art. 9 §. 2.

Verbrechens gesorgt werde und in gewissen besonderen Fällen auch ein Urtheil über den Abwesenden sollte gesprochen werden können.

Kreß in seinem Commentar zur Carolina [1]) giebt den Sinn des Artikel 155 dahin wieder, daß, wo der Achtsproceß gelte, der Gebannte, wenn er zur Haft gebracht werde, stets noch zum Beweis seiner Unschuld zugelassen werden müsse. Er bemerkt sodann, daß in der Praxis der Bann zwar nicht als definitive Verurtheilung aufgefaßt werde, daß derselbe aber eine praesumtio contra bannitum begründe, vermöge deren der Ergriffene der Regel nach ohne Weiteres der Folter unterworfen werde. Diese, besonders auf die Lehre Carpzows gegründete Praxis findet jedoch nicht seinen Beifall; er setzt hinzu: richtiger werde man sagen, daß es von dem Ermessen des Richters und von der Lage des einzelnen Falles abhängig sei, wie stark der Gebannte gravirt erscheine und ob also die Folter durch die vorhandenen Indicien gerechtfertigt sei. Die Carolina sage durchaus nicht, daß auf die bloße contumacia hin die Folter gerechtfertigt sei; es frage sich vielmehr in diesem Falle so gut, wie in allen anderen, ob genugsamer Verdacht zur Anwendung der Folter vorhanden sei. Wichtiger aber ist uns, was Kreß über das Strafverfahren gegen Abwesende außerhalb des Achtsprocesses bemerkt. In dieser Beziehung sagt er, daß nach der Praxis vieler Gerichte der Angeschuldigte, dessen man nicht habe habhaft werden können, nach vorausgegangener Untersuchung peremtorisch sub poena confessi et convicti vorgeladen und schließlich durch Erkenntniß für confessus et convictus erklärt werde. Wie in einem solchen Falle gegen den Ergriffenen zu verfahren sei, wird nicht ausdrücklich gesagt; es ist aber wohl anzunehmen, daß nach Kreß auch in diesem Fall das Erkenntniß nicht einfach vollstreckt, sondern die Untersuchung wieder aufgenommen und nach Umständen die Folter angewandt werden soll. Ein solches Verfahren sei

1) J. P. Kress, commentatio succincta in constit. criminalem Carolinam, Hannover 1721, S. 347 ff. (zu Art. 155), S. 499 ff. (zu Art. 206).

besonders in den Braunschweig-Wolfenbüttelschen Landen üblich, wofür er aus seiner eigenen Praxis ein Urtheil vom Jahre 1706 und ein anderes vom Jahre 1721 als Beispiele anführt. Hinsichtlich der Beschlagnahme des Vermögens (zu Art. 206 der Carolina) bemerkt er, daß zwar nach sächsischem Recht diese zu einer wirklichen Confiscation führen könne, daß aber in Niedersachsen, wie er bezeugen könne, der Regel nach nicht einmal eine Beschlagnahme der zurückgelassenen Güter des Flüchtigen, geschweige denn eine Confiscation zur Anwendung komme. Doch hält er eine Beschlagnahme zu dem Zwecke, um zu verhindern, daß der Flüchtige aus seinem Vermögen unterstützt werde, für durchaus angemessen und durch die Carolina gefordert; nur bei geringeren Verbrechen, bei denen es sich um eine Strafe non ultra relegationem handele, könne die Annotation unterbleiben.

Einer eingehenderen Berücksichtigung aber bedürfen besonders die beiden schon in der Einleitung genannten Abhandlungen von Cocceji und Schoepf, die für ihre Zeit um so characteristischer sind, als die eine durch ihren Verfasser den norddeutschen Gegenden, die andere Süddeutschland angehört.

Die Schrift von H. von Cocceji[1]) (Vater von Samuel von Cocceji) zeigt schon durch ihren Titel „de justitia poenae in absentes vel mortuos statuendae atque in effigie exequenda", daß sie einer Zeit angehört, in der die Aburtheilung Abwesender nichts Unerhörtes sein konnte. Insbesondere in dem Abschnitt (Capitel 3) über die Vollstreckung im Bildniß wird eine Reihe von Beispielen, allerdings nicht bloß aus Deutschland, sondern auch aus anderen europäischen Ländern, angeführt und besprochen, in denen es zu einer executio in effigie gekommen sei. Die Abhandlung geht davon aus, daß in allen schwereren Straffällen der Angeschuldigte sich selbst stellen müsse und sich nicht durch einen Andern vertreten lassen könne. Ueberall, wo

1) Cocceji, disp. de justitia poenae in absentes vel mortuos statuendae atque in effigie exequendae, Francofurti ad Viadrum 1711. Abgedruckt auch in den Exercitationes Henrici de Cocceji Vol. II, (Lemgoviae 1722), disput. 50, S. 1013—1037.

es sich um einen Nachtheil handele, den der Angeschuldigte nicht freiwillig auf sich nehmen könne, sei seine persönliche Anwesenheit vor Gericht erforderlich. Quoties de corporis poena quaestio est, id non est in potestate rei, neque adeo in praejudicium corpori suo procuratorem dando afferre potest, cum membrorum suorum dominus nemo sit, — de eo, quod pro securitate sanguinis humani cautum est, homines disponere nequeunt. Dies entspreche nicht bloß den bürgerlichen Gesetzen, sondern sei auch in den Gesetzen der Natur (naturae rationibus) begründet. Hierfür werden nun genau ein Dutzend Gründe aufgeführt, von denen der erste der ist (§. 9), daß die Vollstreckung einer schwereren Strafe gegen den Abwesenden ja doch nicht möglich sei und die Verurtheilung also keinen Zweck habe. Der zweite Grund (§. 10) ist, daß, wenn es sich um eine schwere Strafe handele, jedenfalls voller Beweis vorliegen müsse, dieser aber nicht erlangt werden könne, so lange der Angeschuldigte abwesend sei, — non videtur plenissime convictus, qui nequidem auditus est praesens. Selbst wenn glaubwürdige Zeugen gegen den Abwesenden ausgesagt haben, so wisse man doch nicht, was der Angeschuldigte dagegen vielleicht für Einwendungen geltend machen könnte. Drittens (§. 11) wird der Satz betont, daß es besser sei einen Schuldigen frei ausgehen zu lassen als möglicherweise einen Unschuldigen zu verurtheilen; der Schuldige werde der göttlichen Strafe ja doch nicht entgehen (non latebit illud omnia providentem Dei oculum nec fugiet certissimum eius iudicium). Ein Stellvertreter ferner (§. 12) könne nicht alle Einzelheiten, auf die es ankomme, so genau wissen, wie der Angeschuldigte selbst; auch werde (§. 13) der abwesende Angeschuldigte sich häufig überhaupt nicht einmal so viel um die Sache bekümmern, um einen Stellvertreter zu ernennen und genau zu instruiren. Als ein selbständiger Grund folgt sodann (§. 14), daß, wenn auch der reus wirklich schuldig sei und mit Grund abwesend verurtheilt werde, dies doch immer mehr nur ein zufälliges Ergebniß sei und, weil der Angeklagte nicht gehört werde, dennoch stets ein Unrecht bleibe. Der Verfasser beruft sich ferner (§. 15) gegen die Verurtheilung Abwesender auf das commune judicium gentium, ohne jedoch hierfür etwas anderes, als einige römische Stellen, den Ausspruch eines Königs von Frankreich und einige sonstige historische Aeußerungen (§. 16) anzuführen. Näher geht der Verfasser (§. 17) auf die Stellen des canonischen Rechtes und der Bibel ein, in denen von der Nothwendigkeit, den Angeklagten zu hören, die Rede ist. Es folgt sodann (§. 18) die Erwägung, daß in vielen Fällen das Aeußere des Angeschuldigten, sowie sein Benehmen vor Gericht (vox, vultus, habitus) von großer Wichtigkeit für die Ermittlung des Straffalls sei. Durch die Zuerkennung von Leibes- und Lebensstrafen in Abwesenheit des Angeschuldigten überschreite der Mensch seine Grenzen und greife in die Vorrechte der Allmacht über, statt zu sagen: judex humanus vices suas explevit, suis Deus omnipotens maximus non deerit, nec eius fallet scientiam nec effugiet Nemesin (§. 20).[1]) Schließlich aber wird, auf Grund des bestehenden Beweisrechts, der die bisherigen weit übertreffende Grund angeführt, daß, wenn einmal das regelmäßige Beweismittel die Folter bilde, auch keine Verurtheilung in Abwesenheit des Angeschuldigten stattfinden könne, da ja die Folter gegen Abwesende nicht angewandt werden könne (§. 25). Eine nähere Kritik jener anderen Gründe ist wohl nicht erforderlich, da sie auf logische Schärfe offenbar keinen Anspruch machen können; es werden principielle Gesichtspunkte und Durchschnittsregeln, Erwägungen vom inquisitorischen und vom accusatorischen Standpunkte völlig durcheinander geworfen. Wichtiger ist für uns der weitere Verlauf der Schrift, in welchem von denjenigen Fällen gehandelt wird, in denen nach dem bestehenden Rechte, dem Satze ne absens damnetur entgegen, die Verurtheilung Abwe-

---

1) Bemerkenswerth ist, daß Cocceji hinzufügt (§. 21—24), aus demselben Grunde folge eigentlich auch die Verwerflichkeit der Folter, bei deren Anwendung der Angeschuldigte nicht als convictus nec sponte confessus anzusehen sei, sondern als per carnificem expugnatus. Freilich ist er inconsequent genug hinzuzusetzen: invalescente quippe hominum malitia neque adeo improbanda videntur quaestiones, modo caute et intra aequitatis legumque fines coërceantur. Ja wohl: modo caute!

sender für zulässig angesehen werde.[1]) Zu diesen Fällen rechnet Cocceji, wie er ausdrücklich bemerkt, das Achtsverfahren nicht, durch welches vielmehr nur gewisse Nachtheile über den Angeklagten verhängt, keineswegs aber eine eigentliche Verurtheilung ausgesprochen werde. Dagegen führt er als wirkliche Ausnahmen, abgesehen von den römischen Fällen, die er auf die oben (S. 41) schon erwähnte wunderliche Weise rechtfertigt, insbesondere das crimen fractae pacis publicae (mit Berufung auf deutsche Reichsgesetze) und vor Allem das crimen laesae majestatis an, wofür er sich theils auf deutsche Reichsgesetze, theils auf das europäische Herkommen beruft. Eine Vollstreckung im Bildniß erklärt er dann in diesem letzteren Falle, und überhaupt, wenn es sich um eine im Interesse des Staats nothwendige Abschreckung handele, für zulässig und in gewissem Sinne zweckmäßig, und zwar nicht bloß für den Fall, daß der Angeklagte erst nach der Aburtheilung entflohen war, sondern auch für die Fälle, in denen der Angeschuldigte von vornherein oder im Laufe der Untersuchung sich dem Verfahren entzogen hatte. Ausdrücklich constatirt Cocceji, daß das über den Abwesenden ergangene Urtheil neben der bildlichen Vollstreckung zugleich, soweit es geschehen kann, nämlich in Beziehung auf Geldstrafen, sowie Ehren, Aemter und Würden (dignitates, fama, omnisque adeo memoria), eine wirkliche Vollstreckung finden solle, und daß die executio in effigie in keinem Falle die spätere wirkliche Vollstreckung hindere. Den rechtlichen Zustand der in effigie Gerichteten vergleicht er dem der deportati seu proscripti; doch dürften sie keineswegs von einem Jeden straflos verletzt werden (id enim, cum jus proprium sit magistratus, privatis non competit; doch setzt auch Cocceji noch vorsichtig hinzu: nisi evidenter concessum appareat).

Einen, man möchte sagen weniger theologischen und mehr juristischen Character trägt die auch an Umfang erheblichere Schrift von Schoepf über das Contumacialverfahren in Straf-

1) S. Capitel 2: de causis, ex quibus in absentes vel mortuos quoque ad poenas corporales procedi potest earumque justitia.

sachen.[1]) Dieser geht ebenfalls nach Erwähnung der gegen den Abwesenden zulässigen Zwangsmaßregeln zu den Gründen über, weshalb nach römischem und gemeinem Recht zwar bei geringeren Straffällen die Aburtheilung Abwesender zulässig, in gravioribus causis aber dieselbe ausgeschlossen sei. Diese Gründe giebt er dahin an, daß nur der Angeschuldigte selbst sich genügend vertheidigen könne, und daß in Abwesenheit des Angeschuldigten ja doch keine wirkliche Execution möglich sei (§. 2). Dem Geiste des zu seiner Zeit entwickelten Verfahrens gemäß aber verlangt er, daß jedenfalls auch in Abwesenheit des Angeschuldigten die Untersuchung geführt und die über dieselbe ergangenen Acten zum Zwecke der späteren Urtheilsfällung zurückgelegt und auf Grund dieser in Abwesenheit des Angeschuldigten ergangenen Acten später das Urtheil gesprochen werden solle. Er ist also keineswegs der Untersuchungführung in Abwesenheit des Angeschuldigten, sondern nur der Aburtheilung entgegen, und auch die Aburtheilung in contumaciam, die er principiell verwirft, läßt er doch in sehr zahlreichen Ausnahmefällen zu (§. 6 ff.). Dahin rechnet Schoepf außer den Fällen, in denen nur auf geringere Strafen (non ultra relegationem) zu erkennen sei, und außer dem crimen lictorum vel apparitorum und dem Verbrechen der Castration auch die perduellio (auf Grund des canonischen Rechts und der deutschen Reichsgesetze), den Landfriedensbruch (auf Grund der Reichsgesetze), die laesa majestas Divina und Blasphemie (auf Grund der Reichspolizeiordnungen) nebst dem crimen magorum et veneficorum, die Ketzerei (auf Grund des canonischen Rechts) und schließlich den Zweikampf und die Desertion, wofür eine Reihe landesgesetzlicher Bestimmungen angeführt werden. Außerdem erwähnt er (§. 10), daß auch bei dem crimen repetundarum, peculatus und residui gegen Abwesende (soweit es sich um Ersatz und um Geldstrafen handle) bis zum Endurtheil verfahren werden könne, während er schließlich einzelne andere Fälle, sowie die Ansicht, daß ein praesens inter reos receptus

---

1) Schoepf, dissertatio inaug. jurid. de processu in contumaciam in causis criminalibus, Tübingen 1733.

in allen Straffällen abwesend verurtheilt werden könne, als zu weit gehend zurückweist (§. 11 und 12). Schon aus dieser Häufung der Ausnahmen kann man entnehmen, daß der damaligen Anschauung die Aburtheilung Abwesender nichts Fremdartiges gewesen sein kann. Noch mehr aber ergiebt sich dies, wenn wir erwägen, daß auf Landesverweisung, die damals eine nicht seltene Strafart bildete, auch gegen Abwesende erkannt werden konnte, und daß Schoepf außerdem nicht bloß Geldstrafen, sondern auch andere arbiträre Strafen zu denen rechnet, zu denen unbedenklich auch Abwesende sollten verurtheilt werden können. Diese arbiträren Strafen bestanden damals in manchen Ländern schon in einigem Umfange in Gefängnißstrafen, langdauernde Gefängnißstrafen waren damals noch wenig üblich, und so sehen wir, daß für die Regel ne absens damnetur nur wenig Raum blieb. Daß endlich in Capitalfällen particularrechtlich vielfach der Achtsproceß noch in Anwendung war, und daß ferner in nonnullis locis der Abwesende sub poena confessi et convicti citirt und schließlich für confessus et convictus erklärt wurde, sagt Schoepf ausdrücklich. Aus diesem Grunde sieht er sich denn auch zu einer eignenen Darstellung des Strafverfahrens gegen Abwesende veranlaßt, wobei als die Hauptpunkte hervorgehoben werden, daß der Angeschuldigte nicht nur in gehöriger Weise geladen worden, sondern insbesondere auch durch legitima indicia et probabiles probationes beschwert sein müsse (§. 5). Die Formen des Strafverfahrens gegen Abwesende im Einzelnen seien particularrechtlich außerordentlich verschieden, und lasse sich vom gemeinrechtlichen Standpunkte wenig darüber sagen. „Inspicienda ante omnia statuta et consuetudines, — modus procedendi itidem variat, cum in multis locis et casibus ad bannum vel executionem in effigie vel in cadavere procedatur." Stets aber habe man zu beachten, daß der Contumacialproceß nur ein subsidiäres Verfahren sei, zu dem überdies auch nur aus besonderen Gründen des öffentlichen Wohls und wenn ein abschreckendes Beispiel erforderlich sei, geschritten werden solle (§. 17). Wiederholt aber schärft der Verfasser ein, daß Niemand auf die contumacia als solche verurtheilt werden dürfe, sondern daß verae probationes delicti vorliegen und deswegen die Beweismittel in Abwesenheit des Angeschuldigten sorgfältig erhoben werden müßten (§. 18). Ja der Richter müsse in einem solchen Falle mit ganz besonderer Sorgfalt zu Werke gehen, in omnes circumstantias delicti eo diligentius inquirere, articulos et interrogatoria ex officio conficere et testium personas ac dicta eo accuratius ponderare, ne injustitia committatur. Das auf solchen Grundlagen ergangene Urtheil kann, so weit dies in Abwesenheit des Verurtheilten möglich, also insbesondere, so weit es sich um Geldstrafen handelt, vollstreckt werden. Aber auch an dem Ergriffenen kann dasselbe, wenn es auf richtiger Grundlage ergangen war und der Angeschuldigte nichts Wesentliches mehr zu seiner Vertheidigung noch nachträglich vorzubringen im Stande ist, ohne weiteres Verfahren (sine ulteriore mora et absque novo processu) vollstreckt werden. Nur wenn der Ergriffene sich bei dem Erkenntniß nicht beruhigt und wesentliche Punkte zu seiner Entschuldigung anführt, sei eine vorläufige Aussetzung der Vollstreckung und Wiederaufnahme des Verfahrens angemessen. „Quodsi (reus) non acquiesceret, sed praesens defensionem peteret et forte haberet, quae sententiae opponeret et quae innocentiae ostendendae gratia allegaret, non videmus, cur in re tam gravi vitam hominis concernente non sit audiendus" (eine gegenüber der ausdrücklichen Vorschrift in Art. 155 der Carolina etwas eigenthümliche Ausdrucksweise). Diese ganze Darstellung zeigt, daß die Aburtheilung Abwesender zwar als Regel nicht für angemessen und selbst nicht für zulässig galt, daß sie aber in vielen Fällen ausnahmsweise für zulässig und mit dem Sinn und Geist des damaligen Verfahrens durchaus nicht unvereinbar gehalten wurde.

Als Regel wird freilich in dieser Zeit meistens der Satz ne absens damnetur hingestellt. So u. A. von Pufendorf [1]), der in dieser Lehre in herkömmlicher Weise vom römischen Recht

---

1) Pufendorf, introductio in processum criminalem Luneburgicum, Frankfurt u. Leipzig 1732, Cap. 12.

ausgeht und das Achtsverfahren als particuläre Ausnahme darstellt. Als das gewöhnliche Verfahren bezeichnet er dies, daß, wenn die Ergreifung des Flüchtigen nicht gelingt, die Untersuchung zwar, soweit hierzu die Person des Angeschuldigten erforderlich ist, suspendirt, im Uebrigen aber durch möglichste Feststellung der Beweismittel fortgesetzt werde, — ulterior inquisitio suspenditur neque in contumaciam contra absentem proceditur, — sed quae tamen ad corpus delicti aliave indicia, quae fugitivum onerant, probanda pertineant, ea non negliguntur, ne interea pereant et evanescant, atque fugitivus tandem forte deprehensus ex probationibus factis convinci postea possit. Wenn aber auf diese Weise die in Abwesenheit des Angeschuldigten erhobenen Beweismittel die Grundlage der späteren Entscheidung bilden und diese nur bis zum Erscheinen des Angeschuldigten suspendirt werden soll, so ist dies Verfahren von dem römischen ne absens damnetur offenbar wesentlich verschieden. Im Herzogthum Wolfenbüttel übrigens werde (§. 17), wie schon Kreß berichtet, der Angeschuldigte, dessen man nicht habhaft werden könne, schließlich sub poena confessi et convicti vorgeladen und für überwiesen erklärt, sic vero, ut postea capto nihilo secius defensio ipsi et innocentiae probatio indulgeatur. Eine Confiscation des Vermögens zur Strafe der Contumacia, wie nach römischem Recht und dem sächsischen Achtsverfahren, sei in Niedersachsen unbekannt, und selbst von der in der Carolina vorgeschriebenen Beschlagnahme der Güter des Flüchtigen werde im Allgemeinen nur selten Gebrauch gemacht.

Denselben Character trägt auch die Particulargesetzgebung dieser Zeit; auch in dieser wird die Aburtheilung in contumaciam meistens für überflüssig erklärt, jedenfalls aber eine sorgfältige Feststellung des Verbrechens in Abwesenheit des Angeschuldigten und für bestimmte Ausnahmefälle in mehreren auch eine wirkliche Aburtheilung vorgeschrieben.

Nach der preußischen „Criminalordnung für die Chur- und Neumark" vom Jahre 1717 [1]) soll zwar der Regel nach in

---

1) Bei Mylius, corpus constitutionum Marchicarum, Th. II, Abth. 3 Cap. 7.

peinlichen Fällen nach Erlaß von Steckbriefen und öffentlichen Vorladungen „in der Sache selbst, bis daran die göttliche Rache denselben zur Haft bringt oder er um freyes Geleit sich gebührend melden möchte, still gestanden, inzwischen aber bei Unsern Criminalgerichten oder in Unserer Juristenfacultät oder Schöppenstuhl weiteren Verhaltens halber angefragt werden." Wenn es sich jedoch um das „Laster beleidigter Majestät" oder um „öffentliche Räuber und Mordbrenner, wenn sie entkommen, sonsten aber bekannt sind" handelt, so soll auch in ihrer Abwesenheit über sie ein Urtheil gesprochen werden können.

Die Hannoversche Criminalinstruction von 1736 enthält ein besonderes Capitel (Cap. 6) „wie gegen abwesende oder flüchtige Missethäter zu verfahren", dessen Stellung im Zusammenhange des Gesetzes (zwischen den Abschnitten von der General- und von der Specialinquisition) bedeutsam ist für seinen Inhalt. Es handelt nämlich nur davon, daß, wenn der Angeschuldigte flüchtig geworden, dessen Güter annotirt werden sollen (§. 1), daß flüchtige Missethäter alsobald mit Steckbriefen zu verfolgen sind (§. 2), sowie von der Bestrafung der Beamten, die darin nachlässig erfunden werden (§. 3), ferner von dem Fall der Ergreifung (§. 4), vom freien Geleit (§. 5), und von der Verfolgung schwerer Verbrecher jenseits der Grenze (§. 6 und 7). Es sind also nur Bestimmungen über die gegen den Abwesenden zu ergreifenden Zwangsmaßregeln, die hier gegeben werden. „Die Beamten sollen ihren unermüdlichen Fleiß nicht nur in Untersuchung der Mißhandlung, sondern auch in Verfolgung des Verbrechers beweisen" (§. 3). Es soll also jedenfalls auch in Abwesenheit des Angeschuldigten alles geschehen, was zur Feststellung des Verbrechens erforderlich ist, nur daß eine Aburtheilung der That auch in Abwesenheit des Angeschuldigten eintreten könne, wird allerdings nicht gesagt, dieselbe ist vielmehr wohl, so lange der Angeschuldigte nicht instructionsmäßig vernommen worden, als „stillschweigend ausgeschlossen" anzusehen.[1])

1) Vgl. Zachariae, Handbuch d. deutschen Strafprocesses B. II, S. 379.

Auch der Codex juris Bavarici criminalis von 1751 enthält unter den Bestimmungen über den Gang des Strafverfahrens keine besonderen Anordnungen für den Fall der Abwesenheit, handelt aber (Theil II Capitel 10 §. 21) aus Anlaß der Vollstreckung des Urtheils davon, „wie gegen abwesende Delinquenten zu verfahren sei." Dabei scheint allerdings zunächst der Fall vorausgesetzt zu werden, daß erst nach der Publication des Urtheils sich die Abwesenheit des Angeklagten herausstellt; aus dem Zusammenhange jedoch, insbesondere aus dem Schluß des Paragraphen, geht hervor, daß zugleich auch von dem Fall der Abwesenheit des Angeschuldigten überhaupt die Rede ist. „Gegen Abwesende, welche sich entweder aus dem Lande, oder in Geistliche und Weltliche Freyung begeben haben, wird die Execution theils in effigie, theils in ihren Gütern vorgenommen," vorausgesetzt, daß vorher die erforderlichen Steckbriefe und Edictalladungen ergangen sind. „Erscheint der Citatus inner dem präfigirten peremptorischen Termine nicht, so wird in solchen Verbrechen, welche keine Leibes oder Lebens-Straff nach sich ziehen, eine Geld-Straff dictiret und aus dem hinterlassenen Vermögen eingebracht; in größeren Uebelthaten aber ist zwischen gemeinen und adelich- oder ansehnlichen Personen folgender Unterschied zu machen." Gegen die Ersteren soll mit Beschlagnahme des Vermögens vorgegangen, und zwar soll dasselbe nach Ablauf von Jahresfrist „für verwirkt declariret und dem Fisco mit Reservirung der verdienten Leibes- oder Lebensstraff auf den Fall der Zurückkunft, deducto aere alieno, gänzlich heimgeschlagen werden." Im anderen Fall aber soll das zurückgelassene Gut den Angehörigen verbleiben, jedoch dafür gesorgt werden, daß dem Abwesenden nichts davon gereicht werde. Schließlich wird bemerkt, daß eine executio in effigie „nur in crimine laesae majestatis oder Militärverbrechen" vorgenommen werden solle, und zwar nachdem der Flüchtige entweder ausdrücklich citirt worden oder „ohnehin schon confessus oder convictus ist." Ob auch in sonstigen Fällen die Aburtheilung des Straffalls, ohne daß der Angeschuldigte in Person gehört worden, zulässig sein soll, wird nicht gesagt, indem eine solche Aburtheilung wahrscheinlich für überflüssig angesehen wird.

In weiterem Umfang wird eine Aburtheilung in contumaciam statuirt von der sogenannten Theresiana. Die „Constitutio criminalis Theresiana oder Mariae Theresiae peinliche Gerichtsordnung" von 1769 beginnt den Art. 48 mit der Bemerkung, daß Uebelthäter sehr oft entweder zufällig, weil sie sich für unentdeckt halten, oder absichtlich, um sich der Bestrafung zu entziehen, abwesend, beziehungsweise auf flüchtigem Fuße sind, oder wohl gar aus dem Kerker ausbrechen oder durchgehen. Falls nun die Rückkunft des Verdächtigen zu vermuthen ist, soll sich der Richter um die Beschaffenheit und Umstände der That vorsichtig und im Geheimen erkundigen und in der Regel die Rückkehr des Thäters abwarten, „damit man nicht etwa den Abwesenden eben durch die voreilig kundbarmachende Aufsuchung seiner Person zur Fluchtnehmung verleiten möge." Andernfalls aber soll von dem Gerichte die Ergreifung des Thäters möglichst betrieben und inzwischen, gleichwie die Gerichte überhaupt „in all- und jeden Malefitzvorfallenheiten ohne Zeitverlust zuförderst auf die That mit ihren Umständen von Amtswegen genauest nachzuforschen haben, mittlerweile, bis man den flüchtigen Thäter ausfindig macht und zur Haft bringt, Sorge getragen werden, das corpus delicti zu erheben, die Zeugen zu verhören und überhaupt vorsichtsweise alles zu thun und vorzunehmen, was bei künftiger Ueberkomm- und Ergreifung des Thäters zu seiner Ueberweisung nöthig oder vorträglich sein kann." Gelingt es nun nicht, den Thäter ausfindig zu machen, ihn „zu Stand zu bringen", so soll sein Vermögen mit Beschlag belegt (§§. 6—9) und auch gegen seine Person unter Umständen mit dem sog. Edictalproceß vorgegangen werden. Dieser aber soll, „damit derselbe nicht unnöthig, unnütz und ohne Wirkung veranlaßt werde", stattfinden „sooft als die Mißthat offenbar und derselben Bestrafung anderen zum erspiegelnden Exempel und Abscheu dient, somit dem gemeinen Wesen ein Nutzen, oder dem flüchtigen Thäter durch Vollführung des Processes ein Nachtheil und Strafe zuwachset." Dies wird dann noch näher dahin ausgeführt, daß der Edictalproceß erstens dann angemessen erscheine, wenn die That „gar abscheulich, gemein, ärgerlich oder stark im Schwung gehet oder gefährliche Folgen und böse Nachahmung nach sich ziehen dürfte," und ferner dann, wenn die Strafvollziehung auch in Abwesenheit des Angeschuldigten für denselben einigermaßen empfindlich sei, also insbesondere, wenn derselbe dadurch „an seiner vorigen Ehre, guten Leumuth, weiterem Glück und Fortkommen in der Welt Verlust und Nachtheil leiden" würde, oder die Strafe in sein Vermögen vollstreckt werden kann oder er durch Erkenntniß die Fähigkeit, letztwillig über sein Vermögen zu verfügen, verliert. Dahingegen würde „bei verschreyeten Bösewichten und mittellos schlechten Leuten, die ohnedem keine Ehre und guten Namen, sondern den schmählichen Ausgang ihres Lasterlebens stets vor Augen haben, der Edictalproceß und öffentliche Strafbezeigung von gar keiner Wirkung und eben darum als unnütz und fruchtlos anzusehen sein." In solchen Fällen, sowie überhaupt, wenn kein Edictalproceß als erforderlich oder zweckmäßig erscheint, genügt es, wenn „nach vollendetem Informativ-Proceß, der obgemeldtermaßen niemalen zu unterlassen ist, die gesammten Inquisitions-Acten bey dem Halsgericht inmittelst verwahrlich aufbehalten werden, um sich derselben bei Betretung des flüchtigen Thäters zu dessen geschwinderer Ueberführung nothdürftig gebrauchen zu können." Der Edictalproceß selbst aber wird dadurch eingeleitet, daß der Angeschuldigte durch öffentlichen Anschlag dreimal vorgeladen wird. Die That soll inzwischen, soweit dies nicht schon vorher geschehen, durch eidliche Abhörung von Auskunftspersonen möglichst festgestellt, und nach Ablauf der Erscheinungsfrist „bei einer ordentlichen Zusammensitzung des Gerichts" über dieselbe rechtlich erkannt werden. Dies Erkenntniß soll nicht etwa, wie ausdrücklich gesagt wird, auf „eine bloße von dem Stillschweigen des Thäters ableiten wollende Vermuthung" sich stützen, sondern nach dem „aus den Acten sich ergebend-rechtlichen Beweis" geschöpft werden. Das Urtheil soll „bei geöffneten Gerichtsthüren" verkündet, und in Beziehung auf Dienst, Würden oder Ehren, die der Thäter besessen, sowie in Beziehung auf sein Vermögen zur Vollstreckung gebracht werden. Die Execution der Leibes- und Lebensstrafe selbst bleibt natürlich ausgesetzt, dagegen kann nach

Ermessen des Gerichts auch die Verkündung des Urtheils an der herkömmlichen Richtstätte vor versammelter Volksmenge oder selbst eine Vollstreckung der Strafe im Bildniß vorgenommen werden. Es wird dann das Bildniß des Verbrechers „zur Richtstatt öffentlich ausgeführt und daselbst das Urtheil in solcher Bildniß mittelst dero Verbrenn- oder Aufhängung am Galgen u. s. w." vollstreckt. Da jedoch diese Form „eine besondere Behutsamkeit und Haiklichkeit erfordert und nur in außerordentlich- gar wichtigen Criminal-Fällen vorzunehmen" sei, so soll „vorhero allemal Unsere höchste Entschließung darüber eingeholt werden." Schließlich wird angeordnet, daß, falls der Flüchtige später zur Haft gebracht wird oder sich freiwillig stellt, in jedem Falle die Inquisition von Neuem vorgenommen werden soll, und zwar zu dem Ende, um dadurch gänzlich gesichert zu sein, daß dem Angeschuldigten kein Unrecht geschehe und damit er sodann dem Rechte gemäß entweder von Neuem abgeurtheilt oder das frühere Urtheil (nachdem dasselbe bestätigt) nunmehr wirklich zum Vollzug gebracht werde.

2) Der entwickelte Inquisitionsproceß.

In dem vorigen Abschnitt haben wir gesehen, daß die gemeinrechtliche Doctrin und Praxis hinsichtlich des Strafverfahrens gegen Abwesende einem ziemlichen Schwanken unterworfen war, daß sich aber, trotz des Bestehens der Folter und des Ausschlusses des Indicienbeweises, in nicht unerheblichem Grade die Tendenz zeigt, auch in Abwesenheit des Angeschuldigten zu einer Feststellung des Verbrechens, ja in manchen Fällen selbst zu einer wirklichen Aburtheilung in Abwesenheit des Angeschuldigten zu gelangen. Dieses Streben tritt nun immer entschiedener hervor, je mehr die Folter aus der Praxis verschwindet, je mehr der Indicienbeweis als gültig angesehen wird, und je mehr damit die Möglichkeit einer sachgemäßen Ermittlung des Straffalles ohne Zuthun der Person des Angeschuldigten wächst. Zwar finden sich auch noch in dieser Zeit theoretische Aeußerungen genug, welche den römischen Satz ne absens damnetur als praktisch gültig behandeln, näher betrachtet aber stellt sich dies in den meisten Fällen nur als ein Mißverständniß heraus und von Denselben, welche den römischen Satz ne absens damnetur als gemeinrechtliches Princip des Contumacialverfahrens behandeln, wird nicht selten zugestanden, daß, zwar nur ausnahmsweise, aber doch im Wesentlichen so oft, als es zweckmäßig erscheint, auch eine Aburtheilung des Straffalles in Abwesenheit des Angeschuldigten eintreten dürfe. Diesem Gange der Doctrin geht die Particulargesetzgebung parallel, die schon, wie wir gesehen haben, zur Zeit der Folter einer Aburtheilung in contumaciam nicht ganz abgeneigt war, und die in dieser Zeit geradezu zu dem Satze vorschreitet, daß der Aburtheilung in contumaciam in wichtigeren Fällen überhaupt kein Hinderniß im Wege stehe.

Wichtig sind zunächst die Ansichten J. S. Fr. v. Böhmers, welcher der Zeit angehört, als in Preußen die Folter abgeschafft war, jedoch im übrigen Deutschland noch bestand. Dieser geht in seinen Observationen zu Carpzow[1]) (und zwar zu quaestio 140) davon aus, daß in Abwesenheit des Angeschuldigten doch jedenfalls mit der Beweisaufnahme vorzugehen sei, und daß das Verbot des canonischen Rechts, in Abwesenheit des reus Beweismittel zu erheben, sich doch höchstens auf das Anklageverfahren, auf den ausnahmsweise noch fortbestehenden processus accusatorius, nicht aber auf das inquisitorische Verfahren beziehen könne. Mit Mevius u. A. bezeichnet er die entgegenstehende Ansicht als magis errore, quam ratione veranlaßt, denn vor Allem in Criminalsachen käme es darauf an, daß das Verbrechen festgestellt und die Wahrheit ermittelt werde (etenim etiam in criminalibus expedit, ne veritas occultetur). Hinsichtlich der Frage aber, ob nun auch ein Urtheil in Abwesenheit des Angeschuldigten ergehen könne, entscheidet sich Boehmer, nach Erwähnung des sächsischen Achtsverfahrens dahin, daß in allen Fällen, in denen es sich um eine auch in Abwesenheit des Angeschuldigten wirksame Strafe

---

1) J. S. F. de Boehmer, observationes selectae ad B. Carpzovii pract. nov. rer. crim. Frankfurt 1759.

handelt, auch gegen den Abwesenden bis zur Urtheilsfällung vorgegangen werden könne. Dahin rechnet er nicht bloß, mit dem römischen Recht, die Fälle, in denen Geldstrafen und Landesverweisung in Frage kommen, sondern selbst Fälle, in denen auf die schwersten Strafen zu erkennen ist, falls nur die Verhängung der Strafe in Abwesenheit irgend einen Sinn habe, wie wenn es sich z. B. um eine bildliche Vollstreckung im Falle der Desertion u. dgl. handele. Nur wenn von der Verhängung der Strafe in Abwesenheit des Angeschuldigten gar kein Erfolg zu erwarten sei, seien, nach vergeblicher Anwendung der gegen den Abwesenden zustehenden Zwangsmittel die Acten vorläufig zu reponiren, damit später, wenn man des Angeschuldigten habhaft geworden sein würde, in der Sache erkannt werden könne. Wenn Andere sich dafür aussprächen, daß auch in solchen Fällen, um die Sache schon in Abwesenheit des Angeschuldigten zu einem formellen Abschluß zu bringen, der Angeschuldigte sub poena confessi et convicti citirt und schließlich für confessus et convictus erklärt werden solle, oder wenn manche, wie Böhmer berichtet, eine bedingte Strafverhängung in solchen Fällen für angemessen erachteten (mit der Formel „welche Strafe an ihm zu exequiren, sobald man seiner habhaft geworden"), so werden diese beiden Ansichten von Boehmer verworfen, augenscheinlich aber weniger deswegen, weil er eine Aburtheilung des Straffalls in Abwesenheit des Angeschuldigten für rechtlich unzulässig, als weil er sie regelmäßiger Weise für überflüssig und unzweckmäßig hält. — Aehnlich äußert sich Boehmer in den Meditationen zur Carolina.[1]) Hier wird zunächst (zu Art. 155) der Achtsproceß als eine früher allgemeine Einrichtung erwähnt und seine Bedeutung richtig darin gesetzt, daß der Angeklagte durch die Aechtung für überführt erklärt worden sei. In neuerer Zeit aber sei das Achtsverfahren, außer in den sächsischen Ländern, meistens außer Gebrauch gekommen, und man begnüge sich mit Edictalcitation, Beschlagnahme des Vermögens und Feststellung des Verbrechens

1) J. S. Fr. de Boehmer, meditationes in Carolinam, Hal. Mag. 1770.

im Wege der Generalinquisition, zu dem Zwecke, damit „iis postea deprehensis eo melius ad specialem inquisitionem procedi possit.“ Eine ausdrückliche declaratio pro confesso hält Boehmer im Allgemeinen nicht für angemessen, sagt jedoch, daß, wenn es sich um Geldstrafen oder Relegation handele, leicht zu einer Aburtheilung in contumaciam geschritten werde. Auch hier drückt er sich in einer Weise aus, daß er nicht die Sätze des römischen Rechts als eine Rechtsregel hinstellt, sondern augenscheinlich Zweckmäßigkeitserwägungen folgt. In den Bemerkungen zu Art. 206 hält er, abweichend von Anderen, die Beschlagnahme fortdauernd für ein zweckdienliches Mittel, gegen den Angeschuldigten vorzugehen; bemerkenswerth ist aber vor Allem, daß Boehmer an dieser Stelle ausspricht, daß u. A. auch auf Gefängnißstrafe in Abwesenheit des Angeschuldigten erkannt werden könne. Um dies richtig zu verstehen, ist erforderlich, daß wir uns vergegenwärtigen, daß damals Freiheitsstrafen nur noch in verhältnißmäßig geringerem Umfange erkannt wurden, weshalb ihre Zusammenstellung mit Geldstrafen und Relegation nicht allzu auffällig erscheint. In der That aber scheint Boehmer nur in den schwersten Criminalfällen die Verurtheilung Abwesender wirklich auszuschließen, und auch in diesen betrachtet er offenbar die Frage mehr als eine Frage der Zweckmäßigkeit.

Aehnlich äußern sich die übrigen Schriftsteller dieser Zeit, u. A. Carrach in seiner Anweisung zum Proceß.[1]) Auch dieser erklärt nicht etwa die Verurtheilung Abwesender zu Geldstrafen und zu Relegation ausnahmsweise für gestattet, sondern umgekehrt die Verurtheilung Abwesender in Capitalfällen für verboten, so daß die sich in dieser Zeit schon erheblich mehrenden Freiheitsstrafen danach als Strafen, auf die in Abwesenheit erkannt werden kann, erscheinen. Nur in Capitalfällen könne der Angeschuldigte nicht auf voraufgegangene Untersuchung schon abwesend abgeurtheilt werden, sondern in diesen Fällen müsse

1) J. T. Carrach, kurze Anweisung zum Proceß in Civil- und Criminalsachen, herausgeg. von König, Halle 1776.

man sich mit der Beschlagnahme des Vermögens begnügen. Doch selbst in solchen Fällen werde, wie auch hier hinzugesetzt ist, nach der Praxis einzelner Länder der Angeschuldigte pro confesso et convicto erklärt und (vorbehaltlich einer Revision des Processes im Falle der Ergreifung) vorläufig verurtheilt, auch in besonderen Fällen wohl die Strafe in effigie vollstreckt.

Besonders bemerkenswerth sind die zu ihrer Zeit sehr einflußreichen „Grundsätze des peinlichen Rechts" von Quistorp[1]), in deren zweitem Theil, in einem besonderem Abschnitt „von dem Proceß wider abwesende Verbrecher" gehandelt wird. Nach Darstellung der Mittel, „wodurch man einen entflohenen Verbrecher von seiner Flucht zurückzubringen suchet," sowie des sicheren Geleits folgt eine Erörterung „von dem eigentlichen Proceß wider abwesende Verbrecher," in welcher (abgesehen von dem Bannproceß) bemerkt wird, daß man in dieser Hinsicht zwischen solchen Verbrechen, deren Strafen die Gegenwart des Angeschuldigten unbedingt voraussetzen, und anderen, die auch gegen einen Abwesenden vollstreckt werden könnten, unterscheiden müsse. Und zwar werden dabei in letzterer Beziehung nicht bloß Geldbußen und Landesverweisung, sondern auch „Ehrlosigkeit und andere ähnliche" genannt. Im letzteren Falle werde der Angeschuldigte, dessen man nicht habhaft werden könne, schließlich öffentlich geladen, auf Grund der Beweise verurtheilt, das Urtheil öffentlich bekannt gemacht und so viel als möglich vollstreckt. Aber auch in Capitalfällen könne es zu einer Contumacialaburtheilung kommen, wenn es nämlich neben der zu erkennenden Leibes- oder Lebensstrafe auf Einziehung des Vermögens ankomme oder „bewandten Umständen nach die Vollziehung der Strafe im Bildniß statthaben" könne. Nur wenn dergleichen nicht stattfinde (auch hier aber wird noch wieder das Verbrechen des Hochverraths ausgenommen, bei welchem stets eine Aburtheilung in contumaciam gerechtfertigt sei), werde ein Endurtheil unterlassen und nach möglichst sorgfältiger Untersuchung „zum etwanigen

1) J. Ch. Quistorp, Grundsätze des deutschen peinlichen Rechts, Rostock und Leipzig 1770, u. A. vierte Aufl. 1789, Th. II, Abschn. 11.

künftigen Gebrauch die verhandelten Acten sorgfältig aufgehoben," — „und wenn man mit der Zeit der Person des Angeschuldigten habhaft werden sollte, so wird der Proceß wider ihn auf dieselbe beschriebene Art und Weise, als wider gegenwärtige Verbrecher angestellt, oder, wenn er bereits angefangen war, fortgesetzt." Es soll also in jedem Falle die Untersuchung auch in Abwesenheit des Angeschuldigten möglichst gefördert, und falls es zweckmäßig erscheint, auch durch ein Erkenntniß vorläufig abgeschlossen werden. Wie sehr auch Quistorp zu dem Letzteren im Ganzen hinneigt, zeigt sich u. A. an der auffallenden Bemerkung, daß, wenn auf dem Verbrechen, das ein Abwesender begangen, nur Gefängnißstrafe stehe, solche in eine verhältnißmäßige Geldstrafe verwandelt und als solche zur Vollziehung gebracht werden solle, eine Bemerkung, die allerdings wohl nur auf geringere Gefängnißstrafen im eigentlichen Sinn, und nicht etwa auch auf Zuchthausstrafe zu beziehen ist, die aber doch offenbar darauf hinweist, daß man nach dem damaligen Proceß in ziemlichem Umfange annehmen zu können glaubte, daß der Richter auch in Abwesenheit des Angeschuldigten durch inquisitorische Ermittlung die Wahrheit zu finden im Stande sein werde.

Vor Allem aber tragen diesen Character die schon in der Einleitung erwähnten Specialarbeiten aus dieser Zeit, nämlich die Abhandlungen von v. Winckler und von Kleinschrod. Der Erstere [1]) behandelt zunächst die Voraussetzungen und Erfordernisse der öffentlichen Ladung und deren Verhältniß zu den Steckbriefen und wendet sich sodann zu der Frage, ob und in welchen Fällen auch im Falle des Ausbleibens des Angeschuldigten zur Aburtheilung geschritten werden könne. In dieser Beziehung tadelt er zwar lebhaft, daß in der Praxis nicht selten schon der Einzelrichter den ausbleibenden Angeschuldigten einfach als schuldig behandle und zu der verwirkten Strafe verurtheile, spricht aber dem erkennenden Collegium ausdrücklich die Befugniß zu, auf Grund der vorliegenden Ermittlungen, nach

1) de Winckler, opuscula minora, Dresden u. Leipzig 1792, B. II, S. 85 ff.: de reo contumace in causa criminali.

erfolgter Edictalcitation, auch über den ausbleibenden Angeschuldigten ein Urtheil zu sprechen. Ja er sagt sogar, daß, wenn die Sache nach den Aussagen der Zeugen aut ex aliis argumentis erwiesen sei und der Angeklagte nach dem Inhalt der Acten vollkommen überführt erscheine, dann keineswegs in allen Fällen überhaupt noch eine Edictalcitation erforderlich sei, sondern sofort zur Aburtheilung geschritten werden könne. Er erklärt also selbst für die schwersten Straffälle die Aburtheilung in Abwesenheit des Angeschuldigten für durchaus zulässig, und während das römische Recht den Satz, daß in schweren Straffällen kein Abwesender verurtheilt werden solle, als eine feste Vorschrift hingestellt hatte, sagt Winckler in Beziehung auf die Grundsätze des neueren Rechts über das Verfahren gegen Abwesende: hodie ea res dicasteriorum judicio relicta est, — ob verurtheilt werden soll oder nicht, hängt vom Ermessen des Gerichtshofs ab, d. h. es wird die Aburtheilung in gewöhnlichen Fällen unterbleiben, dann aber wird zu einer Aburtheilung in contumaciam geschritten werden, wenn der Fall vollständig aufgeklärt zu sein scheint und es sich um Straffolgen handelt, die auch in Abwesenheit des Verurtheilten in irgend erheblichem Umfange in Wirksamkeit gesetzt werden können.

Auch Kleinschrod zeigt sich wenig befangen durch die äußerliche Autorität des römischen Rechts: In der Abhandlung „über das Contumacialverfahren gegen peinlich Angeklagte" [1]) erörtert auch er zunächst den Begriff der contumacia und die Voraussetzungen einer Edictalcitation, die er nur nach dem vergeblichen Erlaß von Steckbriefen für zulässig und in dem Falle für überflüssig erklärt, wenn der Angeschuldigte erst nach begonnenem Verfahren, und, nachdem er Kenntniß von demselben erhalten hatte, sich entfernte. Sodann wird bemerkt, daß jedenfalls auch in Abwesenheit des Angeschuldigten, möge im Wege des inquisitorischen Processes oder ausnahmsweise im Wege des Anklageverfahrens gegen ihn vorgegangen werden, für den Beweis des Verbrechens, für die sorgfältige Ermittlung des ganzen Straf-

1) Archiv des Criminalrechts B. I (Jahrg. 1799) S. 124 ff.

falles möglichst Sorge getragen werden müsse. Es soll aber nicht bloß auf diese Weise die Abwesenheit des Angeschuldigten kein Hinderniß der Untersuchung bilden, sondern es kann nach Kleinschrod auf die in Abwesenheit des Angeschuldigten geführte Untersuchung in vielen Fällen auch das Erkenntniß gesprochen werden. War nämlich der Angeschuldigte schon vor seiner Entweichung vernommen worden und liegt der Beweis des Verbrechens vollständig vor, so ist nach Kleinschrod in allen Straffällen, mag es sich um eine geringe, oder um eine schwere Strafe handeln, die Aburtheilung unbedenklich. Aber nicht bloß in diesem Falle, sondern auch, wenn der Angeschuldigte noch nicht vernommen war, der Beweis des Verbrechens aber in den Untersuchungsacten vollständig vorliegt, sagt Kleinschrod, „glaubte ich doch, daß man zur Strafe der contumacia annehmen könne, daß der Abwesende keine Einreden gegen den Beweis habe, wenn dieser letzte, wie er daliegt, vollkommen ist." Das römische Recht beschränke die Möglichkeit einer Contumacialaburtheilung zwar auf geringere Strafen, wie Geldstrafen und Relegation, es stehe aber, wie schon das canonische Recht anerkannt habe, nichts im Wege, nach vollständiger Untersuchung eines Straffalles auch in schwereren Fällen solche Straffolgen über den Abwesenden auszusprechen, die, wie insbesondere die Amtsentsetzung und der Verlust von Standes- und Ehrenrechten, auch gegen den Abwesenden eine gewisse Wirkung haben, und zu diesem Zwecke auf den Grund der Untersuchung ein Erkenntniß zu fällen. Besonders zweckmäßig allerdings sei, gegen den Abwesenden, der nennenswerthe Vermögensstücke zurückgelassen habe, auf Geldstrafen zu erkennen, und in der Tendenz, möglichst auch über den Abwesenden eine für diesen empfindliche Strafe zu verhängen, geht Kleinschrod so weit (mit Quistorp, aber noch über diesen hinaus), in einem solchen Falle Verwandlung der eigentlich verwirkten Freiheitsstrafe, und zwar selbst der Arbeitshaus- und der Zuchthausstrafe in eine entsprechende Geldstrafe und deren Vollstreckung in das mit Beschlag belegte Vermögen zu befürworten. Ueberall also, wo die Aburtheilung nur irgendwie einen reellen Erfolg haben kann, und sogar über diese

Grenze hinaus und nicht ohne Verletzung fundamentaler strafrechtlicher Grundsätze, will Kleinschrod zu einer Aburtheilung des Straffalles trotz der Abwesenheit des Angeschuldigten schreiten lassen. Und selbst wenn in keiner Weise eine auch nur theilweise Vollstreckung der Strafe in Abwesenheit des Angeschuldigten möglich ist, möchte Kleinschrod doch nicht die Untersuchung ohne einen jeden wenigstens vorläufigen formellen Abschluß lassen. Er spricht sich nämlich dafür aus, daß, wenn der Angeschuldigte durch die Untersuchung vollständig überführt erscheine, auch in solchen Fällen wenigstens öffentlich bekannt gemacht werde, daß der Angeschuldigte diese oder jene bestimmte Strafe verdient habe. Diese öffentliche Bekanntmachung sei zu verbinden mit dem Erlaß oder der Bestätigung der geeigneten Zwangsmaßregeln gegen die Person des Angeschuldigten und u. A. mit der Aufforderung an jedermann, möglichst zur Ergreifung des Schuldigen mitzuwirken.[1]) Dies Letztere sei als vernünftiger Bestandtheil aus der ehemaligen Achtserklärung beizubehalten, von der er überhaupt richtig zu fühlen scheint, daß sie nur ihren einzelnen Voraussetzungen und Wirkungen nach, nicht aber im Princip (soweit sie eine mindestens vorläufige Verurtheilung des Angeklagten in sich schließt) einem inquisitorischen Verfahren widerspreche. Schon in der Abhandlung von Winckler und noch mehr in dieser Darstellung von Kleinschrod wird vielmehr klar dargelegt, was wir in der Einleitung behaupteten und was so viel verkannt worden ist, daß das inquisitorische Verfahren einer Erledigung des Straffalles in Abwesenheit des Angeschuldigten seiner Natur nach durchaus zuneigt. Daß Kleinschrod dabei in allen Fällen voraussetzt, daß das Gericht nicht bloß sorgfältig den Fall zu ermitteln suche, sondern daß auch in allen erheblicheren Straffällen für eine formelle Vertheidigung des Abwesenden Sorge getragen werden müsse,

1) Außerdem soll nach Kleinschrod nicht nur das Vermögen des Angeschuldigten möglichst mit Beschlag belegt, sondern auch die Einkünfte aus demselben zur Strafe der contumacia confiscirt und er selbst des Bürgerrechts verlustig erklärt und ihm der Aufenthalt im Lande untersagt werden.

versteht sich von selbst; weit entfernt in der contumacia des Angeschuldigten einen Anlaß zur Abkürzung und Verstümmelung des Verfahrens zu erblicken, will er vielmehr, daß auch in diesem Falle und gerade vorzugsweise in diesem Falle alle Garantieen einer richtigen Entscheidung gewahrt werden. Kehrt der Angeschuldigte später zurück oder wird er ergriffen, so soll die Untersuchung nachträglich vervollständigt und das frühere Erkenntniß je nach Umständen abgeändert, die theilweise schon erfolgte Strafvollstreckung vervollständigt oder die vollstreckte Strafe möglichst wieder rückgängig gemacht werden. Dies ganze nachträgliche Verfahren trägt aber denselben Character wie die Wiederaufnahme einer Untersuchung überhaupt, die ja, nach dem Sinn und Geiste des Inquisitionsprocesses, überhaupt in sehr weitem Umfange als zulässig erscheint.

Dieselben Grundsätze hat Kleinschrod in seinem „Entwurf eines peinlichen Gesetzbuchs für die kurpfalzbairischen Staaten, München 1802" niedergelegt.[1]) Auch hier heißt es in dem Abschnitt „vom peinlichen Verfahren gegen Abwesende," daß, wenn der Angeschuldigte nach schon begonnener Specialuntersuchung entweiche, sogar ohne weitere Ladung gegen ihn bis zum Endurtheil verfahren werden könne, und daß in allen übrigen Fällen nach vorausgegangener Ladung, wenn der Angeschuldigte vollen Beweis des Verbrechens gegen sich hat, in der Sache erkannt werden und er mit allen denjenigen Strafen belegt werden kann, welche man an einem Abwesenden zu vollziehen im Stande ist. „Dies findet statt," wird ausdrücklich gesagt, „nicht nur, wenn der Beschuldigte vernommen ward und die gegen ihn streitenden Beweise nicht entkräften konnte, sondern auch, wenn er vor seiner Flucht nicht ist verhöret worden, aber die Beweise so überzeugend sind, daß derselbe nach allen Umständen nichts dagegen einwenden kann, auch dessen Vertheidiger nichts Erhebliches dagegen beizubringen vermochte." „Unter dieser Voraussetzung kann man nicht nur Vermögensstrafen und Entfernung vom Dienste gegen den Abwesenden erkennen, sondern man kann

1) Theil II, Abthlg. 2, Cap. 10, §§. 2868—2891.

auch die Strafe des Gefängnisses, Zucht- und Arbeitshauses zu Geld anschlagen (!) und diese Summen aus den Gütern des Abwesenden nehmen." Aber auch für den Fall, wenn die zu erkennende Strafe ihrer Natur nach oder nach Lage der Umstände **nicht** vollzogen werden kann, hat der Entwurf nur die (allerdings sehr selbstverständliche) Bestimmung, daß dann die **Vollstreckung** der Strafe bis zur Ergreifung des Schuldigen verschoben werden soll, während eine **Aburtheilung** des Falles und Bekanntmachung des Urtheils in den Intelligenzblättern auch in solchen Fällen keineswegs ausgeschlossen sein soll. Augenscheinlich legte der damalige Proceß auf den Zeitpunkt der Aburtheilung kein entscheidendes Gewicht; wie ja auch der „gegenwärtige" Angeschuldigte nicht dem erkennenden Gerichte vorgestellt, sondern über ihn auf Grund der Acten entschieden wurde, so waren auch im Falle der „Abwesenheit" des Angeschuldigten die Acten die stets bereite Grundlage der Entscheidung, und ob unter diesen Acten sich auch Vernehmungen des Angeschuldigten befanden, war zwar in vielen Fällen von der größten factischen Bedeutung, begründete aber keinen principiellen Unterschied.[1])

Weniger weitgehend in Beziehung auf die Aburtheilung in contumaciam äußert sich **Klein** in seinen „Grundsätzen des gemeinen deutschen peinlichen Rechts" in dem Abschnitt von dem Verfahren gegen Abwesende.[2]) „Wenn der des Verbrechens Verdächtige abwesend ist, müssen die gesetzlichen Mittel zu seiner Habhaftwerdung angewandt, sein Vermögen in Beschlag genommen, inzwischen aber alles, was zur Ausmittelung des corpus delicti gehört, vorgenommen werden. Kann der Verbrecher nicht herbeigeschafft werden, so ist ein Unterschied zu machen, ob die

---

1) Die Bestimmungen über die Strafen des Ungehorsams als solchen (Verlust der Zinsen und Einkünfte des Vermögens, Verlust des Bürgerrechts und Untersagung des Aufenthalts) sind in dem Entwurf dieselben wie in der **Kleinschrod**'schen Abhandlung (vgl. §. 2882); ebenso die Bestimmungen über die Wiederaufnahme des Verfahrens im Falle der Ergreifung.

2) E. F. **Klein**, Grundsätze des gemeinen deutschen Peinlichen Rechts nebst Bemerkungen der Preußischen Gesetze, 2. Ausg. Halle 1799, B. II, S. 474 (§. 582).

Untersuchung vor seiner Flucht schon geschlossen war oder nicht. Im letzteren Fall wird, wenn nicht der Bannproceß eine Ausnahme macht, die Untersuchung, soweit sie die Person des Angeschuldigten betrifft, ausgesetzt. Eben dieses findet statt, wenn gleich die Untersuchung schon geschlossen ist, die Strafe aber unter diejenigen gehört, welche an der Person selbst vollzogen werden müssen. Nur die Strafen am Vermögen und am Bildniß werden alsdann zur Vollziehung gebracht." In Beziehung auf den letzteren Fall (die Strafe am Bildniß) wird noch erwähnt, daß nach preußischem Recht davon beim sog. Banqueruttierproceß sowie bei Staatsverbrechern Gebrauch gemacht werde, während bei „Mordbrennern und öffentlichen Räubern," für welche die preußische Criminalordnung von 1717 das gleiche Verfahren vorgeschrieben hatte, dasselbe nicht üblich sei, da „dergleichen Personen gewöhnlich keine Ehre zu verlieren haben" und ein sonstiger reeller Zweck der executio in effigie nicht ersichtlich sei. Klein ist der Aburtheilung in contumaciam also weniger günstig als Kleinschrod und Winckler, auch nach ihm aber soll das Verbrechen auch in Abwesenheit des Angeschuldigten möglichst festgestellt werden, und die Aburtheilung selbst wird offenbar nur aus Zweckmäßigkeitsgründen in der Regel für überflüssig erklärt.

Stuebel in seinem weitläufigen Werke über das Criminalverfahren [1]) behandelt zunächst unter den „Hülfswissenschaften des Criminalverfahrens" (im zweiten Bande) neben dem Privatanklageproceß auch noch das zu seiner Zeit immer noch in gewisser Weise gültige sächsische Achtsverfahren und erörtert sodann in der Lehre von dem Bekenntniß in einem besonderen Capitel die „Wirkungen eines erdichteten oder Contumacialbekenntnisses" (S. 113 ff.). Weit entfernt aber, in die überwundene Theorie von der Fiction der Schuld im Falle des Ausbleibens zurückzufallen, die mit dem Grundgedanken des Inquisitionsprocesses völlig unvereinbar gewesen wäre, hebt er nur hervor, daß unter Umständen, und zwar in ziemlich vielen Fällen, allerdings der

1) Ch. C. Stuebel, das Criminalverfahren in den deutschen Gerichten mit besonderer Rücksicht auf das Königreich Sachsen, Leipzig 1811, 5 Bde.

gegen den Inculpaten vorhandene Verdacht „durch Ungehorsam desselben vermehrt werde“, wenn dieser, um sich der richterlichen Verfügung zu entziehen, kein Bedenken getragen habe, von Freunden, Aemtern, Gütern und sogar aus dem Vaterlande sich zu entfernen und die Androhung anderer ihm in Aussicht gestellter rechtlicher Nachtheile nicht zu achten. Doch verlangt Stuebel in allen Fällen eine ausdrückliche Androhung dieser Rechtsfolge durch das erkennende Gericht, indem der Angeschuldigte „vor der Vermehrung des gegen ihn obwaltenden Verdachtes,“ die aus seinem Ungehorsam entstehen würde, ausdrücklich gewarnt werden müßte. Es müsse dem Inculpaten Gelegenheit gegeben werden, „andere Ursachen des bewiesenen Ungehorsams, als das vorausgesetzte Bewußtsein der Schuld nachzuweisen und sein Betragen gegen den entstandenen Verdacht zu rechtfertigen,“ damit „der Schluß von dem Ungehorsam auf das Bewußtsein einer Schuld entweder ganz widerlegt oder wenigstens soviel bewirkt werde, daß eine andere Auslegung der Thatsache des Ungehorsams stattfinde.“ Aber auch wenn der Inculpat den aus seinem Ungehorsam entstehenden Verdacht gar nicht widerlegen könne, dürfte doch in peinlichen Fällen (S. 119) auf das Contumacialbekenntniß die Aburtheilung nicht gegründet werden, vielmehr werde „in allen wichtigeren Criminalfällen das Endurtheil über einen für geständig erklärten Angeschuldigten bis zu seiner Wiedererlangung ausgesetzt,“ es sei denn, daß sonstige vollgültige Beweise der Schuld des abwesenden Angeschuldigten vorliegen. Daß Stuebel im letzteren Fall (wenn der Angeschuldigte ganz unabhängig von den aus seiner Abwesenheit sich ergebenden Folgerungen als schuldig erscheint) die Aburtheilung für grundsätzlich zulässig hält, geht daraus deutlich hervor, daß er sagt: „Obgleich die vollkommene Ueberführung das Geständniß entbehrlich macht, so dürfte dennoch nicht unter allen Umständen ein Abwesender, der überführt ist, in wichtigeren Fällen verurtheilt werden,“ indem es noch darauf ankomme, ob nicht, so lange der Angeschuldigte nicht vernommen sei, noch gewisse Zweifel an der Richtigkeit des Schuldbeweises vorhanden sind. So sehen wir, daß, während nach der herkömmlichen

Auffassung der Inquisitionsproceß einer Aburtheilung Abwesender unter allen Umständen entgegen sein soll, einer der Hauptvertreter desselben nur behauptet, daß ein abwesender Angeschuldigter im Wege des Inquisitionsprocesses (bei vorliegendem Beweise) nicht unter allen Umständen verurtheilt werden könne. Allerdings ist Stuebel offenbar gegen eine Verurtheilung Abwesender bedenklich gestimmt, indem er wiederholt auf die Möglichkeit eines Irrthums aufmerksam macht; allein seine Abweichung von den oben dargelegten Ansichten Winckler's und Kleinschrod's ist keine grundsätzliche, besteht vielmehr nur darin, daß die Möglichkeit einer Contumacialaburtheilung von diesen für eine nähere, von jenem für eine seltenere und entferntere erachtet wird.[1])

Sehr entschieden treten die Consequenzen des Inquisitionsprincips hervor auch bei Tittmann, der in seinem Handbuch der Strafrechtswissenschaft nach der Darstellung des gesammten Strafprocesses anhangsweise auch von dem „Untersuchungsprocesse wider Abwesende" handelt.[2]) Jedenfalls müsse auch in Abwesenheit des Angeschuldigten möglichst sorgfältig der Straffall, und zwar nach den gewöhnlichen Grundsätzen, erforscht und für die Abhörung der Zeugen und die sonstigen Beweismittel gesorgt werden. Was aber das weitere Verfahren, nämlich die Aburtheilung selbst betreffe, so komme es im einzelnen Fall darauf an, „ob Umstände vorhanden sind, welche eine Entscheidung in der Sache erfordern oder dieselbe überhaupt zulassen, und ob der Beweis gegen den Abwesenden so vollkommen ist, daß die geforderte Entscheidung gegeben werden könne." Als solche Umstände, welche eine Entscheidung auch in Abwesenheit des Angeschuldigten wünschenswerth erscheinen lassen können, werden zunächst die „Entschädigung des Verletzten oder die Einbringung der Kosten, welche auf die Untersuchung verwendet werden muß-

---

1) Ueber die Voraussetzungen und Erfordernisse der Edictalcitation im Einzelnen handelt Stübel B. III, S. 261 ff. Vgl. auch B. IV, S. 135 ff.

2) Tittmann, Handbuch der Strafrechtswissenschaft u. der deutschen Strafgesetzkunde Theil IV, Halle 1810. S. 749 ff. (§§. 874 ff.).

ten," genannt und sodann der Fall, „wenn die Entscheidung und Vollstreckung der Strafe die Abwesenheit des Verbrechers gar nicht erfordert, wie z. B. bei Geldstrafen, Absetzung von Aemtern, Landesverweisung u. s. w." Es wird hinzugesetzt: „Wenn aber keiner dieser Fälle vorhanden ist, so muß die Untersuchung und Aburtheilung der Sache natürlich liegen bleiben," es soll also nur, wenn die Entscheidung völlig nutzlos ist, dieselbe ausgesetzt und erst später auf Grund der Acten nachgeholt werden. Man habe zwar ehedem auch in solchen Fällen eine Execution am Bilde vorgenommen oder auch nach den Vorschlägen Einiger die Gefängnißstrafe oder dergleichen Strafe in Geldstrafe verwandelt; allein dies falle heutzutage weg, und man hebe bloß die Acten zur etwaigen künftigen Entscheidung nach Habhaftwerdung des Abwesenden sorgfältig auf. Doch fehle es auch in der neuesten Zeit nicht an Beispielen, „daß selbst bei todeswürdigen Verbrechen auf die Contumaz erkannt worden ist," so besonders bei Hochverrath und Duell. Ueberall aber, wo es zu einer Aburtheilung in contumaciam komme, müsse natürlich derselben eine Edictalcitation mit der entsprechenden Androhung voraufgehen, und gewöhnlich werde dem Abwesenden vorher auch von Amtswegen ein Vertheidiger bestellt.

Wir sehen, daß die Doctrin immer mehr dahin gelangt, die Frage der Aburtheilung in contumaciam als eine reine Zweckmäßigkeitsfrage zu behandeln, dieselbe für gewöhnliche Fälle auszuschließen, für gewisse besondere Fälle aber für vollkommen angemessen zu erklären. Darin geht ihr nun auch in dieser Zeit die Particulargesetzgebung parallel, die schließlich nur in soweit über jenen Standpunkt der Doctrin hinausgeht, als sie eine Contumacialaburtheilung überhaupt in allen schwereren Straffällen eintreten läßt, offenbar weil hier, in Ermangelung der realen Vollstreckung der Strafe, stets mindestens eine ideale Repression erforderlich und angemessen erscheint.

Die erste größere Gesetzgebung, welche die Folter für entbehrlich erklärte, nachdem dieselbe schon längere Zeit vorher durch Specialgesetz in Preußen abgeschafft worden war, war die sogenannte Josephina oder Allgemeine Criminalgerichtsordnung

Kaiser Joseph's II. von 1788, die (vgl. §§. 214—222) in peinlichen Fällen, wenn es nicht gelingt des Verdächtigen habhaft zu werden, zwar in der Regel das Erkenntniß ausgesetzt wissen will, für alle Fälle aber, „wenn das Verbrechen großes Aufsehen erwecket oder die gänzliche Straflosigkeit weitere nachtheilige Folgen besorgen läßt" eine Aburtheilung in contumaciam vorschreibt. In diesem Falle soll ein zweimaliges Vorrufungsedict ergehen, das am Orte des begangenen Verbrechens, am Orte des Strafgerichts und am Wohnsitz des Angeschuldigten öffentlich angeschlagen werden soll und die Androhung enthält, daß im Falle des Ausbleibens des Angeschuldigten eine Aburtheilung in contumaciam stattfinden werde. Ist diese Vorforderung vergeblich, so werden die Acten in gewöhnlicher Weise zum Spruche vorgelegt, auf Grund derselben das Urtheil gefällt und das ergangene Urtheil drei Tage lang an den Galgen geschlagen und dreimal in öffentliche Blätter eingerückt. Es soll vollstreckt werden, soweit es auf Verlust des Standes oder Adels und auf Einziehung des Vermögens lautet, die weitere Vollstreckung aber bleibt bis zur Habhaftwerdung des Thäters vorbehalten.[1])

Aehnliche Bestimmungen hat das Gesetzbuch Franz II. „über Verbrechen und schwere Polizei-Uibertretungen" vom Jahre 1803[2]). Handelt es sich um ein Verbrechen im eigentlichen Sinn oder um einen peinlichen Fall, so soll trotz der Abwesenheit des Thäters doch stets alles, „was wegen Erforschung der That und der damit verbundenen Umstände und wegen Herbeischaffung der Beweismittel vorgeschrieben ist, vorgekehret, auch alles, was den Gesetzen gemäß davon in Erfahrung gebracht worden, bei dem Criminalgericht sorgfältig aufbewahrt werden, damit, wenn der Thäter künftig hervorkäme, davon Gebrauch gemacht werden könne." Auch hier wird, wie in der Theresiana, gewarnt, durch unvorsichtiges Einschreiten den Erfolg nicht zu

1) Vgl. Kleinschrod, über das Contumacialverfahren gegen peinlich Angeklagte, Archiv des Criminalrechts, 1799, B. I, S. 145 f.

2) Vgl. Theil I, Abschn. 2, Hauptstück 15, §§. 482 f., S. 278 ff.

vereiteln. Kann dann aller versuchten Mittel ungeachtet der Beschuldigte nicht betreten werden, so soll zwar für gewöhnlich die Aburtheilung ausgesetzt werden; „wenn jedoch das Verbrechen großes Aufsehen erwecket hat, oder die gänzliche Straflosigkeit weitere nachtheilige Folgen besorgen läßt, und wenn weder der Thatbestand noch die Person des Thäters einem Zweifel unterliegt, so kann auch wider den Abwesenden und Flüchtigen verfahren und bis zu einer solchen Verurtheilung vorgegangen werden, die in den Augen des Volks wenigstens einige Wirkung gegen die Person des Thäters hervorzubringen fähig ist." Ob dies geschehen soll, darüber soll nicht das gewöhnliche Criminalgericht, sondern das Obergericht entscheiden. Es werden dann zwei Edictalcitationen erlassen mit der dem älteren Verfahren entlehnten Androhung, daß der Angeschuldigte im Falle des Nichterscheinens des ihm angeschuldigten Verbrechens würde geständig erachtet werden. Erscheint der Angeschuldigte nicht,[1]) so soll das Criminalgericht „den Vorgerufenen nach der bei seiner Abwesenheit gegen ihn geführten Untersuchung aburtheilen." Dabei sollen die gegen den Angeschuldigten vorliegenden Beweise so betrachtet werden, „als ob derselbe dagegen Einwendungen zu machen oder sich zu rechtfertigen unvermögend wäre; die Berathschlagung und Schöpfung des Urtheils geschieht ganz auf die Art, als ob das Verfahren wider einen ordentlich angehaltenen Verbrecher wäre geschlossen worden." Doch unterliegt das Urtheil der Bestätigung nicht nur des Obergerichts, sondern auch „der obersten Justizstelle," und wenn auf Todesstrafe erkannt war, des Landesherrn. Auch nach dieser Gesetzgebung soll das

---

1) Demselben kann nicht nur (nach §. 495) sicheres Geleit, sondern auch (nach §. 496) unter Umständen selbst Straflosigkeit zugesichert werden. „Sollte aus besonders wichtigen Umständen an Habhaftwerdung des Berufenen dem allgemeinen Wesen äußerst gelegen sein und diese nicht anders, als durch seine freiwillige Stellung bewirkt werden, der Berufene aber die Zusicherung der Straflosigkeit zur Bedingung setzen, so sollen diese Verhältnisse von dem Obergericht der obersten Justizstelle, von dieser aber dem Landesfürsten vorgelegt, und von daher die Entscheidung gewärtigt werden, ob und in wie weit eine Zusicherung der Straflosigkeit stattzufinden habe."

Urtheil öffentlich an einem Pfahl, und, wenn es sich um ein Todesurtheil handelt, am Galgen angeschlagen, außerdem aber auch in den Zeitungsblättern der Provinz bekannt gemacht werden. Es tritt sofort in Wirksamkeit, soweit es auf Verlust des Adels lautet oder soweit mit ihm die allgemeineren Wirkungen einer Verurtheilung zum Tode oder zu einer schweren Kerkerstrafe verbunden sind, vorbehaltlich der Wiederaufnahme des Verfahrens im Fall des Ergreifung.

Auf demselben Standpunkt steht die Preußische Criminalordnung von 1805,[1]) nur daß diese nicht im Allgemeinen das große Aufsehen u. dgl., das durch den Fall hervorgerufen wurde, maßgebend sein läßt, sondern bestimmte Fälle bezeichnet, in denen bis zum Endurtheil vorgegangen werden soll. Diese Fälle sind 1) wenn die Gesetze ausdrücklich vorschreiben, daß bestimmte (symbolische) Strafen gegen einen Verbrecher vollstreckt werden sollen, der sich durch die Flucht der ordentlichen Strafe entzogen hat. Dies ist der Fall bei dem Hochverrath, bei gewissen Arten des Landesverraths, beim Zweikampf und beim Banquerott.[2]) 2) Wenn ein Verbrechen vorliegt, dessen ordentliche Strafe ganz oder zum Theil auch gegen den Abwesenden vollstreckt werden kann; doch wird dies näher dahin erläutert, daß in dieser Beziehung nicht solche Rechtsfolgen in Betracht kommen sollen, die schon eine natürliche Folge des Ausbleibens selbst sind, sondern daß nur dann zum Endurtheil vorgegangen werden soll, wenn der „Verlust aller Standesrechte und

---

1) Allgemeines Criminalrecht für die Preußischen Staaten, erster Theil: Criminalordnung, Tit. 7 „von dem Contumacialverfahren gegen flüchtige und abwesende Verbrecher." (§§. 577—587). Vgl. v. Oppen, Archiv des Criminalrechts von 1835. S. 345 ff.

2) Gegen den Hochverräther und Landesverräther soll „außer der übrigen die Ehre und das Vermögen betreffenden Ahndung auch die Execution der verwirkten Leibesstrafe an seinem Bildnisse vollzogen werden" (Allg. Landrecht II, 20 §. 99, 103). „Wer sich der Strafe des Privatduells durch die Flucht entzieht, dessen Vermögen soll in Beschlag genommen und sein Bildniß an einen öffentlichen Schandpfahl geschlagen werden" (ebend. §. 673). Der Banqueruttierer endlich wird für ehrlos erklärt und sein Bildniß ebenfalls an den Galgen geheftet (ebend. §. 1456, 1463).

Würden oder Ehrenstellen“ oder der „Verlust der bürgerlichen Ehre und aller Würden“ in Frage kommt oder wenn es sich um die Confiscation von Vermögensstücken oder um Geldstrafen handelt und der Angeschuldigte überhaupt Vermögen zurückgelassen hat. In allen übrigen Fällen dagegen bedürfe es keines Erkenntnisses gegen den flüchtigen Verbrecher, und könne mithin selbst eine Edictalcitation unterbleiben, deren Hauptzweck die Ankündigung der bevorstehenden Aburtheilung bildet. Ausdrücklich wird bemerkt, daß dahin nicht bloß die Fälle gehören, in denen Leibes- und Lebensstrafen zu erkennen sind (sobald nicht die oben erwähnten besonderen Rechtsfolgen in Frage stehen), sondern auch die Fälle, in denen nur auf Verbannung aus dem Aufenthaltsort, sowie auf den Verlust bestimmter einzelner Rechte zu erkennen sein würde. In letzterer Beziehung wird von der Criminalordnung der Verlust eines bestimmten Amtes, der Verlust des Adels, kaufmännischer Rechte, des Bürgerrechts und des Gewerbebetriebs, sowie der Verlust des Judenschutzes genannt. Alle diese einzelnen Rechtsfolgen hält die Criminalordnung theils nicht für wichtig genug, um ihretwegen zu einer Contumacialaburtheilung zu schreiten, theils betrachtet sie dieselben wohl schon als natürliche Folge des Ausbleibens.[1]) Nur, wo Strafen in das Vermögen zu vollstrecken sind oder wo es darauf ankommt, den Angeschuldigten für gänzlich ehrlos zu erklären, hält es die Criminalordnung der Mühe werth, auch gegen den Flüchtigen zur Aburtheilung zu schreiten; offenbar aber betrachtet sie die letztere an sich für durchaus möglich und zulässig und nur Zweckmäßigkeitserwägungen sind es, aus denen sie dieselbe in gewissen Fällen anordnet, in anderen für überflüssig erklärt. — In der nach der Criminalordnung zu erlassenden Edictalcitation soll dem Angeschuldigten angekündigt werden, daß mit der Untersuchung und

---

1) Sie wird in dieser Beziehung entschieden getadelt von v. Oppen im Archiv des Criminalrechts von 1835 S. 348 f., der hervorhebt, daß der Verlust eines Amtes, des Adels, des Bürgerrechts und auch die Verweisung aus einem Ort nicht selten gerade sehr zweckmäßiger Weise über einen Abwesenden verhängt werden würden.

Beweisaufnahme in contumaciam werde verfahren werden; er wird für den Fall des Ausbleibens aller Einwendungen gegen Zeugen und Documente, wie auch aller sich nicht von selbst ergebender Vertheidigungsgründe verlustig erklärt, und ihm in Aussicht gestellt, daß demnächst nach Ausmittelung der angeschuldigten Verbrechen auf die gesetzliche Strafe erkannt und das Urtheil in sein hinterlassenes Vermögen und sonst, soviel es geschehen kann, schon in seiner Abwesenheit, an seiner Person aber, sobald man seiner habhaft geworden, werde vollzogen werden. Es soll dann die Untersuchung in der gewöhnlichen Weise geführt und abgeschlossen, auch eine Vertheidigung von Amtswegen angeordnet und schließlich in derselben Art, wie in anderen Fällen, auf Grund der Acten das Erkenntniß gefällt und öffentlich bekannt gemacht werden. Zehn Tage, beziehungsweise vier Wochen nach dieser Bekanntmachung wird das Urtheil, so weit dies in Abwesenheit des Angeschuldigten möglich ist, vollstreckbar, d. h. es werden die erkannten Geldstrafen in das Vermögen des Angeschuldigten vollstreckt und die in den oben genannten besonderen Fällen vorgeschriebenen symbolischen Strafen vollzogen. Stellt sich der Angeschuldigte noch *vor* der Vollstreckung, so kann er auf sein Ansuchen Restitution gegen das Erkenntniß erlangen, und auch wenn er erst *nach* der Vollstreckung sich stellt oder zur Haft gebracht wird, soll die Untersuchung stets von Neuem wieder aufgenommen werden. Es bleibt dann dem Urtheil des Richters überlassen, ob die ordentliche Strafe des Verbrechens nunmehr an dem Verbrecher zu vollstrecken sei, oder ob und wie viel er durch die in contumaciam erkannte Strafe davon abgebüßt habe, oder ob die letztere (was im Falle völliger Freisprechung stets stattfinden muß) gänzlich aufzuheben sei. Danach findet zwar beim Erscheinen des Angeschuldigten eine neue Prüfung des Falles statt, es braucht jedoch keineswegs eine vollständig neue Untersuchung geführt, sondern nur auf Grund der alten, jetzt nach Umständen vervollständigten Untersuchung die Richtigkeit des früheren Erkenntnisses geprüft werden. — Für die Fälle, in denen es *nicht* zu einer Contumacialaburtheilung kommt, schreibt der §. 587 der Criminalordnung vor, daß der Richter zu Vermeidung der durch Verlauf der Zeit zu besorgenden Verdunkelungen vorläufig so viel als möglich alles, was zur Ueberführung dienen kann, zu den Acten zu bringen habe, welche alsdann bis zur Habhaftwerdung des Verbrechers zu reponiren sind." Die vorläufig reponirten Acten bilden dann, nebst der späteren Vervollständigung, die Grundlage der späteren Entscheidung, und wie sehr es in der damaligen Anschauung lag, schon diese in Abwesenheit des Angeschuldigten vorgenommenen Ermittelungen, wo es irgend zweckmäßig erschien, maßgebend sein zu lassen, zeigt sich darin, daß auch in den Fällen, in denen es nicht zu einer Contumacialaburtheilung kommt, die durch die vorläufige Untersuchung und Feststellung des Thatbestandes verursachten Kosten aus dem zurückgebliebenen Vermögen des Angeschuldigten sollen eingezogen werden können.

Ebenso wie die bisher besprochenen Gesetzgebungen in der Hauptsache der gemeinrechtlichen Doctrin und Praxis parallel gehen, so liegt nun auch die bairische Gesetzgebung von 1813 ganz in der Richtung jener Gesetzgebungen, obwohl gerade von dieser behauptet wird, daß sie eine völlige Umkehrung der gemeinrechtlichen Lehre enthalte. Der zweite Theil des Strafgesetzbuchs für das Königreich Baiern vom Jahre 1813 unterscheidet hinsichtlich des Verfahrens wesentlich die eigentlichen Verbrechen von den sogenannten Vergehen. Handelt es sich um ein Verbrechen (Art. 410 ff.) und gelingt es nicht, des Angeschuldigten habhaft zu werden, so soll inzwischen mit der Untersuchung des Falls, soweit dies in Abwesenheit des Angeschuldigten möglich ist, ungehindert fortgefahren und schließlich eine Edictalladung erlassen werden. Diese enthält die Warnung, daß im Falle des Ausbleibens gegen den Angeschuldigten als gegen einen Ungehorsamen nach den Gesetzen werde verfahren werden; dem Angeschuldigten wird von Amtswegen ein Vertheidiger bestellt, und ist dann nach vollendeter Untersuchung nicht nur die That, sondern auch die Thäterschaft des Angeschuldigten „durch die abgelegten Zeugnisse oder Zusammentreffen der Umstände vollkommen erwiesen," so wird der Angeschuldigte „als wäre er anwesend, auf den Inhalt der Acten in die gesetzliche

Strafe verurtheilt." Diese Verurtheilung wird dreißig Tage nach der öffentlichen Bekanntmachung vollstreckbar.[1]) Stellt sich der Verurtheilte, so soll die frühere Untersuchung jedenfalls durch Vernehmung desselben vervollständigt, der Angeschuldigte von Neuem vertheidigt und schließlich von Neuem in rechtlicher Ordnung erkannt werden. — Handelt es sich um ein Vergehen (Art. 465 f.), so soll eine Aburtheilung in contumaciam unterbleiben.

In der That ist in dieser letzteren Bestimmung eine nicht unerhebliche Abweichung von der gemeinrechtlichen Lehre enthalten, insofern nach dieser gerade in geringeren Fällen, in denen es sich um Strafen non ultra relegationem handelte, ein Contumacialerkenntniß zulässig sein sollte. Auch scheint das bairische Strafgesetzbuch auch in Verbrechensfällen wesentlich von der gemeinrechtlichen Lehre abzuweichen, ja geradezu entgegengesetzte Bestimmungen zu treffen, insofern für schwerere Straffälle von der gemeinrechtlichen Doctrin der Satz ne absens damnetur als Regel hingestellt, von dem bairischen Strafgesetzbuch aber für solche Fälle ausnahmslos die Aburtheilung in contumaciam verlangt wurde. Vergegenwärtigen wir uns aber, daß trotz jenes ne absens damnetur die gemeinrechtliche Doctrin und Praxis in sehr weitem Umfange die Aburtheilung Abwesender für zulässig, ja schließlich in allen Fällen, in denen ein Vortheil davon zu erwarten war, fast für geboten ansah, so müssen wir gerade im Gegentheil sagen, daß die bairische Gesetzgebung von 1813 nur das zum Ausdruck brachte, was in der gemeinrechtlichen Doctrin und Praxis lange vorbereitet war und was durchaus im Sinne und Geist des inquisitorischen Verfahrens lag. Wenn einmal überhaupt die Aburtheilung Abwesender zulässig war, so lag es, besonders für eine eifrige und energische Gesetzgebung, nahe, dieselbe nicht bloß in bestimmten Fällen, in denen eine mehr oder minder reelle Strafvollziehung in Abwesenheit des

1) Innerhalb dieser Frist kann jeder Beliebige auf Revision des Processes antragen. Die Wirkungen des bürgerlichen Todes sollen erst nach einer Gnadenfrist von 5 Jahren eintreten.

Angeschuldigten möglich war oder gewisse symbolische Executionen an der Stelle zu sein schienen, eintreten zu lassen, sondern sie, der in ihr liegenden idealen Repression wegen, für alle schwereren Straffälle vorzuschreiben. Dies und nichts anderes hat die bairische Strafgesetzgebung gethan, von der u. A. Walther[1]) behauptet, daß sie den consequent durchgeführten Gegensatz zu dem gemeinrechtlich gültigen Verfahren enthalte. Schon von den anderen Particulargesetzen, insbesondere von dem östreichischen Gesetzbuch von 1803 und der preußischen Criminalordnung von 1805, sagt dieser Schriftsteller, daß sie „in größerem oder geringerem Maße zur Fiction des Geständnisses zurückgegriffen und sich die gröblichste Mißachtung der obersten Grundsätze des Strafproceßrechts überhaupt, nämlich des Strebens nach materieller Wahrheit" hätten zu schulden kommen lassen, während sie doch in Wahrheit von der untersuchenden Thätigkeit des Richters eine völlig sachgemäße Ermittelung verlangten und, vom Standpunkt des Inquisitionsprocesses nicht mit Unrecht, ohne jede Fiction eines Geständnisses, auf diesem Wege zu einer richtigen Feststellung gelangen zu können meinten. Von der bairischen Gesetzgebung aber sagt Walther (S. 208): „Besonders merkwürdig sind die Bestimmungen des bairischen Strafgesetzbuchs von 1813; — wir müssen sie auf Rechnung der Feuerbach'schen psychologischen Zwangstheorie setzen, welche um so größere Strenge der Strafe wie des Strafverfahrens gebietet, je schwerer das Verbrechen ist; — insofern Consequenz eine Tugend ist, verdient also Feuerbach auch hier wieder unsere Bewunderung, die Folgerung muß aber zugleich mit dem Principe fallen." Richtig ist, daß die bairische Gesetzgebung consequenter verfuhr als ihre Vorgänger; worin sie aber consequent war, ist nicht eine Abirrung vom Untersuchungsprincip, veranlaßt durch irgend eine bestimmte relative Straftheorie, sondern die Folgerungen des Untersuchungsprincips selbst sind es, welche die bairische Gesetzgebung schärfer und vollständiger gezogen hat, als die übrigen, und der Energie und Charactertüchtigkeit des Feuerbach'schen Geistes ist es zu danken,

1) Walther, Die Rechtsmittel im Strafverfahren, Abtheilung II, S. 207.

daß man damals jene Consequenzen zu ziehen sich nicht scheute und die Unklarheit derer vermied, welche da lehrten, die Verurtheilung Abwesender sei durchaus unzulässig, — mit Ausnahme der Fälle, in denen sie irgend von Nutzen sein könne.

Dies Letztere aber ist es im Wesentlichen, was auch die neueste sogenannte gemeinrechtliche Doctrin, bis zur heutigen Reform des Strafprocesses, über das Strafverfahren gegen Abwesende im Wesentlichen bemerkt hat. Von Denjenigen, welche sich näher über den Gegenstand geäußert haben, seien folgende hervorgehoben.

Henke[1]) bemerkt, daß eine Contumacialaburtheilung im Grunde zwar keine Empfehlung verdiene, auch in den Ländern des gemeinen Rechts immer seltener angewendet und auf schwere Verbrechen beschränkt worden sei; doch könne man nicht behaupten, daß das Verfahren ganz außer Uebung sei, vielmehr werde es bei Verbrechen, deren Strafe gegen einen Abwesenden wenigstens zum Theil vollstreckt werden könne, immer noch als statthaft betrachtet, obwohl ein großes Schwanken in dieser Beziehung nicht verkannt werden könne.

Abegg[2]) verlangt nicht nur in jedem Falle, wenn die gegen den Abwesenden versuchten Gestellungsmittel keinen Erfolg haben sollten, sorgfältige Fortsetzung der Untersuchung und möglichst eingehende Ermittelung des Verbrechens, sondern giebt auch die rechtliche Möglichkeit einer Contumacialaburtheilung zu, indem er sagt: selten werde die Möglichkeit eintreten, jetzt schon ein Contumacialerkenntniß zu fällen. Der logische Fehler in der hergebrachten Auffassung des Gegenstandes zeigt sich bei ihm recht deutlich, indem er für jenen Satz, der doch offenbar nur ein factisches Verhältniß ausdrücken soll, nochmals und wiederum die vielcitirte l. 5 D. de poenis anführt, die doch grund-

---

1) Henke, Handbuch des Criminalrechts und der Criminalpolitik, Theil IV, 1838, S. 857 ff., §. 139: von dem Contumacialverfahren.

2) Abegg, Lehrbuch des gemeinen Criminalprocesses mit besonderer Berücksichtigung des preußischen Rechts, Königsberg 1833, S. 274.

sätzlich die Aburtheilung schwerer Strafsachen in Abwesenheit des Angeklagten ausschließt.

Auch H. A. Zachariae in seinen Grundlinien des Criminalprocesses (S. 314 ff.) spricht zwar von der Ungerechtigkeit und Zweckwidrigkeit der Contumacialaburtheilung, sagt jedoch von der gemeinrechtlichen Praxis nur, daß dieselbe größtentheils zur Anwendung der Grundsätze des römischen Rechts zurückgekehrt sei.

Heffter[1]) giebt sogar dem römischen Satz ne absens damnetur für das gemeine Recht überhaupt nur die Bedeutung, daß niemand ohne gehörige Ladung, ungefordert abgeurtheilt werden solle, während er nach gehöriger Edictalcitation und nöthigenfalls von Amtswegen angeordneter Vertheidigung auf Grund der in Abwesenheit des Angeschuldigten geführten Untersuchung auch die Aburtheilung des Straffalls in contumaciam für durchaus zulässig erklärt. Er verweist auf die Analogie des Verfestungsprocesses und verlangt nur, daß im Falle der späteren Ergreifung des Angeschuldigten das Verfahren wieder aufgenommen werde. Uebrigens fügt er hinzu, daß eine Contumacialaburtheilung von Nutzen bloß dann sei, wenn ein wenigstens theilweiser Strafvollzug wider den Abwesenden möglich sei.

Völlig ausgebildet aber ist das Schwanken der gemeinrechtlichen Doctrin bei Mittermaier[2]), der u. A. in der vierten Auflage seines deutschen Strafverfahrens sich zunächst aus allgemeinen Gründen gegen die Aburtheilung Abwesender erklärt und den römischen Grundsatz als Richtschnur für die gemeinrechtliche Praxis hinstellt, dann aber (unter 4) ausdrücklich bemerkt, daß, wenn es sich um ein Vergehen handelt, dessen Strafe auch

---

1) Vgl. u. A. Heffter, Lehrbuch des gemeinen deutschen Criminalrechts mit Rücksicht auf die nicht exclusiven Landesrechte, 2. Aufl. Halle 1840, S. 566 ff., 6. Aufl. „Lehrbuch des gemeinen deutschen Strafrechts mit Rücksicht auf ältere und neuere Landesrechte“ Braunschweig 1857, S. 561 ff.

2) Mittermaier, das deutsche Strafverfahren in der Fortbildung durch Gerichtsgebrauch und Landesgesetzbücher und mit genauer Vergleichung mit dem englischen und dem französischen Strafverfahren, Theil II, Heidelberg 1846, S. 664 ff.

in Abwesenheit vollzogen werden kann, nach öffentlicher Vorladung des Angeschuldigten und Abschluß der Untersuchung auch in contumaciam ein Urtheil gefällt und so gut als möglich vollstreckt werden kann. Wie diese Ausnahme zu rechtfertigen sei, wenn, wie Mittermaier bemerkt, im Falle der Abwesenheit des Angeschuldigten „eine gründliche Untersuchung doch nicht möglich ist," wird nicht gesagt, und offenbar die rechtliche Zulässigkeit einer Contumacialaburtheilung und die Erwägung ihrer Zweckmäßigkeit nicht auseinander gehalten. In solchen Sätzen, wie „man sollte erkennen, daß im Falle der Abwesenheit des Angeschuldigten eine gründliche Untersuchung doch nicht möglich ist und der Staat entweder ein nutzloses Verfahren eröffnet oder durch Inconsequenz zu einer Vermuthung, daß der Flüchtige auch der Schuldige sei, kommen muß," liegt zu wenig logische Klarheit, als daß aus einer solchen allgemeinen Anschauung ein fester Rechtssatz hätte hervorgehen können.[1])

Diesem Schwanken der Doctrin ging, wie von den genannten Schriftstellern bekundet wird, ein völliges Schwanken der gemeinrechtlichen Praxis, so weit eine solche noch bestand, zur Seite. Daß der Angeschuldigte noch zur Zeit des Urtheilsspruchs in der Gewalt des untersuchenden Gerichts sich befand, wurde wohl nirgends als wesentliche Voraussetzung der Aburtheilung aufgestellt. Auch verlangte man in der Regel wohl nicht, daß der Angeschuldigte während des ganzen Laufes der Untersuchung in dieser Gewalt sich befunden habe und über alle, auch die untergeordneten Momente der Anschuldigung vernommen worden sei; in dem Fall aber, wenn der Angeschuldigte in einem eigentlichen Criminalfall nicht einmal über die wesentlichen Punkte der Anschuldigung gerichtlich vernommen worden war, wurden verschiedene Wege eingeschlagen. Theils nämlich wurde eine Contumacialaburtheilung in schwereren Straffällen überhaupt für unzulässig erklärt, theils hielt man es für zulässig, auch im Falle

1) Das große Verdienst Mittermaier's, auch in dieser Lehre das englische und französische Recht herangezogen zu haben, ist schon oben S. 25 f. anerkannt worden.

der Abwesenheit ein Straferkenntniß zu fällen und dasselbe so viel als möglich schon in Abwesenheit des Angeschuldigten zu vollstrecken. So berichtet Mittermaier [1]), daß bei dem Oberhofgericht in Baden im Jahre 1829 die Frage angeregt wurde, ob ein Ungehorsamserkenntniß zulässig sei oder nicht; die Mehrheit habe sich für die Zulässigkeit erklärt unter vorläufiger Aussetzung des nicht vollziehbaren Theils des Erkenntnisses bis auf den Fall der Ergreifung. Andererseits berichtet derselbe von der braunschweigschen Praxis [2]), daß in eigentlichen Criminalfällen daselbst niemals in contumaciam ein Erkenntniß gesprochen werde. — Ein ähnliches Schwanken zeigt sich in den landesgesetzlichen Strafproceßentwürfen, die in dieser Zeit erschienen. Der Entwurf eines Criminalgesetzbuchs für das Königreich Sachsen vom Jahre 1827 läßt zwar bei geringeren Vergehen, die nur Geldbußen oder Gefängniß bis zu drei Wochen nach sich ziehen, sogar eine Ladung unter dem Präjudiz des Eingeständnisses zu, setzt aber in allen erheblicheren Fällen voraus, daß der Angeschuldigte in gehöriger Form persönlich vor Gericht vernommen worden sei. Ja, die Bestimmung des §. 1735, daß, wenn der Angeschuldigte vor der Entscheidung der Sache die Flucht ergriffen habe, das Urtheil über seine Bestrafung ausgesetzt werden soll, scheint sich zugleich auf den Fall zu beziehen, wenn der Angeschuldigte vorschriftsmäßig vernommen war und durch seine Flucht eine Bestrafung vorläufig unpraktisch geworden sein mag. Auch der hannoversche Entwurf von 1828 und der würtembergische von 1831 scheinen auf demselben Standpunkte zu stehen.[3]) Die würtembergische Strafproceßordnung von 1843 (Art. 457 ff.) dagegen unterscheidet, ob der Angeschuldigte vor oder nach der Versetzung in Anschuldigungsstand sich entfernt hat und läßt im letzteren Falle, nach vorausgegangener Edictalladung, eine Aburtheilung des Straffalls zu. „Läuft die

---

1) Mittermaier, deutsches Strafverfahren, 4. Aufl. II, S. 670, Anm. 3.

2) Nach Scholz, Abriß der Gerichtsverfassung in Braunschweig S. 91.

3) Zachariae, Grundlinien S. 316.

dreimonatliche Frist ab, ohne daß der Angeschuldigte vor Gericht erscheint oder seine Abwesenheit hinreichend gerechtfertigt wird, und ist nach vollendeter Untersuchung und geführter Vertheidigung, welche in dergleichen Fällen jederzeit von Amtswegen angeordnet werden muß, weder der Thatbestand, noch daß der Angeschuldigte als Thäter strafbar sei, einem Zweifel unterworfen, so kann der Angeschuldigte, als wäre er gegenwärtig, auf den Inhalt der Acten in die gesetzliche Strafe verurtheilt werden." [1]) Das Urtheil wird öffentlich bekannt gemacht und, soweit es in Abwesenheit des Verurtheilten geschehen kann, vollzogen. Wird derselbe ergriffen oder stellt er sich freiwillig, so soll ihm das Erkenntniß mitgetheilt werden, und es hängt von ihm ab, sich noch nachträglich zu vertheidigen. „Sollte durch die Vertheidigung oder durch die in Folge derselben angeordnete weitere Untersuchung die Lage der Sache eine Aenderung erleiden, so ist ein neues Urtheil zu fällen, andernfalls aber zu erkennen, daß es bei der früheren Entscheidung sein Bewenden habe."

Die ganze Frage aber, ob in Abwesenheit des Angeschuldigten eine Aburtheilung möglich sein solle, mußte vom Standpunkt des schriftlichen Untersuchungsprocesses als verhältnißmäßig untergeordnet erscheinen. Die Hauptsache war, daß auch in Abwesenheit des Angeschuldigten die einzelnen Beweismittel erhoben und die schriftliche Grundlage der späteren Entscheidung hergestellt werden konnte, und wenn die Consequenz des inquisitorischen Gedankens es nahelegte, auch in Abwesenheit des Angeschuldigten eine Entscheidung zu fällen, so ließ doch die herrschende Schriftlichkeit des Processes eine Aussetzung des Urtheils in den meisten Fällen als natürlich und angemessen erscheinen. Erst mit der Einführung der Mündlichkeit in das Strafverfahren tritt die Frage mit principieller Bedeutung auf. Wenn die Entscheidung über die Schuld gegründet werden soll auf die unmittelbar vor dem erkennenden Gericht selbst erhobenen Beweismittel, so muß ein Hinausschieben der Aburtheilung viel bedenklicher erscheinen, und während früher im Falle der Ergreifung des Angeschuldigten

1) Vgl. das bairische Strafgesetzbuch von 1813, Theil II, Art. 424.

es sich nur um eine erneute Prüfung auf Grund der Acten handelte, erhebt sich jetzt die Frage, ob im Falle des Erscheinens erst jetzt die entscheidende mündliche Verhandlung des Straffalles stattzufinden habe. Die würtembergische Strafproceßordnung von 1843 machte nur einen ersten schwächlichen Versuch mit der Einführung der Mündlichkeit, und wie wenig die von ihr angeordnete mündliche Schlußverhandlung einen wesentlichen Theil des Verfahrens bildete, zeigt sich u. A. darin, daß das im Falle der Abwesenheit über den Angeschuldigten ergehende Contumacialurtheil auf Grund der Acten gefällt und im Falle der Wiedererlangung des Angeschuldigten nur eine nachträgliche Prüfung des Falles ebenfalls auf Grund der Acten stattfinden soll. Sobald mit der Mündlichkeit des Strafverfahrens größerer Ernst gemacht wurde, stand man vor der Frage, ob schon in Abwesenheit des Angeschuldigten oder erst nach seiner Habhaftwerdung oder ob in beiden Fällen eine mündliche Verhandlung stattfinden solle.

Auf einem ganz anderen Boden als die würtembergische Strafproceßordnung von 1843 stehen schon die badische Strafproceßordnung von 1845 und die preußische Verordnung vom 17. Juli 1846, von denen die erstere zwar vorläufig keine Gesetzeskraft erhielt und die zweite sich nur auf das Verfahren bei bestimmten einzelnen Gerichten bezog, die aber die ersten deutschen Gesetzgebungsarbeiten bilden, welche mit der Einführung der Mündlichkeit in den Strafproceß Ernst machen und darum als Vorläufer der mit dem Jahre 1848 in größerem Umfange beginnenden Reform des Strafprocesses der entschiedensten Beachtung werth sind.

3) Blick auf England und Frankreich.

Bevor wir uns jedoch zu den heutigen Gesetzgebungen wenden, ist es von Wichtigkeit, wie schon hinsichtlich des Mittelalters geschah, so auch für die letzten Jahrhunderte einen Blick auf das englische und das französische Recht zu werfen. Im Mittelalter fanden wir in allen drei Ländern, sowohl in England, wie in Frankreich und in Deutschland ein ziemlich gleichmäßig entwickeltes Achtsver=

fahren; in der neueren Zeit dagegen gehen diese Länder hinsichtlich des Strafverfahrens gegen Abwesende wesentlich auseinander. In Deutschland, sahen wir, schwankte man zwischen dem particulär immer noch beibehaltenen Achtsverfahren, einer rationellen Aburtheilung des Falls auf Grund sachgemäßer Ermittelung und der Befolgung des römischen Satzes ne absens damnetur. Im Gegensatze hiezu finden wir nun in England fortdauernd, wenn auch in modificirter Weise, das Achtsverfahren in Gültigkeit, in Frankreich dagegen galt eine Contumacialaburtheilung auf Grund sachlicher Ermittelung als zweifellos richtiges Verfahren.

Die englische outlawry, die Aechtung des entwichenen Angeklagten, blieb im Wesentlichen mit den alten Formen bestehen.[1]) Zwar wurde der Geächtete jedenfalls in dieser Zeit nicht mehr als völlig friedlos behandelt, so daß er von einem jeden straflos hätte erschlagen werden können; allein nach wie vor hatte die Aechtung nicht nur die Wirkung, daß der Geächtete die wesentlichste Einbuße an seinen Rechten erlitt, sondern er galt in schwereren Straffällen selbst seines Vermögens für verlustig und wurde im Falle der Ergreifung als der That überführt behandelt und konnte ohne weiteren Proceß hingerichtet werden. Vorschriften darüber, daß der Achtserklärung stets eine causae cognitio voraufgehen müsse, scheinen nicht gegeben worden zu sein. Wohl aber wurde es dem Angeklagten allmählich leichter, auch im Falle der Ergreifung eine Wiederaufnahme des Strafverfahrens zu erreichen. Kam es aber zu einer solchen, so wurde nicht etwa nur, wie im deutschen Verfahren, auf Grund der Acten die Richtigkeit des Contumacialurtheils geprüft, sondern eine mündliche Verhandlung angesetzt, in welcher die Beweismittel möglichst unmittelbar vorgelegt werden mußten und das Gericht auf Grund dieser mündlichen Verhandlung entschied.

---

1) S. Blackstone, commentaries on english law, Theil IV, Cap. 24. Stephen, Handbuch des englischen Strafrechts und Strafverfahrens, übersetzt von E. Mühry, Göttingen 1843. S. 447 ff. Mittermaier, das deutsche Strafverfahren 4. Aufl., B. II, S. 674 ff. Von engl. Darstellungen etwa Woolrych, the criminal law, London 1862. S. 48 f. S. 292 f.

Anders in Frankreich, wo der Strafproceß sich schon seit dem Ende des Mittelalters wesentlich inquisitorisch und schriftlich gestaltete und das mittelalterliche Achtsverfahren sich allmählich in eine rationelle Aburtheilung des Falls auf Grund der schriftlichen Untersuchung umbildete.[1]) Schon Millaeus[2]) sagt von der französischen Praxis des sechszehnten Jahrhunderts: absentes et fugitivi rei criminis per edicta citati pro qualitate delicti et probationis possunt condemnari; — verumtamen priusquam judex procedat ad condemnationem absentis, debet habere fidem de maleficio imposito per examen testium. Ausdrücklich wird bemerkt, daß nach vorausgegangener Untersuchung der Angeschuldigte zu der bestimmten, dem speciellen Verbrechen gebührenden Strafe verurtheilt werden konnte, — potest in eos irrogari poena pro qualitate delicti. Die Nothwendigkeit einer Untersuchung wurde mehrfach ausdrücklich hervorgehoben: „On regardait comme une maxime constante dans notre ancient droit," sagt Hélie,[3]) „que pour condamner un accusé contumace il fallait des preuves. Lorsqu'il n'y a point de preuves, dit Jousse, contre l'accusé, quoique contumace, on ne doit pas le condamner, et il est assez puni de sa contumace par la saisie et annotation de ses biens qui subsiste toujours jusqu'à ce qu'il se représente; mais lorsque l'innocence est constatée, on doit l'absoudre." Auf Grund einer solchen Untersuchung aber zauderte man durchaus nicht, auch über den Abwesenden das Urtheil zu sprechen, und ließ sich nicht etwa, wie die deutsche Praxis, in dieser Consequenz des Inquisitions-

1) S. Hélie, traité de l'instruction criminelle, B. IX, S. 331. Millaeus (in parlamento Parisiensi causarum patronus), praxis criminis persequendi, Parisiis 1551, S. 22 ff., S. 172. Das Werk von Ayrault l'ordre, formalité et instruction judiciaire, Angers 1591 (auch Lyon 1642) war dem Verfasser nicht zugänglich; dagegen enthält ein anderes Werk desselben Autors: Ayrault, rerum ab omni antiquitate judicatorum pandectae, Genevae 1677, Buch III, Tit. 3 neben vielem rein Antiquarischen auch hierher bezügliche lehrreiche Betrachtungen über das französische Strafverfahren des 17. Jahrhunderts.

2) Praxis criminis persequendi S. 22 ff.

3) Hélie, traité B. IX, S. 336.

processes durch den römischen Satz ne absens damnetur und eine vermeintliche gemeinrechtliche Bedeutung desselben beirren. Ja in dem Maße hielt man die Aburtheilung in contumaciam für begründet und zuverlässig, daß sich sehr angesehene Stimmen sogar dagegen erhoben, dem später Ergriffenen noch eine Anfechtung des Contumacialurtheils im Rechtswege zu gestatten.[1]) So weit ging nun allerdings die Strafproceßordnung Ludwigs XIV., die ordonnance von 1670,[2]) nicht, die vielmehr bestimmte, daß im Falle der Ergreifung des Angeschuldigten stets von Amtswegen eine erneute Prüfung eintreten solle; darin aber stimmt sie mit dem Verfahren des sechszehnten Jahrhunderts durchaus überein, daß in Abwesenheit des Angeschuldigten der Proceß keineswegs liegen bleiben muß, sondern, wenn eine Aussetzung des Verfahrens nicht aus besonderen Gründen zweckdienlich erscheint, durch ein Contumacialurtheil zum Abschluß gebracht werden könne. Dabei ist der französische Proceß dann bis zur Revolutionszeit geblieben, und je vollständiger sich gerade im französischen Proceß die Consequenzen eines inquisitorischen Verfahrens entwickelt zeigen, um so mehr ist derselbe ein Beweis dafür, daß der Satz ne absens damnetur unmöglich als eine Consequenz des Inquisitionsprocesses hingestellt werden kann.

1) S. Aerodius, rerum ab omni antiquitate u. s. w. S. 156.
2) Hélie, traité IX, S. 337.

III. Das heutige Recht.

A. Die einzelnen Gesetzgebungen.

Mit der Einführung der Mündlichkeit in das Strafverfahren, sowie mit der Anklageform des Strafprocesses mußte sich auch das Strafverfahren gegen Abwesende wesentlich ändern. Während der schriftliche Untersuchungsproceß allen Nachdruck auf den Inhalt der Acten legte und es im Ganzen als unwesentlich erscheinen ließ, in welchem Zeitpunkt auf Grund dieser Acten das Urtheil gefällt werde, mußte es sich nach Einführung der Mündlichkeit und der Anklageform fragen, ob und mit welcher Wirkung schon in Abwesenheit des Angeklagten die mündliche Verhandlung stattzufinden habe, und ob und in welcher Weise im Falle des späteren Erscheinens des Angeklagten eine neue mündliche Verhandlung stattfinden solle. Diese Fragen sind, wie schon früher bemerkt wurde, von den so zahlreichen neueren Gesetzgebungen auf das Verschiedenartigste beantwortet worden, ja es hat eine und dieselbe Gesetzgebung in ihren verschiedenen Stadien die verschiedensten Wege eingeschlagen. Ehe wir nun darangehen, die einzelnen Fragen des Contumacialstrafverfahrens als solche zu behandeln, erscheint es als wünschenswerth, ja als nöthig, die Reihe der einzelnen Gesetzgebungen selbst, von den französischen Gesetzen von 1791 bis zu den neuesten Entwürfen, vorzuführen. Einerseits nämlich sind die Bestimmungen, welche diese einzelnen Gesetze über das Strafverfahren gegen Abwesende getroffen haben, nicht selten an verschiedenen Orten der betreffenden Strafproceßordnung zerstreut und nur im Zusammenhange mit einander verständlich, so daß jede praktische Anschauung von irgend einer Gesetzgebung verloren gehen würde, wenn man diese Gesetzgebungen nur hinsichtlich der einzelnen Fragen gelegentlich mit einander vergleichen wollte, und ferner fragt es sich, ob in der Gesetzgebung seit 1791 vielleicht ein Fortschritt oder ein Rückschritt erkannt werden kann. Der Darstellung der einzelnen Gesetze [1]) soll eine allgemeine Classification derselben nach ihrer Hauptrichtung, und sodann eine systematische Erörterung der einzelnen Fragen des Contumacialstrafverfahrens mit Berücksichtigung der Einzelheiten der hauptsächlichsten neueren Gesetzgebungen folgen.

Den Ausgangspunkt, und man kann sagen die Grundlage fast der gesammten modernen Gesetzgebung über den Strafproceß bilden die beiden französischen Gesetze von 1791, durch welche in Folge der französischen Revolution das französische Strafverfahren auf das Wesentlichste geändert wurde, und die daher einer größeren Beachtung werth sind, als ihnen in der Regel bis jetzt zu Theil wird. Durch sie wurde zuerst eine öffentliche und mündliche Hauptverhandlung in das französische Verfahren wieder eingeführt und die Grundzüge des Strafprocesses im heutigen Sinne geordnet.

Nach dem Décret sur la police municipale et correctionnelle vom 19. und 22. Juli 1791 [2]) kann vor das tribunal de la police municipale der Angeklagte durch formlose Benachrichtigung oder durch eine förmliche Ladung vorgefordert werden und im letzteren Falle, wenn der Angeklagte vor dem Gericht

---

1) Bei welcher es selbstverständlich nicht auf eine vollständige Anführung aller ihrer auf das Strafverfahren gegen Abwesende bezüglichen Bestimmungen, noch weniger auf eine wörtliche Angabe derselben abgesehen ist, sondern auf eine Darlegung ihres Standpunktes und Hervorhebung ihrer Haupteigenthümlichkeiten. Es werden daher eine Reihe von Einzelheiten dieser Gesetzgebungen in der später folgenden systematischen Erörterung berücksichtigt werden, die bei der zunächst beabsichtigten Uebersicht fortgelassen werden müssen. Nur über die ersten gewissermaßen grundlegenden Gesetze ist ausführlicher berichtet.

2) Recueil des décrets de l'assemblée nationale, tome 30 p. 141 ff. tit. 1 art. 35 ff., tit. 2 art 43 ff.

ausbleibt, eine Aburtheilung par défaut erfolgen. Ob dies Urtheil auf eine Präsumtion der Schuld gegründet werden soll, oder ob es auf sachlicher Prüfung auf Grund der Beweise abzugeben sei, darüber ist im Gesetz nichts gesagt, eben deswegen aber wohl das Letztere wahrscheinlich, wenn auch das Gesetz offenbar dem richterlichen Ermessen bedeutenden Spielraum läßt. Das Urtheil soll dem Angeklagten mitgetheilt werden, dem es überlassen bleibt, innerhalb acht Tagen vor Gericht zu erscheinen und dadurch das Urtheil hinfällig zu machen. Wird dies Letztere versäumt, so kann das Urtheil nur noch im Wege der gewöhnlichen Appellationsfrist durch das Rechtsmittel der Berufung angefochten werden. Uebrigens kann vor diesen Gerichten der Angeklagte sich auch durch einen Specialbevollmächtigten vertreten lassen. Die Ladung vor das tribunal de la police correctionnelle muß stets eine förmliche sein und zieht im Falle des Ausbleibens dieselbe Rechtsfolge nach sich, d. h. es kann der Richter, wenn er es für angemessen erachtet, die Verhandlung aussetzen, er kann aber auch zur Aburtheilung schreiten auf Grund einer Beweisaufnahme, deren Ausdehnung von seinem Ermessen abhängt. Auch in diesen Fällen kann der Angeklagte das gegen ihn ergangene Contumacialurtheil, das ihm wo möglich zugestellt werden soll, durch seinen Einspruch beseitigen und dadurch eine neue vollständige Verhandlung des Falles herbeiführen. Dieselbe Contumacialfolge findet statt in der Berufungsinstanz, in der der Angeklagte ebenfalls zur mündlichen Verhandlung geladen und im Falle seines Ausbleibens über ihn in gewöhnlicher Weise, jedoch nur mit der Wirkung erkannt werden kann, daß der Angeklagte durch seinen Einspruch das Urtheil beseitigen und eine neue Verhandlung veranlassen kann.

Was geschehen soll, wenn in diesen geringeren und mittleren Straffällen dem Angeklagten die Ladung zur Hauptverhandlung nicht zugestellt werden kann, darüber hat das Gesetz nichts bestimmt, und wir müssen annehmen, daß in einem solchen Falle, nach vergeblicher Anwendung von Zwangsmitteln, schließlich die Sache beruhen bleiben sollte. Anders in den schwereren Straffällen, die der Competenz der neueingeführten Schwurgerichte zugewiesen wurden. Das Décret concernant la police de sûreté, la justice criminelle et l'institution des jurés vom 16. und 29. September 1791[1]) enthält einen besonderen Titel[2]) mit der Ueberschrift „des contumaces", nach welchem in Schwurgerichtsfällen stets vor der mündlichen Verhandlung der Versuch gemacht werden soll, den Angeklagten zu stellen, und schließlich zwar in Abwesenheit des Angeklagten erkannt werden kann, dieses Erkenntniß aber für den Fall des Erscheinens des Angeklagten eine rein provisorische Bedeutung hat. Ist Jemand wegen eines solchen Straffalles in Anklagestand versetzt, so soll stets auch die Verhaftung des Angeklagten beschlossen werden, es sei denn, daß der Angeklagte noch gegen Bürgschaft auf freiem Fuße gelassen wird. Gelingt es nun nicht, des Angeklagten habhaft zu werden oder stellt er sich nicht innerhalb acht Tagen, so soll der Präsident eine öffentliche Verfügung erlassen, daß der Person des Angeklagten nachgeforscht werden und jeder Staatsbürger verpflichtet sein solle, seinen Aufenthaltsort anzuzeigen. Diese Verfügung soll in der letzten Wohnung des Angeklagten oder, bei solchen, die kein festes Domicil hatten, an der Thür des Gerichtssaals angeschlagen, auch den etwa gestellten Bürgen mitgetheilt, und an zwei auf einander folgenden Sonntagen im Wohnorte des Angeklagten und am Orte des Gerichts durch öffentlichen Ausruf verkündigt werden, worauf das etwa zurückgelassene Vermögen des Angeklagten mit Beschlag belegt werden soll. Eine Woche darauf ergeht eine zweite öffentliche Verfügung des Inhalts, daß der Angeklagte nunmehr des Namens eines französischen Bürgers verlustig sein solle (est déchu du titre de citoyen français), daß ihm die Anstellung jeder Klage, so lange er ausbleibt, untersagt sei und daß trotz seiner Abwesenheit das Verfahren fortgesetzt werden solle. Diese zweite Verfügung wird auf dieselbe Weise öffentlich mitgetheilt wie die erste. Vierzehn Tage darauf findet dann die öffentliche Hauptverhandlung statt,

1) Recueil des décrets de l'assemblée nationale, tome 35 p. 187 ff.

2) Titel 9 des Abschnitts: „de la justice criminelle et de l'institution des jurés."

in der das Verfahren wie in gewöhnlicher Weise begonnen, die Beweismittel aber nicht unmittelbar vorgelegt werden sollen. Statt der mündlichen Zeugenaussagen nämlich sollen die Protokolle der Voruntersuchung vorgelesen werden und auf Grund dieser vorgelesenen Aussagen sollen die Geschworenen, die auch in diesen Fällen keineswegs bei Seite gelassen werden, über die Schuld oder Nichtschuld des Angeklagten entscheiden. Ein Vertheidiger darf für den Angeklagten nicht auftreten, wohl aber kann der Angeklagte durch ihm befreundete Personen sein Ausbleiben entschuldigen, worauf der Gerichtshof einen angemessenen Aufschub bewilligen kann. Wird der Angeklagte in diesem Verfahren verurtheilt, so soll das Urtheil in der Weise öffentlich bekannt gemacht werden, daß es auf eine Tafel verzeichnet und diese mitten auf einem öffentlichen Platze aufgehängt wird. Das Urtheil hat aber für den Fall, daß der Angeklagte sich noch stellt oder zur Haft gebracht wird, rein provisorische Bedeutung. Von dem Tage, wo der Angeklagte in die Gewalt des Gerichts gelangt, erlischt das bisherige Verfahren von selbst, der Angeklagte gilt als in seine früheren Rechte wieder eingesetzt, erhält seine Güter wieder (nach Abzug der Kosten der Verwaltung und der Proceßkosten), und wird einem neuen Verfahren unterworfen, in welchem nun erst definitiv über die Anklage entschieden wird. Bei dieser Verhandlung sollen dann ganz wie gewöhnlich die Beweismittel möglichst unmittelbar vorgelegt und nur die Aussagen solcher Zeugen, die nicht mehr vernommen werden können, statt ihrer mündlichen Vernehmung vorgelesen werden. Wird der Angeklagte freigesprochen, so kann nichtsdestoweniger zur Strafe seines Ausbleibens eine Haft von acht Tagen gegen ihn erkannt werden und außerdem ihm der Richter einen Verweis dafür ertheilen, daß er an der Gerechtigkeitsliebe und den guten Absichten seiner Mitbürger gezweifelt habe.[1]) Auch sollen die Einkünfte des in Beschlag genommenen Vermögens aus der Zwischenzeit verfallen sein und der öffentlichen Kasse zu Gute kommen. Frau und

1) „lui faire en public une réprimande pour avoir douté de la justice et de la loyauté de ses concitoyens" (Art. 12).

Kinder, sowie die Eltern des Angeklagten können aber aus dem in Beschlag genommenen Vermögen des Angeklagten eine nach dem Ermessen des Gerichts zu bestimmende Unterstützung beanspruchen. Schließlich wird noch bestimmt, daß die in dem Contumacialurtheil ausgesprochene Strafe in zwanzig Jahren verjährt sein soll, und daß nach Ablauf dieser Zeit auch die Gestellung des Angeklagten keine Wiederaufnahme des Verfahrens soll bewirken können; stirbt der in contumaciam Verurtheilte oder sind funfzig Jahre verflossen, ohne daß er sich gestellt hat, so sollen seine Güter mit Ausnahme der Früchte an die gesetzlichen Erben übergehen, die schon nach zwanzig Jahren verlangen können, gegen Bürgschaft vorläufig in Besitz gesetzt zu werden.

Diese Bestimmungen sind nun im Wesentlichen in den Code des délits et des peines vom 3. Brumaire des Jahres IV (1796) und auch in den noch jetzt geltenden Code d'instruction criminelle von 1808 übergegangen. Der Code des délits et des peines [1]) bestimmt ebenfalls, daß sowohl vor dem tribunal de police als vor dem tribunal correctionnel das Ausbleiben des Angeklagten eine Aburtheilung par défaut nach sich ziehe (ohne daß auch hier die näheren Voraussetzungen einer solchen Aburtheilung angegeben würden), und daß der Verurtheilte gegen das ihm zugestellte verurtheilende Erkenntniß Widerspruch einlegen könne. Vorschriften für den Fall, wenn in diesen geringeren und mittleren Straffällen die Ladung zur Hauptverhandlung nicht zugestellt werden konnte, enthält auch diese Gesetzgebung nicht, während auch sie in Schwurgerichtsfällen gerade vorzugsweise für diesen Fall Bestimmungen trifft. Der Titel „des contumaces" entspricht im Wesentlichen dem bezüglichen Abschnitt des Gesetzes von 1791. Wenn der Angeklagte sich nach der Versetzung in Anklagestand und dem damit verbundenen Haft- oder Erscheinungsbefehl nicht stellt, oder wenn er, nachdem er sich gestellt hatte oder verhaftet worden war, wieder entweicht,

---

1) Lois de la république française, an IVe de la république une et indivisible, Nro. 204.

oder endlich wenn er, nachdem er gegen Bürgschaft auf freiem Fuß gelassen worden, in der Hauptverhandlung ausbleibt,[1]) so soll der Präsident des Criminalgerichts eine Ordonnance erlassen des Inhalts, daß der Person des Angeklagten nachgeforscht werden und jedermann verpflichtet sein solle, von seinem Aufenthalt Mittheilung zu machen. Diese Verfügung sowie der Haftsbefehl, beziehungsweise die Ladung sollen am folgenden decadi bei Trompeten- oder Trommelschall (à son de trompe ou de caisse) öffentlich ausgerufen und außerdem in derselben Weise wie nach dem Gesetze von 1791 öffentlich angeschlagen werden, wofür die neuernannten commissaires du pouvoir exécutif Sorge zu tragen haben. Dieser Ordonnance folgt zehn Tage darauf eine zweite, worin der Angeklagte für rebelle à la loi erklärt, ihm der Name und die Rechte eines französischen Bürgers abgesprochen, seine Güter zum Vortheil der Republik mit Beschlag belegt werden, ihm jedes Klagerecht für die Zeit seines Ausbleibens abgesprochen und schließlich ihm angekündigt wird, daß gegen ihn trotz seiner Abwesenheit werde verfahren werden. Diese Verfügung wird in derselben Weise wie die erste bekannt gemacht und nach Ablauf von weiteren zehn Tagen zur Hauptverhandlung geschritten. Bei dieser kann kein Vertheidiger für den Abwesenden auftreten, sondern nur der Angeklagte durch einen Bevollmächtigten oder seine Eltern und Freunde sein Ausbleiben entschuldigen.[2]) In der Hauptverhandlung sollen zunächst die Förmlichkeiten des Verfahrens geprüft und nöthigenfalls die Wieder-

---

1) Der Code von 1796 ist in dieser Beziehung vollständiger als das Gesetz von 1791, welches nur von dem Falle sprach, daß der Angeklagte nicht verhaftet werden konnte oder dem an ihn ergangenen Befehl, vor der mündlichen Verhandlung vor dem Präsidenten zu erscheinen, nicht Folge leistete. Erst durch den Code von 1808 wurde bestimmt, daß jeder vor die Assisen Verwiesene ausnahmslos verhaftet werden müsse, wodurch die Möglichkeit, daß der Angeklagte auf gewöhnliche Ladung in der Hauptverhandlung wegblieb, fortfiel.

2) Dabei muß nachgewiesen werden, daß der Angeklagte sich schon, bevor gegen ihn gerichtlich eingeschritten wurde, außerhalb des europäischen Staatsgebiets der französischen Republik befunden habe.

holung des Verfahrens angeordnet werden. Andernfalls werden die schriftlichen Beweisstücke und die Aussagen der Zeugen aus der Voruntersuchung den (auch nach dieser Gesetzgebung auch in solchen Fällen zugezogenen) Geschworenen vorgelesen, und auf Grund dieser Vorlesungen entscheiden die Geschworenen über die Anklage. Das verurtheilende Erkenntniß soll dann durch den exécuteur des jugemens criminels an einen Pfahl geschlagen werden, der auf einem öffentlichen Platze am Sitze des Gerichts errichtet werden soll. Gegen das Erkenntniß kann nur der öffentliche Ankläger das Rechtsmittel der Cassation ergreifen. Erscheint aber der Angeklagte später, so wird das bisherige Verfahren hinfällig, und es findet eine neue Verhandlung statt. Auch nach dieser Gesetzgebung sollen die während der Zeit des Ausbleibens entstandenen Früchte und Einkünfte des in Beschlag genommenen Vermögens dem Staate verfallen sein; die den Angehörigen zu reichenden Unterstützungen richten sich nach dem Ermessen des corps législatif. Auch hier ist bestimmt, daß dem Erschienenen zur Strafe des Ausbleibens eine „Decade“ Haft auferlegt werden kann. Ausdrücklich wird vorgeschrieben, daß durch das Ausbleiben eines Angeklagten das Verfahren gegen Mitangeklagte nicht verzögert werden soll, sowie daß Beweisstücke unter gewissen Garantieen an ihre Eigenthümer wieder herausgegeben werden sollen.

Hiermit stimmt nun auch der Code d'instruction criminelle von 1808 [1]) im Wesentlichen überein, nur daß derselbe einzelne an sich nicht unwichtige Punkte ändert und insbesondere die Confiscation der Einkünfte und die besondere für die Contumacia zu erkennende Strafe wieder fallen läßt. In Beziehung auf contraventions und délits wird auch im Code nur von dem Falle gehandelt, daß dem Angeklagten die Ladung zur Hauptverhandlung zugestellt war und derselbe in der Hauptverhandlung ausbleibt, und für diesen Fall dasselbe bestimmt, wie in den voraufgehenden Gesetzen. „Il sera jugé par défaut“ heißt es gleichmäßig im Art. 149 und Art. 186, ohne daß auch hier

1) Art. 149 ff., 186 ff., 465 ff.

näher angegeben wird, auf welche Grundlagen dies Contumacialurtheil gebaut werden soll.[1]) Das verurtheilende Erkenntniß wird dem Angeklagten wo möglich zugestellt und kann von demselben innerhalb 3, beziehungsweise 5 Tagen (mit einem Zusatz zu dieser Frist je nach der Entfernung) durch Opposition angefochten werden mit der Wirkung, daß eine neue Hauptverhandlung stattfinden muß; die Opposition selbst enthält von Rechtswegen eine Vorladung zur nächsten Sitzung. Bleibt in dieser der Angeklagte aus, so verliert die Opposition ihre Wirkung (sera réputée non avenue) und das Contumacialurtheil tritt wieder in Kraft. — Von einer öffentlichen Ladung des Angeklagten ist im Code für geringere und mittlere Strafsachen keine Rede, und auch nach ihm bleibt also, wenn in solchen Straffällen die Anklage und die Ladung zur Hauptverhandlung dem Angeklagten nicht zugestellt werden können, das Verfahren auf sich beruhen. — Für Assisenfälle dagegen wird vorzugsweise mit Rücksicht auf diesen Fall ein besonderes Verfahren ausführlich geregelt. Daß vor dem Schwurgerichte der Angeklagte auf gewöhnliche Ladung hin ausbleibt, ist nach dem Code nicht möglich, da der Angeklagte in solchen Fällen unter allen Umständen verhaftet werden soll.[2]) Der besondere Titel des Code (Buch 2, Titel 4), der unter der Ueberschrift „des contumaces" von dem Contumacialverfahren in Assisenfällen handelt, geht darum einfach von dem Fall aus, daß der vor die Assisen Verwiesene nicht verhaftet werden kann oder, nachdem er verhaftet worden, wieder entweicht. Es soll dann durch den Assisenpräsidenten oder dessen Vertreter eine öffentliche Ladung erlassen werden, worin der Angeklagte aufgefordert wird sich zu stellen, widrigenfalls er

1) Doch wird übereinstimmend angenommen, daß eine sachliche Prüfung des Falles auf Grund einer mündlichen Beweisaufnahme stattzufinden habe. Vgl. von Daniels, Grundsätze des rheinisch-französischen Strafverfahrens S. 243. Zachariae, Handbuch des Strafprocesses B. II, S. 381.

2) Vgl. Art. 113: La liberté provisoire ne pourra jamais être accordée au prévenu, lorsque le titre de l'accusation emportera une peine afflictive ou infamante. Vgl. Zachariae, Handbuch II, S. 158.

als rébelle à la loi angesehen werden, ihm die Ausübung der droits des citoyens untersagt sein, sein Vermögen mit Beschlag belegt werden, ihm jede Klage vor Gericht untersagt und jedermann verpflichtet sein solle, seinen Aufenthaltsort anzugeben. Es sind also die zwei Ordonnanzen der voraufgehenden Gesetze in eine zusammengezogen; diese aber soll auch nach dem Code am nächsten Sonntag mit Trompeten oder Trommeln verkündet werden. Außerdem werden Exemplare dieser Verfügung an der Wohnung des Angeklagten und des Maires sowie am Sitzungssaal angeschlagen. Schon zehn Tage darauf wird zur Hauptverhandlung geschritten. Bei dieser soll auch nach dem Code kein Vertheidiger für den Ausbleibenden auftreten dürfen, nur Verwandte oder Freunde können den Nachweis führen, daß der Angeklagte sich im Auslande und in der Unmöglichkeit befinde, zu erscheinen. Nach Verlesung der Anklage und Prüfung der Förmlichkeiten des Verfahrens, entscheidet der Gerichtshof ohne Mitwirkung von Geschworenen (sans assistance ni intervention des jurés). Während aber die früheren Gesetze, welche auch in solchen Fällen die Zuziehung von Geschworenen vorschrieben, ausdrücklich bestimmten, auf welche Grundlagen jene Entscheidung gestützt werden solle, hat der Code von 1808 in dieser Hinsicht gar nichts Näheres bestimmt, so daß es zweifelhaft sein konnte, ob überhaupt irgend eine Art von Beweisaufnahme stattzufinden habe, und ob nicht vielleicht die Schuld des Angeklagten einfach präsumirt werden sollte. Trotzdem daß nun bei einem im Wesentlichen provisorischen Contumacialverfahren, wie es das des Code in Assisensachen ist, die letztere Annahme vielleicht nahe gelegen hätte, hat dennoch die französische Praxis wohl mit Recht, im Anschluß an das frühere Verfahren, sich für eine Beweiserhebung entschieden und die Vorlesung der wesentlichen Beweisstücke und Protokolle aus dem Vorverfahren für eine Voraussetzung der Contumacialaburtheilung erklärt.[1]) Das ver-

1) Vgl. Hélie, traité de l'instruction criminelle B. IX, S. 336. Zachariae, Handbuch B. II, S. 382. Anm. 6. Hélie sagt sogar: la cour d'assises, pour prononcer sur l'accusation, doit l'examiner avec le

urtheilende Contumacialerkenntniß (die Möglichkeit einer Freisprechung ist nicht ausgeschlossen) wird auch nach dem Code in der theatralischen Weise der republikanischen Gesetzgebung bekannt gemacht: der Nachrichter soll an dem Hauptort des Arrondissements, in welchem das Verbrechen begangen worden, das Urtheil inmitten eines öffentlichen Platzes an einen Pfahl schlagen. Erscheint jedoch später der Angeklagte, oder wird er verhaftet, bevor die in dem Contumacialurtheil ausgesprochene Strafe verjährt ist, so soll das Urtheil und das ihm (seit der ordonnance de prise de corps) voraufgegangene Verfahren von selbst ihre Bedeutung verlieren (seront anéantis de plein droit), und eine neue Verhandlung gegen ihn stattfinden.[1]) In der neuen Verhandlung sollen die Beweismittel wie gewöhnlich unmittelbar vorgelegt, statt der mündlichen Aussage derjenigen Zeugen aber, die aus irgend einem Grunde nicht mehr vernommen werden können, das Protokoll über ihre Vernehmung vorgelesen werden. — Hinsichtlich der in Beschlag genommenen Güter hat der Code (Art. 471) die Bestimmung, daß sie wie die Güter eines Abwesenden verwaltet und später darüber Rechenschaft abgelegt werden soll; der Frau und den Kindern, sowie den Eltern des Angeklagten, wenn sie bedürftig sind, kann (Art. 475) aus dem Vermögen eine Unterstützung gereicht werden, deren Höhe von dem Ermessen der Verwaltungsbehörde abhängt. Auch der Code hat (Art. 474) die Bestimmung, daß das Verfahren gegen Mitangeklagte nicht aufgehalten werden soll, und daß die in Beschlag genommenen Ueberführungsstücke, nachdem für eine Beschreibung derselben gesorgt worden, vorläufig zurückzugeben sind.

Diese Anordnungen des Code erhielten dann mit dem französischen Recht zunächst Geltung in den deutschen Rheinpro-

---

même soin, que si l'accusé était présent, quoique son examen soit restreint à la procédure écrite.

1) Hatte jedoch das Contumacialurtheil die Strafe des bürgerlichen Todes ausgesprochen und waren seitdem schon fünf Jahre verflossen, so sollen auffallender Weise die Wirkungen des bürgerlichen Todes nicht wieder rückgängig gemacht werden (Art. 476).

vinzen, in denen sie bis auf den heutigen Tag für das Strafverfahren gegen Abwesende maßgebend geblieben sind. Erhebliche Aenderungen, die etwa hier in dieser Beziehung getroffen wären, sind dem Verfasser nicht bekannt, außer daß in der preußischen Rheinprovinz (vgl. v. Daniels, rhein.-franz. Strafverf. S. 247) durch ein Justizministerialrescript vom 19. Mai 1826 angeordnet wurde, daß das Contumacialverfahren in Assisensachen „wegen seiner Kostbarkeit und beschränkten Wirkungen" nur in besonderen Fällen angewandt werden, in der Regel also das Verfahren auf sich beruhen solle. „Nur bei besonderer Wichtigkeit des Falles, wenn der Angeklagte höheren Standes ist, wenn er Vermögen hinterläßt, welches der Beschlagnahme lohnt, oder wenn ein Civilkläger aufgetreten ist," soll zum Contumacialverfahren geschritten werden.

Die Reihe derjenigen deutschen Strafproceßordnungen aber, welche ein öffentlich-mündliches Strafverfahren auch in den übrigen deutschen Ländern einzuführen die Aufgabe hatten, beginnt mit der, freilich zunächst nur Entwurf gebliebenen, badischen Strafproceßordnung von 1845, welche, wie sogleich hinzugefügt werden kann, sich dem französischen Muster gegenüber weit selbstständiger verhalten hat, als die meisten seit dem Jahre 1848 in zum Theil übereilter Weise in den deutschen Staaten erlassenen Gesetze, welche aber freilich in mehreren Punkten in der Durchführung der neueren Principien hinter der französischen Gesetzgebung noch mehr zurückbleibt als einzelne der späteren Gesetze. Während der Code das Verfahren par défaut in geringeren und mittleren Straffällen von dem eigentlichen Contumacialverfahren in Schwurgerichtsfällen streng sondert und beide ganz verschieden behandelt, bestimmt die badische Strafproceßordnung [1]) zwar ebenfalls, daß, wenn dem Angeklagten die Ladung zur „Schlußverhandlung" noch zugestellt war, und der Angeklagte bei der Verhandlung ausbleibt, in geringeren Straffällen in Abwesenheit des Angeklagten in gewöhnlicher Art verhandelt werden kann [2]) (wobei dem Verurtheilten jedoch nicht ein unmotivirter

1) Titel 21 „Das Verfahren wider Abwesende und Flüchtige."
2) §. 321 Nr. 1.

Einspruch, sondern nur die gewöhnlichen Rechtsmittel freigestellt werden); den Fall aber, wenn der Angeschuldigte sich der Zustellung jener Ladung von vorn herein oder im Laufe des Verfahrens entzogen hatte, regelt sie für schwere und leichtere Fälle gemeinschaftlich. Kann der eines schwereren oder leichteren Verbrechens Verdächtige nicht ergriffen werden, so soll die Untersuchung, soweit dies ohne Vernehmung des Angeschuldigten möglich ist, ungehindert fortgesetzt werden und der Richter alle geeigneten Mittel benutzen, um die Gewißheit der That und der Person des Thäters oder vorkommende Entschuldigungsthatsachen herzustellen. Ergiebt sich kein genügendes Resultat, so kann beschlossen werden, daß die Sache vorläufig auf sich zu beruhen habe. Andernfalls wird die Versetzung in Anklagestand ausgesprochen und der Angeklagte zur Schlußverhandlung öffentlich vorgeladen. Die Vorladung wird nicht, wie nach dem Code, mit Trommeln und Trompeten, sondern in öffentlichen Blättern bekannt gemacht und an gewisse dem Angeklagten nahestehende Personen besonders mitgetheilt, welche auch die Abwesenheit des Angeklagten entschuldigen und demselben einen Vertheidiger bestellen können. Die Verhandlung selbst, zu der in schwereren Straffällen, ganz wie wenn der Angeklagte anwesend wäre, von Amtswegen ein Vertheidiger zugezogen werden soll, findet ganz wie in gewöhnlicher Weise, insbesondere mit mündlicher Beweisaufnahme, statt. Während aber auf diese Weise die badische Strafproceßordnung die Hauptverhandlung mit den gewöhnlichen Garantieen einer richtigen Entscheidung ausstattet, hat nach dieser Gesetzgebung andererseits auch das auf sie gegründete Urtheil eine ganz andere Bedeutung als nach französischem Recht. Dasselbe soll nicht nur öffentlich bekannt gemacht und, soweit es möglich ist, schon in Abwesenheit des Angeklagten vollstreckt werden, sondern es behält an sich seine volle Wirkung, auch wenn der Angeklagte später in die Gewalt des Gerichts kommt und eine Vollstreckung an seiner Person möglich wird. Nur im Wege des gewöhnlichen Rechtsmittels, das ihm in einem solchen Falle allerdings noch freigestellt ist, oder wenn er nachweist, daß es ihm unmöglich gewesen war zu erscheinen, oder wenn es wenigstens wahrscheinlich ist, daß er nicht, um sich der Verurtheilung zu entziehen, geflohen sei, kann der Angeklagte noch die Vollstreckung der Strafe an seiner Person abwenden, in den letzteren Fällen allerdings mit der Wirkung, daß eine wirkliche Wiederaufnahme des Verfahrens und also eine neue mündliche Verhandlung stattfindet. Auf diese Weise hat die badische Strafproceßordnung selbst für die schwersten Straffälle ein weit mehr definitives Verfahren, als das französische Recht selbst für délits und contraventions aufgestellt hatte. Besondere Bestimmungen hat die badische Strafproceßordnung für das Verfahren vor dem Einzelrichter. In diesen Fällen soll, wenn die Vernehmung des Angeschuldigten nicht bewirkt werden kann, das Verfahren überhaupt beruhen (außer wenn ein Privatankläger aufgetreten ist); handelt es sich nur um geringere Fälle, insbesondere um Geldstrafen, so kann der Angeschuldigte unter dem Präjudiz des Zugeständnisses vorgeladen werden und gegen das Versäumungserkenntniß nur in beschränkter Weise Berufung einlegen.

Auch die preußische Verordnung vom 17. Juli 1846,[1]) durch welche für die bei dem Kammergericht und dem Criminalgericht zu Berlin zu führenden Untersuchungen ein mündliches Verfahren eingeführt wurde, bleibt hinter der französischen Gesetzgebung insofern zurück, als sie für eine ganze Classe von Fällen ein weit mehr definitives Verfahren im Falle des Ausbleibens des Angeklagten statuirt als diese. Für alle Arten von Strafsachen, mögen dieselben zur Competenz des Einzelrichters oder der (für mittlere Fälle aus drei, für schwere Fälle aus sechs oder acht Mitgliedern bestehenden) Gerichtsabtheilungen gehören, wird nämlich bestimmt, daß, wenn dem Angeklagten die Ladung zur Hauptverhandlung noch in gewöhnlicher Weise zugestellt werden konnte und derselbe in der Hauptverhandlung ausbleibt, auch in seiner Abwesenheit mit der Beweisaufnahme verfahren und in gewöhnlicher Weise über den Fall entschieden werden soll und daß gegen dies Erkenntniß nur die gewöhnlichen

1) §§. 29—33, 53, 59, 64, 83—86, 107.

Rechtsmittel zulässig sein sollen. Wenn dagegen der Angeklagte schon im Vorverfahren abwesend oder flüchtig war, so soll nach der Verordnung (§. 107) ganz dasselbe Verfahren stattfinden wie nach der Criminalordnung von 1805. Es bleibt also der Regel nach das Verfahren beruhen; in den durch die Criminalordnung bestimmten Fällen aber und insbesondere, wenn es sich um solche erheblicheren Straffolgen handelt, die auch in Abwesenheit des Angeklagten in Wirksamkeit gesetzt werden können, soll der Angeschuldigte öffentlich vorgeladen und schließlich in seiner Abwesenheit entschieden werden, und zwar mit der Wirkung, daß, wenn der Angeklagte später erscheint, ihm Restitution ertheilt wird, beziehungsweise das Verfahren von Amtswegen wieder aufgenommen werden soll.[1])

Es weichen also sogleich die ersten Gesetzgebungsarbeiten, die auf Grund der neuen Principien in Deutschland entstehen, nicht unerheblich von einander und von dem französischen Vorbild ab, eine Verschiedenheit, die sich bei den seit dem Jahre 1848 hervorgetretenen zahlreichen Strafproceßgesetzen fast in's Ungemessene steigert.

Schon das hessen-darmstädtische Gesetz vom 28. October 1848,[2]) welches sich zunächst auf die Regelung des schwurgerichtlichen Verfahrens beschränkt, schloß sich, wie überhaupt, so auch hinsichtlich des Strafverfahrens gegen Abwesende zwar im Wesentlichen an das Verfahren des Code an, nahm jedoch einige nicht unerhebliche Aenderungen auf. Dazu gehört vor Allem, daß nach diesem Gesetz mit der Verweisung des An-

1) Die Folge dieser Wiederaufnahme ist nach der Verordnung augenscheinlich die, daß eine neue mündliche Verhandlung stattfindet, nicht nur, wie nach der Criminalordnung eine neue Prüfung auf Grund der Acten. Dagegen soll, wie es scheint, das Contumacialerkenntniß selbst auch nach der Verordnung nicht auf Grund einer mündlichen Verhandlung, sondern in alter Weise auf Grund der Acten gefällt werden.

2) Gesetz, die Einführung des mündlichen und öffentlichen Strafverfahrens mit Schwurgerichten in den Provinzen Starkenburg und Oberhessen betreffend, vom 28. October 1848, Art. 213—245.

geklagten vor das Schwurgericht nicht nothwendig die Verhaftung des Angeklagten verbunden ist, so daß also die Möglichkeit vorliegt, daß der in gewöhnlicher Weise vor das Schwurgericht geladene Angeklagte in der Verhandlung ausbleibt. Für diesen Fall bestimmt das Gesetz, daß sofort mit der Contumacialaburtheilung vorgegangen werden kann, die aber in diesem Falle, ebenso wie wenn eine öffentliche Vorladung nöthig gewesen war, nur eine provisorische Bedeutung haben soll. Wenn die Haft des Angeklagten beschlossen worden war und diese nicht ausgeführt werden kann, oder wenn der Angeklagte verhaftet gewesen war, der Hauptverhandlung aber sich durch die Flucht entzieht, so soll das Vermögen des Angeklagten mit Beschlag belegt, ihm jede Klage, sowie die Ausübung staatsbürgerlicher Rechte untersagt und diese Verfügung öffentlich bekannt gemacht werden; zwei Monate darauf kann zur mündlichen Verhandlung geschritten werden, in der, wenn das bisherige Verfahren in Ordnung befunden, auch nicht ein Aufschub bewilligt wird, ohne Zuziehung von Geschworenen über die Anklage zu entscheiden ist. Diese Entscheidung gründet sich aber nicht, wie in Frankreich, auf eine Verlesung des Beweismaterials, sondern das Gesetz schreibt kurzweg vor, daß das Gericht die in der Anklage enthaltenen Thatsachen als richtig anzunehmen und nur zu prüfen habe, ob unter ihrer Voraussetzung eine durch das Gesetz mit Strafe bedrohte Handlung vorliegt.[1]) Dies Erkenntniß hat in schwereren Straffällen, ebenso wie in Frankreich, insofern nur provisorische Bedeutung, als es beim Erscheinen des Angeklagten, oder sobald er ergriffen wird, von selbst seine Wirkung verliert und ein neues Verfahren stattfindet; lautete es dagegen nur auf eine geringere Strafe (auf Geldbuße oder Gefängniß), so ist es dem Angeklagten überlassen, ob er sich bei dem Erkenntniß beruhigen oder gegen dasselbe Einspruch erheben will.

---

1) Ausdrücklich bestimmt das Gesetz, daß nicht bloß im Falle einer Freisprechung, sondern auch, wenn nur auf eine geringere Strafe erkannt wird, der Gerichtshof die Aufhebung der Beschlagnahme zu verfügen hat.

Anders das kurhessische Gesetz vom 31. October 1848,[1]) welches in schwereren Straffällen selbst jenes französische Scheinverfahren verwirft, sich vielmehr mit den gegen den Abwesenden zulässigen Zwangsmaßregeln begnügt, in geringeren Straffällen dagegen ebenfalls eine Aburtheilung der Anklage im Falle des Ausbleibens des Angeklagten kennt. Mag der Angeklagte in gewöhnlicher Weise zur Hauptverhandlung geladen sein, oder war eine öffentliche Vorladung nöthig, in jedem Falle soll der ausbleibende Angeklagte kurzer Hand als der That schuldig verurtheilt werden. Und dieses auf völlige Präsumtion nicht bloß der in der Anklage behaupteten Thatsachen, sondern auch des rechtlichen Theils derselben begründete Erkenntniß soll nicht eine bloß provisorische Bedeutung haben, vielmehr in vollgültiger Weise vollstreckbar sein, wenn nicht der Angeklagte binnen zehn Tagen nach der Behändigung Einspruch erhebt. Geschieht aber dies letztere, so wird in dem neuen Termin in gewöhnlicher Weise verfahren „und geeignetenfalls das Contumacialerkenntniß durch Substitution eines andern, wenn auch dem Einsprechenden nachtheiligeren Erkenntnisses zurückgezogen." Dieses, gewiß auffällige Verfahren, wonach ein auf völlige Präsumtion gegründetes Erkenntniß durch den Verzicht des Angeklagten auf Anfechtung vollstreckbar werden kann, ist dann durch das kurhessische sogenannte provisorische Gesetz vom 22. Juli 1851 (§. 43), noch auffallenderer Weise, selbst auf schwerere Straffälle und auf das schwurgerichtliche Verfahren ausgedehnt und dadurch die Möglichkeit heibeigeführt worden, daß selbst die schwersten Straferkenntnisse gegen oder doch ohne die Ueberzeugung des Gerichts von ihrer Richtigkeit vollstreckbar werden konnten.

Das bairische Strafproceßgesetz vom 10. November 1848[2]) unterscheidet hinsichtlich des Strafverfahrens gegen Abwesende nicht nur das schwurgerichtliche vom nicht-

1) Gesetz, die Umbildung des Strafverfahrens betreffend, vom 31. Oct. 1848, §§. 55 ff., 389, 400—408.

2) Gesetz vom 10. November 1848, die Abänderung des zweiten Theils des Strafgesetzbuchs vom Jahre 1813 betreffend, Art. 275 ff., 340 ff.

schwurgerichtlichen Verfahren, sondern innerhalb des ersteren wieder die schwereren von den leichteren Assisensachen. Für die ersteren wird bestimmt, daß der Angeklagte, der vor oder nach der Versetzung in Anklagestand nicht gestellt werden kann, durch Edictalladung aufzufordern ist, binnen drei Monaten zu erscheinen, widrigenfalls gegen ihn als einen Ungehorsamen den Gesetzen gemäß verfahren und die Aburtheilung in seiner Abwesenheit erfolgen werde. Ist der Angeklagte in der ihm gesetzten Frist vor Gericht nicht erschienen oder zur Haft gebracht, so soll zur öffentlichen Verhandlung der Sache vor dem Schwurgerichtshof ohne Zuziehung von Geschworenen geschritten werden. Dazu ist dem Angeklagten von Amtswegen ein Vertheidiger zu ernennen; die Beweisaufnahme ist jedoch keine mündliche, sondern es werden nur „die zur Beurtheilung der Sache erforderlichen Aussagen der Zeugen und Sachverständigen und etwaige andere Beweisstücke" vorgelesen, worauf der Staatsanwalt und der Vertheidiger gehört werden und der Schwurgerichtshof erkennt. Das verurtheilende Erkenntniß wird öffentlich bekannt gemacht und soweit als möglich vollstreckt.[1]) Im Falle des späteren Erscheinens des Angeklagten verliert dasselbe nicht von selbst seine Kraft; es soll vielmehr dem Angeklagten noch besonders verkündigt werden, und von diesem hängt es ab, sich dem Erkenntniß freiwillig zu unterwerfen. Nur, wenn der Angeklagte sich dem Erkenntniß nicht unterwirft, wird das Verfahren wieder aufgenommen und nach der erforderlichen Ergänzung der Untersuchung zu einer neuen Verhandlung geschritten. — Bleibt in geringeren Schwurgerichtsfällen der Angeklagte, nachdem ihm die Vorladung zur Hauptverhandlung zugestellt war, unentschuldigt aus, so soll ebenfalls ohne Zuziehung der Geschworenen, in diesen Fällen aber mit mündlicher Beweisaufnahme verfahren werden. Das Urtheil wird dem Angeklagten wo möglich zugestellt, und von ihm hängt es ab, gegen dasselbe Einspruch zu erheben.

---

1) Nur sollen die Folgen des bürgerlichen Todes, auf den nach damaligem bairischen Strafrecht zu erkennen war, in diesem Fall ausgesetzt bleiben.

Geschieht dies nicht, so wird das Erkenntniß rechtskräftig, andernfalls wird eine neue mündliche Verhandlung angesetzt. — Auch bei den nicht schwurgerichtlichen Fällen werden nach dem bairischen Gesetz wieder die schwereren Fälle (Verbrechen) von den leichteren (Vergehen) unterschieden. In jenen soll der Angeklagte eventuell öffentlich aufgefordert werden, (binnen dreißig Tagen) vor Gericht zu erscheinen; erscheint er nicht, so wird in seiner Abwesenheit mit mündlicher Beweisaufnahme verhandelt und entschieden und dem Angeklagten überlassen, gegen das verurtheilende Erkenntniß Einspruch zu erheben. In den leichteren Fällen ist das Verfahren im Wesentlichen dasselbe, nur daß der in der Hauptverhandlung Ausbleibende zuvor nicht noch öffentlich geladen zu werden braucht.

Die preußische Verordnung vom 3. Januar 1849 über die Einführung des mündlichen und öffentlichen Verfahrens mit Geschworenen [1]) schloß sich hinsichtlich des Verfahrens gegen Ausbleibende und Abwesende nur theilweise an die Bestimmungen der oben besprochenen Verordnung vom 17. Juli 1846 an. Hinsichtlich Derjenigen, deren Gestellung schon vor dem Beginn der Hauptverhandlung nothwendig war und nicht erlangt werden konnte, verweist auch sie (§. 25) noch auf die Criminalordnung von 1805, indem sie jedoch einzelne Bestimmungen derselben, wie insbesondere die Beschränkung des Verfahrens auf bestimmte Classen von Straffällen und die Nothwendigkeit einer Vertheidigung des Abwesenden aufhebt und (durch Beseitigung des §. 585 der Criminalverordnung) die Wiederaufnahme des Verfahrens im Falle der Gestellung des Angeklagten für alle Fälle von einem Antrag des Angeklagten abhängig macht. Für den Fall aber, daß dem Angeklagten die Vorladung zur Hauptverhandlung noch in gewöhnlicher Weise zugestellt war, und

1) Vgl. Materialien zu der Verordnung vom 3. Januar 1849 und dem Gesetz vom 3. Mai 1852, Berlin 1852, S. 119 f., 437 ff. Goltdammer, das Contumacialverfahren nach preußischem Recht, Archiv für preußisches Strafrecht, B. XI, S. 450 ff., besonders S. 459.

derselbe in der öffentlichen Verhandlung ausbleibt, unterscheidet die Verordnung das neu eingeführte schwurgerichtliche von dem nichtschwurgerichtlichen Verfahren. In jenem (§. 79 ff.) soll, wenn der Angeklagte ausbleibt, nach Anhörung des Staatsanwalts ein Contumacialurtheil ergehen, welches der Gerichtshof ohne Mitwirkung von Geschworenen (und ohne daß über die Nothwendigkeit oder Zulässigkeit irgend einer Beweisaufnahme etwas gesagt wird) erläßt. Auch gegen ein solches Urtheil kann der Angeklagte (innerhalb drei Tagen nach der Behändigung) Einspruch erheben und es also durch seinen einfachen Widerspruch beseitigen; es ist also auch in diesen Fällen dem in contumaciam Verurtheilten die Anfechtung des Erkenntnisses sehr erleichtert; wenn er sich aber bei dem Erkenntniß beruhigt, so wird dasselbe, trotz seiner vielleicht sehr ungenügenden Grundlage, vollstreckbar. Anders in den nichtschwurgerichtlichen Fällen; für diese nämlich bestimmt die Verordnung von 1849 (§§. 35, 56), ganz wie die von 1846, daß, wenn der gehörig geladene Angeklagte vor Gericht ausbleibt, in seiner Abwesenheit in gewöhnlicher Weise mit mündlicher Beweisaufnahme verfahren werden soll, und daß gegen das in seiner Abwesenheit ergangene Erkenntniß dem Verurtheilten nur die gewöhnlichen Rechtsmittel zustehen. Nicht einmal eine Restitution wegen unverschuldeter Versäumniß ist zugelassen.

Das würtembergische Gesetz vom 14. Aug. 1849 bezog sich nur auf die Einführung des schwurgerichtlichen Verfahrens und ordnete für den Fall, daß schon vor der mündlichen Verhandlung die Gestellung des Angeklagten nothwendig schien und nicht bewirkt werden konnte, ein dem französischen Contumacialverfahren in Assisensachen ähnliches Verfahren an (Art. 235 ff.). Das Verweisungsurtheil soll dann (falls es dem Angeklagten nicht noch selbst zugestellt war) gewissen dem Angeklagten nahestehenden Personen zugestellt, und wenn der Angeklagte nicht binnen zehn Tagen erscheint, sein Vermögen mit Beschlag belegt und ihm selbst die Ausübung des gerichtlichen Klagerechts und der staatsbürgerlichen Rechte untersagt werden.

Diese Verfügung wird öffentlich bekannt gemacht, und nach Ablauf von zwei Monaten kann zur mündlichen Verhandlung vor dem Schwurgericht geschritten werden. Bei dieser ist jedoch die Mitwirkung von Geschworenen ausgeschlossen; auch eine Vertheidigung findet nicht statt, und nicht nur die mündliche Beweisaufnahme, sondern auch die Verlesung der Aussagen aus den Acten ist ausdrücklich ausgeschlossen. Der Gerichtshof hat nur zu prüfen, „ob unter der Voraussetzung, daß die in der Anklage vorgestellten Thatsachen wahr sind, eine durch das Gesetz mit Strafe bedrohte Handlung vorliegt.“ Das verurtheilende Erkenntniß wird öffentlich bekannt gemacht, ist aber für den Fall der Gestellung des Angeklagten rein provisorisch; es wird dann sofort als von Rechtswegen aufgehoben betrachtet und ein neues Verfahren eingeleitet. Ausdrücklich wird gesagt, der Angeklagte könne der contradictorischen Verhandlung und Aburtheilung nicht dadurch zuvorkommen, daß er erklärt, sich dem ergangenen Contumacialurtheil unterwerfen zu wollen. — War dagegen (Art. 116) der Angeklagte auf freiem Fuß gelassen und bleibt er, nachdem er in gehöriger Weise zur Hauptverhandlung geladen war, in derselben aus, so wird in seiner Abwesenheit in gewöhnlicher Weise, also mit vollständiger mündlicher Beweisaufnahme, und mit derselben Wirkung, wie wenn der Angeklagte gegenwärtig gewesen wäre, verfahren und entschieden; Geschworene sollen aber auch in diesem Falle nicht zugezogen werden.

Die Strafproceßordnung für das Herzogthum Braunschweig vom 21. Aug. 1849 (und übereinstimmend damit die neue Redaction derselben vom 21. Oct. 1858) gehört dagegen zu den wenigen neueren Gesetzesarbeiten, die für eine ganze Classe von Fällen eine Contumacialaburtheilung überhaupt verwerfen. Nach dieser soll nämlich in schweren und mittleren Straffällen (§. 175 ff.), wenn der Angeklagte nach der Versetzung in Anklagestand sich der Zustellung gerichtlicher Verfügungen entzogen hat, zwar die Beschlagnahme des Vermögens und die öffentliche Vorladung desselben verfügt werden, wenn jedoch der Angeklagte auf diese Vorladung ausbleibt, so kann zwar die Beschlagnahme des Vermögens bestätigt, auch dem Angeklagten die Ausübung gewisser Rechte untersagt werden, eine, auch nur provisorische, Entscheidung in der Sache selbst findet aber nicht statt, bleibt vielmehr ausgesetzt, bis es gelungen ist, des Angeklagten habhaft zu werden oder derselbe sich freiwillig stellt. Damit ist aber nicht gesagt, daß die braunschweigsche Strafproceßordnung einer Aburtheilung des Straffalles in allen Fällen entgegen sei. War vielmehr dem Angeklagten die Anklage selbst und die Ladung zur Hauptverhandlung noch zugestellt, so kann, falls derselbe in der mündlichen Verhandlung ausbleibt, stets in seiner Abwesenheit verhandelt und entschieden werden, und zwar gleichmäßig, mag es sich um einen schwurgerichtlichen oder mittleren oder unteren Straffall handeln. Für alle drei Arten von Criminalgerichten wird (§. 78, 94) bestimmt: „Erscheint der Beschuldigte nicht, so wird mit der Beweisaufnahme und dem Erkenntniß im Ungehorsam gegen ihn verfahren und das Erkenntniß in öffentlicher Sitzung verkündigt." Ausdrücklich wird der Fall, daß der Angeklagte ausbleibt, dem Falle gleichgestellt, daß er, in der Sitzung erschienen, jede Auskunft verweigert oder wegen ungebührlichen Verhaltens aus der Sitzung entfernt werden muß. Und während über denjenigen Angeklagten, hinsichtlich dessen eine öffentliche Vorladung nöthig geworden war, nach der braunschweigschen Strafproceßordnung gar keine Aburtheilung stattfindet, ist in diesen Fällen die Aburtheilung eine vollständig definitive, d. h. der Angeklagte kann gegen dieselbe nur die gewöhnlichen Rechtsmittel einlegen.

Anders wieder die sogenannte thüringische Strafproceßordnung (in ihrer für Sachsen-Weimar am 20. März 1850 erfolgten Publikation),[1]) welche den Fall der öffentlichen Vorladung und den Fall, daß dem Angeklagten die Ladung noch in gewöhnlicher Weise zugestellt war, durchaus einander gleich stellt. Kann dem Angeklagten die Ladung wegen Abwesenheit nicht behändigt werden, so ist derselbe öffentlich vorzuladen, mit

1) Vgl. Art. 112, 218 f., 225 f.

der Verwarnung, daß im Falle des Ausbleibens auch in seiner Abwesenheit werde verhandelt und entschieden werden. Mag nun der Angeklagte öffentlich vorgeladen sein oder auf gewöhnliche Vorladung in der Verhandlung ausbleiben, so wird auch in seiner Abwesenheit zur Verhandlung geschritten und bei derselben ganz in der gewöhnlichen Weise, also insbesondere im schwurgerichtlichen Verfahren auch mit Zuziehung von Geschworenen verfahren und auf Grund der mündlichen Beweisaufnahme über den Gegenstand der Anklage entschieden. Diese Entscheidung wird nicht bloß vorläufig, soweit es in Abwesenheit des Angeklagten geschehen kann, vollstreckt, sondern kommt auch an der Person des Angeklagten zur Vollstreckung, falls dieser nicht binnen 30 Tagen nach der Behändigung des Urtheils etwaige Mängel der Ladung oder die Unmöglichkeit seines Erscheinens nachweisen kann, oder das Erkenntniß nicht im Wege der gewöhnlichen Rechtsmittel oder durch ein (nach dieser Strafproceßordnung Art. 338 allerdings ziemlich ausgedehntes) Gesuch um Wiederaufnahme des Verfahrens angreift.

Nach der östreichischen Strafproceßordnung von 1850,[1]) welche sämmtliche Vorschriften über den Einfluß der Abwesenheit des Angeschuldigten auf den Gang des Verfahrens in einem Abschnitt vereinigt (Hauptstück 19), soll (§. 424 ff.), wenn der Angeschuldigte nach der Versetzung in Anklagestand nicht gestellt werden kann, das Verfahren zwar in der Regel beruhen; wenn es sich jedoch um einen Schwurgerichtsfall handelt und „wegen der Wichtigkeit der That oder wegen des Aufsehens, das sie erregte," der Generalprocurator ausdrücklich die Einleitung des Ungehorsamsverfahrens beantragt, so soll dasselbe mit der öffentlichen Vorladung des Angeklagten eingeleitet werden. Ist der Angeklagte innerhalb der bestimmten Frist nicht erschienen, so wird in der nächsten Schwurgerichtssitzung zur Hauptverhand-

1) Vgl. v. Hye, die leitenden Grundsätze der östreichischen Strafproceßordnung von 1853, Wien 1854, S. 48 ff., 372 ff. v. Würth, im Gerichtssaal von 1860, B. II, S. 230 ff., 306 ff.

lung geschritten, für welche demselben nöthigenfalls von Amtswegen ein Vertheidiger bestellt wird. Bei derselben werden zunächst die Förmlichkeiten des Verfahrens geprüft und dann in gewöhnlicher Weise, und zwar unter Zuziehung von Geschworenen, zur Beweisaufnahme und Verhandlung der Sache geschritten. Das Urtheil wird öffentlich bekannt gemacht und, soviel als in Abwesenheit des Angeklagten möglich, vollstreckt. Dasselbe Verfahren findet statt, wenn dem Angeklagten die Vorladung zur Hauptverhandlung noch hatte zugestellt werden können, derselbe aber bei der Hauptverhandlung, ohne eine Vertagung erwirkt zu haben, ausbleibt, falls nicht das Gericht die Vertagung der Hauptverhandlung zum Zwecke der Gestellung des Angeklagten beschließt; nur soll in einem solchem Falle das Urtheil wo möglich dem Angeklagten persönlich eröffnet und erst eventuell öffentlich bekannt gemacht werden. Die Rechtsmittel, die gegen das Erkenntniß dem Angeklagten zu Gebote stehen, sind in beiden Fällen die gleichen; dasselbe verliert, wenn der Angeklagte erscheint oder betreten wird, keineswegs von selbst seine Bedeutung, wohl aber kann der Angeklagte, dem dann das Urtheil stets noch besonders verkündigt werden soll, binnen drei Tagen nach dieser Verkündung die Einleitung eines neuen ordentlichen Verfahrens nachsuchen, wenn er nachweisen kann, daß sein Erscheinen unmöglich war, oder wenn er „zur Zeit seiner Entfernung noch nicht als Angeschuldigter vernommen war und zugleich wahrscheinlich ist, daß er von der gegen ihn eingeleiteten Untersuchung erst nach seiner Verurtheilung Kenntniß erhalten habe."

Die hannov. Strafproceßordnung vom 8. November 1850 (und übereinstimmend damit die Revision vom 5. April 1859) bestimmt zunächst (§. 120, beziehungsweise 128), daß, wenn wegen Abwesenheit des Angeschuldigten die Voruntersuchung nicht abgeschlossen werden kann, die Rathskammer verordnen könne, daß die Untersuchung vorläufig beruhen bleibe. War dagegen die Versetzung in Anklagestand ausgesprochen, so wird[1]) der

1) §§. 160—166, in der Revision von 1859 §§. 166—172.

Angeklagte eventuell öffentlich vorgeladen und im Falle seines Ausbleibens zur Aburtheilung geschritten. Bleibt ein Angeklagter auf gewöhnliche Vorladung in der Hauptverhandlung aus, so kann ebenfalls sofort zur Aburtheilung übergegangen werden, falls der Versetzung in Anklagestand eine eigentliche Voruntersuchung vorausgegangen war oder (wie die Revision von 1859 hinzufügte) wenn die Ladung zur Hauptverhandlung dem Angeklagten persönlich behändigt worden war. Ist keines von beiden der Fall, so soll der Aburtheilung des Straffalls stets noch eine neue, und zwar öffentliche Vorladung vorhergehen. Mag es aber auf eine gewöhnliche oder auf eine öffentliche Vorladung zur Aburtheilung kommen, so soll nach der hannoverschen Strafproceßordnung die in Abwesenheit des Angeklagten vorgenommene Hauptverhandlung ganz die gleiche sein, wie wenn der Angeklagte zugegen ist; es werden also insbesondere in Schwurgerichtsfällen die Geschworenen zugezogen, die Zulassung, beziehungsweise Zuziehung, eines Vertheidigers richtet sich nach den gewöhnlichen Grundsätzen, und in jedem Falle findet eine mündliche und vollständige Beweiserhebung statt. Das auf dieser, möglichst vollständigen, Grundlage ergangene Urtheil soll aber auch nach der hannoverschen Strafproceßordnung an der Person des Angeklagten zur Vollstreckung kommen, falls dieser nicht innerhalb dreier Tage nach der Zustellung des Urtheils sein Ausbleiben entschuldigt.

Das badische Gesetz vom 5. Februar 1851 über die „Einführung des Strafgesetzbuchs, des neuen Strafverfahrens und der Schwurgerichte“ hat wiederum einen besonderen Titel (§. 126 ff.), der von dem „Verfahren gegen Abwesende und Flüchtige,“ und zwar sowohl von dem Einfluß der Abwesenheit auf das Vorverfahren, wie auf das Hauptverfahren handelt. Hierin wird zunächst von den Maßregeln zur Stellung des Angeschuldigten vor Gericht gehandelt, und sodann ausdrücklich bemerkt, daß während der Anwendung derselben die Untersuchung fortgesetzt werden soll, soweit es ohne Vernehmung des Angeschuldigten geschehen kann. Ist die Untersuchung geschlossen, so kann zur Aburtheilung übergegangen werden. Diese kann wie gewöhnlich in einer mündlichen Verhandlung erfolgen, wenn nämlich das Gericht „wegen etwa erforderlicher besserer Aufklärung von Anschuldigungs- oder Entschuldigungsthatsachen" eine solche anordnet, es kann jedoch auch von einer solchen öffentlichen und mündlichen Verhandlung abgesehen und ganz nach der Weise des alten schriftlichen Verfahrens auf Grund der Acten in geheimer Sitzung über den Fall entschieden werden. Wird die Sache zur schwurgerichtlichen Verhandlung verwiesen, so wird der Angeklagte öffentlich vorgeladen und, falls er ausbleibt, ohne Zuziehung der Geschworenen nach Ermessen des Gerichtshofs mit oder ohne mündliche Beweisaufnahme über die Anklage erkannt. Das verurtheilende Erkenntniß wird öffentlich bekannt gemacht und gelangt, soweit es in Abwesenheit möglich ist, zur Vollstreckung. Wird der Angeklagte später betreten oder stellt er sich freiwillig, so soll ihm in jedem Falle das Erkenntniß nochmals verkündigt werden, und es kann derselbe innerhalb vierzehn Tagen, auch wenn die gewöhnlichen Voraussetzungen einer Wiederaufnahme des Verfahrens nicht vorliegen, die Wiederaufnahme verlangen, wenn er beweist, daß es ihm unmöglich war zu erscheinen, „oder wenn er zur Zeit seiner Entfernung als Angeschuldigter noch nicht vernommen war und zugleich wahrscheinlich ist, daß er wegen des Verbrechens, wegen dessen er verurtheilt wurde, nicht entflohen sei, auch von der gegen ihn eingeleiteten Untersuchung erst nach seiner Verurtheilung Kenntniß erhalten habe." — Von dem Falle, daß dem Angeklagten die Ladung zur Hauptverhandlung noch zugestellt war und derselbe in der Hauptverhandlung ausbleibt, wird in dem badischen Gesetz von 1851 nicht gehandelt; vielmehr kommt in dieser Hinsicht fortdauernd §. 321 der Strafproceßordnung von 1845 in Betracht, nach welchem in erheblicheren Strafsachen stets die Verhandlung ausgesetzt, ein neuer Termin angeordnet und die Gestellung des Angeklagten betrieben werden soll.

Mehr an das französische Verfahren, jedoch ebenfalls nicht ohne erhebliche Abweichungen, schließt sich an: der preußische

Entwurf von 1851,[1]) der im Titel 27 von dem Fall handelt, daß der wegen eines eigentlichen Verbrechens vor das Schwurgericht Verwiesene nicht zur Haft gebracht werden kann. Nach dem Vorgange des französischen Rechts soll ein solcher, wenn irgend möglich, stets verhaftet werden, und es kann also nach diesem Entwurf ebenso wenig wie nach dem Code der Fall eintreten, daß ein auf freiem Fuße befindlicher und in gewöhnlicher Art zur Hauptverhandlung geladener Angeklagter in derselben ausbleibt. Kann nun der wegen eines schwurgerichtlichen Falles Angeklagte nicht zur Haft gebracht werden, so soll der Regel nach mit dem weiteren Verfahren innegehalten, wenn jedoch die Staatsanwaltschaft aus besonderen Gründen darauf anträgt, das Contumacialverfahren eröffnet werden. Es wird eine öffentliche Vorladung erlassen, und wenn der Angeklagte sich nicht stellt, eine Hauptverhandlung angesetzt. In dieser wird, wie nach dem Code und der französischen Praxis, auf Grund der schriftlichen Zeugenaussagen oder der sonst vorliegenden Beweise, ohne Geschworene, über den Gegenstand der Anklage entschieden. Das Erkenntniß wird öffentlich bekannt gemacht und, soweit es in Abwesenheit des Angeklagten geschehen kann, möglichst vollstreckt. Erscheint der Angeklagte aber später oder wird er zur Haft gebracht, so soll, wie nach französischem Recht, das Erkenntniß sofort seine Kraft verlieren und von Amtswegen eine neue Hauptverhandlung angeordnet werden. — Diese Art des Verfahrens ist auf schwurgerichtliche Fälle beschränkt. Bleibt in nichtschwurgerichtlichen Fällen (vor der Gerichtsabtheilung oder dem Polizeirichter) der in gewöhnlicher Art zur Hauptverhandlung Geladene aus, so kann nach Ermessen des Gerichts die Ladung, und zwar geeignetenfalls öffentlich, wiederholt, die Gestellung des Angeklagten betrieben oder auch sofort auf Grund mündlicher Beweisaufnahme im gewöhnlichen Verfahren über den Abwe-

1) Entwurf einer Strafproceßordnung für die preußischen Staaten nebst dem Entwurf eines Gesetzes über die Bildung der Schwurgerichte, Berlin 1851. Vgl. Abegg, der Entwurf einer Strafproceßordnung für die preußischen Staaten mit besonderer Berücksichtigung der Gesetzgebung anderer deutscher Staaten kritisch betrachtet, Halle 1852, S. 197 ff.

senden erkannt werden (§. 403 f., 419). Gegen dieses Erkenntniß ist dem Angeklagten anscheinend nicht einmal Restitution wegen entschuldbarer Versäumniß, geschweige denn ein Einspruchsrecht nach französischem Muster vorbehalten.

Das preußische Gesetz vom 3. Mai 1852[1]) schloß sich zwar auch in diesem Punkte nicht vollständig an den ebengenannten Entwurf von 1851 an, traf aber (Art. 33 ff.) mehrere nicht unerhebliche Aenderungen gegenüber der Verordnung vom 3. Jan. 1849. Nach der letzteren war hinsichtlich des Verfahrens gegen „abwesende und flüchtige Verbrecher" auf die Bestimmungen der Criminalordnung von 1805, von der nur einzelne Bestimmungen aufgehoben wurden, verwiesen worden, während jetzt für diesen Fall selbstständige Bestimmungen gegeben werden. Danach soll in der Voruntersuchung eine öffentliche Vorladung nicht stattfinden, wohl aber kann auch der Abwesende in Anklagestand versetzt werden. Kann nun der Angeklagte nicht in gewöhnlicher Weise geladen oder ihm die Anklage mitgetheilt werden, so soll, wie nach dem Entwurf von 1851, zwar der Regel nach mit dem weiteren Verfahren innegehalten, auf besonderen Antrag der Staatsanwaltschaft jedoch zur Edictalcitation geschritten werden, und zwar nicht bloß in schwurgerichtlichen Fällen, wie der Entwurf von 1851 übereinstimmend mit dem französischen Recht bestimmt hatte, sondern auch in mittleren und geringeren Strafsachen. Doch ist die Art der Aburtheilung in schwurgerichtlichen Fällen und in anderen eine ganz verschie-

1) Vgl. die Materialien zu der Verordnung vom 3. Januar 1849 und dem Gesetze vom 3. Mai 1852, Berlin 1852, S. 119 f., 437 ff. Oppenhof, zu Art. 34 ff., 65 f. und zu §. 32 ff., 56, 79. Loewe, der preußische Strafproceß, S. 232, 257, 267 ff., 289 ff., 319, 322. Goltdammer, das Contumacialverfahren nach preuß. Recht, Archiv für preuß. Strafrecht, B. XI, S. 450 ff., besonders 455. Bei der Berathung des Gesetzes in der zweiten Kammer hatte der Abgeordnete Wentzel Anträge gestellt, wonach in allen Arten von Straffällen in Abwesenheit des Angeklagten eine mündliche Beweisaufnahme und Entscheidung unter Vorbehalt des Einspruchrechts stattfinden sollte. Vgl. Materialien u. s. w. S. 437 ff.

dene. In jenen nämlich soll, wenn der Angeklagte ausbleibt, in der angesetzten Hauptverhandlung der Gerichtshof, ohne Zuziehung von Geschworenen, „nach Lage der Acten entscheiden.“ [1]) Das Erkenntniß wird öffentlich bekannt gemacht und, soweit es geschehen kann, in Abwesenheit des Angeklagten vollstreckt, verliert aber, wenn der Angeklagte erscheint oder zur Haft gebracht wird, seine Bedeutung, so daß ein neues Verfahren von Amtswegen eingeleitet wird. In mittleren Fällen dagegen wird, wenn der Angeklagte öffentlich vorgeladen war, ganz ebenso, wie wenn ihm die Ladung und die Anklage noch in gewöhnlicher Weise hatten zugestellt werden können, in Abwesenheit des Angeklagten mit mündlicher Beweisaufnahme und definitiver Entscheidung verfahren, gegen welche auch nach dieser Gesetzgebung nicht einmal Restitution wegen entschuldbarer Versäumniß zulässig ist. Bleibt in Schwurgerichtsfällen der Angeklagte, der auf freiem Fuße gelassen war (was nach diesem Gesetz keineswegs ausgeschlossen sein soll), in der Hauptverhandlung aus (Art. 65), so kann sofort oder in einem späteren Termine in derselben Weise, wie wenn eine Edictalcitation vorausgegangen war, und zwar auch hier nur mit provisorischer Wirkung, entschieden werden.

---

1) Dieser an sich zweideutige Ausdruck wird in der preußischen Praxis dahin verstanden, daß ohne irgend eine Art von Beweisaufnahme die Behauptungen der Anklage als richtig angenommen werden sollen, so daß dem Gerichtshof nur noch deren rechtliche Beurtheilung übrig bleibt, obwohl bei der Vorberathung des Gesetzes die Commission der ersten Kammer und anscheinend diese selbst anderer Ansicht gewesen war und vielmehr die Verlesung und Prüfung der Zeugenaussagen und sonstigen Beweisstücke verlangt hatte. Vgl. Oppenhof, Commentar, zu Art. 39 n. 3. Loewe, der preuß. Strafproceß, S. 289 f. Goltdammer, Archiv für preußisches Strafrecht, B. XI, S. 456. Goltdammer beruft sich insbesondere darauf, daß, wenn die Beweisfrage überhaupt noch geprüft werden sollte, Geschworene hätten zugezogen werden müssen; dabei ist freilich zu erinnern, daß nach dem Entwurf von 1851 ausdrücklich eine Prüfung der Beweismittel ohne Zuziehung von Geschworenen stattfinden sollte und daß die französische Praxis ebenso verfährt.

Eine bedeutsame Stellung nimmt der sächsische Entwurf von 1853 ein.[1]) Derselbe bestimmt zunächst in dem Abschnitt über die Voruntersuchung, daß die Abwesenheit des Angeschuldigten für die Einleitung und Fortsetzung der Untersuchung kein rechtliches Hinderniß sein solle. Schon im Vorverfahren kann eine öffentliche Vorladung sowie die Beschlagnahme des Vermögens stattfinden. Ausdrücklich wird sodann bemerkt (Art. 232), daß auch der Erlassung eines Erkenntnisses über das Ergebniß der Voruntersuchung die Abwesenheit des Angeklagten nicht entgegenstehen solle. Kann dann der Angeklagte nicht in der gewöhnlichen Weise zur Hauptverhandlung geladen werden, so soll er jedenfalls jetzt öffentlich vorgeladen werden. Mag nun der Angeklagte auf diese Weise öffentlich oder mag er in gewöhnlicher Weise vorgeladen sein, für beide Fälle bestimmt der Entwurf (Art. 303) gleichmäßig, daß, wenn der gehörig vorgeladene Angeklagte in der Sitzung ausbleibt, die anberaumte Sitzung aufgehoben und jedenfalls die Gestellung des Angeklagten betrieben werden soll. Eine Aburtheilung des Straffalls in Abwesenheit des Angeklagten findet in keinem Falle statt. Nur kann, wenn zu besorgen ist, daß die längere Aussetzung der Beweisaufnahme für die Ermittelung der Wahrheit nachtheilig sein würde, eine vorläufige Beweisaufnahme in Gegenwart des Staatsanwalts und des Vertheidigers, jedoch nicht öffentlich, angeordnet werden. Die Motive des Gesetzentwurfs (S. 555 ff.) bemerken hierzu, daß man bei der Vorberathung des Entwurfs zwar mehrseitig sich dafür ausgesprochen habe, daß eine Aburtheilung in contumaciam stattzufinden habe; doch verstoße eine solche gegen den Grundsatz des Untersuchungsprincips, welches eine möglichst vollständige Ermittelung der Wahrheit verlange (vgl. hiergegen oben S. 7 ff.), und sodann gegen den Grundgedanken des neuen Verfahrens, wonach die Gegenwart des An-

1) Vgl. die Acten des außerordentlichen (sächsischen) Landtags vom Jahre 1854, Abth. 1, B. II, S. 281 ff. Schwarze, Commentar, B. I, S. 125 ff. Merkel, im Gerichtssaal 1854, B. II, S. 379. Walther, Rechtsmittel, Abth. II, S. 219 f., 226 Anm. 1.

geklagten vor dem erkennenden Gericht eine wesentliche Voraussetzung sei. Ein solches Verfahren sei ferner unzweckmäßig, da die Todesstrafe und die Freiheitsstrafe in Abwesenheit des Angeklagten doch nicht vollzogen werden könne, die zum Ersatz ergriffenen Maßregeln leicht zu Lächerlichkeiten führten, und dem später erschienenen Angeklagten doch Restitution ertheilt werden müsse. Nach dem Entwurf (Art. 305) soll darum erst, wenn der Angeklagte ergriffen wird oder sich freiwillig stellt, die Anklage durch contradictorische Verhandlung erledigt werden.

Hierin ist jedoch, wie in einzelnen anderen Punkten, die sächsische Strafproceßordnung von 1855 dem Entwurfe von 1853 nicht gefolgt. Diese (und ebenso die revidirte sächsische Strafproceßordnung von 1868) nahm die Bestimmungen über den Einfluß der Abwesenheit auf das Vorverfahren und die Vorladung zur Hauptverhandlung auf, bestimmte auch (Art. 317) für den Fall des Ausbleibens in der Hauptverhandlung, daß der Regel nach das Verfahren ausgesetzt und nur für die Sicherung des Beweises Sorge getragen werden solle, fährt jedoch fort: „Ist jedoch ein besonderes Interesse dafür vorhanden, daß die Aburtheilung der Sache auch bei Abwesenheit des Angeklagten, dessen baldige Gestellung nicht zu erwarten, erfolge, so kann das Gericht auch mit Eröffnung der Hauptverhandlung, sowie mit der Beweisaufnahme und Aburtheilung der Sache, ebenso als wenn der Angeklagte gegenwärtig wäre, verfahren." Doch soll in diesem Falle stets von Amtswegen ein Vertheidiger zugezogen werden. Stellt sich später der Angeklagte oder wird er ergriffen, so soll (nach Art. 319) das Erkenntniß ihm noch besonders bekannt gemacht werden, und es bleibt ihm überlassen, jetzt noch die gewöhnlichen Rechtsmittel einzuwenden, oder auf eine neue Aburtheilung in einer contradictorischen Verhandlung anzutragen.[1])

---

1) Vgl. Schwarze, Commentar, B. II, S. 129 und insbesondere die hier wiedergegebene Stelle des ständischen Deputationsberichts.

Die östreichische Strafproceßordnung vom 29. Juli 1853,[1]) durch welche die Strafproceßordnung von 1850 nach kurzer Wirksamkeit verdrängt wurde, erklärt sich ebenfalls für die Möglichkeit einer Contumacialentscheidung, giebt derselben aber, abgesehen von dem Verfahren bei Uebertretungen, für den Fall der Gestellung des Angeklagten eine bloß provisorische Bedeutung. Kann aller versuchten Mittel ungeachtet der eines Verbrechens oder Vergehens Beschuldigte nicht betreten werden (Art. 377 ff.), so soll in der Regel das weitere Verfahren bis zur Anhaltung desselben auf sich beruhen. Wenn jedoch das Verbrechen großes Aufsehen erregt hat oder die gänzliche Straflosigkeit weitere nachtheilige Folgen besorgen läßt, so kann auch in Abwesenheit des Angeklagten bis zur Aburtheilung vorgegangen und zu dem Zwecke der Angeschuldigte öffentlich vorgeladen werden. Die Hauptverhandlung, zu welcher dem Angeklagten stets eventuell von Amtswegen ein Vertheidiger ernannt wird, findet ganz nach den gewöhnlichen Grundsätzen statt, so daß also insbesondere der Gerichtshof auf Grund einer mündlichen Beweisaufnahme entscheidet. Das verurtheilende Erkenntniß soll nicht nur in öffentlichen Blättern, sondern auch durch Anschlag an einen Pfahl, und, ist es ein Todesurtheil, durch Anschlag an den Galgen bekannt gemacht werden. Es tritt in Kraft, soweit mit der Verurtheilung schon kraft des Gesetzes nachtheilige Rechtswirkungen verbunden sind. Wird aber der Abwesende später betreten, so soll stets, ohne Rücksicht auf das in Abwesenheit des Angeklagten ergangene Erkenntniß, ein neues Verfahren zum Zwecke erneuter Aburtheilung eingeleitet werden. — Schließlich wird angeordnet (§. 395), daß das gleiche Verfahren auch gegen einen solchen Anwendung findet, der sich erst im Laufe des Strafverfahrens entfernt hatte, und daß, wenn dem Angeklagten die Ladung zur Hauptverhandlung noch zugestellt war, er aber in derselben ausbleibt, auch gegen ihn (und zwar ohne neue

---

1) Vgl. v. Hye, die leitenden Grundsätze der östreichischen Strafproceßordnung von 1853, Wien 1854, S. 48 ff., S. 372 ff. Merkel, im Gerichtssaal, 1854, B. II, S. 378 f.

Vorladung) in seiner Abwesenheit verhandelt und entschieden werden kann, und daß auch in diesem Falle das in Abwesenheit des Angeklagten ergangene Erkenntniß nur provisorische Wirkung haben soll.

Ganz anders verfährt wiederum das „Gesetz über das Verfahren in Strafsachen vom 15. Mai 1856 für die freie Stadt Frankfurt." Nach demselben[1]) kann nämlich zwar durch die Anklagekammer das Vermögen des Abwesenden mit Beschlag belegt und ihm die Anstellung einer jeden Klage untersagt und dieser Beschluß öffentlich bekannt gemacht werden, allein eine Aburtheilung des Straffalles ist für Schwurgerichtsfälle ausgeschlossen. In dem Abschnitt über das „Hauptverfahren in den Assisen" wird die Gegenwart des Angeklagten als wesentlich vorausgesetzt, und wenn in Art. 256 zwar von der Verkündigung des Wahrspruchs eventuell auch in Abwesenheit des Angeklagten die Rede ist, so scheint sich dies nur auf den Fall einer Entfernung während der Verhandlungen zu beziehen. In Schwurgerichtsfällen bleibt also das Verfahren, wenn der Angeklagte nicht gestellt werden kann, beruhen, und es können nur die gesetzlich zulässigen Zwangsmaßregeln gegen ihn zur Anwendung gebracht werden. Anders in Fällen, die vor die Gerichtsabtheilung (Zuchtpolizeigericht) oder den Einzelrichter (Rügegericht) gehören. Bleibt in solchen Fällen (vgl. Art. 281 ff.) der zur Hauptverhandlung im gewöhnlichen Wege oder öffentlich Geladene aus, so kann in seiner Abwesenheit mit der Beweisaufnahme vorgegangen und das Urtheil gesprochen werden. Das Verfahren ist in diesen Fällen ganz das gleiche wie bei délits und contraventions nach französischem Recht: das Urtheil wird dem Angeklagten wo möglich zugestellt, und diesem ist es überlassen, innerhalb einer bestimmten kurzen Frist dagegen Einspruch zu erheben, worauf eine neue Verhandlung stattfindet.

---

1) Vgl. Buchner, im Gerichtssaal von 1857, B. II, S. 99, 105. Zachariae, Handbuch des Strafprocesses, S. 389, Anm. 8.

Die oldenburgische Strafproceßordnung vom 2. November 1857 bestimmt (Art. 238), daß der Beschlußfassung über das Endergebniß der Voruntersuchung es nicht entgegensteht, wenn die Vernehmung des Angeschuldigten nicht bewirkt werden konnte, daß jedoch die Rathskammer beschließen kann, daß die Untersuchung einstweilen auf sich beruhen solle. Der vor das Schwurgericht Verwiesene braucht zwar nicht in allen Fällen verhaftet zu werden, soll sich aber (nach Art. 304) eine bestimmte Zeit (fünfmal 24 Stunden) vor der Hauptverhandlung im Gefängnisse am Sitze des Schwurgerichts einstellen und eventuell steckbrieflich und durch Edictalcitation vorgefordert werden. Ein Ausbleiben auf gewöhnliche (nicht öffentliche) Vorladung kann also vor dem Schwurgericht nur bei demjenigen Angeklagten eintreten, der gegen Caution auf freiem Fuße gelassen war. Bleibt nun ein solcher, oder bleibt auch im nichtschwurgerichtlichen Verfahren (vor der Gerichtsabtheilung) ein Angeklagter, der auf freiem Fuße gelassen und dem die Ladung in gewöhnlicher Weise zugestellt war, in der Hauptverhandlung aus, so soll nach der oldenburgischen Strafproceßordnung das Verfahren stets ausgesetzt und die Gestellung des Angeklagten versucht werden. Eine Aburtheilung des Straffalls in contumaciam ist auch in mittleren Fällen erst möglich, nachdem ein Edictalverfahren vorausgegangen war. Nur vor dem Einzelrichter (Polizeigericht) kann sofort in contumaciam verfahren werden (Art. 375). Das Edictalverfahren (Tit. 25) beginnt auf Antrag des Staatsanwalts mit der Beschlagnahme des Vermögens und der öffentlichen Vorladung des Angeklagten. Erscheint dann der Angeklagte innerhalb der bestimmten Frist nicht, so soll thunlichst in der nächsten öffentlichen Gerichtssitzung zur Hauptverhandlung geschritten werden. In dieser wird, wenn alle Förmlichkeiten des Verfahrens für richtig befunden sind, vom Gerichtshof, und zwar in Schwurgerichtsfällen ohne Mitwirkung von Geschworenen, auf Grund der schriftlichen Zeugenaussagen oder der sonst vorliegenden Beweise das Urtheil gefällt und dieses sodann öffentlich bekannt gemacht und, soweit es in Abwesenheit des Angeklagten geschehen kann, vollstreckt. Stellt sich aber der Angeklagte oder wird er zur Haft gebracht, so soll die Vollstreckung ausgesetzt und in gewöhnlicher Weise zu einer neuen Hauptverhandlung geschritten werden.

Der hessen-darmstädtische Entwurf einer Strafproceßordnung (für die Provinzen Starkenburg und Ober-Hessen) vom Jahre 1860[1]) bestimmt (Art. 104 f.), daß über den eines schwurgerichtlichen Verbrechens Verdächtigen schon im Vorverfahren Beschlagnahme des Vermögens verfügt und derselbe öffentlich vorgeladen werden kann. Der Erlassung eines Beschlusses über das Ergebniß der Voruntersuchung soll es (Art. 267) nicht entgegenstehen, wenn die Vernehmung des Angeschuldigten nicht bewirkt werden konnte; doch kann das Gericht verordnen, daß die Untersuchung einstweilen beruhen bleibe. Kann der vor das Schwurgericht Verwiesene nicht verhaftet werden (Art. 382 ff.), oder, nachdem er aus der Haft entsprungen, nicht wieder verhaftet werden, so ist der Regel nach mit dem ferneren Verfahren innezuhalten. Wenn jedoch das Verbrechen großes Aufsehen erregt hat oder die gänzliche Straflosigkeit weitere nachtheilige Folgen besorgen läßt, so soll auf Antrag der Staatsanwaltschaft das Contumacialverfahren angewendet werden. Der Angeklagte wird dann öffentlich vorgeladen, und, frühestens nach einem Monat, zur Verhandlung der Sache geschritten. Diese besteht darin, daß der Gerichtshof ohne Zuziehung der Geschworenen, auf Grund der gerichtlichen Zeugenaussagen oder sonst vorliegenden Beweise das Urtheil fällt; dieses Urtheil hat aber, für den Fall der Gestellung des Angeklagten, nur provisorische Bedeutung. — In mittleren Straffällen dagegen, die vor die Gerichtsabtheilungen gehören, kann, wenn der Angeklagte auf gewöhnliche oder auf öffentliche Ladung in der Hauptverhandlung ausbleibt, (nach Art. 405) auch in Abwesenheit zur mündlichen Beweisaufnahme geschritten und über die Anklage mit definitiver Wirkung entschieden werden. Gegen das Erkenntniß kann der

1) Vgl. die gleichzeitig veröffentlichten Motive dieses Entwurfs, Darmstadt 1860, S. 103.

Angeklagte sich nur der gewöhnlichen Rechtsmittel bedienen, es sei denn, daß er Mängel der Ladung nachweist, in welchem Falle er das Erkenntniß durch Einspruch beseitigen kann.

Der hamburger Entwurf einer Strafproceßordnung vom 14. April 1862 dagegen folgt dem sächsischen Entwurf von 1853 und schließt in allen erheblicheren Straffällen die Aburtheilung der Strafsache in Abwesenheit des Angeklagten aus. Eine jede Vorladung soll (§. 146) die im Falle des Ausbleibens eintretenden gesetzlichen Nachtheile angeben. Diese aber bestehen nur darin, daß die sofortige Festnehmung oder Vorführung des Angeklagten vor das Gericht angeordnet oder die Sache an das Untersuchungsgericht zurückgewiesen wird, bei welchem der Staatsanwalt seine Anträge zum Zwecke der Sistirung des Angeklagten zu stellen hat. Dies ist für das Verfahren in mittleren Straffällen, die vor die Gerichtsabtheilung oder das sogenannte Strafgericht gewiesen sind, ausdrücklich (§. 147) vorgeschrieben und für schwurgerichtliche Fälle insofern angeordnet, als in dem ganzen vom Schwurgerichtsverfahren handelnden Abschnitt (§. 191 ff.) die Anwesenheit des Angeklagten als wesentlich vorausgesetzt wird. Nur in polizeigerichtlichen Strafsachen (§. 232), die vor den Einzelrichter gehören, kann der Angeklagte unter der Androhung vorgeladen werden, daß ungeachtet seines Ausbleibens mit der Verhandlung und Entscheidung gegen ihn werde verfahren werden. Insofern aber geht dieser hamburger Entwurf noch über den sächsischen von 1853 hinaus, als er auch keine Beschlagnahme des Vermögens oder sonstige Entziehung von Rechten als Folge der Abwesenheit anordnet, vielmehr die Thätigkeit des Gerichts auf diejenigen Maßregeln beschränkt, welche unmittelbar auf die Gestellung des Angeklagten Bezug haben.

Nicht so zurückhaltend hinsichtlich der Aburtheilung ist die Strafproceßordnung für Lübeck vom 29. December 1862, die sich vielmehr in dieser Beziehung der sächsischen Strafproceßordnung von 1855 anschließt. Kann einem Angeklagten die Ladung zur Hauptverhandlung nicht in gewöhnlicher Weise zugestellt werden, so wird derselbe öffentlich vorgeladen. Bleibt aber ein Angeklagter, sei es, daß er in gewöhnlicher Weise oder öffentlich vorgeladen war, in der Hauptverhandlung aus (§. 219 ff.), so soll dieselbe der Regel nach vertagt und nöthigenfalls für die Sicherung der Beweismittel durch besondere Beweisaufnahme gesorgt werden; wenn jedoch aus besonderen Gründen es angemessen erscheint, daß auch die Aburtheilung der Sache in Abwesenheit des Angeklagten erfolge, so kann mit der Hauptverhandlung in derselben Weise vorgegangen werden, wie wenn der Angeklagte gegenwärtig wäre, wobei aber für den Abwesenden stets ein Vertheidiger ernannt werden muß. Das Urtheil wird öffentlich bekannt gemacht und nach zehn Tagen soweit als möglich vollstreckt; erscheint der Angeklagte später oder wird er verhaftet, so hat er, gerade wie nach der sächsischen Gesetzgebung, die Wahl, ob er jetzt noch die gewöhnlichen Rechtsmittel einlegen oder eine neue Hauptverhandlung beantragen will.

Auch die Strafproceßordnung für Bremen vom 30. Juli 1863 verzichtet keineswegs auf die Möglichkeit, daß schließlich auch in Abwesenheit des Angeklagten verhandelt und entschieden werde. Auch sie hat, wie die oldenburgische Strafproceßordnung von 1857, die Anordnung (§. 456), daß der vor das Schwurgericht Gewiesene sich eine bestimmte Zeit vor der Schwurgerichtsverhandlung zur Haft stellen solle, und es kann also der Fall, daß der Angeklagte in der Schwurgerichtsverhandlung auf gewöhnliche Vorladung ausbleibt, auch nach ihr nur dann eintreten, wenn der Angeklagte ausnahmsweise gegen Caution auf freiem Fuße gelassen war. Bleibt aber ein Angeklagter, sei es vor dem Schwurgericht oder (in mittleren Straffällen) vor der Gerichtsabtheilung in der Hauptverhandlung aus, so soll niemals sofort in seiner Abwesenheit verhandelt und erkannt, sondern stets die Verhandlung der Sache ausgesetzt und die Vorführung oder Verhaftung des Angeklagten verfügt werden. Es muß also auch im nichtschwurgerichtlichen Verfahren, wenn die Vorführung oder Verhaftung des Angeklagten nicht gelingt, zunächst ein Edictalverfahren vorausgehen, damit es zu einer Aburtheilung kommen könne (§. 462, 544 f.). Nur in polizeigerichtlichen Fällen kann beim Ausbleiben des Angeklagten sofort über die Sache verhandelt und entschieden werden (§. 559). Kann nun ein Angeklagter, gegen den Steckbriefe schon erlassen sind, nicht verhaftet werden (§. 616 ff.), so kann der Staatsanwalt die Beschlagnahme seines Vermögens beantragen; das weitere Verfahren in der Sache selbst soll aber der Regel nach beruhen. Nur auf besonderen Antrag der Staatsanwaltschaft wird zur öffentlichen Vorladung geschritten, und wenn diese keinen Erfolg hat, wie nach der französischen Praxis, dem preußischen Entwurf von 1851 und der oldenburgischen Strafproceßordnung von 1857, auf Grund des schriftlichen Beweismaterials, in Schwurgerichtsfällen ohne Zuziehung von Geschworenen, über die Anklage entschieden. Diese Entscheidung ist aber auch nach diesem Gesetz insofern nur provisorisch, als im Falle der Gestellung des Angeklagten sofort ein neues Verfahren beginnt.

Anders wieder der Entwurf einer Strafproceßordnung für das Königreich Würtemberg vom Jahre 1863 und übereinstimmend damit der Entwurf von 1867 und die als Gesetz publicirte würtemb. Strafproceßordnung vom 17. April 1868, wonach sich die würtembergische Gesetzgebung den wenigen Gesetzen anschließt, die in allen erheblicheren Straffällen auf die Aburtheilung Abwesender verzichten. Ein Anklagebeschluß soll ergehen können (Art. 273 der St. P. O.), auch wenn die Vernehmung des Angeschuldigten in der Voruntersuchung nicht bewirkt werden konnte. Bleibt aber der in gewöhnlicher Weise, oder, wenn die Zustellung der Ladung nicht bewirkt werden konnte, auf öffentlichem Wege zur Hauptverhandlung Vorgeladene in derselben aus (Art. 282 der St. P. O.), so soll jedesmal, unter Verurtheilung des Angeklagten in die Kosten, die Verhandlung der Sache ausgesetzt und die Vorführung oder Verhaftung des Angeklagten beschlossen werden. Kann diese nicht bewirkt werden, so bleibt in nichtschwurgerichtlichen Fällen jedes weitere Verfahren ausgeschlossen. In Schwurgerichtsfällen jedoch (Art. 494 ff. der St. P. O.) kann, sobald der Anklagebeschluß vorliegt und der Erlaß von Steckbriefen vergeblich gewesen ist, nach Anhörung des Staatsanwalts das etwa zurückgelassene Vermögen des Angeklagten mit Beschlag belegt und ihm für die Zeit seines Ausbleibens die Ausübung des Klagerechts und der staatsbürgerlichen Rechte untersagt werden. Ein eigentliches „Strafverfahren" aber (nämlich eine Aburtheilung der Anklage in Abwesenheit des Angeklagten) soll, wie ausdrücklich hinzugesetzt wird, im Falle der Abwesenheit des Angeklagten unterbleiben.

Das kurhessische Gesetz vom 28. October 1863, das Strafverfahren betreffend, läßt dagegen ähnlich, wie seine Vorgänger von 1848 und 1851, eine Contumacialaburtheilung zu, und zwar sehr auffallender Weise in der Art, daß ein auf sehr unvollkommene Grundlagen, ja auf eine vollständige Präsumtion der Schuld gegründetes Contumacialurtheil nicht bloß provisorisch ergehen, sondern selbst an der Person des Angeklagten zur Vollstreckung gelangen kann. War dem Angeklagten die Ladung zur Hauptverhandlung zugestellt worden, und bleibt derselbe in dieser aus, so kann sofort zur Aburtheilung übergegangen werden, und zwar in der Weise, daß ohne jede Beweisaufnahme die Anklagethatsachen für richtig angenommen werden und das Gericht, ohne Mitwirkung von Geschworenen, nur prüft, ob und welcher strafbare Thatbestand darin gefunden werden muß. Selbst eine zwangsweise Vorführung des verhafteten Angeklagten ist nach dem kurhessischen Gesetz dem Gerichte nur dann zur Pflicht gemacht, wenn es sich um Todesstrafe oder lebenswierige Freiheitsstrafe handelt (§. 65). Eine gleiche Art der Aburtheilung findet statt, wenn der Angeschuldigte schon während der Voruntersuchung abwesend gewesen war oder doch ihm die Anklage und die Ladung zur Hauptverhandlung nicht hatte zugestellt werden können und auf besonderen Antrag der Staatsanwaltschaft ein Edictalverfahren beantragt wird (§. 216 ff.). „In den nach seinem Ermessen hierzu geeigneten Fällen" legt dann der Staatsprocurator die Acten dem Gerichte mit dem erwähnten Antrage vor, worauf das Gericht, wenn es das Vorverfahren für erschöpfend hält, einen Verhandlungstermin ansetzt und die öffentliche Vorladung des Angeklagten verfügt. Bleibt der Angeklagte aus, so wird in derselben Weise wie oben verfahren, d. h. es werden, wenn alle formellen Erfordernisse gewährt sind, „die in der Vorladung enthaltenen strafbaren Handlungen für bewiesen erklärt und die verwirkte Strafe wider den Angeklagten erkannt." Das Erkenntniß wird öffentlich bekannt gemacht und soweit als möglich schon in Abwesenheit des Angeklagten vollstreckt. — Mag aber auf gewöhnliche Vorladung verfahren oder ein Edictalverfahren vorausgegangen sein, stets hat der in contumaciam Verurtheilte das Recht des Einspruchs. Ohne daß es seinerseits einer weiteren Entschuldigung bedürfte, kann er innerhalb einer kurzen Frist nach der an ihn erfolgten Behändigung des Urtheils dasselbe durch einfachen Widerspruch beseitigen und dadurch eine erneute Entscheidung der Sache herbeiführen (§. 196 ff., §. 225). War gegen ihn auf Grund einer öffentlichen Vorladung verfahren, so läuft ihm die Frist für den Einspruch erst dann, wenn er sich gestellt hatte oder zur Haft gebracht worden war und ihm das Erkenntniß persönlich behändigt oder mündlich verkündigt worden ist. Doch bleibt dem Angeklagten überlassen, sich auch mit der Anfechtung der Rechtsanwendung und der Strafzumessung im Wege einer sogenannten beschränkten Berufung zu begnügen.

Auch die badische Strafproceßordnung von 1864 verläßt insofern nicht den Standpunkt der früheren badischen Gesetze, als sie eine Contumacialaburtheilung in nicht unerheblichem Umfange zuläßt. Doch hat sie die höchst wesentliche Bestimmung (im §. 253), daß (abgesehen von ganz geringen Strafsachen, vgl. §. 307), wenn der in gewöhnlicher Art vorgeladene Angeklagte in der Hauptverhandlung nicht erscheint und auf einen sofort von dem Vorsitzenden erlassenen Vorführungsbefehl nicht ohne Verzug beigebracht werden kann, stets die Sitzung ausgesetzt und ein neuer Termin angeordnet werden soll. In allen Fällen soll dann von dem Gerichtshof ein Verhaftsbefehl gegen den Angeklagten erlassen, und wenn die Verhaftung nicht ausgeführt werden kann, zum Edictalverfahren geschritten werden. Es soll also niemals das einfache Ausbleiben des Angeklagten eine Aburtheilung rechtfertigen. Dagegen kann, wenn sich der Angeschuldigte von vornherein dem Verfahren entzogen oder im Laufe des Verfahrens entfernt hatte, oder wenn derselbe, wie bemerkt, auf gewöhnliche Ladung in der Hauptverhandlung ausgeblieben ist und nicht gestellt werden kann, nach vorausgegangener Edictalladung allerdings eine Aburtheilung stattfinden (§. 342 ff.). Bleibt der Angeklagte in der ihm gesetzten Frist aus, so wird zur Verhandlung geschritten und im Wege des gewöhnlichen Verfahrens, also insbesondere mit mündlicher Beweisaufnahme und in Schwurgerichtsfällen unter Zuziehung von Geschworenen, über die Anklage entschieden. Das Urtheil wird öffentlich bekannt gemacht und, soweit es in Abwesenheit des Angeklagten möglich ist, vollzogen. Auch hat dasselbe für den Fall der Gestellung des Angeklagten keineswegs eine bloß provisorische Bedeutung. Wird vielmehr der in contumaciam Verurtheilte betreten oder stellt er sich freiwillig, so ist ihm das Erkenntniß persönlich zu verkünden und bleibt vollstreckbar, falls nicht der Angeklagte nachweisen kann, daß es ihm unmöglich war zu erscheinen, oder wenn er (wie schon die ältere badische Gesetzgebung bestimmt hatte) „zur Zeit seiner Entfernung noch nicht als Angeschuldigter vernommen war und zugleich wahrscheinlich ist, daß er nicht wegen des Verbrechens, wegen dessen er verurtheilt ist, geflohen sei, auch von der gegen ihn eingeleiteten Untersuchung erst nach seiner Verurtheilung Kenntniß erhalten habe.“ Ausführlichere Vorschriften hat die badische Gesetzgebung über die in schwereren Fällen (wenn das Verbrechen mit Arbeitshaus oder höherer Strafe bedroht ist) zu verhängende Beschlagnahme des Vermögens.

Während auf diese Weise die badische Gesetzgebung das einfache Ausbleiben des Angeklagten (auf gewöhnliche Vorladung) in allen erheblicheren Straffällen niemals für hinreichend hält, um darauf zu einer Aburtheilung zu schreiten, im Falle einer Edictalladung dagegen eine im Wesentlichen definitive Aburtheilung kennt, schlägt der preußische Entwurf einer Strafproceßordnung von 1865 und übereinstimmend damit die preußische Strafproceßordnung für die im Jahre 1866 mit der Monarchie vereinigten Landestheile vom 25. Juni 1867 wieder den entgegengesetzten Weg ein.[1]) Wie beide überhaupt sich im Wesentlichen an die preußische Gesetzgebung von 1849 und 1852 anschließen, so ist in ihnen auch auf diesem Punkte das bisher in Preußen bestehende Verfahren in der Hauptsache, jedoch nicht ohne einzelne wesentliche Verbesserungen, aufgenommen. Bleibt in mittleren und geringeren Straffällen, die vor die Gerichtsabtheilung und den Einzelrichter gewiesen sind, der Angeklagte, dem die Ladung zur Hauptverhandlung in gewöhnlicher Weise zugestellt war, aus, so wird auch in Abwesenheit des Angeklagten in gewöhnlicher Weise verfahren und entschieden (§. 360 und 366 des Entwurfs, §. 350 und 363 der St. P. O.). Das in einem solchen Falle ergangene verurtheilende Erkenntniß soll aber nicht, wie nach dem bestehenden preußischen Recht, nur durch die gewöhnlichen Rechtsmittel angreifbar sein, sondern es kann der Angeklagte gegen dasselbe Wiedereinsetzung erlangen (§. 425 des Entwurfs, §. 414 der St. P. O.), wenn er nachweist, daß ihm das Erscheinen in der Hauptverhandlung unmöglich war oder daß ihm die Ladung nicht hatte persönlich zugestellt werden können.[2]) — Bleibt in schwurgerichtlichen Straffällen der auf freiem Fuß gelassene Angeklagte auf gewöhnliche Vorladung aus, so kann ebenfalls über ihn in contumaciam erkannt werden, jedoch nur in der Art, daß (wie jetzt deutlicher als im Gesetz von 1852 gesagt ist) die Anklagethatsachen als zugestanden angenommen werden, das Urtheil aber nur provisorische

1) Vgl. Abegg, der Entwurf einer Strafproceßordnung für den preußischen Staat vom Jahre 1865, Leipzig 1865, S. 124 ff.

2) Vgl. die Motive des Entwurfs S. 206 ff.

Bedeutung hat (§. 358 f. des Entwurfs, §. 348 f. der St. P. O.). — Ist schon in der Voruntersuchung die Vernehmung des Angeklagten nicht möglich, so kann dennoch (wie §. 92 des Entwurfs, §. 85 der St. P. O. ausdrücklich gesagt wird) die Versetzung in Anklagestand erfolgen. Kann ein Angeklagter, dessen Verhaftung verfügt ist, nicht verhaftet werden, oder kann einem Angeklagten die Ladung zur Hauptverhandlung nicht zugestellt werden (§. 458 des Entwurfs, §. 451 der St. P. O.), so soll zwar der Regel nach das weitere Verfahren unterbleiben, auf besonderen Antrag der Staatsanwaltschaft aber ein Edictalverfahren stattfinden. Dies ist dann für Schwurgerichtsfälle ganz das gleiche, wie oben; auch in diesem Falle werden, ohne Mitwirkung von Geschworenen, die thatsächlichen Behauptungen der Anklage als zugestanden erachtet und ein für den Fall der Gestellung des Angeklagten nur provisorisches Erkenntniß gesprochen. Ebenso findet in mittleren und geringeren Strafsachen (vor der Gerichtsabtheilung und dem Einzelrichter) das gleiche Verfahren statt, wie wenn der Angeklagte auf gewöhnliche Ladung hin ausbleibt, nur mit dem Unterschied, daß in solchen Fällen für den abwesenden Angeklagten ein Vertheidiger auftreten kann, und daß die dem Verurtheilten auch hier in Aussicht gestellte Restitution auf den Nachweis der Unmöglichkeit des Erscheinens beschränkt ist.[1])

Die hessen-darmstädtische Strafproceßordnung von 1865 schließt sich im Wesentlichen dem oben (S. 250) besprochenen hessischen Entwurf von 1860 an, d. h. auch sie (Art. 343 ff., 395 ff.) ordnet für Schwurgerichtsfälle, mag der Angeklagte auf gewöhnliche Vorladung in der Hauptverhandlung ausbleiben, oder mag eine öffentliche Ladung vorausgegangen sein, ein nur provisorisches Verfahren an, bei welchem über die Anklage auf Grund der schriftlichen Zeugenaussagen oder sonst vorliegenden Beweismittel entschieden, sofort aber ein neues Verfahren nöthig wird, wenn der Verurtheilte erscheint. Auch sie (Art. 409, 418 f.) kennt in nichtschwurgerichtlichen Fällen, wenn

1) Vgl. die Motive S. 27 f.

der Angeklagte auf gewöhnliche Ladung in der Hauptverhandlung ausbleibt, eine Aburtheilung auf Grund gewöhnlicher mündlicher Beweisaufnahme, gegen welche dem Verurtheilten nur der Beweis offen steht, daß er nicht gehörig geladen oder daß es ihm unmöglich war zu erscheinen.

Die letzte dieser zahlreichen neueren Gesetzesarbeiten, über die wir zu referiren wüßten, ist der „Entwurf einer Strafproceßordnung für die nicht zur ungarischen Krone gehörigen Länder des östreichischen Kaiserstaates“ vom Jahre 1867, der nicht nur durch Wiederaufnahme des Geschwornengerichts die Anordnungen von 1853 beseitigt, sondern auch, neben einer Reihe selbständiger Aenderungen, in manchen Einzelheiten des Verfahrens und so in dem vorliegenden Punkte die Bestimmungen der Strafproceßordnung von 1850 wiederholt (vgl. Hauptstück 23). Sowohl im schwurgerichtlichen, wie im nichtschwurgerichtlichen Strafverfahren kann, wenn dem Angeklagten die Ladung zur Hauptverhandlung noch zugestellt war und derselbe in der Hauptverhandlung ausbleibt, sofort in gewöhnlicher Weise verfahren und auf Grund mündlicher Beweisaufnahme und in Schwurgerichtsfällen unter Mitwirkung von Geschworenen über die Anklage entschieden werden. Dasselbe Verfahren findet statt, wenn der Angeschuldigte sich der Zustellung gerichtlicher Verfügungen, beziehungsweise der Verhaftung entzogen hatte und in Folge dessen, nach Versetzung in Anklagestand, eine Edictalladung gegen ihn ergangen war. In der Regel soll zwar in solchen Fällen das Verfahren auf sich beruhen, auf besonderen Antrag der Staatsanwaltschaft kann aber in schwereren Straffällen (wenn es sich um Todesstrafe oder um Freiheitsstrafe von mehr als vier Jahren handelt) das Edictalverfahren stattfinden. Bleibt dann der Angeklagte aus, so wird die Anklage in einer Hauptverhandlung ganz nach den gewöhnlichen Grundsätzen erledigt. Das verurtheilende Erkenntniß hat in beiden Fällen, mag der Angeklagte auf gewöhnliche Ladung ausgeblieben sein oder ein Edictalverfahren stattgefunden haben, nicht (wie nach der St. P. O. von 1853) bloß provisorische

Bedeutung, dasselbe bleibt vielmehr auch im Falle der Gestellung des Angeklagten vollstreckbar, falls dieser nicht sein Ausbleiben entschuldigt und um die Einleitung eines neuen ordentlichen Verfahrens nachsucht. Nähere Vorschriften hat der Entwurf insbesondere darüber, in welcher Art und von welchem Stadium an ein solches neues Verfahren vorgenommen werden soll.

Werfen wir hiernach einen Rückblick auf alle diese Gesetzgebungen, so fällt die große Verschiedenheit sowohl der formellen als der materiellen Behandlung des Gegenstandes in die Augen. Während die einen alle Bestimmungen, die sie über den Einfluß der Abwesenheit auf das Verfahren treffen, im gewöhnlichen Zusammenhange erwähnen, haben andere besondere Abschnitte über das Verfahren gegen Abwesende und unterscheiden sich von einander wieder dadurch, daß in der Mehrzahl von ihnen nur das Edictalverfahren abgesondert behandelt wird, einzelne dagegen alle oder doch die hauptsächlichsten Bestimmungen über den Einfluß der Abwesenheit auf das Verfahren in einem größeren Abschnitte zusammenfassen. Gar keinen besonderen Abschnitt über das Strafverfahren gegen Abwesende haben das kurhessische Gesetz von 1848 und die Strafproceßordnungen von Hannover (1850 und 1859), Thüringen (1850), Sachsen (1855 und 1868), Lübeck (1862) und die Entwürfe für Sachsen (1853) und Hamburg (1862). Auch die hessen-darmstädtischen Strafproceßgesetze und das bairische Strafproceßgesetz von 1848 kennen keinen völlig abgesonderten Abschnitt, behandeln aber das Verfahren gegen Abwesende als Unterabtheilung des gewöhnlichen schwurgerichtlichen, beziehungsweise nichtschwurgerichtlichen Verfahrens. Einen besonderen Abschnitt über das Edictalverfahren gegen Abwesende haben, außer den französischen Gesetzen von 1791 und 1796 und dem Code d'instruction criminelle, die preußischen Strafproceßgesetze, beziehungsweise -Entwürfe seit 1846,[1]) sowie das

1) Von denen jedoch die Verordnungen von 1846 und 1849 hinsichtlich des Edictalverfahrens einfach auf die preußische Criminalordnung von 1805

badische Gesetz von 1851 und die Strafproceßordnungen von Braunschweig (1849 und 1858), Oldenburg (1857), Bremen (1863), Kurhessen (1863) und Würtemberg (1868). Die badischen Strafproceßordnungen von 1845 und 1864 dagegen, sowie die östreichische von 1853, ganz besonders aber die östreichische Strafproceßordnung von 1850 und der östreichische Entwurf von 1867 fassen den Fall des Ausbleibens auf gewöhnliche Vorladung und den des Ausbleibens auf öffentliche Vorladung in einen und denselben größeren Abschnitt zusammen. Zugleich beschränken die zuletzt genannten Gesetze die Anordnungen dieses besonderen Abschnittes nicht, wie von den meisten übrigen (mit Ausnahme von Baden 1851 und Kurhessen 1863) geschieht, auf den Einfluß der Abwesenheit des Angeklagten auf das Hauptverfahren, sondern haben in denselben auch einzelne Bestimmungen über die Bedeutung der Abwesenheit des Angeschuldigten für das Vorverfahren aufgenommen.

Mit dieser Verschiedenheit der Behandlung hängt auch die Verschiedenheit der Bezeichnungen zusammen, die das Strafverfahren gegen Abwesende in den neueren Gesetzgebungen gefunden hat. Die französischen Gesetze von 1791 und 1796, sowie der Code d'instruction criminelle trennen scharf das Verfahren gegen „contumaces" und das Verfahren „par défaut," und verstehen unter jenem das Verfahren, wenn (in Assisenfällen) eine Edictalladung nöthig wird, unter diesem den Fall, wenn (in den übrigen Straffällen) der Angeklagte auf gewöhnliche Ladung hin ausbleibt. Obwohl auch in diesen geringeren Fällen das Gericht das Recht hat, auf dem Erscheinen des Angeklagten zu bestehen, so wird doch das bloße Ausbleiben des Angeklagten auf gewöhnliche Ladung nicht als Ungehorsam bezeichnet. Auch von den deutschen Gesetzen haben die meisten besondere Bezeichnungen für den Fall, daß eine öffentliche Vorladung stattfindet, und andererseits für den Fall, daß der Angeklagte auf gewöhnliche Ladung in der Hauptverhandlung ausbleibt. Das erstere Verfahren wird

---

verweisen und das Gesetz vom 3. Mai 1852 seine Bestimmungen über das Edictalverfahren nicht unter einer besonderen Ueberschrift vereinigt.

meistens als „Verfahren wider flüchtige und abwesende Verbrecher,“ [1]) „Verfahren gegen Abwesende und Flüchtige,“ [2]) „Verfahren gegen abwesende oder flüchtige Angeklagte,“ [3]) oder „Verfahren gegen abwesende oder flüchtige Beschuldigte,“ [4]) oder auch als „Verfahren gegen flüchtige Verbrecher,“ [5]) oder „Verfahren gegen flüchtige Angeklagte,“ [6]) oder auch als „Edictalverfahren“ [7]) bezeichnet, während der zweite Fall als Verfahren auf Ausbleiben oder Verfahren gegen Nichterscheinende bezeichnet oder auch ohne besondere Bezeichnung gelassen wird. Nur wenige Gesetze haben eine und dieselbe Bezeichnung für beide Fälle, indem sie beide gemeinschaftlich als „Verfahren wider Abwesende und Flüchtige,“ [8]) als „Verfahren gegen Abwesende, Flüchtige und Nichterscheinende,“ [9]) oder als „Ungehorsamsverfahren,“ [10]) oder als „Verfahren auf Ausbleiben,“ [11]) oder „Verfahren gegen abwesende Angeschuldigte“ [12]) bezeichnen. Die würtembergische Strafproceßordnung von 1868 handelt nur von den „Vorkehrungen gegen flüchtige Beschuldigte oder Verurtheilte“ (Beschlagnahme des Vermögens und Entziehung von Rechten), und setzt hinzu: „ein Strafverfahren (nämlich die Verhandlung und Entscheidung einer Strafsache) gegen abwesende Beschuldigte unterbleibt.“ — Die meisten Gesetze bezeichnen nur denjenigen als „Abwesenden,“ welcher der Verhaftung oder der Zustellung gerichtlicher Verfügungen unzugänglich ist, und dieser wird von einzelnen sogar ohne Weiteres als „Flüchtiger“

---

1) Preußen 1846 und 1849.
2) Baden 1851, Würtemberg 1849.
3) Preußen 1851, Hessen-Darmstadt 1860, 1865.
4) Oldenburg 1857, Bremen 1863.
5) Braunschweig 1849, 1858.
6) Preußen 1865 und 1867.
7) Kurhessen 1863.
8) Baden 1845, 1864, Oestreich 1850, 1853, 1867.
9) Hessen-Darmstadt 1848.
10) Baiern 1848.
11) Hannover 1850 und 1859, Sachsen 1853, 1855, 1868.
12) Lübeck 1862.

bezeichnet;[1]) der auf gewöhnliche Ladung Ausbleibende aber, der in vielen Fällen sich keineswegs dem Bereiche des Gerichtes entzogen hat, soll nach den meisten Gesetzen noch nicht als „Abwesender" gelten.[2]) Nur ganz vereinzelt (Baiern 1848) wird das Verfahren in beiden Fällen als „Ungehorsamsverfahren" bezeichnet, indem sowohl derjenige Angeklagte, gegen den die im Strafverfahren zulässigen Gestellungsmittel einschließlich der öffentlichen Vorladung vergeblich angewandt sind, als derjenige, der auf gewöhnliche Ladung vor Gericht ausbleibt, gleichmäßig als „ungehorsam" angesehen werden. Der Ausdruck „Contumacialverfahren" kommt in den neueren Gesetzen nicht vor, wird aber in wissenschaftlichen Darstellungen noch mehrfach, und zwar für sämmtliche Fälle des Verfahrens gegen Abwesende gebraucht.[3])

Wichtiger jedoch ist die, wo möglich noch größere, Mannigfaltigkeit in der sachlichen Behandlung des Gegenstandes. Während die einen Gesetze alle Straffälle (etwa mit Ausnahme der geringsten Fälle, in denen fast überall eine Aburtheilung in contumaciam, ja selbst ein sogenanntes Mandatsverfahren zuge-

---

1) So von Preußen 1865 und 1867 in der Ueberschrift des Titel 21, Abschn. 1, beziehungsweise Abschn. 2, wo jedoch (§. 458, beziehungsweise 451) die Bezeichnung „flüchtig" ausdrücklich in einem weiteren Sinne interpretirt wird.

2) Diesem Sprachgebrauch schließt sich u. A. auch Goltdammer an in der öfter angeführten Abhandlung in s. Archiv für preuß. Strafrecht B. XI, S. 459 f., wo geradezu von einem Contumacialverfahren gegen „Abwesende" und von einem solchen gegen „Anwesende" die Rede ist, wobei unter „Anwesenden" diejenigen Angeklagten verstanden werden, die, auf freiem Fuße gelassen und in gewöhnlicher Weise zur Hauptverhandlung geladen, in derselben ausbleiben. (Auch wenn sie sich inzwischen auf und davon gemacht haben?)

3) Wir haben (ebenso wie Buchner, Gerichtssaal 1857, B. II, S. 51 ff.) die Bezeichnung „Strafverfahren gegen Abwesende" vorgezogen, nicht nur weil dies die deutsche Benennung ist, sondern besonders deswegen, weil es sich, wie unten noch näher zu sehen sein wird, keineswegs bloß um wirklich Ungehorsame oder contumaces handelt, sondern auch um sonstige Abwesende, deren Verhaftung nicht ausgeführt oder denen gerichtliche Verfügungen nicht zugestellt werden können.

lassen ist) nach einem Grundsatz behandeln, haben andere für die schwereren Straffälle ein ganz anderes Verfahren vorgeschrieben, als für die mittleren, und für diese nicht selten wieder ein anderes Verfahren als für die der Gerichtsbarkeit des Einzelrichters (Schöffengerichts, Rügegerichts) zugewiesenen Uebertretungen.[1]) Während die einen den Fall des Ausbleibens auf gewöhnliche Vorladung und den des Edictalverfahrens auf die gleiche Weise behandeln, haben andere ein durchaus oder doch erheblich abweichendes Verfahren für jeden dieser Fälle angeordnet.[2]) Während die einen zulassen, daß über den auf gewöhnliche Vorladung Ausbleibenden sofort verhandelt und entschieden werde, verlangen andere, daß einer jeden Contumacialaburtheilung stets Wiederholung der Ladung oder der Versuch zwangsweiser Gestellung des Angeklagten und eventuell öffentliche Vorladung vorangehe.[3]) Während die einen die Contumacialaburtheilung, oder doch das Edictalverfahren zum Zwecke einer solchen, nur als mehr oder minder seltene Ausnahme hinstellen, soll oder kann nach anderen eine solche regelmäßiger Weise zur Anwendung kommen.[4])

In der Hauptsache aber können wir fünf Wege unterscheiden, welche die neueren Gesetze, sei es für alle erheblicheren Straffälle oder für verschiedene Classen derselben einschlagen:

---

1) Im Wesentlichen einheitlich (abgesehen von geringeren Straffällen) ist das Strafverfahren gegen Abwesende geordnet in Baden 1845 und 1864, Kurhessen 1851, Thüringen 1850, Hannover 1850 und 1859, Oestreich 1850, 1853 und 1867, Sachsen 1853 und 1855, Oldenburg 1857, Lübeck 1862, Hamburg 1862, Bremen 1863, Kurhessen 1863, Würtemberg 1863 und 1868, während in Frankreich, nach den verschiedenen preußischen Gesetzen und Entwürfen von 1846 bis 1867, in Baiern, sowie nach Hessen-Darmstadt 1860 und 1865 und Frankfurt 1856 in schwereren und mittleren Straffällen ein ganz verschiedenes Verfahren stattfindet.

2) Letzteres ist der Fall besonders in Braunschweig, wo, wenn dem Angeklagten die Ladung zur Hauptverhandlung noch hatte zugestellt werden können, selbst in Schwurgerichtsfällen gegen den Ausbleibenden in gewöhnlicher Weise verhandelt und entschieden werden kann, wenn dagegen eine öffentliche Vorladung ergehen mußte, gar keine Aburtheilung in Abwesenheit stattfindet.

3) S. unten den Abschnitt über die Hauptverhandlung.

4) Jenes ist der Fall in Oestreich, Preußen, Oldenburg, Bremen und Hessen-Darmstadt, dieses nach den übrigen Gesetzen.

1) Es wird in Abwesenheit des Angeklagten verhandelt und erkannt und gegen das verurtheilende Erkenntniß dem Angeklagten gar kein besonderes, dem Contumacialverfahren eigenthümliches Rechtsmittel, sondern nur die gewöhnlichen Rechtsmittel freigestellt. Diese Art der Contumacialentscheidung — offenbar diejenige, welche hinter den früher entwickelten Anforderungen des neueren Processes am weitesten zurückbleibt — findet sich jedoch meist nur für geringere Strafsachen und nicht selten nur für gewisse der dem Einzelrichter zugewiesenen Fälle angeordnet. So nach den badischen Gesetzen von 1845 und 1864 für die Fälle, wenn eine Strafe von höchstens 4 Wochen, beziehungsweise 8 Tagen Gefängniß in Aussicht steht, nach der östreichischen Strafproceßordnung von 1853, sowie nach der oldenburgischen und der bremischen Strafproceßordnung für alle dem Einzelrichter zugewiesenen Fälle. Nur in Preußen und in Braunschweig kommt dies Verfahren auch in mittleren, ja selbst (in Braunschweig) in schwereren Straffällen vor, indem nach den preußischen Anordnungen von 1846, 1849 und 1852 in allen nichtschwurgerichtlichen Fällen, mag der Angeklagte auf gewöhnliche oder öffentliche Ladung ausgeblieben sein, und in Braunschweig selbst in schwurgerichtlichen Fällen, falls der Angeklagte auf gewöhnliche Ladung ausblieb, dem in contumaciam Verurtheilten nur die gewöhnlichen Rechtsmittel freistehen. Auch die sächsische Strafproceßordnung von 1855 und die ihr folgende lübeckische von 1862 würden, und zwar für alle erheblicheren Straffälle, hierher gehören, wenn diese nicht dem später erscheinenden Angeklagten neben den gewöhnlichen Rechtsmitteln noch den „Antrag" auf Wiederaufnahme des Verfahrens freistellten. Dabei haben diese Gesetzgebungen, sowie auch Oldenburg und Bremen, für das Verfahren vor dem Einzelrichter bestimmt, daß in Abwesenheit des Angeklagten eine vollständige mündliche Beweisaufnahme stattfinden muß, während die badischen Gesetze und die östreichische Strafproceßordnung (in jenen geringfügigen Fällen) eine Präsumtion der Anklage-Thatsachen für hinreichend erachten.

2) Es wird in Abwesenheit des Angeklagten entschieden und gegen das verurtheilende Contumacialerkenntniß dem Angeklagten Restitution in Aussicht gestellt, falls er sein Ausbleiben genügend entschuldigt. So nach der badischen Gesetzgebung von 1845 und 1864, nach der östreichischen von 1850 und 1867, sowie nach der thüringischen und der hannoverschen Strafproceßordnung von 1850 für alle erheblicheren Straffälle, nach der hessen-darmstädtischen von 1865 für die mittleren Fälle und nach den preußischen Gesetzesarbeiten von 1865 und 1867 für alle nichtschwurgerichtlichen Fälle. Was als genügende Entschuldigung anzusehen, ist in den Gesetzen verschieden bestimmt. Auch bei dieser Art des Contumacialverfahrens ist, und hier ausnahmslos von allen Gesetzgebungen, eine vollständige mündliche Verhandlung als Grundlage der Contumacialentscheidung vorgeschrieben, und nur in Beziehung auf die Zulassung oder Nichtzulassung, beziehungsweise amtliche Zuziehung eines Vertheidigers finden Verschiedenheiten statt.

3) Es wird in Abwesenheit des Angeklagten entschieden und dem verurtheilten Angeklagten freigestellt, durch seinen einfachen Widerspruch oder Einspruch, dem keine Gründe hinzugefügt zu werden brauchen, das ihm zugestellte Erkenntniß zu beseitigen; es ist danach die Contumacialentscheidung zwar insofern eine definitive, als dieselbe ein in vollem Umfange vollstreckbares Erkenntniß werden kann, aber doch nur eine bedingt definitive, indem es von der Willkür des Angeklagten abhängt, ob er das Erkenntniß gegen sich gelten lassen will oder nicht. Hierhin würde u. A. das sogenannte Mandatsverfahren gehören, welches die meisten neueren Gesetzgebungen für gewisse geringere Strafsachen aufstellen, wenn bei diesem überhaupt eine Vorladung des Angeklagten stattfände. Es gehört dahin aber das bekannte Verfahren des französischen Rechts bei délits und contraventions, das Verfahren in schwurgerichtlichen Fällen nach dem kurhessischem Gesetz von 1848 und der preußischen Verordnung von 1849, das Verfahren in geringeren Assisensachen nach dem hessen-darmstädtischen Gesetz von 1848,

in geringeren Assisensachen und allen nichtschwurgerichtlichen Fällen nach dem bairischen Gesetz von 1848,[1]) in mittleren Fällen nach der Frankfurter St. P. O. von 1856, und in allen erheblicheren Straffällen nach der östreichischen St. P. O. von 1853, sowie nach der kurhessischen Gesetzgebung von 1851 und 1863. Es würde ferner dahin gehören die sächsische St. P. O. von 1855 und die für Lübeck von 1862, wenn der dem Angeklagten von diesen Gesetzen freigestellte „Antrag“ auf Wiederaufnahme des Verfahrens nicht völlig dem Ermessen des Gerichtshofs anheimgestellt wäre. Dabei besteht aber zwischen jenen Gesetzgebungen der ungemein wesentliche Unterschied, daß in den meisten von ihnen ausdrücklich eine vollständige mündliche Beweisaufnahme und Verhandlung des Falls in Abwesenheit des Angeklagten, ja in mehreren, auch in geringeren Straffällen, eine Officialvertheidigung des Abwesenden vorgeschrieben ist, während nach der kurhessischen Gesetzgebung jede Art von Beweisaufnahme wegfällt und (nach den kurhessischen Gesetzen von 1848 und 1851) kurzer Hand die ganze Anklage einschließlich ihres rechtlichen Theils oder (nach der kurhessischen St. P. O. von 1863) wenigstens die thatsächlichen Behauptungen der Anklage als richtig angenommen werden sollen und auf diese Weise selbst in den schwersten Fällen ein auf bloße Präsumtion gegründetes Contumacialerkenntniß durch Versäumniß oder Verzicht des Angeklagten in vollem Umfange vollstreckbar werden kann.

4) Es erfolgt in Abwesenheit des Angeklagten zwar eine Contumacialentscheidung, die auch (nach den meisten Gesetzen, soweit sie hierher gehören) in Abwesenheit des Angeklagten soviel als möglich vollstreckt werden soll, die aber insofern nur eine provisorische und also im Wesentlichen nur scheinbare Entscheidung ist,

---

1) Für die sogenannten schweren Assisenfälle bestimmt das bairische Gesetz, daß bei späterer Gestellung des Angeklagten das Contumacialurtheil von selbst seine Kraft verlieren soll, jedoch durch ausdrückliche Unterwerfung von Seiten des Angeklagten vollstreckbar werden kann; insofern also gehört das bairische Gesetz zu der folgenden Classe oder nimmt, wenn man will, eine Art Mittelstellung zwischen dieser und der folgenden ein.

als sie bei späterer Gestellung des Angeklagten sofort ihre Bedeutung verliert, so daß in jedem Falle eine neue Verhandlung und Entscheidung des Straffalls nothwendig wird. In dieser Weise ist das Contumacialverfahren geregelt in Frankreich und Würtemberg 1849, Hessen-Darmstadt 1860 und 1865 und Preußen 1851, 1852, 1865 und 1867 für Schwurgerichtsfälle, in Hessen-Darmstadt 1848 und in Baiern 1848 für schwerere Assisenfälle (in Baiern jedoch mit der Modification, daß der Angeklagte durch seine ausdrückliche Unterwerfung das Urtheil aufrecht erhalten kann), und endlich nach der östreichischen St. P. O. von 1853, sowie nach den Strafproceßordnungen für Oldenburg von 1857 und für Bremen von 1863 für alle erheblicheren (nicht zu den sogenannten Uebertretungen oder polizeigerichtlichen Fällen gehörigen) Strafsachen. Für dieses im Wesentlichen provisorische Verfahren haben dann die meisten Gesetzgebungen erklärlicher Weise keine vollständige Verhandlung des Straffalls in Abwesenheit des Angeklagten vorgeschrieben, sondern es in der Regel für genügend erklärt, daß nur das schriftliche, in den Acten enthaltene Beweismaterial in der Sitzung vorgelesen werde. So, in Uebereinstimmung mit der französischen Praxis, Preußen 1851, Hessen-Darmstadt 1860 und 1865, Baiern 1848, sowie Oldenburg und Bremen. Ja, in mehreren Gesetzgebungen, nämlich in Preußen 1852 (?), 1865 und 1867, Hessen 1848 und Würtemberg 1849, ist selbst eine jede Art von Beweiserhebung in der Contumacialverhandlung für überflüssig erklärt und vorgeschrieben, daß einfach die thatsächlichen Behauptungen der Anklage als richtig angenommen und der Contumacialentscheidung zu Grunde gelegt werden sollen. Dabei haben alle Gesetzgebungen seit dem Code von 1808 die Zuziehung von Geschworenen für solche Fälle begreiflicher Weise ausgeschlossen. Nur eine Gesetzgebung hat (zwar nicht die Zuziehung von Geschworenen, die vielmehr nach dieser Strafproceßordnung überhaupt nicht recipirt sind, wohl aber) eine vollständige mündliche Beweisaufnahme als nothwendige Grundlage selbst dieser nur provisorischen Contumacialentscheidung hingestellt. Es ist dies die St. P. O. für Oestreich von 1853, die auf diese Weise den geraden Gegensatz bildet zu den oben erwähnten kurhessischen Gesetzen, welche sogar als Grundlage einer definitiven (durch Einspruch Seitens des Angeklagten anfechtbaren, ohne diesen Einspruch aber in jeder Hinsicht vollstreckbaren) Contumacialentscheidung eine bloße Präsumtion für ausreichend halten.

5) Die letzte Classe bilden endlich diejenigen Gesetze, welche eine Contumacialentscheidung in erheblicherem Umfange ausschließen. Es gehören dahin bis jetzt nur Braunschweig 1849 (und 1858) für alle Fälle, in denen eine öffentliche Vorladung nöthig wurde, Kurhessen 1848 und Frankfurt a. M. 1856 für alle peinlichen, beziehungsweise schwurgerichtlichen Fälle, und endlich für alle, oder doch alle erheblicheren Straffälle der sächsische Entwurf von 1853, der hamburgische von 1862 und der würtembergische von 1863, sowie die würtemb. St. P. O. von 1868. Von wirklich eingeführten Strafproceßordnungen ist danach unseres Wissens die würtembergische St. P. O. von 1868 die einzige, welche für das ganze Gebiet des Criminalunrechts, und zwar gleichmäßig, mag die Ladung zur Hauptverhandlung dem Angeklagten in gewöhnlicher Weise zugestellt, oder mag eine öffentliche Vorladung ergangen sein, eine Contumacialentscheidung irgend welcher Art ausschließt.

Diese fünf Classen, in welche wir die neueren Gesetzgebungen getheilt haben, lassen sich auf zwei zurückführen, wenn wir die letzte von ihnen, nach welcher eine Contumacialentscheidung ganz oder in erheblichem Umfange ausgeschlossen ist, den vier ersten, nach denen sie zulässig ist, gegenüberstellen. Die vier ersten Classen lassen sich wiederum auf zwei reduciren, wenn wir die drei ersten, nach denen die Contumacialentscheidung zwar angefochten werden kann, ohne Anfechtung aber definitiv wird, der vierten gegenüberstellen, nach welcher immer nur eine für den Fall der Gestellung des Angeklagten bloß provisorische Contumacialentscheidung ergeht.[1]) Dennoch ist hier die Nebeneinanderstellung jener fünf Classen gewählt worden, weil dadurch der allmähliche Uebergang des einen Standpunkts in den anderen klarer hervortritt, und weil z. B. das Verfahren mit Einspruch (opposition des französischen Rechts) ziemlich genau die Mitte zu halten scheint zwischen einer unbedingt definitiven und der bloß vorläufigen Contumacialentscheidung und andererseits dies vorläufige Contumacialverfahren wiederum außerordentlich nahesteht denjenigen Gesetzen, welche eine Contumacialentscheidung überhaupt ausschließen, so nahe nämlich wie ein bloßes Scheinhandeln dem Nichthandeln verwandt ist. Die Reihenfolge aber, in der wir jene fünf Classen oben aufführten, bestimmt sich dadurch, daß (so auffallend dies zunächst klingen mag), die erste Classe dem älteren Verfahren, dem Contumacialverfahren des schriftlichen Untersuchungsprocesses am nächsten steht und die anderen Classen sich schrittweise von dem alten Standpunkt entfernen und den Forderungen des mündlichen Anklageprocesses mehr und mehr Genüge zu thun sich entschließen. Allerdings sahen wir, daß in jenem älteren Verfahren es factisch nur ziemlich selten zu einer Contumacialaburtheilung kam, zugleich aber durften wir feststellen, daß die rechtliche Möglichkeit einer solchen durchaus durch das ältere Verfahren gegeben war, und es stehen daher diejenigen neueren Gesetzgebungen, welche diese rechtliche Möglichkeit bejahen, dem älteren Standpunkte näher als diejenigen, welche dieselbe verneinen. Ja, man muß sagen, daß diejenigen neueren Gesetze, welche eine wesentlich definitive Entscheidung auf Grund der mündlichen Hauptverhandlung zulassen, zwar durch Aufnahme der Mündlichkeit des Verfahrens auf dem Boden des modernen Strafprocesses stehen, im Uebrigen aber noch der alten Fahne des Inquisitionsprincips folgen.[2])

---

1) Auf diese Art theilt Buchner (im Gerichtssaal XI, B. 2, S. 103 ff.) das Verfahren gegen Abwesende in ein „endgiltiges" und ein „vorläufiges Ungehorsamsverfahren."

2) Wenn Zachariae (Handbuch B. II, S. 384 ff.) die neueren Gesetzgebungen hinsichtlich des Contumacialverfahrens eintheilt a) in solche, welche in schwereren Straffällen nur eine provisorische Entscheidung, b) solche, welche

Neben dieser Eintheilung in der Hauptsache zeigen die neueren Gesetze noch in Nebenpunkten mannigfache andere Verschiedenheiten, die bei der folgenden Behandlung der einzelnen Fragen zur Anschauung kommen sollen. Hervorgehoben sei nur schon hier, daß ein wichtiger Unterschied darin besteht, daß unter den gegen den Abwesenden zulässigen Zwangsmitteln die einen Gesetze noch die Beschlagnahme des Vermögens und die Entziehung gewisser bürgerlicher Rechte kennen, während die anderen beides oder doch das eine oder das andere fallen gelassen haben.

---

in allen Straffällen eine definitive und c) solche, welche nur in besonderen Fällen eine Contumacialentscheidung kennen, so scheint dabei kein bestimmter Eintheilungsgrund obzuwalten. Auch Planck (systemat. Darstellung S. 490 ff.) befolgt bei der Ordnung der nach den neueren Gesetzen gegen das Contumacialurtheil zulässigen Rechtsmittel (ordentliche Rechtsmittel — Einspruch nach französ. Art — Restitution auf Grund genügender Entschuldigung) anscheinend keinen bestimmten Gesichtspunkt.

B. Die einzelnen Fragen.

1) Das Vorverfahren.[1])

Das moderne Strafverfahren besteht aus einem Vorverfahren, welches der Versetzung in Anklagestand voraufgeht, und aus dem Hauptverfahren, welches die Erledigung der erhobenen Anklage zur Aufgabe hat. Wenn wir nun fragen, welchen Einfluß die Abwesenheit des Angeschuldigten auf das Vorverfahren auszuüben im Stande sei, so ist zunächst festzustellen, in welchem Sinne im Vorverfahren des heutigen Processes überhaupt von einer Abwesenheit des Angeschuldigten die Rede sein kann. Das Vorverfahren des heutigen französisch-deutschen Strafprocesses besteht nicht aus einer oder mehreren mündlichen Verhandlungen, zu denen die verdächtige Person (soweit eine solche überhaupt schon vorhanden ist) vorgeladen werden müßte, sondern aus einzelnen Ermittelungsacten, die auf Antrag der Staatsanwaltschaft oder (in der eigentlichen gerichtlichen Voruntersuchung) nach dem Ermessen des Untersuchungsrichters vorgenommen werden. Zu diesen Ermittelungsacten braucht keineswegs der Verdächtige zugezogen zu werden, und es kann von einer Abwesenheit des Angeschuldigten im Vorverfahren also nur in dem Sinne die Rede sein, daß die Verhaftung desselben oder seine Vernehmung im Laufe des Vorverfahrens nöthig wird und nicht ausgeführt werden kann, oder daß Zustellungen an denselben erforderlich werden und nicht bewirkt werden können. Von einer Abwesenheit des Angeschuldigten ist also in Beziehung auf das

---

1) Buchner, im Gerichtssaal, 1857, Bd. II, S. 58 ff. Zachariae, Handbuch des Strafprocesses, B. II, S. 384, Anm. 1.

Vorverfahren des heutigen Rechts nur in demjenigen Sinne, wie im früheren schriftlichen Untersuchungsproceß, zu sprechen. Ebenso wie im letzteren die Untersuchung eingeleitet werden konnte, auch wenn durch die Flucht des Angeschuldigten oder durch die sonstige Abwesenheit desselben seine Vernehmung unmöglich geworden war, und ebenso wie in Abwesenheit des Angeschuldigten die Untersuchung fortgesetzt werden konnte, so können auch jetzt die zur vorläufigen Ermittlung des Verbrechens sowie zur Sicherstellung der Beweismittel erforderlichen Acte ohne Rücksicht darauf vorgenommen werden, ob es möglich war, die verdächtige Person zu vernehmen, oder nicht. Ausdrücklich ist dies in mehreren Strafproceßordnungen gesagt,[1]) und ist auch nach den übrigen selbstverständlich.

Doch fragt sich, welchen Einfluß die Abwesenheit des Angeschuldigten auf die Art und Weise des Vorverfahrens und insbesondere auf die Ausdehnung desselben auszuüben geeignet sei, sowie ob und in welcher Art das Vorverfahren zum Abschluß gebracht werden kann, falls es nicht gelingt, den Angeschuldigten im Laufe desselben zu vernehmen.

In ersterer Beziehung findet sich vereinzelt die Vorschrift, daß „wenn das Strafverfahren gegen einen Abwesenden eingeleitet werden soll", stets eine gerichtliche Voruntersuchung stattfinden müsse,[2]) augenscheinlich weil man von dieser eine vollständigere und mehr objective, auch das Interesse des Abwesenden wahrnehmende Ermittlung erwartet. Auf demselben Bestreben beruht es, wenn andere Gesetzgebungen für den Fall der Abwesenheit des Angeschuldigten dem Untersuchungsgericht ausdrücklich eine besondere Sorgfalt in der Führung der Voruntersuchung zur Pflicht machen.[3]) Daß aber an sich die Voruntersuchung in solchen Fällen stets den Character einer vollständigen und erschöpfenden Untersuchung tragen müsse,

1) Baden 1845 §. 315, 1851 §. 132, 1864 §. 352. Baiern 1848 Art. 276. Oestreich 1850 §. 416, 1853 §. 377, 1867 §. 426. Sachsen 1855 Art. 118. Kurhessen 1863 §. 216.

2) Oestreich, Entwurf von 1867 §. 88.

3) Vgl. Baden 1845 §. 315, 1851 §. 132, 1864 §. 352. Oestreich 1850 §. 416, 1853 §. 377, 1867 §. 426. Sachsen 1855 Art. 118.

läßt sich nicht behaupten. Allerdings wird die Erwägung, daß in Folge der Abwesenheit des Angeschuldigten es vorläufig oder vielleicht auf lange Zeit hinaus zu keiner mündlichen Hauptverhandlung oder doch nicht zu einer definitiven Entscheidung kommen werde, leicht veranlassen, daß schon in der Voruntersuchung eingehendere Ermittlungen und eine möglichst vollständige Fixirung der vorhandenen Beweismittel vorgenommen werden, und man kann sagen, daß „hier ein Vorwurf, den man sonst wohl den deutschen Gerichten mit Recht macht, zum Lob werde, nämlich der, daß sie sich trotz der völlig geänderten Stellung der schriftlichen Untersuchung noch nicht davon losmachen können, in ihr die erschöpfende Herstellung des Beweismaterials zu sehen."[1]) Allein daß die Voruntersuchung im Falle der Abwesenheit des Angeschuldigten stets diesen Character einer vollständigen und erschöpfenden Untersuchung tragen müsse, läßt sich deswegen nicht behaupten, weil doch keineswegs in allen diesen Fällen gewiß ist, daß es nicht zu einer contradictorischen mündlichen Verhandlung kommen werde, und weil ja auch nach der Versetzung in Anklagestand noch für eine Vervollständigung des Beweismaterials und für eine ausreichende Fixirung desselben zum Zwecke künftiger Benutzung gesorgt werden kann.

Es liegt ferner im gewöhnlichen (staatsanwaltschaftlichen oder Scrutinial-) Vorverfahren nach allen, und in der gerichtlichen Voruntersuchung wenigstens nach einzelnen Gesetzen die Möglichkeit vor, daß sich im Laufe des Vorverfahrens gar nicht die Frage erhebt, ob der Angeschuldigte anwesend oder abwesend sei. Für das gewöhnliche Vorverfahren findet sich nämlich nirgends und für die gerichtliche Voruntersuchung nicht nach allen Gesetzen vorgeschrieben, daß der Angeschuldigte vor der Versetzung in Anklagestand vernommen werden müsse. Nur in einzelnen Gesetzen, wie Preußen 1849 §. 75, 1865 §. 76, 1867 §. 69, Würtemberg 1849 Art. 28, Hannover 1850 §. 108, 1858 §. 115 und Oestreich 1853 §. 190, ist die Vernehmung des An-

1) Buchner, Gerichtssaal 1857, Bd. II, S. 60. Vgl. Abegg, über den preuß. Entwurf von 1851 S. 200.

geschuldigten, und zwar nur für die gerichtliche Voruntersuchung für rechtlich nothwendig erklärt worden.

Dadurch beantwortet sich die fernere Frage, ob in Abwesenheit des Angeschuldigten das Vorverfahren zum Abschluß gebracht werden könne, theilweise von selbst, und es fragt sich nur, ob auch nach denjenigen Gesetzen ein solcher Abschluß möglich ist, welche, wie die zuletzt genannten, die Vernehmung des Angeschuldigten in der Voruntersuchung für nothwendig erklären. Diese Frage ist in mehreren Gesetzen ausdrücklich beantwortet, indem theils nur die Vernehmung des anwesenden oder nichtflüchtigen Angeschuldigten für nothwendig erklärt wird,[1]) theils ausdrücklich gesagt ist,[2]) daß eine Versetzung in Anklagestand stattfinden könne ohne Rücksicht darauf, ob der Angeschuldigte in der Voruntersuchung vernommen werden konnte oder nicht. Sie ist aber auch da, wo eine solche ausdrückliche Beantwortung in der Gesetzgebung selbst sich nicht findet, deswegen zu bejahen,[3]) weil die Versetzung in Anklagestand ein seiner Natur nach einseitiger Act ist, welcher ein contradictorisches Verfahren nicht voraussetzt.

Dabei macht es keinen Unterschied, ob die Erhebung der Anklage dem Ermessen des Anklägers überlassen ist, oder ob, wie nach den meisten neueren Gesetzen für die gerichtliche Voruntersuchung vorgeschrieben ist, das Gericht es ist, welches auf Grund der Resultate der Voruntersuchung über die Versetzung in Anklagestand beschließt. Nur erhebt sich die Frage, ob da, wo auch in schweren Straffällen, in denen eine gerichtliche Voruntersuchung stattfand, die Erhebung der Anklage dem Ankläger überlassen,

---

1) Würtemberg 1849 Art. 28. Bremen 1863 Art. 82 Anmerkung, Art. 88 §. 373. Preußen 1865 §. 76, 1867 §. 69.

2) Baden 1845 §. 316, 1851 §. 132, 1864 §. 352. Baiern 1848 Art. 276. Oestreich 1853 §. 383. Sachsen 1855 Art. 239. Bremen 1863 §. 373. Würtemberg 1863 Art. 272, 1868 Art. 273. Hessen-D. 1865 Art. 271. Preußen 1865 §. 92, 1867 §. 85.

3) Vgl. für Preußen Oppenhoff zu Art. 34 Anmerk. 5. Ferner: Materialien u. s. w. S. 474. Anderer Meinung Planck, syst. Darstellung S. 483 f.

zugleich aber dem Angeklagten das Recht eingeräumt ist, dieser Erhebung der Anklage zu widersprechen und unter Einreichung einer Vertheidigungsschrift eine Vorprüfung der Anklage durch das Gericht zu verlangen,[1]) nicht auch in irgend einer Weise das Interesse des Abwesenden gewahrt werden soll. Letzteres geschieht von dem östreichischen Entwurf einer St. P. O. von 1867 in der Art,[2]) daß für den Abwesenden von Amtswegen ein Vertheidiger ernannt werden soll, der jenes Recht des Angeklagten durch Einreichung einer Vertheidigungsschrift und den Antrag auf gerichtliche Beschlußfassung wahrnimmt. Einen anderen, und wohl richtigeren Weg schlägt die Lübecker St. P. O. von 1862 ein, indem sie vorschreibt,[3]) daß die gegen den Abwesenden erhobene Anklage öffentlich bekannt gemacht und der Angeklagte aufgefordert wird, seine Rechte durch persönliches Erscheinen vor Gericht wahrzunehmen.

Wenn aber auf diese Weise nach allen Gesetzgebungen ein formeller Abschluß des Vorverfahrens auch im Falle der Abwesenheit des Angeschuldigten möglich ist, so ist derselbe doch nicht nach allen Gesetzen rechtlich nothwendig, indem vielmehr in mehreren Gesetzen gesagt ist, daß das Gericht, falls es die Gegenwart des Angeschuldigten für den Abschluß des Vorverfahrens unumgänglich erachtet, die vorläufige Einstellung des Verfahrens beschließen kann,[4]) mit der Wirkung, daß das Verfahren nicht erst, wie bei einer Außerverfolgsetzung, bei dem Hervortreten neuer Beweismittel, sondern sofort bei der Gestellung des Angeschuldigten wieder aufgenommen werden kann.

Eine Vertretung des Angeschuldigten in der Voruntersuchung ist in einer Anzahl von Gesetzen ausdrücklich für unzu-

---

1) So Oestreich 1867 §. 111, 112. Lübeck 1862 §. 162.

2) Oestreich 1867 §. 435.

3) Lübeck 1862 §. 162.

4) Hannover 1850 §. 120, 1859 §. 128. Preußen 1852 Art. 34. Frankfurt 1856 Art. 155. Oldenburg 1857 Art. 238. Hessen-D. 1860 Art. 267, 1865 Art. 271.

lässig erklärt,[1]) d. h. es muß der vorgeladene Angeschuldigte persönlich erscheinen, ohne daß jedoch, wie wir gesehen haben, das persönliche Erscheinen des Angeschuldigten, falls dasselbe nicht bewirkt werden kann, eine unumgängliche Voraussetzung des Abschlusses der Voruntersuchung bildet. Folgeweise ist auch das Auftreten eines Vertheidigers für den abwesenden Angeschuldigten im Laufe des Vorverfahrens unzulässig. Die Bestimmungen der wenigen Gesetzgebungen,[2]) welche das Auftreten eines Vertheidigers in der Voruntersuchung überhaupt zulassen, beziehen sich nur auf die Unterstützung des anwesenden Angeschuldigten durch einen ihm zur Seite stehenden Rechtsbeistand. Wo jedoch dem Angeschuldigten das Recht eingeräumt ist, im Laufe des Vorverfahrens schriftliche Anträge oder Vorstellungen bei Gericht anzubringen und sich hierzu der Mitwirkung eines Vertheidigers zu bedienen,[3]) wird dies Recht auch dem abwesenden Angeschuldigten zugesprochen werden müssen.

Welche Gestellungsmittel im Vorverfahren zulässig sind, fällt im Allgemeinen außerhalb der uns beschäftigenden Aufgabe, und wir können die näheren Bestimmungen über Vorladung, Vorführung, Verhaftung und den Erlaß von Steckbriefen hier bei Seite lassen. In näherer Beziehung zu unserer Aufgabe steht nur die Frage, ob auch eine öffentliche Vorladung schon im Vorverfahren stattfindet und ob die Beschlagnahme des Vermögens, sowie diejenigen Rechtsbeschränkungen, welche nach einzelnen Gesetzen über den Abwesenden verhängt werden können, schon im Vorverfahren zur Anwendung kommen oder dem Hauptverfahren vorzubehalten sind. Die öffentliche Vorladung hat den Zweck, einen Angeschuldigten, dem die Vorladung vor Gericht nicht im gewöhnlichen Wege zugestellt werden kann, durch öffentliche Aufforderung von dieser Vorla-

1) Preußen 1851 §. 207. Oldenburg 1857 Art. 181. Hessen-D. 1860 Art. 206, 1865 Art. 200. Lübeck 1862 §. 215. Bremen 1863 Art. 67.

2) Vgl. Zachariae, Handbuch II, S. 281 f.

3) Vgl. Hannover 1850 §. 71, 1859 §. 78.

dung in Kenntniß zu setzen. Wenn nun die Vernehmung des Angeschuldigten im Vorverfahren erforderlich ist, wegen Abwesenheit desselben aber nicht bewirkt werden kann, so sollte man meinen, daß schon im Vorverfahren eine öffentliche Aufforderung an den Angeschuldigten durchaus angemessen sein müßte, um so mehr, als ja im Vorverfahren selbst Steckbriefe zulässig sind, falls der Angeschuldigte als flüchtig erscheint oder seine Verhaftung nöthig geworden, sein Aufenthalt aber unbekannt ist. Dennoch haben eine Reihe von Gesetzgebungen die öffentliche Vorladung von dem Vorverfahren ausgeschlossen, sei es, daß sie, wie das preußische Gesetz, eine öffentliche Vorladung im Laufe des Vorverfahrens ausdrücklich untersagen,[1]) oder daß sie nur in Beziehung auf das Verfahren nach der Versetzung in Anklagestand eine öffentliche Vorladung erwähnen.[2]) Der Grund hiervon ist wohl ein zweifacher. Einmal nämlich mag es, da in allen erheblicheren Fällen Steckbriefe zulässig sind, als überflüssig erscheinen, daß in den weniger bedeutsamen Fällen schon im Vorverfahren eine verhältnißmäßig kostspielige und umständliche Maßregel zur Anwendung komme, die nach der Versetzung in Anklagestand vielleicht wiederholt werden muß, und sodann mag die Erwägung mitgewirkt haben, daß es vor der Versetzung in Anklagestand, also vor gehöriger Aufklärung des Falles, nicht angemessen sei, den Angeschuldigten durch öffentliche Vorforderung öffentlich einer strafbaren Handlung zu beschuldigen. In der That ist dieser letztere Gesichtspunkt von nicht unerheblichem Gewicht. Sobald wir jedoch erwägen, daß doch der Erlaß von Steckbriefen, also eine viel härtere Maßregel im Strafverfahren zulässig ist, und daß die Versagung der öffentlichen Vorladung voraussichtlich sehr leicht zu einer gesteigerten Anwendung der Steckbriefe führen

---

1) Preußen 1852 Art. 34.

2) So der Code Art. 465, Oldenburg 1857 Art. 436 ff. Bremen 1863 Art. 143 ff. Hessen-D. 1860 Art. 382 ff., 1865 Art. 395 ff. Auch Hessen-D. 1848 und Würtemberg 1849 würden hierhin gehören, wenn diese überhaupt eine eigentliche öffentliche Vorladung kennten, statt deren sie nur eine öffentliche Bekanntmachung der Beschlagnahme vorschreiben.

kann, so muß doch der Ausschluß jener Maßregel vom Vorverfahren als ein Mangel und als eine Lücke im Verfahren erscheinen, um so mehr, als durch die Art der Vorforderung genügend ausgedrückt werden kann, daß es sich vorläufig nur um einen Verdacht und um Ermittlungen zur Begründung einer Anklage handele. Ob in letzterer Beziehung freilich zu empfehlen ist, daß die in Frage stehende strafbare Handlung nicht genau oder selbst gar nicht bezeichnet werde, wie einige Gesetze bestimmt haben,[1]) ist sehr zu bezweifeln, da die hierbei vermuthlich beabsichtigte Schonung des Angeschuldigten nur zu leicht zu ihrem Gegentheil ausschlagen kann. Mehr empfiehlt es sich, daß zwar der Gegenstand der Anschuldigung, soweit der Stand der Untersuchung dies gestattet, genau bezeichnet, dagegen der Angeschuldigte nur im Allgemeinen aufgefordert wird, zu seiner Vernehmung zu erscheinen, ohne daß derselbe, soweit dies nicht aus dem Zusammenhang von selbst hervorgeht, ausdrücklich als Angeschuldigter oder Verdächtiger bezeichnet wird. — Aehnliche Erwägungen kommen in Betracht hinsichtlich der Beschlagnahme des Vermögens und der erwähnten Rechtsbeschränkungen, welche nach einer Reihe von Gesetzen über den Abwesenden verhängt werden können, und welche ebenfalls theils schon im Vorverfahren,[2]) theils erst nach der Versetzung in Anklagestand[3]) sollen zur Anwendung kommen können. Da jedoch diese Maßregeln hinsichtlich ihrer Anwendbarkeit überhaupt erheblichen Bedenken unterliegen, und da in einem späteren Abschnitte näher auf dieselben eingegangen werden soll, so kann jene Frage hier vorläufig übergangen werden. Doch liegt auf der Hand, daß bei diesen Maßregeln, welche eine wirkliche Rechtsbeschränkung des Angeschuldigten enthalten, diejenigen

1) Thüringen 1850 Art. 112, Sachsen 1855 Art. 144, Kurhessen 1863 §. 32.

2) So nach der preußischen Criminalordnung von 1805 §. 237, Baden 1851 §. 126, 1864 §. 342, Sachsen 1855 Art. 146.

3) So nach dem Code Art. 465, Hessen-D. 1848 Art. 215, 1860 Art. 382, 1865 Art. 107, Würtemberg 1849 Art. 236, Braunschweig 1849 §. 175, Oldenburg 1857 Art. 433, Bremen 1863 Art. 142.

Gründe eine verstärkte Bedeutung erhalten, welche für einen Aufschub derselben bis nach der Versetzung in Anklagestand sprechen.

---

2) Das Hauptverfahren.[1])

a) Die Vorbereitung der Hauptverhandlung.

Nach der Erhebung der Anklage durch den Ankläger, beziehungsweise nach der Versetzung in Anklagestand durch das Gericht handelt es sich um die Zustellung der Anklage, und zwar nach den jetzt meistens für schwerere Straffälle bestehenden Einrichtungen, um die Zustellung des Anklagebeschlusses und der sogenannten Anklageschrift an den Angeklagten, sowie um die Ladung desselben zur Hauptverhandlung. Ist der Angeklagte verhaftet, so genügt es nach manchen Gesetzen,[2]) daß ihm die Anklage mündlich zu Protokoll eröffnet und er mündlich von dem Tage der Hauptverhandlung in Kenntniß gesetzt wird. Dem nicht verhafteten Angeklagten dagegen muß nach allen Gesetzen sowohl die Anklage als die Ladung zur Hauptverhandlung schriftlich zugestellt werden. Dabei muß die Ladung nicht nur die Aufforderung an den Angeklagten enthalten, seine etwaigen Beweisanträge rechtzeitig bei Gericht zu stellen, sondern auch angeben, welche rechtliche Folgen sein Ausbleiben nach sich ziehen werde. In letzterer Beziehung verfahren die neueren Gesetze insofern übereinstimmend, als die gewöhnliche Vorladung stets eine bestimmte Androhung dieser Rechtsfolgen enthalten soll und es nicht etwa genügt (wie nach manchen Gesetzen bei der öffentlichen Vorladung), wenn gesagt wird, daß gegen den Ausbleibenden „nach den Gesetzen weiter verfahren werden solle." Materiell aber weichen die Gesetze

---

1) Vgl. Buchner. im Gerichtssaal 1857 B. II, S. 63 ff. Zachariae, Handbuch B. II, S. 384 ff., Planck, syst. Darstellung S. 482 ff.

2) z. B. Preußen 1849 §. 49.

in der Art der Androhung ebenso ab, wie sie die Folgen des Ausbleibens verschieden bestimmen. Die Art der Zustellung ist dabei nach den meisten Gesetzen dieselbe wie bei Zustellungen überhaupt; es braucht also dieselbe nicht nothwendig an den Angeklagten persönlich zu geschehen, sondern kann auch an gewisse Hausgenossen desselben erfolgen und eventuell selbst an die Thür seiner Wohnung geheftet werden. Auch soll nach einzelnen Gesetzen die Abgabe der Vorladung an die Polizei- oder Ortsbehörde zum Zwecke der Zustellung als wirklich erfolgte Zustellung gelten. Alles dies aber nur unter der Voraussetzung, daß der Angeklagte sich nicht etwa in der Art entfernt hat, daß eine wirkliche Kenntnißnahme von der Vorladung Seitens des Angeklagten nicht wahrscheinlich ist.[1]) Wenn dagegen der Aufenthalt des Angeklagten unbekannt ist, oder wenn, was die neueren Gesetzgebungen wohl mit Recht dem gleichstellen, der Aufenthalt des Angeklagten zwar bekannt, aber im Auslande ist und daselbst die Zustellung voraussichtlich nicht ohne erhebliche Schwierigkeiten oder nicht mit der erforderlichen Sicherheit bewirkt werden kann,[2]) so fragt es sich, ob das fernere Verfahren beruhen, oder ob und in welcher Weise das Verfahren fortgesetzt werden soll.

Die französische Gesetzgebung erklärt in geringeren und mittleren Straffällen die Zustellung der Anklage und der Ladung an den Angeklagten selbst für die unumgängliche Voraussetzung eines weiteren Verfahrens, so daß das Verfahren beruhen muß, wenn diese Zustellung nicht in der gesetzlich vorgeschriebenen Weise bewirkt werden kann. In Schwurgerichtsfällen dagegen soll (Code Art. 456 ff.) nach der Versetzung in Anklagestand der Angeklagte stets wo möglich verhaftet werden, und wenn dies nicht ausgeführt werden kann, stets zum Edictalverfahren übergegangen werden. Hiervon weichen die deutschen Strafproceßgesetze insofern nicht unerheblich ab, als nach den meisten von ihnen

---

1) Vgl. Oppenhoff zu Art. 33 des Gesetzes vom 3. Mai 1852, Anm. 7.

2) Vgl. Preußen 1852 Art. 35, 1865 §. 458, 1867 §. 451, Sachsen 1855 Art. 273.

auch in geringeren oder doch in den mittleren Straffällen ein Edictalverfahren stattfinden kann, und als andererseits in schwurgerichtlichen Fällen weder stets die Verhaftung des Angeklagten nothwendig ist, noch auch, wenn die Zustellung der Anklage und der Ladung nicht bewirkt werden kann, stets eine öffentliche Vorladung erfolgen muß. Nur Baiern 1848 Art. 277 u. 341, der preußische Entwurf von 1851 §. 466, der hessen-darmstädtische Entwurf von 1860 Art. 382, die hessen-darmstädtische St. P. O. von 1865 Art. 395 und der östreichische Entwurf von 1867 Art. 436 beschränken mit dem französischen Code das Edictalverfahren auf schwurgerichtliche, beziehungsweise schwere Straffälle, während die übrigen ein Edictalverfahren auch in den geringeren oder mittleren Straffällen kennen. [1]) Wenn einzelne Gesetze auch in schweren Straffällen eine eigentliche öffentliche Vorladung nicht kennen, sondern nur eine öffentliche Bekanntmachung der gegen den Abwesenden verfügten Zwangsmaßregeln vorschreiben, [2]) so ist dies mehr nur ein formeller Unterschied, da auch diese öffentliche Bekanntmachung den Zweck der öffentlichen Vorladung in gewisser Weise erfüllt. Es soll aber nach den meisten Gesetzen nicht in jedem Falle mit der öffentlichen Vorladung des Angeklagten vorgegangen werden, sondern es soll von besonderen Erwägungen abhängen, ob das Verfahren fortgesetzt werden soll. Hierhin gehören die verschiedenen preußischen und östreichischen Strafproceßgesetze und Entwürfe, und ferner die Strafproceßordnungen von Hessen-Darmstadt, Oldenburg und Bremen, welche das Beruhenlassen der Sache für die Regel, die Fortsetzung des Verfahrens für die Ausnahme erklären. [3]) Es gehörte hierhin ferner in gewissem Sinne auch die Frankfurter

---

1) Preußen 1852 Art. 46, 1865 §. 470, 1867 §. 462, Braunschweig 1849 §. 175, Oestreich 1850 §. 425, 1853 §. 386, Thüringen 1850 Art. 218, Sachsen 1855 Art. 273, Oldenburg 1857 Art. 436, Bremen 1863 Art. 143.

2) Hessen-D. 1848 Art. 215, Würtemberg 1849 Art. 236.

3) Preußen 1851 §. 466, 1852 Art. 35, 1865 §. 459, 1867 §. 451, Oestreich 1850 §. 425, 1853 §. 385, 1867 §. 436, Oldenburg 1857 Art. 436, Bremen 1863 Art. 143, Hessen-D. 1860 Art. 382, 1865 Art. 395.

St. P. O. von 1856, welche (Art. 165) vorschreibt, daß umgekehrt das Anklagegericht nach der Versetzung in Anklagestand beschließen kann, daß für den Fall der Nichtvollstreckung des erlassenen Haftbefehls das Verfahren bis zur Betretung des Angeklagten beruhen solle. Dabei findet ferner die Verschiedenheit statt, daß nach den einen Gesetzen die Frage, ob das Verfahren fortgesetzt werden soll oder nicht, der Entscheidung des Gerichts,[1]) nach den anderen der Erwägung des öffentlichen Anklägers [2]) überlassen ist, daß ferner in einzelnen Gesetzen die besonderen Gründe, aus denen die Fortsetzung des Verfahrens beschlossen werden kann, näher bezeichnet,[3]) in den anderen dagegen dem Ermessen des öffentlichen Anklägers, beziehungsweise des Gerichts überlassen sind. Als solche besonderen Gründe sind vorzugsweise die Wichtigkeit der That und das Aufsehen, das sie erregte, sowie die Erwägung hingestellt, daß „die gänzliche Straflosigkeit weitere nachtheilige Folgen nach sich ziehen könne."

Dies führt auf die Frage, ob denn eine öffentliche Vorladung nur angemessen ist als Ankündigung einer Contumacialentscheidung, oder ob dieselbe auch unabhängig von einer solchen Bedeutung ist. In dieser Beziehung finden wir, daß einzelne Gesetze, welche eine Contumacialaburtheilung theils nur auf gewöhnliche Vorladung,[4]) theils gar nicht zulassen,[5]) dennoch eine öffentliche Vorladung vorschreiben. Und in der That, muß eine öffentliche Vorladung des abwesenden Angeklagten mindestens da für durchaus angemessen gehalten werden, wo dem Angeklagten im Falle seines Ausbleibens zwar nicht die Aburtheilung des

1) Oestreich 1853 §. 385, Hessen-D. 1865 Art. 395.

2) Preußen 1851 §. 466, 1852 Art. 35, 1865 §. 459, 1867 §. 451, Oestreich 1850 §. 425, 1867 §. 436, Oldenburg 1857 Art. 436, Bremen 1863 Art. 143.

3) Oestreich 1850 §. 425, 1853 §. 436. Hessen-D. 1860 Art. 382, 1865 Art. 395.

4) So die braunschweigsche St. P. O. von 1849 und 1858.

5) So der sächsische Entwurf von 1853, der hamburgische von 1862 und der würtembergische von 1863 nebst der würtembergischen St. P. O. von 1868.

Straffalls, wohl aber die Beschlagnahme seines Vermögens und sonstiger Rechtsverlust in Aussicht stehen. Aber selbst, wenn diese Maßregeln von der Gesetzgebung verworfen werden, hat die öffentliche Vorladung des Angeklagten eine gewisse Bedeutung. Es kann nämlich selbst in den Fällen, wenn schon Steckbriefe gegen den Angeklagten vergeblich erlassen sein sollten, als angemessen erscheinen, daß der Angeklagte, nach Abschluß des Vorverfahrens öffentlich des Verbrechens angeklagt und zu einem bestimmten Termine vorgeladen werde. Nur möchten wir, damit nicht in Fällen, an denen gar kein allgemeineres Interesse haftet, unnütze Kosten und Weitläufigkeiten veranlaßt werden und damit andererseits nicht der Verdacht staatsanwaltschaftlicher Willkür erregt werde, [1]) irgend eine Einrichtung vorschlagen, wonach in gewöhnlichen Fällen eine weniger kostspielige und umständliche öffentliche Ladung erfolgt.

Daß in der öffentlichen Vorladung der Angeklagte selbst, sowie das Verbrechen, um das es sich handelt, zu bezeichnen sind, versteht sich von selbst. In ersterer Beziehung schreiben die Gesetzgebungen meist vor, daß der Vor- und Zuname des Angeklagten, sein bisheriger Wohnort oder der Geburtsort desselben, auch sein Stand oder Gewerbe, sowie auch sein Alter angegeben werden solle, in letzterer Beziehung, daß „die strafbare Handlung, welche den Gegenstand der Anklage bildet," [2]) oder „das Verbrechen nach seiner gesetzlichen Bezeichnung und den wesentlichen Umständen, welche auf die Bestrafung von Einfluß sind" [3]) oder „das Verbrechen nach Maßgabe des Verweisungsbeschlusses," [4]) beziehungsweise der in demselben enthaltenen „Anklagefor-

1) Vgl. die Verhandlungen in Preußen in den Materialien zu der Verordnung u. s. w. S. 445 ff.

2) Preußen 1852 Art. 37 und 46, Oldenburg 1857 Art. 437, Bremen 1863 Art. 144.

3) Oestreich 1853 §. 386.

4) Hessen-D. 1865 Art. 108.

mel" [1]) in der öffentlichen Vorladung angegeben werden müsse. Vom allgemeinen Standpunkt kann in dieser Hinsicht nur gesagt werden, daß der Angeklagte in der öffentlichen Vorladung so bezeichnet sein muß, daß eine Verwechslung voraussichtlich nicht möglich ist, und daß das Verbrechen, welches den Gegenstand des Verfahrens bildet, in der Art anzugeben ist, daß ebenfalls eine bestimmte concrete That damit bezeichnet ist. Dabei versteht sich von selbst, daß das Verbrechen nicht nach allen seinen Momenten concret bezeichnet zu sein braucht, daß es vielmehr genügt, wenn der gesetzliche Thatbestand des Verbrechens in Verbindung mit so vielen und solchen concreten Umständen angegeben wird, daß ein Zweifel über die Identität der That voraussichtlich nicht möglich ist. Daher ist es andererseits nicht zulässig, sich auf die Angabe des gesetzlichen Thatbestandes oder gar des Begriffs des Verbrechens zu beschränken.[2]) Doch fragt es sich, ob von der öffentlichen Vorladung nicht weit mehr als eine genügende Bezeichnung des Verbrechens gefordert werden soll. Wenn auf die öffentliche Vorladung eine Contumacialaburtheilung gegründet werden soll, insbesondere eine solche, welche nicht einen bloß provisorischen Character trägt, so scheint es in der That erforderlich, daß der Angeklagte zugleich mit dem Inhalt der Anklage im Einzelnen bekannt gemacht und auch die Beweismittel angegeben werden, auf welche die Anklage ihre Behauptungen stützt.[3]) Die praktische Unausführbarkeit einer so ausgedehnten öffentlichen Mittheilung ist vielleicht weniger ein Beweis gegen die Richtigkeit dieser Forderung, als gegen die Angemessenheit der Contumacialaburtheilung selbst.

Die in der öffentlichen Vorladung enthaltene Aufforderung geht nach den meisten Gesetzen nicht dahin, daß sich der Angeklagte in einer bestimmten Sitzung des erkennenden Strafgerichts

---

1) Preußen 1865 §. 452, 1867 §. 453.

2) Vgl. den Aufsatz des Verfass. in Goltdammer's Archiv B. X, S. 226 ff., besonders S. 345 f.

3) Vgl. den Aufsatz von Kayser in der Allgemeinen Strafrechtszeitung von v. Holtzendorff, 1867 S. 181 ff.

einfinde,[1]) sondern es wird der Angeklagte meist aufgefordert, sich in einer bestimmten Frist (außerhalb der Hauptverhandlung) bei dem Gericht, welches in der Sache zu entscheiden hat,[2]) beziehungsweise bei dem Untersuchungsrichter dieses Gerichts[3]) oder bei einem bestimmten anderen in der Vorladung zu bezeichnenden Gericht[4]) einzufinden habe. Es wird dadurch vermieden, daß etwa Zeugen und Sachverständige unnütz zur Hauptverhandlung geladen und sonstige Beweismittel zur Stelle geschafft werden,[5]) und andererseits die Möglichkeit gegeben, daß durch den erschienenen Angeklagten und seine Vernehmung eine rechtzeitige Vervollständigung des Beweismaterials veranlaßt werde. Die Fristen, innerhalb deren der Angeklagte sich stellen, beziehungsweise vor deren Ablauf die Hauptverhandlung nicht vorgenommen werden soll, sind in den deutschen Gesetzgebungen einigermaßen verschieden bestimmt, überall aber weiter gefaßt, als nach französischem Recht. Während nach dem Code Art. 467 zehn Tage nach dem öffentlichen Aufruf zur Contumacialverhandlung geschritten werden kann, haben die deutschen Gesetze die Frist auf mindestens einen,[6]) andere auf zwei[7]) und drei[8]) Monate bestimmt. In einzelnen Gesetzen allerdings ist die Frist zwischen der öffentlichen Vorladung und dem Termine der Hauptverhand-

1) Vgl. jedoch Sachsen 1855 Art. 144.

2) Oestreich 1850 §. 426, Preußen 1851 §. 467.

3) Preußen 1852 Art. 37, 1865 §. 461, 1867 §. 453.

4) Oldenburg 1857 Art. 437, Bremen 1863 Art. 144.

5) Vgl. Materialien u. s. w. S. 440.

6) Baiern 1848 Art. 343, Hessen-D. 1860 Art. 384, 1865 Art. 397, Preußen 1851 §. 467, 1852 Art. 37 und 47, 1865 §. 461 und 471, 1867 §. 453 und 463, Oldenburg 1857 Art. 437, Bremen 1863 §. 626, Kurhessen 1863 §. 221.

7) Hessen-D. 1848 Art. 217, Würtemberg 1849 Art. 238.

8) Baiern 1848 Art. 278, Oestreich 1850 §. 426, 1853 §. 386, 1867 §. 437, Thüringen 1850 Art. 218. Einzelne, wie Baiern 1848 und Hessen-D. 1848, haben nach der Schwere der Strafsachen die Frist verschieden bestimmt.

lung unbestimmt gelassen und dem Gericht überlassen, eine „angemessene" Frist zu bestimmen.[1])

Wie die gewöhnliche Vorladung, so muß ferner auch die öffentliche Vorladung eine Ankündigung der im Falle des Ausbleibens den Angeklagten treffenden Rechtsfolgen enthalten. Insbesondere ist dies da nöthig, wo, wie nach den meisten Gesetzgebungen der Fall ist, auf die öffentliche Vorladung eine Contumacialaburtheilung gegründet werden kann. In letzterer Beziehung begnügen sich aber die neueren Gesetze theilweise[2]) mit der allgemeinen Mittheilung, daß im Falle des Ausbleibens gegen den Angeklagten „als Ungehorsamen nach den Gesetzen werde verfahren werden," ohne daß auch nur gesagt würde, daß dem Angeklagten eine, wenn auch nur provisorische Aburtheilung des Straffalles in Aussicht stehe. Die meisten jedoch, soweit sie überhaupt eine Aburtheilung in contumaciam auf öffentliche Vorladung kennen, lassen in der letzteren diese Aburtheilung dem Angeklagten ausdrücklich ankündigen,[3]) oder schreiben selbst vor, daß dem Angeklagten angekündigt werde, in welcher Weise und auf welcher Grundlage diese Aburtheilung erfolgen soll.[4]) Nur selten aber ist diese Ankündigung eine so genaue, daß ausdrücklich anzugeben ist, daß etwa die Aburtheilung ohne Mitwirkung von Geschwornen zu erfolgen habe.[5]) Mitunter ist die Ankündigung des in Aussicht stehenden Contumacialverfahrens eine so wenig genaue, daß sie auch nach solchen Gesetzgebungen

---

1) Thüringen 1850 Art. 218, 112, Baden 1851 §. 128, Lübeck 1862 §. 25.

2) So Oldenburg 1857 Art. 437, Bremen 1863 §. 626, nach dem Vorgange des Code Art. 465, der dem Angeklagten nur ankündigen läßt „qu'il sera procédé contre lui."

3) Preußen 1851 §. 467, 1852 Art. 37 und 46, 1865 §. 461 und 470, 1867 §. 453 und 462, Oestreich 1850 §. 426, 1853 §. 386, 1867 §. 437, Baden 1864 §. 346, Hessen-D. 1860 Art. 383, 1865 Art. 396.

4) Vgl. Preußen 1851, 1852, 1865 und 1867, sowie Oestreich 1850 und 1867 und Baden 1864 an den angeführten Stellen.

5) Vgl. Hessen-D. 1860 Art. 383, 1865 Art. 396.

übereinstimmt, welche in der Wirklichkeit ein sehr verschieden gestaltetes Contumacialverfahren kennen.[1])

Es muß aber die öffentliche Vorladung ferner eine Ankündigung der hinsichtlich seines Vermögens und der Ausübung seiner Rechte den Ausbleibenden etwa betreffenden Nachtheile enthalten. In dieser Beziehung weichen die neueren Gesetzgebungen nur insofern von einander ab, als nach den einen diese Maßregeln schon vor der öffentlichen Vorladung oder in derselben verhängt und mit ihr öffentlich bekannt gemacht werden soll,[2]) während nach den anderen die Verhängung dieser Maßregeln für den Fall des Ausbleibens bis zu einem bestimmten Termine in Aussicht gestellt wird.[3])

Hinsichtlich der Art und Weise, wie die Vorladung veröffentlicht werden soll, stimmen die neueren deutschen Gesetze darin überein, daß vorzugsweise eine Veröffentlichung in öffentlichen Blättern vorgeschrieben ist. Dabei ist nur selten das Gericht an ein bestimmtes officielles Blatt, in welchem die Veröffentlichung erfolgen müßte, gebunden.[4]) Meistens sind ein oder mehrere öffentliche Blätter genannt, in denen die Veröffentlichung zu erfolgen hat, daneben aber kann oder muß das Gericht auch noch in einem oder mehreren anderen öffentlichen Blättern die Veröffentlichung vornehmen.[5]) Auch ist das Gericht in letzterer

1) Vgl. mit einander Preußen 1851 §. 467 einerseits und Oestreich 1850 §. 426 und 1867 §. 437 andererseits, welche in der öffentlichen Vorladung dem Angeklagten gleichmäßig ankündigen lassen, daß in seiner Abwesenheit mit der Verhandlung und Urtheilsfällung werde vorgegangen werden, während 1851 das Contumacialurtheil nach Preußen auf Grund des schriftlichen Beweismaterials, nach Oestreich 1850 und 1867 dagegen auf Grund einer vollständigen mündlichen Beweisaufnahme gefällt werden soll.

2) Frankfurt 1856 Art. 157.

3) So nach dem Code Art. 465, Braunschweig 1849 und 1858 §. 175.

4) So in Baden 1851 §. 135, 1864 §. 354, wo die Veröffentlichung ausschließlich in der „Zeitung der Residenz" erfolgt.

5) Vgl. Preußen 1851 §. 468, 1852 Art. 38 und 47, 1865 §. 462 und 471, 1867 §. 454 und 463, Oestreich 1850 §. 427, 1853 §. 387, 1867

Hinsicht nur nach einzelnen Gesetzen an inländische Blätter gebunden,[1]) in einigen vielmehr sogar ausdrücklich auf ausländische Blätter hingewiesen. Neben dieser Veröffentlichung in Zeitungen soll nach den meisten Gesetzen die öffentliche Vorladung auch noch an der Gerichtsstelle durch Aushang oder Anschlag bekannt gemacht werden,[2]) und nach einzelnen Gesetzen ist auch eine Bekanntmachung im letzten Wohnorte oder Aufenthaltsorte des Angeklagten vorgeschrieben.[3]) Auch soll nach einzelnen Gesetzen eine Abschrift der öffentlichen Vorladung gewissen dem Angeklagten nahestehenden Personen, insbesondere nahen Angehörigen desselben, sofern dem Gerichte dergleichen Personen als solche bekannt sind, persönlich zugestellt werden. Hier und da sind nicht nur nahe Verwandte und der Ehegatte des Abwesenden, oder der Vormund, sondern auch der etwa vorhandene Bevollmächtigte oder Stellvertreter desselben genannt.[4]) Auf demselben Bestreben, die öffentliche Vorladung wo möglich zur wirklichen Kenntniß des Angeklagten zu bringen, beruht es, wenn verein-

---

§. 438, Sachsen 1855 Art. 273, Oldenburg 1857 Art. 438, Bremen 1863 §. 627, Lübeck 1862 §. 25, Kurhessen 1863 §. 221. Nach der letztgenannten Gesetzgebung sollte die Veröffentlichung stets in zwei kurhessischen Blättern und „mindestens in einem geeigneten ausländischen Blatt" erfolgen.

1) So allerdings nach Preußen 1851 §. 468, 1852 Art. 38 und 47, 1865 §. 462 und 471, während die St. P. O. von 1867 §. 454 wenigstens für schwurgerichtliche Fälle auch die Veröffentlichung in ausländischen Blättern gestattet.

2) Preußen 1851 §. 468, 1852 Art. 38 u. 47, 1865 §. 462 u. 471, 1867 §. 454 u. 463, Baden 1851 §. 135, 1864 §. 354, Oestreich 1850 §. 427, 1853 §. 387, 1867 §. 438, Sachsen 1855 Art. 273, Thüringen 1850 Art. 218 u. 112, Oldenburg 1857 Art. 438, Kurhessen 1863 §. 221.

3) Baiern 1848 Art. 280, Oestreich 1850 §. 427, 1853 §. 387, 1867 §. 438, Hessen-D. 1860 Art. 384 u. 105, 1865 Art. 397 u. 108. Auch Hessen-D. 1848 Art. 216 und Würtemberg 1849 Art. 237 schreiben die „ortsübliche Bekanntmachung" der gegen den Abwesenden verfügten Vermögensbeschlagnahme u. s. w. vor.

4) Vgl. Baiern 1848 Art. 280, Oestreich 1850 §. 427, 1853 §. 387, 1867 §. 438, Thüringen 1850 Art. 218.

zelt vorgeschrieben ist,[1]) daß wenn der Aufenthalt des flüchtigen Angeklagten gerichtskundig ist, dem Angeklagten selbst eine Abschrift der öffentlich ergangenen Vorladung durch die Post übersandt werden soll, ohne daß es, wie bei einer eigentlichen Zustellung gerichtlicher Verfügungen, für den weiteren Fortgang des Verfahrens eines amtlichen Ausweises der wirklich erfolgten Bestellung bedarf.[2]) — Die Bekanntmachung in öffentlichen Blättern soll nach den meisten Gesetzen mehrmals, in der Regel dreimal erfolgen, nur die badische Gesetzgebung[3]) läßt es bei einer einmaligen Bekanntmachung bewenden. Der Aushang an der Gerichtsstelle soll eine bestimmte Zeit, beziehungsweise (nach anderen Gesetzen, z. B. Preußen 1852 Art. 38 und 47) bis zum Tage der Sitzung oder dem Beginn der Schwurgerichtsperiode dauern. Die obenerwähnte Frist soll nach den meisten Gesetzen von der letzten Bekanntmachung in der Zeitung berechnet werden. Nur ausnahmsweise kommt vor, daß die öffentliche Bekanntmachung während der Frist, jedoch so erfolgen soll, daß in jedem der zu dieser Frist gehörenden drei Monate die Vorladung mindestens einmal in öffentlichen Blättern bekannt gemacht werden soll.[4]) — Ein öffentlicher Ausruf der Vorladung mit Trompeten oder Trommeln, wie ihn nach dem Vorbild der republikanischen französischen Gesetzgebung der Code Art. 466 vorschreibt, ist in keiner der deutschen Gesetzgebungen angeordnet, soweit nicht die in einzelnen Gesetzen vorgeschriebene „ortsübliche“ Bekanntmachung am Wohnort oder letzten Aufenthaltsort des Angeklagten in etwas Aehnlichem besteht. —

Die sonstige Vorbereitung der Hauptverhandlung ist durch die Abwesenheit des Angeklagten nur insofern beeinflußt, als

---

1) Preußen 1865 §. 460, 1867 §. 452.

2) Auch wird hinzugesetzt, daß, wenn die Sendung als unbestellbar zurückkommt, dadurch die Wirksamkeit des Verfahrens nicht beeinträchtigt werden soll. Preußen 1865 §. 640, 1867 §. 452.

3) Baden 1851 §. 135, 1864 §. 354.

4) Oestreich 1853 §. 387.

durch das Ausbleiben des Angeklagten, je nachdem eine Contumacialaburtheilung überhaupt stattfindet oder nicht, und je nach der Art und Weise der Contumacialverhandlung, die Ladung von Zeugen und Sachverständigen und überhaupt die unmittelbare Herbeischaffung von Beweismitteln vorläufig überflüssig werden kann. Sollte sich der Angeklagte noch nach Ablauf der ihm gestellten Frist, und nachdem in Folge seines Ausbleibens die Ladung der Zeugen u. s. w. unterblieben war, zur rechten Zeit zur Hauptverhandlung stellen, so müßte möglichst die unterlassene Herbeischaffung von Beweismitteln nachgeholt und zu diesem Zwecke nöthigenfalls die Hauptverhandlung vertagt werden. Daß, nachdem eine Edictalladung über den Angeklagten ergangen, sich noch die Nothwendigkeit herausstellt, außerhalb der Hauptverhandlung und vor derselben ein Beweismittel zu erheben, welches für die Hauptverhandlung wesentlich ist und in derselben voraussichtlich nicht unmittelbar würde erhoben werden können, wird im Ganzen der seltenere Fall sein. Tritt aber dieser Fall ein, so muß von einer solchen Beweisaufnahme auch der öffentlich vorgeladene Angeklagte noch in gewisser Weise rechtzeitig in Kenntniß gesetzt werden, da es, wohl nach den meisten Proceßordnungen, sein Recht ist, bei derselben selbst zu erscheinen oder sich hierbei vertreten zu lassen.[1]) Doch ist zu diesem Zwecke in der Regel nicht eine besondere öffentliche Vorladung des Angeklagten erforderlich; es findet vielmehr hier, wie überhaupt für Zustellungen, die an den Angeklagten noch bewirkt werden sollen, die Bestimmung Anwendung, die u. A. das preußische Recht[2]) enthält, daß an den zur Hauptverhandlung schon einmal gültig (in gewöhnlicher Weise oder öffentlich) vorgeladenen Angeklagten alle weiteren Zustellungen nöthigenfalls durch den Aushang an der Gerichtsstelle bewirkt werden können.

---

1) Vgl. u. A. Oppenhoff zu §. 21 der Verordn. vom 3. Januar 1849, n. 9 u. 10.

2) Preußen 1852 Art. 50, 1865 §. 213, 1867 §. 202.

b) Die Hauptverhandlung.[1])

1. Daß die Hauptverhandlung wie aus anderen erheblichen Gründen, so auch wegen der Abwesenheit des Angeklagten vorläufig vertagt werden kann, versteht sich nach allgemeinen Grundsätzen von selbst. Auch haben die meisten Gesetze, welche eine Contumacialverhandlung überhaupt kennen, bestimmt, daß nur im Falle des unentschuldigten Ausbleibens zu derselben übergegangen werden soll. Daß aber das Gericht, um auch in Abwesenheit des Angeklagten zur Contumacialverhandlung zu schreiten, positiv von dem Ungehorsam des Angeklagten überzeugt sein müsse, oder daß die Vermuthung einer wirklichen Verhinderung des Angeklagten die Aburtheilung ausschließe, ist nirgends gesagt, und nur der Fall, wenn das Gericht, ohne daß eine förmliche Entschuldigung geltend gemacht wurde, nach Lage der Sache von einer wirklichen Verhinderung Kenntniß hat, muß wohl dem Falle einer förmlichen Entschuldigung gleichgestellt werden.[2]) Hinsichtlich einer förmlichen Entschuldigung haben die meisten neueren Gesetze, theils nur für das Edictalverfahren, theils für den Fall des Ausbleibens auf gewöhnliche Ladung und für das Edictalverfahren gemeinschaftlich, ausdrückliche Bestimmungen gegeben. Dabei kann nach den einen nur der Angeklagte selbst, sei es schriftlich oder durch einen Bevollmächtigten,[3]) sein Ausbleiben entschuldigen, nach den anderen sind außer dem Bevollmächtigten oder Vertreter des Angeklagten noch gewisse Angehörige desselben (Ehegatte, Vormund, nahe Anverwandte)[4]) oder Angehörige und Freunde genannt;[5])

---

1) Planck, systemat. Darstellung S. 485 ff., Zachariae, Handbuch II, S. 383 ff.; besonders aber Buchner, Gerichtssaal 1857 B. II, S. 103 ff.

2) Vgl. Loewe, der preußische Strafproceß S. 259.

3) Preußen 1846 §. 30, 1849 §. 33, 1852 Art. 40, 1865 §. 465, 1867 §. 457. Oestreich 1853 §. 221. Kurhessen 1848 §. 48, 1863 §. 223. Braunschweig 1849 u. 1858 §. 88. Sachsen 1855 Art. 313. Lübeck 1862 §. 178.

4) Baden 1845 §. 219, Hessen-D. 1848 Art. 219, 1860 Art. 393, 1865 Art. 406, Thüringen 1850 Art. 218.

5) Baiern 1848 Art. 280, Preußen 1851 §. 470.

nur nach einzelnen ist ausdrücklich gesagt, daß ein Jeder diese Entschuldigung übernehmen könne. [1]) Nach den einen soll der Nachweis der wirklichen Unmöglichkeit des Erscheinens erforderlich sein, [2]) nach den anderen ist es hinreichend, wenn erhebliche Hindernisse, triftige Hinderungsgründe u. dergl. [3]) nachgewiesen oder bescheinigt werden. Nach den einen ist von der Anbringung der Entschuldigung nur in der Hauptverhandlung die Rede, [4]) nach den anderen kann das Gesuch auch vor der Hauptverhandlung (in Schwurgerichtsfällen bei dem den Schwurgerichtshof vertretenden Gerichtshof) [5]) angebracht werden. Wird das Gesuch für begründet gefunden, so ordnet das Gericht eine neue Frist an, deren Ausdehnung nur nach einzelnen Gesetzen ausdrücklich beschränkt ist. [6]) Die Verkündigung dieses Beschlusses in der Sitzung, beziehungsweise die Mittheilung desselben an denjenigen, der die Entschuldigung angebracht hatte, soll eine weitere Vorladung des Angeklagten selbst ersetzen. [7])

---

1) Oldenburg 1857 Art. 440, Würtemberg 1863 Art. 475, 1868 Art. 491. Baden 1864 §. 395.

2) Preußen 1851 §. 470. Oestreich 1850 §. 427, 1853 §. 221. Thüringen 1850 Art. 218. Sachsen 1855 Art. 271.

3) Preußen 1846 §. 30, 1849 §. 33, 1852 Art. 40, 1865 §. 465, 1867 §. 457. Braunschweig 1849, 1858 §. 88. Kurhessen 1848 §. 48, 1863 §. 223. Oldenburg 1857 Art. 440. Lübeck 1862 §. 219.

4) Wie nach dem Code Art. 468. Preußen 1851 §. 470, Oldenburg 1857 Art. 440.

5) Hessen-Darmstadt 1848 Art. 219, 1860 Art. 393, 1865 Art. 406. Die preußischen Bestimmungen (1852 Art. 40, 1865 §. 465, 1867 §. 457) sagen, daß die Entschuldigung „vor Fällung des Urtheils" angebracht werden könne, reden aber andererseits nur von der Verkündigung des Vertagungsbeschlusses in der öffentlichen Sitzung. Vgl. Loewe, der preuß. Strafproceß S. 270.

6) Von einer „angemessenen" Frist, „ferneren Frist" oder einem „weiteren Termine" reden Hessen-D. 1848, 1865, Preußen 1851, 1852, 1865 u. 1867, Oldenburg 1857, Kurhessen 1863. Braunschweig dagegen (§. 88) bestimmt, daß ohne Zustimmung des Staatsanwalts die Frist nicht über vier Wochen erstreckt werden darf.

7) Preußen 1851 §. 470, 1852 Art. 48, 1865 §. 465, 1867 §. 457. Oldenburg 1857 Art. 440. Kurhessen 1863 §. 223.

2. Eine Vertretung des Angeklagten in der Hauptverhandlung (erster Instanz) ist nach allen neueren Gesetzen nur in geringen Straffällen zulässig, in der Regel nur in denjenigen Fällen, die vor den Einzelrichter gewiesen sind, und außerdem bei solchen Vergehen, auf welche nur Geldstrafen gesetzt sind.[1]) Es kann also in erheblicheren Straffällen den Abwesenden niemand mit der Wirkung vertreten, daß die in einem solchen Verfahren ergangene Entscheidung der Entscheidung auf Grund einer contradictorischen Verhandlung gleichstünde. Dies würde an sich noch nicht ausschließen, daß nicht im Contumacialverfahren ein Vertheidiger für den abwesenden Angeklagten aufträte, der die aus dem Contumacialverfahren sich für den Angeklagten möglicherweise ergebenden Rechtsnachtheile abzuwenden oder zu mildern sich bestrebte. Und in der That lassen mehrere der neueren Gesetzgebungen das Auftreten eines Vertheidigers für den Abwesenden zu, beziehungsweise sie lassen den allgemeinen Grundsatz, daß in schweren Straffällen dem Angeklagten nöthigenfalls von Amtswegen ein Vertheidiger gegeben werden soll, auch im Falle der Abwesenheit des Angeklagten eintreten.[2]) Ja, einzelne, augenscheinlich um den aus der Abwesenheit des Angeklagten sich ergebenden Mangel möglichst zu ergänzen, bestimmen, daß in einem jeden Falle, in welchem mit der Hauptverhandlung gegen Abwesende vorgegangen wird, stets ein Vertheidiger von Amtswegen zugezogen werden soll.[3]) Mehrere der neueren Gesetzgebungen jedoch schließen gerade entgegengesetzt theils für alle Fälle, theils nur für den Fall, daß eine öffentliche Vorladung,[4]) oder umgekehrt für den Fall, daß eine private Vorladung vorausgegangen war,[5]) oder durchweg für alle

---

1) Vgl. Zachariae, Handbuch B. II, S. 267 f.

2) Vgl. Baiern 1848 Art. 283, 297, Braunschweig 1849, Thüringen 1850, Hannover 1850 u. 1859, Oestreich 1850, 1853 u. 1867, Baden 1864, Kurhessen 1863 §. 223.

3) Sachsen 1855 Art. 317, 318. Lübeck 1862 §. 219.

4) Würtemberg 1849 Art. 239. Hessen-D. 1848 Art. 221.

5) Preußen 1865 §. 472, 1867 §. 464 läßt in mittleren und geringeren Straffällen, wenn eine öffentliche Vorladung vorausgegangen war, die Mitwirkung eines Vertheidigers zu.

Fälle [1]) die Mitwirkung eines Vertheidigers aus. Daß dies nicht bloß dann, wenn eine im Wesentlichen definitive Contumacialentscheidung stattfindet, eine erhebliche Härte, [2]) sondern selbst bei einem nur provisorischen Strafverfahren nicht gerechtfertigt sei, ist mehrfach bemerkt worden. [3]) Gewiß muß es gebilligt werden, wenn selbst das kurhessische Gesetz, [4]) welches den Abwesenden einfach auf Grund der Anklagethatsachen verurtheilen läßt, dennoch für den abwesenden Angeklagten einen Vertreter oder Vertheidiger zuläßt, der in Beziehung auf die formelle Rechtsgültigkeit des bisherigen Verfahrens und in Beziehung auf die Anwendung des Gesetzes das Interesse des Abwesenden wahrnimmt.

3. Der verhaftete Angeklagte wird zur Hauptverhandlung, nöthigenfalls zwangsweise vorgeführt. Ein Verzicht auf Vorführung ist unwirksam. Mit Recht sagt ein Erkenntniß des preuß. O. T., [5]) daß ein solches Wahlrecht mindestens nicht ohne ausdrückliche gesetzliche Bestimmung anerkannt werden könne. Den Fall, daß der Widerstand des Angeklagten nicht überwunden werden könnte, haben die neueren Gesetze nicht in Betracht gezogen, noch weniger bestimmt, [6]) daß im Falle der Weigerung des Angeklagten in seiner Abwesenheit verfahren und wie auf Grund einer contradictorischen Verhandlung entschieden werden könne. [7]) Verschieden aber wird der Fall behandelt, wenn der verhaftete

1) Preußen 1851 §. 208, 469, 470, 1852 Art. 23, 39 ff. Oldenburg 1857 Art. 182, 439 ff. Hessen-D. 1860 Art. 207, 385 ff., 405.

2) Planck, systemat. Darstellung S. 486.

3) Buchner, Gerichtssaal 1857 B. II, S. 116 f.

4) Kurhessen 1863 §. 223.

5) Archiv für preuß. Strafrecht B. X, S. 631.

6) Mit einem französischen Gesetz von 1835, vgl. Buchner, Gerichtssaal 1857 II, S. 97.

7) Nur Kurhessen 1863 §. 65 bestimmt, daß bloß „bei den mit dem Tode oder mit lebenslänglicher Freiheitsentziehung zu bestrafenden Verbrechen“ der verhaftete Angeklagte zwangsweise zum Verhandlungstermine vorgeführt werden soll, stellt also in anderen Fällen die Weigerung, vorgeführt zu werden, dem Ausbleiben in der Verhandlung gleich.

Angeklagte, dem die Anklage und die Ladung in vorgeschriebener Weise mitgetheilt worden waren, vor der Hauptverhandlung entweicht und also zu derselben nicht vorgeführt werden kann. Während nämlich nach einzelnen Gesetzen [1]) dieser Fall dem Falle ganz gleichgestellt wird, daß der nichtverhaftete Angeklagte auf die ihm zugestellte Ladung in der Hauptverhandlung ausbleibt, und auch in einem solchen Falle ohne Weiteres zur Hauptverhandlung übergegangen werden kann, muß nach anderen zunächst die Wiederhaftung des Angeklagten betrieben werden und eventuell eine öffentliche Vorladung erfolgen, bevor es zu einer Contumacialaburtheilung kommt. [2]) Eine Reihe von Gesetzen sagt ausdrücklich, daß das Edictalverfahren stattzufinden habe, wenn der wegen eines schwereren Straffalles in Anklagestand Versetzte nicht verhaftet werden kann, oder, nachdem er verhaftet gewesen, wieder entweicht, so daß die in der Haft ihm noch mitgetheilte Ladung nicht genügt, sondern der Contumacialverhandlung stets noch eine öffentliche Vorladung voraufzugehen hat. [3]) Abweichend hiervon ist, z. B. in Preußen, die öffentliche Vorladung nur dann für erforderlich erklärt, wenn dem Angeklagten die Vorladung zur Hauptverhandlung nicht zugestellt werden konnte, so daß (selbst in schwurgerichtlichen Fällen) im Falle der Entweichung des Angeklagten die ihm in der Haft mitgetheilte Vorladung eine genügende Grundlage der Contumacialaburtheilung bildet. [4])

4. Bleibt der nichtverhaftete Angeklagte, dem die Anklage und die Ladung zur Hauptverhandlung in gewöhnlicher Art zu-

---

1) Vgl. besonders Preußen 1852 Art. 65 Absatz 3.

2) Dies ist der Fall nach denjenigen Gesetzen, welche die Contumacialverhandlung an die Voraussetzung knüpfen, daß dem nichtverhafteten Angeklagten die Ladung zur Hauptverhandlung zugestellt oder daß eine öffentliche Vorladung vorausgegangen war. Vgl. z. B. Hessen-Darmstadt 1848 Art. 218.

3) Vgl. besonders den preußischen Entwurf von 1851 §. 466, Hessen-Darmstadt 1860 Art. 382, 1865 Art. 395, Oldenburg 1857 Art. 433, Bremen 1863 §. 616 u. A.

4) Preußen 1852 Art. 35, 1865 §. 458, auch wohl 1867 §. 451.

gestellt worden war, in dem Verhandlungstermin aus, so fragt es sich, ob nun, sofern die Gesetzgebung eine Contumacialaburtheilung überhaupt kennt, jetzt sofort zu derselben übergegangen werden soll, oder ob zunächst eine Wiederholung der Ladung oder der Versuch zwangsweiser Gestellung, beziehungsweise öffentliche Vorladung voraufzugehen hat. In dieser Beziehung verhalten sich die neueren Gesetzgebungen sehr verschieden. Darin stimmen allerdings alle überein, daß, wenn das Gericht die Anwesenheit des Angeklagten zur Ermittlung für erforderlich hält, von demselben die Aussetzung des Verfahrens und die erneute Vorladung, Vorführung oder Verhaftung des Angeklagten beschlossen werden kann. Selbst für solche geringfügigen Strafsachen, in denen es im Allgemeinen dem Angeklagten überlassen ist, sich in der Hauptverhandlung durch einen Anderen vertreten zu lassen, ist doch nicht selten ausdrücklich gesagt, daß dies kein Recht des Angeklagten sei, daß vielmehr das Gericht auch in diesen Fällen auf dem persönlichen Erscheinen des Angeklagten bestehen könne.[1]) Darin aber weichen die Gesetze außerordentlich weit von einander ab, daß nach den einen das Ausbleiben des Angeklagten genügt, um zur Contumacialverhandlung zu schreiten, ja daß sogar regelmäßiger Weise sofort zum Contumacialverfahren übergegangen werden soll, während nach anderen im Falle des Ausbleibens des Angeklagten zunächst stets das weitere Verfahren ausgesetzt werden soll. Die erstere Classe bildet die Mehrheit,[2]) und zwar gehören dazu sowohl solche Gesetzgebungen, welche im Falle des Ausbleibens ein bloß provisorisches Ver-

---

1) Vgl. z. B. Oldenburg 1857 Art. 375 §. 2. Preußen 1865 §. 366 u. 361, 1867 §. 356 u. 351.

2) Code Art. 186, 149. Preußen 1846 §. 33, 59, 64, 1849 §. 35, 56, 80, 1851 §. 404, 1852 Art. 65, 1865 §. 359, 360, 366, 1867 §. 349, 350, 356. Oestreich 1850 §. 431, 448, 1853 §. 395, 423, 1867 §. 442. Baiern 1848 Art. 297, 356. Hessen-Darmstadt 1848 Art. 230, 1860 Art. 405, 414, 1865 Art. 418. Kurhessen 1848 Art. 55, 1851 §. 43, 1863 §. 65, 167. Braunschweig §. 78, 94, 154. Thüringen 1850 Art. 219. Hannover 1850 §. 163, 1859 §. 169. Sachsen 1855 Art. 317. Lübeck 1862 §. 219. Frankfurt 1856 Art. 281.

fahren,[1]) als solche, welche eine Aburtheilung mit Einspruch[2]) oder mit motivirtem Restitutionsgesuch[3]) kennen, und endlich auch solche, welche gegen die Contumacialentscheidung nur die gewöhnlichen Rechtsmittel, die auch dem anwesenden Angeklagten zustehen, gewähren.[4]) Es ist ferner eine sofortige Aburtheilung, und selbst eine völlig definitive Entscheidung auf Grund des ersten Ausbleibens nach einigen Gesetzen nicht bloß in mittleren und geringeren Straffällen, sondern selbst in den schwersten, beziehungsweise in Schwurgerichtsfällen[5]) möglich, sofern auch in einem solchen der Angeklagte auf freiem Fuße gelassen war und daher auch hier der Fall des Ausbleibens auf gewöhnliche Vorladung vorkommen kann. Es wird also von den neueren Gesetzgebungen vielfach das Ausbleiben des Angeklagten auf eine ihm in gewöhnlicher Weise zugestellte Ladung als genügende Grundlage einer Contumacialverhandlung angesehen, und zwar von den meisten gleichmäßig, mag die Vorladung zur Hauptverhandlung dem Angeklagten in Person, oder mag sie seinen Hausgenossen übergeben oder mag sie in seiner Wohnung eventuell angeheftet worden sein. Nur einzelne Gesetze bemerken, daß, wenn die Ladung dem Angeklagten nicht in Person zugestellt war und Gründe zu der Annahme vorliegen, daß derselbe von der Vorladung keine Kenntniß erhalten habe, das Gericht die Wiederholung der Ladung, und zwar nöthigenfalls im Wege öffentlicher Bekanntmachung, anordnen kann.[6]) Vereinzelt kommt

---

1) Wie Preußen 1852, 1865, 1867 und Hessen-Darmstadt 1848 in schwurgerichtlichen Fällen, Oestreich 1853 in allen erheblicheren Straffällen.

2) Wie Baiern 1848 in geringeren Assisensachen und nichtschwurgerichtlichen Fällen, Kurhessen 1848 in schwurgerichtlichen, 1851 und 1863 in allen erheblicheren Straffällen, Frankfurt in mittleren und geringeren Fällen.

3) Wie Oestreich 1850 und 1867, Thüringen 1850, Hannover 1850 und 1859, Preußen 1865 und 1867 (in mittleren und geringeren Fällen).

4) Preußen 1846, 1849, 1852 (in nichtschwurgerichtlichen Fällen), Braunschweig 1849 und 1858 (selbst in schwurgerichtlichen Fällen).

5) Braunschweig 1849 u. 1858 §. 154.

6) Preußen 1851 §. 231, Hessen-Darmstadt 1860 Art. 230, 1865 Art. 234.

vor, daß, wenn der Angeklagte nicht durch eine voraufgegangene Voruntersuchung (in welcher er vernommen wurde) von dem Verfahren unterrichtet war,[1]) oder wenn ihm die Ladung nicht persönlich zugestellt war,[2]) die Verhandlung zunächst stets ausgesetzt und eine Wiederholung der Ladung, beziehungsweise die Gestellung des Angeklagten angeordnet werden muß. Hiernach ist in der That eine gewisse Garantie dafür gegeben, daß der Angeklagte wenigstens Kenntniß von dem Gegenstande der Anklage habe. Ob der Angeklagte aber in der Hauptverhandlung deswegen ausbleibt, weil er von vornherein auf eine jede Vertheidigung vollständig verzichtet, ob er glaubt, daß das Gericht von Amtswegen genügend sein Interesse wahrnehmen werde, ob er über den Termin der Hauptverhandlung sich geirrt oder ihn vergessen hat, ob er sich scheut zur Verhandlung zu erscheinen, ob er sich durch die Flucht dem Verfahren entzogen hat oder latitirt, oder endlich, ob er verhindert ist zu erscheinen, darüber wird das Gericht in den meisten Fällen vorläufig völlig ungewiß sein. Wenn nichts destoweniger von so zahlreichen Gesetzgebungen das bloße Ausbleiben des Angeklagten für hinreichend gehalten wird, um zur Contumacialaburtheilung zu schreiten, so geschieht dies wesentlich im Vertrauen darauf, daß auch in Abwesenheit des Gerichts durch die möglichst unparteiisch gedachte Thätigkeit des Staatsanwalts und des Gerichts der wahre Sachverhalt völlig genügend aufgeklärt werden könne. Es beruhen also diese Gesetzgebungen im Wesentlichen noch auf den Anschauungen des älteren inquisitorischen Verfahrens. — Aehnliches gilt aber auch von denjenigen, wenig zahlreichen, neueren Gesetzgebungen, welche das Ausbleiben des Angeklagten auf gewöhnliche Vorladung nicht für hinreichend halten, um daraufhin zu einer Contumacialaburtheilung zu schreiten, die vielmehr in jedem solchen Falle die Aussetzung des Verfahrens und die eventuell öffentliche Vorladung des Angeklagten

---

1) Hannover 1850 §. 163.

2) Hannover 1859 §. 169. Vgl. Leonhardt, Justizgesetzgebung I, (3. Aufl.) S. 247 f.

für erforderlich erklären, sofern dieselben auf diese öffentliche Vorladung eine Contumacialaburtheilung gründen. Denn der vergebliche Versuch der Gestellung, sowie die öffentliche Vorladung des Angeklagten verringern zwar unter Umständen die Wahrscheinlichkeit, daß der Angeklagte von dem Verfahren keine Kenntniß erhalten habe, und lassen es im Gegentheil als wahrscheinlich oder gewiß erscheinen, daß der Angeklagte sich dem Verfahren durch die Flucht entzogen habe, auch nach diesen Gesetzen aber wird der Grundsatz des neueren Verfahrens verletzt, daß von der Mitwirkung beider Parteien die Ermittlung der Wahrheit zu erwarten ist. Es gehört hierhin die badische St. P. O. von 1845 (§. 321), die in allen Fällen, wenn eine Strafe von mehr als zwei Jahren Arbeitshaus in Frage steht und der Angeklagte auf gewöhnliche Ladung hin ausgeblieben ist, die Aussetzung der Hauptverhandlung zum Zwecke eventueller öffentlicher Vorladung vorschreibt, ferner das bairische Gesetz von 1848 (Art. 342), welches in den vor die Collegialgerichte gewiesenen Verbrechensfällen das Gleiche anordnet, und ferner die oldenburgische Strafproceßordnung von 1857 (Art. 308, 363, 375), sowie die bremische von 1863 (§. 462, 544, 559) und die neue badische St. P. O. von 1864 (§. 253, 307), welche für alle erheblicheren Straffälle diese Vorschrift geben und eine Contumacialaburtheilung nur auf Grund einer öffentlichen Vorladung zulassen. Daß endlich diejenigen (wenigen) Gesetze, welche eine Contumacialaburtheilung überhaupt ausschließen, die Aussetzung der Hauptverhandlung vorschreiben, wenn der Angeklagte auf gewöhnliche Vorladung ausbleibt, versteht sich von selbst. Es gehören dahin das kurhessische Gesetz von 1848 (§. 55) und die Frankfurter St. P. O. von 1856, welche in „peinlichen“, beziehungsweise in schwurgerichtlichen Fällen jede Contumacialaburtheilung ausschließen (und dennoch die Möglichkeit lassen, daß auch in diesen schwereren Fällen der Angeklagte auf freiem Fuße gelassen wird und in der Hauptverhandlung ausbleibt), ferner in Beziehung auf alle erheblicheren Straffälle der sächsische Entwurf von 1853 (Art. 303), der hamburger Entwurf von 1862 (§. 147), sowie der würtembergische Entwurf von 1863 (Art. 281) und diesem folgend die würtembergische St. P. O. von 1868 (Art. 282), welche sowohl im schwurgerichtlichen, wie im nichtschwurgerichtlichen Verfahren die Gegenwart des Angeklagten für unumgänglich erklären und demgemäß, wenn der Angeklagte auf gewöhnliche Vorladung in der Hauptverhandlung ausbleibt, die Aussetzung der Hauptverhandlung und möglichste Gestellung des Angeklagten anordnen.[1])

5. Fragen wir nun, wie die Hauptverhandlung beschaffen ist, die nach den meisten neueren Gesetzgebungen theils auf Grund gewöhnlicher, theils auf öffentliche Vorladung stattfindet, so tritt uns die schon früher gekennzeichnete große Mannigfaltigkeit entgegen. Schon in Beziehung auf den Vortrag der Anklage findet insofern eine gewisse Verschiedenheit statt, als nach den einen Bestimmungen stets zum Beginne des Verfahrens die Anklageschrift vorgelesen werden soll, während nach anderen schon vor dem Vortrag der Anklage geprüft wird, ob der Angeklagte in rechtsgültiger Form vorgeladen worden war. Ersteres pflegt (wie z. B. Preußen 1852 Art. 39, 1865 §. 464, 1867 §. 456) für den Fall vorgeschrieben zu sein, daß eine öffentliche Vorladung vorausgegangen war, während, wenn der Angeklagte in gewöhnlicher Art geladen war, meistens mit der Vorlesung der Anklage erst dann begonnen werden soll, nachdem die Formfrage erledigt ist. Hinsichtlich dieser Formfrage ist nun nach den meisten Gesetzen, insbesondere für den Fall der öffentlichen Vorladung, ausdrücklich vorgeschrieben, daß alle diejenigen Actenstücke vorgelesen und vom Gericht einer Prüfung unterzogen werden sollen, welche sich auf die Gesetzmäßigkeit der Vorladung, also insbesondere auf die Bekanntmachung derselben in öffentlichen Blättern oder durch öffentlichen Aushang beziehen. Findet sich dabei ein wesentlicher Mangel oder Fehler, so soll

1) Die braunschweigsche St. P. O. (1849 und 1858), die eine Contumacialaburtheilung auf öffentliche Vorladung verwirft, läßt gerade im Gegentheil, wie öfter bemerkt, auf Grund gewöhnlicher Ladung selbst in Schwurgerichtsfällen die Aburtheilung zu.

der Gerichtshof die Ergänzung oder nöthigenfalls die Wiederholung der bezüglichen Maßregeln anordnen, oder, wie in einzelnen Gesetzgebungen gesagt ist, das Verfahren von dem letzten gesetzmäßigen Acte an vernichten und eine Erneuerung desselben von diesem Acte eintreten lassen. [1]) Vereinzelt ist sogar vorgeschrieben, daß auch dann, wenn die Förmlichkeiten für richtig befunden werden, stets ein besonderer Beschluß des Gerichtshofs hierüber ergehen und erst dann zu dem ferneren Verfahren übergegangen werden soll. [2]) Dies fernere Verfahren ist nun aber ein sehr verschiedenes:

1) Nach manchen Gesetzen, beziehungsweise bei gewissen Classen von Straffällen ist das in Abwesenheit des Angeklagten stattfindende Verfahren, abgesehen von dem factischen Einfluß dieser Abwesenheit, ganz das gleiche, wie wenn der Angeklagte zugegen wäre; die sogenannte Contumacialverhandlung unterscheidet sich also rechtlich in nichts von der sogenannten contradictorischen Verhandlung. Es werden daher in Schwurgerichtsfällen insbesondere auch Geschworne zugezogen und in deren Gegenwart eine mündliche Beweisaufnahme vorgenommen. So nach den Gesetzen von Oestreich 1850 §. 428, 1867 §. 439, Thüringen 1850 Art. 219, Hannover 1850 §. 163, 1859 §. 169, und auch nach Braunschweig 1849 und 1858 §. 94 (soweit hier überhaupt — nämlich im Falle des Ausbleibens auf gewöhnliche Ladung — eine Contumacialverhandlung stattfindet). Von Gesetzgebungen, welche überhaupt kein schwurgerichtliches Verfahren kennen, gehören hierhin Baden 1845 §. 321, 319, Oestreich 1853 §. 391, Sachsen 1855 §. 391 und Lübeck 1862 §. 219, nach denen ebenfalls selbst in schweren Straffällen die Contumacialverhandlung ganz in derselben Weise vorgenommen werden

1) Vgl. Code Art. 470. Hessen-Darmstadt 1848 Art. 220, 1860 Art. 386, 1865 Art. 399. Baiern 1848 Art. 282. Würtemberg 1849 Art. 240. Preußen 1851 §. 469, 1852 Art. 39, 1865 §. 464, 1867 §. 456. Oestreich 1850 §. 428, 1867 §. 439. Oldenburg 1857 Art. 439. Bremen 1863 §. 629.

2) Baiern 1848 Art. 285.

soll, wie dieselbe gegen einen Anwesenden stattfindet. Die meisten Gesetze aber, welche eine solche vollständige Contumacialverhandlung überhaupt kennen, haben dieselbe nur für das Verfahren in mittleren und geringeren Straffällen oder für das gesammte nichtschwurgerichtliche Verfahren vorgeschrieben, während sie in den schweren oder schwurgerichtlichen Fällen eine wesentlich abgekürzte Contumacialverhandlung anordnen. Dahin gehört insbesondere der Code Art. 186 u. 149, Baiern 1848 Art. 345 u. 356, die sämmtlichen preußischen Gesetze, nämlich Preußen 1849 §. 35, 56, 1851 §. 404, 419, 1865 §. 360, 366, 472, 1867 §. 350, 356, 464, ferner Frankfurt 1856 Art. 281, 312 und Hessen-Darmstadt 1860 Art. 405, 414, 1865 Art. 418, 422. Nach allen diesen Gesetzgebungen soll also auch in Abwesenheit des Angeklagten die Beweisaufnahme eine mündliche sein, und es genügt nicht, wenn etwa nur die Protokolle aus dem Vorverfahren vorgelesen werden oder gar der Gerichtshof das Ausbleiben des Angeklagten als ein Zugeständniß auslegen und darauf einfach die Verurtheilung gründen wollte. Dabei hängt aber in diesem Falle so gut, wie in der contradictorischen Verhandlung, die Ausdehnung des Beweisaufnahme von dem Ermessen des Gerichts, beziehungsweise von den Anträgen des Anklägers ab, und es kann also factisch allerdings der Fall sein, daß durch die Abwesenheit des Angeklagten eine gewisse Abkürzung der Verhandlung veranlaßt wird. Umgekehrt kann es aber auch vorkommen, daß durch das Ausbleiben des Angeklagten das Verfahren erschwert und verlängert wird, indem nun nicht bloß der persönliche Eindruck des Angeklagten, sondern auch seine persönliche Erklärung über einzelne Punkte mangelt, hinsichtlich deren seine Vernehmung von Bedeutung gewesen sein würde.[1])

2) Nach anderen Gesetzgebungen, beziehungsweise nach denselben Gesetzgebungen in Beziehung auf andere Straffälle, ist das

---

1) Vgl. Oppenhoff Anm. 7 zu §. 36 der Verordnung vom 3. Jan. 1849. Ferner die hannoverschen Motive bei Leonhardt, Justizgesetzgebung B. I, (3. Aufl.) S. 247.

Verfahren in der Contumacialverhandlung ein von dem gewöhnlichen Verfahren auch rechtlich mehr oder weniger abweichendes. Zunächst in der Art, daß die Mitwirkung von Geschwornen fortfällt in Fällen, in denen sonst Geschworne hätten zugezogen werden müssen. Nur selten aber ist dieser Wegfall der Geschwornen die einzige Abweichung; nur in dem badischen Schwurgerichtsgesetz von 1851 (§. 135) ist vorgeschrieben, daß in Abwesenheit des Angeklagten ohne Zuziehung der Geschwornen, im Uebrigen aber ganz in derselben Weise verhandelt werden solle, wie wenn der Angeklagte zugegen wäre. In den meisten Gesetzen steht der Wegfall der Geschwornen in Verbindung mit dem Wegfall der mündlichen Beweisaufnahme. Dies aber kommt in zwei verschiedenen Arten vor:

a) Eine Reihe von Gesetzen nämlich läßt zwar die mündliche Beweisaufnahme fallen, erklärt darum aber nicht eine jede Beweisaufnahme für überflüssig. Es sollen zwar Zeugen und Sachverständige nicht mündlich vernommen werden (und brauchen also, insbesondere wenn der Angeklagte auf öffentliche Vorladung in der ihm gesetzten Frist ausgeblieben war, überhaupt nicht zur Hauptverhandlung geladen werden), es sollen aber in der Contumacialverhandlung deren wesentliche Aussagen nach den Protokollen des Vorverfahrens und überhaupt das vorliegende schriftliche Beweismaterial vorgelesen und auf Grund dieser Vorlesung, mithin auf Grund der Acten (wie im alten schriftlichen Proceß) über die Anklage entschieden werden. So im französischen Assisen-Verfahren (nach der dem Code Art. 470 in der Praxis gewordenen Auslegung) und nach dem im preußischen Entwurf von 1851 §. 469, sowie in Hessen 1860 Art. 385 und 1865 Art. 400 für Schwurgerichtsfälle, ferner in Baiern 1848 Art. 286 für sogenannte schwere Assisenfälle angeordneten Verfahren.[1])

[1]) Es würde hierhin auch Preußen 1852 Art. 39 und 65 gehören, wenn der Ausdruck, daß der Schwurgerichtshof „nach Lage der Acten" erkennen solle, auf ein solches Entscheiden auf Grund des schriftlichen Beweismaterials bezogen werden müßte, was die Praxis, besonders mit Rücksicht auf das dem Angeklagten in Schwurgerichtsfällen zu stellende Präjudiz des Eingeständnisses verneint. Vgl. oben S. 244 Anm. 1. Insbesondere Goltdammer in seinem Archiv B. XIV, S. 630.

Dabei fällt, wie schon bemerkt, nach allen diesen Gesetzen zugleich die Zuziehung von Geschwornen fort, indem keine der späteren Gesetzgebungen das Beispiel der französischen Gesetzgebung von 1791 und 1796 (vgl. oben S. 220, 223) nachgeahmt hat, nach welcher auffallender Weise auch im Contumacialverfahren Geschworne auf Grund des schriftlichen Beweismaterials über die Anklage entscheiden sollten. Es ist dasselbe Verfahren von einzelnen Gesetzen aber auch auf das nichtschwurgerichtliche Verfahren, nämlich auf das Verfahren vor der Gerichtsabtheilung in den mittleren Straffällen ausgedehnt worden; so nach der Strafproceßordnung von Oldenburg 1857 Art. 439 und Bremen 1863 Art. 145.

b) Eine Reihe von anderen Gesetzen aber geht weiter, indem sie nicht bloß die mündliche Beweisaufnahme, sondern überhaupt eine jede Art von Beweisaufnahme für die Contumacialverhandlung beseitigen und vorschreiben, daß ohne weitere Prüfung in jedem Falle die thatsächlichen Behauptungen der Anklage als richtig angenommen werden sollen. Dahin gehören für schwurgerichtliche Fälle Hessen 1848 Art. 220, 230, Würtemberg 1849 Art. 240 und Preußen 1852 Art. 39 (vgl. die vorige Anmerk.), 1865 §. 464 und 1867 §. 456, sowie für alle Arten von Straffällen Kurhessen 1863 §. 65 und 223. Ja nach einem Gesetz sollte der Gerichtshof gehalten sein, nicht nur die thatsächlichen Behauptungen der Anklage, sondern die ganze Anklage als solche (also einschließlich ihres rechtlichen Theils) als richtig anzunehmen, und den Angeklagten also in jedem Falle der That schuldig erkennen. So das kurhessische Gesetz von 1848 §. 55 in mittleren und leichteren, das kurhessische Gesetz von 1851 §. 43 selbst in schweren oder sogenannten peinlichen Straffällen. — Daß jedenfalls nach diesen Gesetzgebungen keine Geschwornen zugezogen werden, erklärt sich von selbst.[1]) Doch ist, da die Aufgabe der Geschwornen nicht auf die Beantwortung der bloßen Beweisfrage beschränkt werden kann, vielmehr auch

1) Vgl. Materialien zu der preuß. Verordnung vom 3. Januar u. s. w. S. 450 f.

die Subsumtion der concreten Behauptungen der Anklage unter den gesetzlichen Thatbestand des Verbrechens umfaßt, der Ausschluß der Geschwornen im Grunde nur da völlig consequent, wo, wie nach den eben genannten kurhessischen Gesetzgebungen von 1848 und 1851, der ganze Inhalt der Anklage einschließlich ihres rechtlichen Theils als richtig fingirt werden soll.

Während also die Contumacialverhandlung nach den unter 1 genannten Gesetzgebungen stets eine mehr oder minder ausgedehnte ist und auch nach den unter 2a genannten Gesetzgebungen, wenn es sich um die Verlesung einer Anzahl von längeren Protokollen handelt, einen ziemlichen Umfang erreichen (und wir können hinzusetzen im letzteren Falle gründlich zu ermüden geeignet sein) kann, schrumpft dieselbe nach den zuletzt genannten Gesetzen in der Weise zusammen, daß sich an die oben erwähnte Prüfung der Förmlichkeiten des Verfahrens unmittelbar das Erkenntniß anschließt.

Diese ungemeine Verschiedenheit in der Gestalt der Contumacialverhandlung nach den neueren Gesetzgebungen hängt nun, wie von vorn herein zu vermuthen ist, nicht unwesentlich mit der Bedeutung des Contumacialurtheils zusammen, die demselben nach den verschiedenen Gesetzgebungen beigelegt ist. Wo das verurtheilende Contumacialerkenntniß im Wesentlichen nur eine provisorische Bedeutung haben soll, liegt es nahe, als Grundlage desselben keine vollständige Beweisaufnahme in der Contumacialverhandlung vorzuschreiben, ja eine Beweisaufnahme in der Contumacialverhandlung überhaupt fortfallen zu lassen und das Urtheil einfach auf die vorläufig als richtig angenommenen Behauptungen der Anklage zu gründen. So finden wir denn auch, daß sowohl Hessen 1848, Würtemberg 1849, Preußen 1852, 1865 und 1867, welche die Anklagethatsachen als erwiesen annehmen lassen, als der französische Code, Preußen 1851, Baiern 1848, Oldenburg 1857, Bremen 1863, Hessen 1860 und 1865, nach denen das Contumacialurtheil auf das schriftliche in der Contumacialverhandlung zu verlesende Beweismaterial gegründet werden soll, dem verurtheilenden Contumacialurtheil im Wesentlichen, nämlich für den Fall der späteren Gestellung des Angeklagten, nur eine provisorische Bedeutung beilegen. Wir finden ferner, daß die meisten derjenigen Gesetzgebungen, welche das verurtheilende Contumacialerkenntniß insofern für ein definitives erklären, daß sie nur eine Anfechtung desselben durch den Angeklagten zulassen, eine vollständige mündliche Beweisaufnahme für die Contumacialverhandlung vorschreiben. Dahin gehören nicht nur solche Gesetze, welche [1]) dem in contumaciam Verurtheilten eine Anfechtung des Urtheils nur im Wege der gewöhnlichen Rechtsmittel oder [2]) nur bei genügender Entschuldigung seines Ausbleibens in Aussicht stellen, sondern auch diejenigen Gesetze, nach welchen [3]) dem in Abwesenheit verurtheilten Angeklagten ein ganz willkürlicher, durchaus von seinem Belieben abhängiger Einspruch gegen das Contumacialerkenntniß überlassen ist. Nicht überall aber ist ein solcher Zusammenhang der inneren Einrichtung der Contumacialverhandlung mit der Geltung und der Anfechtbarkeit des Contumacialerkenntnisses zu beobachten. Es findet sich nämlich sowohl, daß eine Gesetzgebung, welche eine im Wesentlichen nur provisorische Contumacialentscheidung kennt, dennoch eine vollständige mündliche Beweisaufnahme für die Contumacialverhandlung anordnet (so daß die letztere grundsätzlich mit derselben Vollständigkeit vor sich gehen soll, wie die contradictorische Verhandlung), als auch andererseits, daß eine Gesetzgebung, welche den Fortbestand des Contumacialerkenntnisses von der Anfechtung desselben durch den Angeklagten abhängig macht, dennoch keine mündliche Beweisaufnahme, ja nicht einmal eine schriftliche Beweisaufnahme für die Contumacialverhandlung vorschreibt, sondern die Anklagethatsachen, ja selbst die ganze Anklage als solche als richtig fingiren läßt. Jenes

1) Wie Preußen 1851 und 1852 und Braunschweig 1849, 1858 (letzteres für den Fall, daß der Angeklagte auf gewöhnliche Ladung ausgeblieben war).

2) Wie Baden 1845, 1851 und 1864, Preußen 1865 und 1867, Thüringen 1850, Hannover 1850 und 1859, Oestreich 1850 und 1867.

3) Wie im Code für mittlere und geringere Straffälle, Baiern und Hessen-Darmstadt 1848 für geringere Schwurgerichtsfälle und Frankfurt 1856 für alle nichtschwurgerichtlichen Fälle.

ist der Fall nach der östreichischen St. P. O. von 1853, dieses nach den kurhessischen Gesetzen von 1848, 1851 und 1863. Während jene Gesetzgebung des Guten vielleicht zu viel thut und eine umständliche und kostspielige Procedur vorschreibt zu einem im Wesentlichen illusorischen Zweck, wird in dieser unläugbar der Grundsatz verletzt, daß nur eine wirklich bewiesene Anklage zu der Vollstreckung irgend einer erheblichen Strafe führen darf. Unläugbar fällt diese Gesetzgebung in gewisser Weise in das doch schon seit langer Zeit im deutschen Strafproceß wesentlich überwundene Verhandlungsprincip zurück, nach welchem, wie im germanisch-mittelalterlichen Verfahren, die Nichtvertheidigung des Angeklagten zu seiner Verurtheilung genügte. Und nur insofern kann das Verfahren dieser Gesetzgebung mit dem altgermanischen Verfahren nicht völlig zusammengestellt werden, als nach heutigem Proceß der Versetzung in Anklagestand in schwereren Straffällen eine gerichtliche Voruntersuchung voraufgeht, und als im heutigen Proceß auch die Erhebung der Anklage von dem pflichtmäßigen Ermessen eines öffentlichen Beamten abhängt.

Auf der im Eingang berührten so gewöhnlichen Verwechselung des Untersuchungsprincips mit dem Officialprincip beruht es, wenn denjenigen Gesetzgebungen, welche in der Contumacialverhandlung die Beweisaufnahme verkümmern oder gar gänzlich ausschließen, eine Verletzung des Untersuchungsprincips schuldgegeben wird.[1] Vielmehr verletzen diese Gesetzgebungen gleichmäßig das Untersuchungsprincip wie das accusatorische Princip, indem sie dem, beiden Formen des Processes gemeinschaftlichen, Grundsatz entgegenhandeln, daß im Strafproceß keine Fictionen Platz finden dürfen. Ja sie stehen dem älteren, schriftlich inquisitorischen Verfahren insofern näher, als den richtig erkannten Grundsätzen des heutigen Processes, als sie voraussetzen, daß das schriftliche Material der Voruntersuchung eine genügende Grundlage der Contumacialentscheidung abgebe.

1) Vgl. Walther, die Rechtsmittel im Strafverfahren II, S. 227.

6. Das auf so verschiedenartige Grundlagen gestützte Contumacialerkenntniß kann nun entweder ein freisprechendes oder ein verurtheilendes sein. Die Möglichkeit einer Freisprechung des Angeklagten ist aber nicht nur im Allgemeinen in der Contumacialverhandlung aus factischen Gründen eine entferntere, als in der contradictorischen Verhandlung, sondern es ist dieselbe, je nach der verschiedenen Gestalt, welche der Contumacialverhandlung in den einzelnen Gesetzgebungen gegeben ist, auch rechtlich eine mehr oder weniger beschränkte. Nur nach denjenigen Gesetzen nämlich, welche eine Beweisaufnahme, sei es mündliche Erhebung der vorhandenen Beweismittel oder Vorlesung der Schriftstücke des Vorverfahrens, in der Contumacialverhandlung vorschreiben, kann von einer Freisprechung aus thatsächlichen Gründen die Rede sein, und selbst, wo eine solche Freisprechung aus thatsächlichen Gründen an sich möglich wäre, sind mehrfach in dieser Hinsicht gewisse gesetzliche Beschränkungen getroffen. Es schreibt nämlich nicht nur die sächsische St. P. O. von 1855 (Art. 332) vor, daß auch in diesem Stadium noch der Gerichtshof, wenn er nach Lage des Beweises die Sache nicht zur endlichen Entscheidung geeignet hält, beschließen kann, daß die Sache vorläufig auf sich beruhe, sondern es findet sich selbst die Vorschrift, daß, wenn der Gerichtshof die Beweise für unzulänglich hält, er nicht eine Freisprechung, sondern nur das Beruhenlassen der Sache zu beschließen habe. So Baden 1845 §. 319, 1851 §. 134, 1864 §. 354, Hessen-Darmstadt 1860 Art. 387, 1865 Art. 400. Diese Gesetzgebungen kommen also zu einem ähnlichen Resultat, wie diejenigen Gesetze, welche in der Contumacialverhandlung die thatsächlichen Behauptungen der Anklage als richtig fingiren lassen und in Folge dessen eine Freisprechung nur aus Rechtsgründen, nämlich wegen Nichtzutreffens des gesetzlichen Thatbestandes des Verbrechens oder wegen vorhandener eigentlicher Strafausschließungsgründe (wie Verjährung u. s. w.) offen lassen. Wo in dieser Weise die Anklagethatsachen als richtig angenommen und zur Grundlage des Contumacialurtheils gemacht werden sollen, wird auch nicht von der Annahme „mildernder Umstände" die Rede sein

können.[1]) Ja, da, wo die ganze Anklage einschließlich ihrer rechtlichen Behauptungen als richtig angenommen werden soll, bleibt nur eine Freisprechung auf Grund eigentlicher Strafausschließungsgründe, wie Verjährung u. s. w. übrig.

7. Wenn bisher von der Abwesenheit des Angeklagten in der Hauptverhandlung die Rede war, so blieb dabei noch unerörtert, ob darunter eine Abwesenheit während der ganzen Hauptverhandlung zu verstehen sei, oder ob schon die Abwesenheit während eines Theils derselben geeignet ist eine Rückwirkung auf das Verfahren zu äußern. In dieser Hinsicht kommt zunächst in Betracht, daß, wenn der Angeklagte bei Beginn der Hauptverhandlung nicht zugegen ist und dadurch die Vornahme einer Contumacialverhandlung veranlaßt hat, dann aber noch vor der Verkündung des Contumacialerkenntnisses erscheint, mehrfach in den Gesetzen (z. B. in Preußen 1852 Art. 44) vorgeschrieben ist, daß dann das Contumacialverfahren bei Seite gesetzt und sofort oder in einer späteren Verhandlung zum gewöhnlichen Verfahren geschritten werden soll. Dem einmal erschienenen Angeklagten ferner kann durch den Gerichtshof untersagt werden sich vorzeitig zu entfernen, und es kann der Gerichtshof nöthigenfalls, um diese Entfernung zu verhüten, den Angeklagten, auch wenn derselbe bisher nicht verhaftet war, festnehmen und in Verwahrung halten lassen. Es folgt dies aus den allgemeinen Befugnissen des Gerichtshofs. Hier und da aber ist, für schwerere Straffälle, beziehungsweise für das schwurgerichtliche Verfahren, von Seiten der Gesetzgebung noch ausdrücklich bestimmt, daß auch der nicht verhaftete Angeklagte nach einmal begonnener Hauptverhandlung sich vor dem Schlusse derselben nicht eigenmächtig entfernen dürfe.[2]) Dennoch kann es in einer jeden Hauptverhand-

1) Vgl. Oppenhoff zu Art. 39 Anm. 6.

2) Vgl. Preußen 1852 Art. 66: „Der erschienene Angeklagte darf von dem Zeitpunkte an, wo der Aufruf der Geschwornen zur Bildung des Schwurgerichts in seiner Sache beginnt, bis zur Verkündung des Urtheils den Sitzungssaal ohne Erlaubniß des Vorsitzenden nicht verlassen. Der Vorsitzende kann die geeigneten Maßregeln treffen, um zu verhindern, daß der Angeklagte sich der Verhandlung entziehe.“

lung vorkommen, daß der nichtverhaftete Angeklagte sich entfernt (beziehungsweise bei Wiedereröffnung der Sitzung nicht wiedererscheint), oder daß der verhaftete Angeklagte entweicht, und es fragt sich, welchen rechtlichen Einfluß eine solche vorzeitige Entfernung auf den Gang der Hauptverhandlung sowie auf das Resultat desselben auszuüben geeignet sei. In dieser Beziehung muß nach allgemeinen Grundsätzen angenommen werden, daß die Gegenwart des Angeklagten bei der ganzen Hauptverhandlung, soweit in derselben eine Mitwirkung des Angeklagten überhaupt in Betracht kommen kann, erforderlich ist und daß also die Entfernung des Angeklagten nur dann für das fernere Verfahren gleichgültig ist, wenn es sich nur noch um die Berathung des Gerichtshofs und die Verkündigung des Erkenntnisses handelt. Zwar möchte es für das schwurgerichtliche Verfahren nahe liegen, dann, wenn einmal ein regelrechter Wahrspruch ergangen ist und es sich nur noch um die Strafanwendung handelt, die Entfernung des Angeklagten für gleichgültig zu erklären.[1]) Allein ohne eine besondere gesetzliche Bestimmung (wie sie sich u. A. in der Frankf. St. P. O. von 1856 Art. 256 findet) möchte dies dennoch seine Bedenken haben und strenggenommen auch in diesem Falle, wie bei sonstiger vorzeitiger Entfernung des Angeklagten die Aussetzung der Verhandlung oder der sofortige Uebergang zur Contumacialverhandlung als das Richtige angesehen werden müssen. Keinenfalls kann es richtig sein, wenn hier und da das Erscheinen des Angeklagten bei Beginn der Hauptverhandlung für genügend und mithin eine jede vorzeitige Entfernung für gleichgültig erklärt wird.[2]) Selbst wo das Gesetz in der That an das „Nichterscheinen" als solches die Vornahme der Contumacialverhandlung geknüpft hat, wird dies nicht in buchstäblichem Sinne verstanden werden dürfen. Ausdrücklich entschieden aber ist diese Frage in denjenigen Gesetzen, welche

---

1) Wie z. B. Oppenhoff annimmt (Anmerkung 2 zu Art. 66 des Gesetzes vom 3. Mai 1852), der sich so ausdrückt, daß der einmal ergangene regelrechte Wahrspruch ein für alle Mal „der Anklage erworben" sei.

2) So die Entscheidung bei Goltdammer, Archiv XIII, S. 494.

dem Nichterscheinen geradezu die vorzeitige Entfernung an die Seite stellen und im letzteren Falle den Uebergang zur Contumacialverhandlung anordnen. Vgl. z. B. Oldenburg Art. 308 u. 363. Dieser Uebergang ist nach denjenigen Gesetzen, beziehungsweise in denjenigen Straffällen ein ganz unmerklicher, nach denen, beziehungsweise in welchen die Contumacialverhandlung von der gewöhnlichen, contradictorischen Verhandlung sich grundsätzlich nicht unterscheidet. Dagegen muß da, wo in der Contumacialverhandlung die Mitwirkung von Geschwornen fortfällt, diese Mitwirkung sofort aufhören; es muß ferner, wo statt der mündlichen Beweisaufnahme die Verlesung von Schriftstücken in der Contumacialverhandlung stattfindet, zu dieser Verlesung übergegangen, und endlich da, wo im Falle der Contumacia die Behauptungen der Anklage als erwiesen angenommen werden, sofort zu dem Erkenntniß übergegangen werden. Dabei muß consequent auch in den Fällen, in denen der Angeklagte sich vielleicht unmittelbar vor dem Schluß der Verhandlungen entfernt hat, das in seiner Abwesenheit ergangene Urtheil als ein Contumacialurtheil betrachtet und dasselbe also im Falle der Gestellung des Angeklagten als hinfällig angesehen, beziehungsweise gegen dasselbe dem Angeklagten die dem Contumacialverfahren eigenthümlichen Rechtsmittel eingeräumt werden.

Gerade dies aber erschien einer Reihe von Gesetzgebungen als ungeeignet, in denen bestimmt ist, daß, wenn der Angeklagte in der Hauptverhandlung erscheint und über den Inhalt der Anklage vernommen ist, seine vorzeitige Entfernung nicht nur der Fortsetzung des Verfahrens nicht hinderlich sein, sondern auch nicht die Wirkung haben solle, das auf Grund einer solchen fortgesetzten Verhandlung ergangene Urtheil als ein Contumacialurtheil erscheinen zu lassen, mit anderen Worten, daß gegen dieses Urtheil nur die gewöhnlichen Rechtsmittel zulässig sein sollen. So bestimmt z. B. Hannover 1850 §. 162, 1859 §. 168: „Ist der Beschuldigte persönlich oder, wo es gestattet ist, sein Vertreter erschienen, und hat eine Vernehmung über die Beschuldigung stattgefunden, so ist, auch wenn eine Entfernung während der Sitzung stattfinden sollte, das ergehende Urtheil dennoch kein auf Ausbleiben, sondern ein auf Widerspruch ergangenes." Auch nach der oldenburgischen und nach der bremischen St. P. O.,[1]) nach denen, wenn der Angeklagte auf gewöhnliche Ladung ausbleibt, stets die Verhandlung ausgesetzt werden, und auch nachdem eine öffentliche Vorladung stattgefunden, stets nur ein provisorisches Contumacialverfahren stattfinden soll, ist doch für den Fall der vorzeitigen Entfernung des einmal erschienenen Angeklagten bestimmt, daß, wenn eine Vernehmung des Angeklagten in der Hauptverhandlung bereits stattgefunden hatte, die Sache in derselben Sitzung zu Ende verhandelt und abgeurtheilt werden kann. Gegen das in einem solchen Falle ergangene Erkenntniß kann auch nach diesen Gesetzgebungen der Angeklagte sich nur der gewöhnlichen Rechtsmittel bedienen. Dasselbe ist endlich auch in dem würtembergischen Entwurf von 1863 und in der auf ihn gegründeten würtembergischen St. P. O. von 1868[2]) bestimmt, nach denen im Fall des Ausbleibens des Angeklagten gar keine Contumacialaburtheilung irgend einer Art stattfindet, nach denen aber ebenfalls die Vernehmung des einmal erschienenen Angeklagten für hinreichend gehalten wird, um daraufhin auch in Abwesenheit des Angeklagten zu einem, und zwar definitiven Erkenntniß zu schreiten.

In mehreren Gesetzgebungen ist ferner für den Fall der Erkrankung des Angeklagten bestimmt, daß in diesem Falle die einmal begonnene Hauptverhandlung auch in Abwesenheit des Angeklagten, und zwar mit den gewöhnlichen Wirkungen einer contradictorischen Verhandlung, soll fortgesetzt werden können, indem man sowohl im Interesse der Anklage wie des Angeklagten die mit der Aussetzung der Verhandlung verbundene Verzögerung des Verfahrens vermeiden wollte.[3]) Dabei ist von den

1) Oldenburg 1857 Art. 308. Bremen 1863 Art. 113 §. 462.

2) Würtemberg 1863 Art. 281, 1868 Art. 282.

3) Baden 1845 §. 238, 1864 §. 260. Baiern 1848 Art. 188. Thüringen 1850 Art. 267. Oestreich 1850 §. 300, 1853 §. 248, 1867 §. 271. Sachsen 1855 Art. 326. Würtemberg 1863 Art. 322, 1868 Art. 324 (im nichtschwurgerichtlichen Verfahren).

meisten Gesetzen aber die **Einwilligung** des Angeklagten vorausgesetzt, und nur nach einzelnen Gesetzen kann auch ohne diese Einwilligung das Verfahren fortgesetzt werden, theils (Würtemberg 1863 und 1868), wenn nach Lage der Sache eine **Freisprechung** des Angeklagten bereits begründet erscheint, theils ohne diese Beschränkung nach Ermessen des Gerichts (Baden 1845 und 1864); Sachsen 1855 bestimmt, daß, wenn der Angeklagte **während der Beweisaufnahme** erkrankt, seine Einwilligung erforderlich ist, daß aber, wenn die Erkrankung erst nach dem Schluß der Beweisaufnahme eintritt, auch ohne seine Einwilligung das Verfahren fortgesetzt werden kann. (Die Einwilligung des Angeklagten kann nach der sächsischen St. P. O. auch durch den Vertheidiger erklärt werden.) In mehreren Gesetzen ist noch das weitere Erforderniß hinzugefügt, daß bei der Fortsetzung der Verhandlung dem Angeklagten ein Vertheidiger zur Seite stehen müsse oder jetzt noch ein solcher vom Gerichte ernannt werde.[1] Baden 1845 §. 238 und 1864 §. 260 bestimmt, daß in einem solchen Falle dem Angeklagten, dem kein Vertheidiger zur Seite steht, ein solcher aus den Anwälten des Gerichts ernannt werden soll, „**sofern** deren in der Sitzung anwesend sind" (etwa als Vertheidiger von Mitangeklagten). Sachsen 1855 Art. 326 bestimmt, daß der Gerichtshof zu ermessen habe, ob bei Fortführung der Verhandlung für den erkrankten Angeklagten ein Vertheidiger von Amtswegen zu ernennen sei oder nicht. Daß der erkrankte Angeklagte über den Gegenstand der Anklage in der mündlichen Verhandlung schon ausreichend oder überhaupt nur **vernommen** sei, ist nach den meisten dieser Gesetze **nicht** erforderlich, indem theils ganz allgemein davon die Rede ist, daß, wenn der Angeklagte während der Hauptverhandlung erkrankt, das Verfahren mit seiner Einwilligung fortgesetzt werden kann, theils ausdrücklich gesagt wird, daß die Maßregel eintreten könne, wenn von Seiten des Gerichts die **Vorlesung der Aussagen** des Angeklagten aus dem Vorverfahren als genügend angesehen wird, beziehungsweise wenn der Angeklagte selbst die

---

1) Thüringen 1850, Würtemberg 1863 und 1868.

Verlesung seiner Aussagen für genügend erklärt. Hier und da ist noch die Zustimmung des Staatsanwalts erfordert (Baiern 1848 Art. 188, Sachsen 1855 Art. 326). Daß aber grundsätzlich, selbst unter Aufnahme dieser näheren Voraussetzungen, eine Fortsetzung des Verfahrens weder im Falle vorausgegangener Vernehmung noch im Falle der Erkrankung des Angeklagten sich rechtfertigt, ergiebt sich daraus, daß bis zum Schlusse der Hauptverhandlung stets eine Mitwirkung des Angeklagten denkbar ist, deren Einzelheiten sich nur in seltenen Fällen im Voraus völlig überblicken lassen. Eine Gesetzgebung, welche einmal von der Mitwirkung von Parteien im Strafprocesse die Ermittlung der Wahrheit erwartet, verfährt inconsequent, wenn sie diese Mitwirkung nur bei einem Theile der Hauptverhandlung, beziehungsweise wenn sie dieselbe in gewissen Fällen gar nicht für erforderlich erklärt. Selbst wenn der Angeklagte bei Beginn der Verhandlung alle Behauptungen der Anklage zugestanden haben sollte, oder wenn er sich so verschlossen und passiv zeigt, daß auch für die Fortsetzung der Verhandlung nicht zu erwarten steht, er werde sich auf die Einzelheiten des vorgeführten Beweises näher erklären, kann doch vom Standpunkte des neueren Processes seine Gegenwart nicht für völlig gleichgültig erachtet werden.

Nur wenn der Angeklagte die Fortsetzung der Verhandlung dadurch unmöglich macht, daß er durch ungebührliches Verhalten das Verfahren stört, und deshalb aus der Sitzung entfernt werden muß, möchte eine Fortsetzung der Verhandlung, und zwar mit der gewöhnlichen Wirkung einer contradictorischen Entscheidung, auch grundsätzlich gerechtfertigt werden können, indem ein solches Verhalten die Voraussetzung aufhebt, unter der überhaupt von einem accusatorischen Verfahren die Rede sein kann, die Voraussetzung nämlich, daß der Angeklagte sich angemessen benimmt; zerstört er diese Voraussetzung selbst und macht er dadurch eine Fortsetzung der Verhandlung in seiner Gegenwart unmöglich, so bleibt allerdings nichts anderes übrig, als nun den Fall in Abwesenheit möglichst sachgemäß zu ermitteln. Eine solche Maßregel findet sich denn auch in allen neueren Gesetzgebungen [1]) (theils in dem Abschnitt über die Hauptverhandlung, theils unter den Bestimmungen über die Aufrechterhaltung der Ordnung im Verfahren) vorgeschrieben, und nur in verhältnißmäßig untergeordneten Punkten findet dabei eine Verschiedenheit der Anordnungen statt. Voraussetzung ist nach den meisten Gesetzen, daß eine Ermahnung des Angeklagten oder ausdrückliche Androhung der Maßregel voraufgegangen sei, beziehungsweise es soll nur bei wiederholter Störung die Maßregel zur Anwendung kommen. Hier und da ist bestimmt, daß der Vorsitzende den Angeklagten vorläufig, dauernd dagegen nur das Gericht ihn aus der Sitzung entfernen lassen dürfe. [2]) Gegen den Beschluß des Gerichts findet, wie mehrfach ausdrücklich gesagt wird, ein Rechtsmittel nicht statt. [3]) Der abgeführte Angeklagte wird nöthigenfalls im Untersuchungsgefängniß verwahrt; [4]) auch in seiner Abwesenheit aber kann ein Vertheidiger für ihn mitwirken. [5]) Letzteres ist insbesondere in denjenigen Gesetzen von Wichtigkeit, welche im Uebrigen das Auftreten eines Vertheidigers für den abwesenden Angeklagten untersagen. Nur einzelne Gesetze jedoch gehen so weit, auch in diesem Falle eine formelle Vertheidigung des Angeklagten für nothwendig zu erklären. Hamburg 1862 §. 185 überläßt es dem Ermessen des Gerichtshofs,

---

1) Baden 1845 §. 328, 1864 §. 260. Baiern 1848 Art. 184. Kurhessen 1848 §. 69, 1863 §. 75. Braunschweig 1849 u. 1858 §. 94, 154. Würtemberg 1849 Art. 115, 1863 Art. 216, 1868 Art. 218. Thüringen Art. 266. Hannover 1850 §. 168, 1859 §. 174. Preußen 1851 §. 317, 1852 Art. 134, 1865 §. 199, 201, 1867 §. 189. Oestreich 1850 §. 298, 1853 §. 244, 1867 §. 230. Sachsen 1855 Art. 327. Oldenburg 1857 Art. 186. Lübeck 1862 §. 131. Hamburg 1862 §. 185. Hessen-D. Art. 310, 1865 Art. 313. Bremen 1863 Art. 68.

2) Lübeck 1862 §. 131.

3) Preußen 1851 §. 317, Oestreich 1850 §. 298, Lübeck 1862 §. 131, Hessen-D. 1865 Art. 313.

4) Hannover 1850 §. 168, 1859 §. 174, Preußen 1851 §. 317, Lübeck 1862 §. 131, Preußen 1865 §. 201, 1867 §. 189, Hessen-D. 1865 Art. 313.

5) Baden 1845 §. 238, Kurhessen 1848 §. 69, Thüringen 1850 Art. 266, Hannover 1850 §. 168, 1859 §. 174, Preußen 1851 §. 317, Hamburg 1862 §. 185, Kurhessen 1863 §. 75, Preußen 1865 §. 201, 1867 §. 189.

für den aus der Sitzung entfernten Angeklagten nöthigenfalls einen Vertheidiger von Amtswegen zuzuziehen. Baden 1845 §. 328, 1864 §. 260 schreibt vor, daß dem Angeklagten, wenn er keinen Vertheidiger hat, ein solcher für die weitere Verhandlung aus den Anwälten des Gerichts, sofern deren in den Sitzungen anwesend sind, vom Vorsitzenden sogleich aufgestellt werden soll. Nur vereinzelt aber findet sich, daß dem bisher nicht vertheidigten Angeklagten in einem solchen Falle stets von Amtswegen (wie hinzugesetzt wird: im Falle der Zahlungsfähigkeit auf seine Kosten) ein Vertheidiger ernannt werden muß (Kurhessen 1848 §. 69, 1863 §. 75), so daß also, wenn dies nicht thunlich erscheint, stets eine Aussetzung der Verhandlung stattfindet. Der bei der fortgesetzten Verhandlung mitwirkende Vertheidiger kann (wie in der thüringischen und sächsischen St. P. O.[1]) ausdrücklich gesagt ist) auch noch nachträglich auf Vertagung der Verhandlung antragen.

Wenn endlich mehrere Gesetzgebungen dem Vorsitzenden, beziehungsweise dem Gerichte die Befugniß ertheilen, den Angeklagten im Laufe der Verhandlung bei einzelnen Acten der Beweisaufnahme, insbesondere bei der Vernehmung einzelner Zeugen oder Mitangeklagten einstweilen aus dem Sitzungssaal abtreten zu lassen,[2]) so kann auch in einer solchen Maßregel in gewissem Sinne ein „Verfahren gegen Abwesende" gefunden werden, und es fragt sich, ob eine derartige Maßregel mit den Grundsätzen eines wahrhaft accusatorischen Verfahrens vereinbar ist oder nicht. Da es sich jedoch in diesem Falle nur um eine vorläufige Entfernung handelt und vorgeschrieben ist, daß die zunächst in Abwesenheit des Angeklagten vorgenommene Beweisaufnahme sofort in seiner Gegenwart wiederholt, insbesondere der vernommene Zeuge oder Mitangeklagte in Gegenwart des Angeklagten auf's Neue vernommen werden soll, so möchte in diesem Falle nicht in demselben Sinne eine Abwesenheit des Angeklagten vorliegen, wie in den bisher erörterten

1) Thüringen 1850 Art. 266, Sachsen 1855 Art. 327.
2) Vgl. z. B. Preußen 1852 Art. 28.

Fällen, und wir können die nähere Erwägung dieser Maßregel den Untersuchungen über die innere Einrichtung der contradictorischen Verhandlung überlassen.

---

3) Das Contumacialerkenntniß und seine Geltung.

1. Wird in der Contumacialverhandlung das derselben voraufgegangene Verfahren aus formellen Gründen vernichtet und die Wiederholung desselben oder einzelner Acte dieses Verfahrens angeordnet, oder wird eine Vertagung der Verhandlung beschlossen, so genügt nach allen Gesetzen für die Bekanntmachung dieses Beschlusses die Verkündung desselben in der Sitzung, beziehungsweise die Mittheilung des Vertagungsbeschlusses an Denjenigen, der für den Abwesenden auf Vertagung der Verhandlung angetragen hatte. Ebenso aber genügt nach den meisten Gesetzen die Verkündung in der Sitzung auch im Falle eines **freisprechenden Erkenntnisses**, während das **verurtheilende** Erkenntniß nach fast allen Gesetzen der Zustellung an den Angeklagten, beziehungsweise öffentlicher Bekanntmachung bedarf. Nur nach der braunschweigischen St. P. O. (§. 69), sowie nach der sächsischen St. P. O. von 1855 (Art. 334) genügt in jedem Falle, mag der ausgebliebene Angeklagte freigesprochen, oder mag er verurtheilt werden, die Verkündung des Erkenntnisses in der Sitzung. Die übrigen Gesetze schreiben meistens vor, daß das verurtheilende Erkenntniß dem Angeklagten wo möglich stets im gewöhnlichen Wege zugestellt werden soll. Von dem Tage dieser Zustellung laufen die Fristen der zur Anfechtung des Contumacialerkenntnisses gewährten Rechtsmittel. Für den Fall aber, daß eine solche Zustellung nicht bewirkt werden kann, indem der Aufenthalt des Angeklagten unbekannt ist oder derselbe wenigstens keinen bekannten Aufenthalt im Inlande hat, muß eine anderweite Bekanntmachung des Urtheils eintreten, und in dieser Beziehung ist nun in den neueren Strafproceßgesetzen theils vorgeschrieben,

daß das Urtheil, und zwar der entscheidende Theil desselben, an der Gerichtsstelle angeschlagen werden und eine bestimmte Zeit, z. B. 14 Tage, nach diesem Aushang als zugestellt gelten soll,[1]) theils soll das Erkenntniß in öffentlichen Blättern (ohne die Entscheidungsgründe) mitgetheilt werden.[2]) War der Contumacialverhandlung eine öffentliche Vorladung vorausgegangen, so soll nach den meisten Gesetzen das verurtheilende Erkenntniß stets auch veröffentlicht werden, und sie weichen nur in sofern von einander ab, als die einen auch in diesem Falle den Aushang an der Gerichtsstelle für genügend halten (so Preußen 1851 §. 472, 1852 Art. 41, 50, 1865 §. 213, 1867 §. 466), während die meisten anderen eine Bekanntmachung in öffentlichen Blättern angeordnet. In einzelnen Gesetzgebungen ist ferner vorgeschrieben, daß das Contumacialurtheil auch dem etwa ernannten Vertheidiger des Angeklagten zugestellt werden soll (so Baden 1851 §. 136, 1864 §. 335). Nur vereinzelt kommt vor, daß die Zustellung des Contumacialurtheils an den Vertheidiger oder den etwa ernannten Bevollmächtigten statt jeder weiteren Bekanntmachung genügt (so Frankfurt 1856 Art. 281). Von jener schimpflichen Bekanntmachung des Contumacialurtheils durch den Nachrichter, wie sie im älteren Recht allgemein vorkam und in Frankreich nach dem Code Art. 472 anscheinend noch heute besteht, ist in den neueren deutschen Gesetzen mit Ausnahme der östreichischen St. P. O. von 1853[3]) nicht mehr die Rede ist.

2. Sehr verschieden verhält es sich mit der Rechtskraft und der Vollstreckbarkeit des Contumacialurtheils. Während nämlich nach französischem Recht und ebenso nach der soeben erwähnten Bestimmung der östreichischen Strafproceßordnung von 1853 jener öffentliche Anschlag des Contumacialurtheils erst nach eingetretener Rechtskraft des Urtheils vorgenommen

1) So Preußen 1852 Art. 41, 1865 §. 213, 1867 §. 202.

2) Vgl. z. B. Baden 1864 §. 252.

3) Oestreich 1853 §. 392. Hiernach soll das Urtheil öffentlich an einen Pfahl, und ist es ein Todesurtheil, selbst an den Galgen geschlagen, außerdem aber auch in öffentlichen Blättern mitgetheilt werden.

werden soll und demnach, wie Buchner richtig bemerkt,[1]) als eine Art symbolischen Strafvollzugs betrachtet werden kann, erfolgt nach den übrigen deutschen Gesetzen der öffentliche Aushang, beziehungsweise die öffentliche Bekanntmachung des Urtheils unabhängig von dem Eintritt der Rechtskraft. Für die Vollstreckung des Contumacialurtheils ferner kommt in Betracht, daß dasselbe nach einer Reihe von Gesetzgebungen zwar in Abwesenheit des Angeklagten vollstreckbar wird, daß aber im Falle der Gestellung des Angeklagten dem letzteren stets noch eine Anfechtung des Contumacialurtheils vorbehalten ist oder das Contumacialurtheil in diesem Falle von selbst seine Bedeutung verliert. Von einer Vollstreckung des Urtheils in Abwesenheit des Angeklagten kann natürlich nur insofern die Rede sein, als die etwa erkannten Geldstrafen und Confiscationen in das zurückgelassene Vermögen vollstreckt werden und der Verlust von Aemtern oder Würden, sowie der Verlust der etwa aberkannten staatsbürgerlichen Rechte in Wirksamkeit tritt. Die neueren Strafproceßgesetze sagen meistens, daß das Contumacialurtheil schon in Abwesenheit des Angeklagten „möglichst" vollstreckt werden soll.

3. In der Einlegung von Rechtsmitteln gegen das Contumacialerkenntniß ist der öffentliche Ankläger nach den meisten neueren Gesetzgebungen in keiner Weise beschränkt; derselbe kann vielmehr gegen das Contumacialurtheil dieselben Rechtsmittel einlegen, wie gegen Urtheile überhaupt. Er kann also das Contumacialerkenntniß in Schwurgerichtsfällen mit der Nichtigkeitsbeschwerde,[2]) in den übrigen Straffällen mit dem für diese Strafsachen meist bestehenden Rechtsmittel der Appellation oder Berufung[3]) anfechten. Selbst da, wo das Contumacialver-

1) Gerichtssaal 1857 II, S. 120.

2) Ausdrücklich gesagt im Code Art. 473, Hessen-D. 1848 Art. 226, 1860 Art. 388, 1865 Art. 401, Baiern 1848 Art. 289, Preußen 1851 §. 471, 1852 Art. 42, 1865 §. 466, 1867 §. 458, Oldenburg 1857 Art. 441, Bremen 1863 §. 633, Kurhessen 1863 §. 224.

3) Ausdrücklich gesagt in Oldenburg 1857 Art 441, Bremen 1863 §. 633.

fahren nur eine provisorische Bedeutung hat, wie nach französischem Recht in schwurgerichtlichen, nach einzelnen deutschen Strafproceßordnungen auch in mittleren Straffällen, hat die Gesetzgebung wohl mit Recht es für richtig gehalten, eine Prüfung der Rechtsbeständigkeit des Verfahrens, mindestens auf Antrag des öffentlichen Anklägers, noch in höherer Instanz zu ermöglichen. Nur in einigen Gesetzen ist dies insofern beschränkt worden, als auch dem öffentlichen Ankläger nur aus bestimmten Gründen eine Anfechtung des Contumacialerkenntnisses freigestellt wird. [1])

Dem Angeklagten dagegen sind theils die gewöhnlichen Rechtsmittel, theils gewisse besondere Anfechtungen des Contumacialurtheils freigestellt; es ist endlich mehrfach bestimmt, daß das verurtheilende Contumacialerkenntniß in einem Falle, nämlich im Falle der Gestellung des Angeklagten, von selbst seine Bedeutung verlieren soll.

1) Das Mindeste, was dem Angeklagten zur Anfechtung des Contumacialurtheils freigestellt sein kann, sind die Rechtsmittel des gewöhnlichen Processes. Denn, wenn man auch annimmt, daß in Abwesenheit des Angeklagten das wahre Sachverhältniß ermittelt werden könne, so ist damit doch nicht gesagt, daß dies in Abwesenheit des Angeklagten besser geschehen kann, als wenn derselbe zugegen ist, und es muß daher dem in contumaciam Verurtheilten mindestens der Gebrauch der gewöhnlichen Rechtsmittel offen gelassen sein; es fragt sich nur, ob demselben nicht darüber hinaus noch andere Wege zu eröffnen sind, das in seiner Abwesenheit gegen ihn gesprochene Urtheil anzufechten, ja selbst, ob nicht ganz unabhängig von einer Anfechtung das Contumacialurtheil im Falle der Gestellung von selbst seine Kraft verlieren soll. Es fragt sich ferner, ob da, wo die Gesetzgebung dergleichen weitergehende Mittel gegeben hat, dem Verurtheilten zugleich der Gebrauch der gewöhnlichen Rechtsmittel

1) Vgl. Hessen-Darmstadt 1860 Art. 388, 1865 Art. 401, wonach der Staatsanwalt gegen das schwurgerichtliche Contumacialerkenntniß zwar die Nichtigkeitsbeschwerde einlegen kann, aber nur aus dem Grunde, weil die (materielle) Rechtsanwendung in demselben eine irrige sei, nicht also wegen Verletzung des Verfahrens.

freigestellt oder derselbe ausgeschlossen, beziehungsweise beschränkt sein soll. Unverkümmert werden dem Angeklagten die gewöhnlichen Rechtsmittel jedenfalls von denjenigen Gesetzen zugesichert, nach denen dies der einzige Weg zur Anfechtung des Erkenntnisses ist, nämlich von Preußen 1846 und Braunschweig 1849 und 1858 in dem Falle, wenn der Angeklagte auf gewöhnliche Ladung ausgeblieben war, sowie nach Preußen 1849 und 1852 für alle nichtschwurgerichtlichen Fälle, sei es, daß der Angeklagte auf gewöhnliche oder auf öffentliche Vorladung ausgeblieben war. Aber auch da, wo der in contumaciam Verurtheilte durch Entschuldigung seines Ausbleibens Wiedereinsetzung erlangen kann, und selbst, wo ihm ein ganz willkürlicher Einspruch gegen das Contumacialurtheil eingeräumt ist, hat die Gesetzgebung in der Regel ihm den Gebrauch der gewöhnlichen Rechtsmittel nicht entzogen; ja es ist der Gebrauch der gewöhnlichen Rechtsmittel dem Angeklagten oder seinen Angehörigen selbst nach einzelnen derjenigen Gesetze gestattet, nach welchen im Falle der Gestellung des Angeklagten das Contumacialurtheil von selbst seine Bedeutung verlieren soll. Als Gesetze, welche dem in contumaciam Verurtheilten ein motivirtes Gesuch um Wiedereinsetzung überlassen und dennoch demselben zugleich die gewöhnlichen Rechtsmittel gewähren, sind zu nennen Baden 1845, 1851 und 1864, Oestreich 1850 und 1867, Thüringen 1850, Hannover 1850 und 1859, Preußen 1865 und 1867 (in nichtschwurgerichtlichen Fällen), Hessen-Darmstadt 1865 (ebenso). Als Gesetzgebungen, welche ein willkürliches Einspruchsrecht gewähren und dennoch die ordentlichen Rechtsmittel zulassen: die französischen Strafproceßgesetze von 1791, 1796 und 1808 und die Frankfurter St. P. O. von 1856 (in nichtschwurgerichtlichen Fällen), sowie Kurhessen 1848, 1851 und 1863 (in allen Straffällen). Eine Sonderstellung nimmt Sachsen 1855 und ihm folgend Lübeck 1862 ein, indem nach diesen dem Verurtheilten (falls er sich stellt) theils die gewöhnlichen Rechtsmittel, theils der allgemeine Antrag auf Wiederaufnahme des Verfahrens freigestellt wird. Von denjenigen Gesetzgebungen endlich, welche für den Fall der Gestellung des Angeklagten das Contumacialurtheil von selbst hinfällig werden lassen, ist die östreichische St. P. O. von 1853 die einzige, welche dennoch dem Angeklagten die gewöhnlichen Rechtsmittel freistellt. Wie dieselbe überhaupt das Contumacialverfahren mit möglichst vollständigen Garantien einer richtigen Entscheidung ausstattet, so soll auch die Anfechtung der Entscheidung in höherer Instanz unbeschränkt sein, obwohl es sich nur um eine provisorische Entscheidung handelt. Viele Gesetzgebungen aber haben den Gebrauch der ordentlichen Rechtsmittel neben diesen außerordentlichen Wegen der Anfechtung theils in engere Grenzen eingeschlossen, theils völlig beseitigt. Ersteres ist der Fall nach der kurhessischen St. P. O. von 1863 (§. 225), welche dem in contumaciam Verurtheilten unabhängig von dem ihm zustehenden Einspruchsrecht eine Berufung einräumt, dieselbe aber auf die Anfechtung der Rechtsanwendung sowie der Strafzumessung beschränkt. Letzteres findet insbesondere nach denjenigen Gesetzgebungen statt, welche dem Contumacialurtheil nur eine provisorische Bedeutung beilegen, indem man es für überflüssig hielt, ein nur provisorisches Erkenntniß zum Gegenstand weiterer Anfechtungen zu machen, und von demjenigen Angeklagten, welcher Grund zur Anfechtung zu haben glaubt, erwarten zu können meinte, derselbe werde durch seine Gestellung ein völlig neues Verfahren herbeiführen. Hierhin gehören der Code (Art. 437), Hessen 1860 (Art. 388) und 1865 (Art. 401), sowie Preußen 1851 (§. 471), 1852 (Art. 42), 1865 (§. 466) und 1867 (§. 458), welche in schwurgerichtlichen Fällen, sowie Hessen-D. 1848 (Art. 226), Baiern 1848 (Art. 289), welche in sogenannten schwereren Assisenfällen das Contumacialverfahren für ein nur provisorisches erklären und im Zusammenhang damit zwar dem öffentlichen Ankläger, nicht aber auch dem Angeklagten die Nichtigkeitsbeschwerde einräumen. Hierhin gehören ferner die Strafproceßordnungen von Oldenburg (Art. 441) und Bremen (§. 633), welche auch in nichtschwurgerichtlichen Fällen das etwa ergehende Contumacialurtheil als nur provisorisch behandeln und im Zusammenhange damit dem in einem solchen Straffalle Verurtheilten auch das Rechtsmittel der Berufung entziehen. Diejenigen Gesetze, welche dem in contumaciam Verurtheilten ein beschränktes oder unbeschränktes Einspruchsrecht gewähren, pflegen, wie erwähnt, demselben zugleich die gewöhnlichen Rechtsmittel freizustellen; nur ist zu beachten, daß eine Mehrzahl von Gesetzen (Baden 1851 §. 140, 1864 §. 359 in allen erheblicheren Straffällen, Preußen 1865 §. 473 und 1867 §. 465 in mittleren Straffällen, und zwar wenn öffentliche Vorladung vorausgegangen war) die Entschuldigung des Ausbleibens an die Gestellung des Verurtheilten knüpfen, und daß Sachsen 1855 Art. 319 und Lübeck 1862 §. 222 nur dem sich stellenden oder zur Haft gebrachten Angeklagten die Wahl zwischen der nachträglichen Einwendung der ordentlichen Rechtsmittel und dem allgemeinen Antrag auf Wiederaufnahme der Untersuchung gewähren, während nach den übrigen Gesetzen wie ein jedes Urtheil, so auch das Contumacialerkenntniß ohne persönliche Gestellung von Seiten des Angeklagten angefochten werden kann.

2) In den meisten Gesetzen aber ist theils neben den gewöhnlichen Rechtsmitteln, theils statt derselben dem Verurtheilten irgend ein weitergehendes Rechtsmittel eingeräumt. Es ist dies, wie schon bemerkt, theils ein an bestimmte Nachweise gebundenes Gesuch um Wiederaufnahme, theils ein ganz willkürlicher, nur durch einfache Erklärung geltend zu machender Einspruch.

a) Die Mehrzahl der neueren deutschen Gesetzgebungen stellt dem Angeklagten frei, das ihn verurtheilende Contumacialerkenntniß durch einen sogenannten motivirten Einspruch oder ein motivirtes Gesuch um „Wiederaufnahme" des Verfahrens anzufechten. Selbstverständlich steht überall dem in contumaciam Verurtheilten dasjenige Gesuch um Wiederaufnahme zu, welches gegen gerichtliche Erkenntnisse dem Verurtheilten überhaupt eingeräumt ist. Es ist jedoch dieses allgemeine Wiederaufnahmegesuch nach den neueren Gesetzgebungen meist in einer solchen Art eingeschränkt, daß dieses außerordentliche Rechtsmittel für das Contumacialverfahren als völlig ungenügend erscheinen mußte. Wenn dem Verurtheilten, wie meistens der Fall ist, eine Wiederaufnahme zu beantragen nur dann gestattet ist, wenn er nachweist, daß das Erkenntniß auf einer falschen Zeugenaussage oder einer falschen Urkunde beruhte, oder daß eine Bestechung vorgekommen war u. dergl., so genügt dies offenbar nicht, um dem Angeklagten eine nachträgliche Vertheidigung gegen das Contumacialurtheil zu ermöglichen. Selbst wenn jenes Rechtsmittel, wie nur nach einzelnen neueren Gesetzgebungen der Fall ist, in dem Umfange anerkannt wird, daß dasselbe auf „neue Thatsachen oder Beweismittel" gegründet werden kann, würde dem in contumaciam Verurtheilten nur zu oft die nachträgliche Vertheidigung gegen den in seiner Abwesenheit vorgebrachten Beweis abgeschnitten sein. Es haben deshalb die meisten neueren Gesetzgebungen dem in contumaciam Verurtheilten ein besonderes, dem Contumacialverfahren eigenthümliches Gesuch um Wiederaufnahme des Verfahrens oder Wiedereinsetzung eingeräumt. Es geschah dies zum Theil im Anschluß an die in allen Gesetzgebungen bestehende Restitution gegen den Ablauf von Fristen. Es mußte sich fragen, ob nicht ebenso, wie gegen die unverschuldete Versäumniß von Fristen, so auch gegen die unverschuldete Versäumniß der Hauptverhandlung und gegen das in Abwesenheit des Angeklagten ergangene Erkenntniß ein Restitutionsgesuch zugelassen werden solle. Unläugbar kann ein Angeklagter trotz des besten Willens unter Umständen nicht in der Lage sein, der Ladung zur Hauptverhandlung Folge zu leisten, und es muß als ungerecht erscheinen, ihm in einem solchen Falle gegen die in seiner Abwesenheit ergangene Aburtheilung Restitution zu verweigern. Dieser so natürlichen Anschauung haben sich nur wenige Gesetze verschlossen.[1]) In den meisten ist vielmehr demjenigen

1) Auf die Inconsequenz der bestehenden preußischen Gesetzgebung, welche zwar im Mandatsverfahren dem Angeklagten, welcher in dem auf seinen Einspruch (gegen das Mandat) angesetzten Verhandlungstermin ausbleibt, Restitution ertheilt (Preußen 1852 Art. 130), außerhalb des Mandatsverfahrens aber, und zwar sowohl im Verfahren vor dem Einzelrichter, als vor der Gerichtsabtheilung, gegen die Versäumniß der Hauptverhandlung keine Restitution gewährt, ist mehrfach aufmerksam gemacht worden. Vgl. insbesondere Goltdammer, Archiv B. XI, S. 459 f.

Angeklagten, der im Stande ist, sein Ausbleiben genügend zu entschuldigen, Restitution gegen das Contumacialurtheil in Aussicht gestellt. So nach der Gesetzgebung von Baden 1845 §. 324, 1851 §. 140 und 1864 §. 359, nach den Strafproceßordnungen von Oestreich 1850 §. 433, 1867 §. 445, ferner Hannover 1850 §. 163 und 1859 §. 169 und Thüringen 1850 Art. 226 (in allen schweren und mittleren Straffällen), sowie nach Hessen-Darmstadt 1865 Art. 419 und Preußen 1865 §. 425 und 1867 §. 414 (in mittleren und geringeren Fällen). Dabei weichen diese Gesetzgebungen jedoch in verschiedenen Punkten wesentlich von einander ab, einmal nämlich insofern, als sie in verschiedener Art bestimmen, was als Entschuldigung angesehen werden soll, und sodann, indem die einen die Gestellung des Angeklagten als Voraussetzung der Restitution hinstellen, während nach den anderen dem Gesuche auch ohne persönliche Gestellung des Nachsuchenden Folge zu geben ist.

In ersterer Beziehung bestimmte die badische St. P. O. von 1845 §. 324, daß der Verurtheilte die Wiederaufnahme des Verfahrens begehren könne, 1) wenn er beweist, daß ihm wegen Krankheit oder höherer Gewalt zu erscheinen unmöglich war, oder 2) „wenn er zur Zeit seiner Entfernung als Angeschuldigter noch nicht vernommen war, und zugleich wahrscheinlich ist, daß er wegen des Verbrechens, wegen dessen er verurtheilt ist, nicht geflohen sei, auch von der gegen ihn eingeleiteten Untersuchung erst nach seiner Verurtheilung Kenntniß erhalten habe.“ Es war dies ein Versuch, statt des im französischen Recht enthaltenen willkürlichen Einspruchs, eine motivirtes Gesuch um Wiederaufnahme seinen Voraussetzungen nach näher zu bestimmen. Nur wenige der späteren Gesetze jedoch haben sich jenen Bestimmungen angeschlossen, und auch diese nicht ohne gewisse Abweichungen. Nur Oestreich 1850 §. 433 und 1867 §. 445 bestimmt im Wesentlichen übereinstimmend, daß der Verurtheilte Restitution erlangen solle, wenn es ihm unmöglich war zu erscheinen oder „wenn er zur Zeit seiner Entfernung noch nicht als Beschuldigter vernommen war, und es zugleich wahrscheinlich ist, daß er von seiner Vorladung erst nach seiner Verurtheilung Kenntniß erhalten habe." Auch hier also ist die Restitution nicht auf den Nachweis der Unmöglichkeit des Erscheinens beschränkt, sondern darüber hinaus auch in dem Falle zugelassen, wenn es wahrscheinlich ist, daß der Angeklagte (troß der öffentlichen Vorladung) keine Kenntniß von dem Verfahren gehabt habe, indem die weitere Voraussetzung des badischen Rechts fallen gelassen wird, daß der Angeschuldigte auch nicht wegen des Verbrechens, um das es sich handelt, geflohen sei. Außerdem aber hat nur noch die spätere badische Gesetzgebung selbst (1851 §. 140 und 1864 §. 359) sich jenen Bestimmungen (und zwar mit Beibehaltung der in Oestreich gestrichenen Voraussetzung) angeschlossen, während die übrigen deutschen Gesetze entweder bei dem Erfordernisse der Unmöglichkeit des Erscheinens oder dem Nachweis unabwendbarer Hindernisse, unüberwindlicher Hindernisse u. dergl. stehen geblieben sind, oder neben diesem Nachweis noch den weiteren Nachweis, daß die Ladung dem Angeklagten ohne seine Schuld unbekannt geblieben war (so Hannover 1850 §. 163, 1859 §. 169), oder daß sie ihm nicht rechtzeitig hatte mitgetheilt werden können, als genügenden Entschuldigungsgrund anerkennen. Preußen 1865 und 1867 unterscheidet zwischen dem auf gewöhnliche und dem auf öffentliche Vorladung ergangenen Erkenntniß. Gegen das erstere ist (Preußen 1865 §. 425, 1867 §. 414) außer der Unmöglichkeit des Erscheinens auch jener weitere Restitutionsgrund, daß die Ladung nicht hatte zugestellt werden können, anerkannt; im Falle der öffentlichen Vorladung dagegen (Preußen 1865 §. 473, 1867 §. 465) wird nur der Nachweis der Unmöglichkeit des Erscheinens zugelassen und also ein- für allemal fingirt, daß der Angeklagte Kenntniß von der Vorladung erlangen konnte. Und in der That kann das Bedürfniß nicht verkannt werden, in solchen Fällen eine festere Unterscheidung herzustellen und nicht alles dem Ermessen im einzelnen Falle zu überlassen; es fragt sich nur, ob nicht in den dann allerdings unvermeidlichen Fictionen mindestens für alle erheblicheren Straffälle ein bedeutendes und vielleicht entscheidendes Bedenken gegen die Angemessenheit einer Contumacialaburtheilung überhaupt zu finden ist.

Der zweite Punkt, in welchem die neueren Gesetzgebungen hinsichtlich dieses Gesuches um Wiederaufnahme oder sogenannten motivirten Einspruchs von einander abweichen, betrifft die nicht minder erhebliche Frage, ob ein solches Gesuch auch von dem Abwesenden als solchen vorgebracht werden kann, oder ob dasselbe an die Voraussetzung der Gestellung des Angeklagten geknüpft ist. Ersteres ist der Fall nach der badischen St. P. O. von 1845 §. 324, Thüringen 1850 Art. 226 und Hannover 1850 §. 163 und 1859 §. 169 in allen erheblicheren Straffällen, nach der hessen-darmstädtischen St. P. O. von 1865 Art. 419 in mittleren Fällen, und nach Preußen 1865 §. 425 und 1867 §. 414 in allen nichtschwurgerichtlichen Fällen, falls in diesen der Contumacialverhandlung eine gewöhnliche Ladung des Angeklagten voraufgegangen war. War dagegen der Contumacialaburtheilung ein Edictalverfahren voraufgegangen, so soll nach diesen preußischen Bestimmungen (1865 §. 473, 1867 §. 465) dem Restitutionsgesuch nur dann Folge gegeben werden, wenn der Angeklagte sich zugleich persönlich vor Gericht einfindet. Dieses Erforderniß der persönlichen Gestellung ist von anderen Gesetzgebungen als allgemeine Voraussetzung für die Restitution gegen Contumacialurtheile überhaupt hingestellt worden, ohne daß jedoch freiwillige Gestellung verlangt wird. Nur wenn durch die persönliche Anwesenheit des Angeklagten die Vornahme einer contradictorischen Verhandlung möglich und wahrscheinlich geworden ist, aber auch stets, wenn dies der Fall ist, also auch wenn der Angeklagte festgenommen und vor Gericht gestellt wurde, soll ihm die Anfechtung des Contumacialurtheils durch den Nachweis entschuldbarer Versäumniß freistehen. So Baden 1851 §. 140, 1864 §. 359, Oestreich 1850 §. 433, 1867 §. 445. Dabei ist vorgeschrieben, daß dem erschienenen Angeklagten eine bestimmte Frist gestellt werden soll, in welcher er sich darüber zu erklären hat, ob er ein solches Gesuch einbringen will oder nicht.

b) Andere Gesetzgebungen aber geben dem in contumaciam Verurtheilten ein viel weitergehendes Rechtsmittel, indem sie demselben nicht nur eine Restitution auf Grund entschuldigter Versäumniß, sondern einen willkürlichen Einspruch gegen das Contumacialurtheil gewähren. Am bekanntesten ist dies vom französischen Recht (Code Art. 187, 151), nach welchem bei délits und contraventions das Abwesenheitserkenntniß durch einfachen Widerspruch von Seiten des Verurtheilten beseitigt werden kann. Es sind hierin dem französischen Recht gefolgt Hessen-Darmstadt 1848 Art. 241 und Baiern 1848 Art. 298 und 299 für sogenannte leichtere Assisenfälle, Preußen 1849 §. 81 für alle schwurgerichtlichen Fälle, Kurhessen 1848 §. 400 und Frankfurt 1856 Art. 281 umgekehrt für nichtschwurgerichtliche Fälle, und endlich Kurhessen 1851 §. 43 und 1863 §. 225 für alle erheblicheren Straffälle, — Gesetze, die sich hinsichtlich der Art und Weise der Contumacialverhandlung sehr wesentlich von einander unterscheiden. Auch die sächsische St. P. O. von 1855 Art. 319 nebst der Lübecker von 1862 §. 222 würden hier zu nennen sein, wenn nicht hier der dem erschienenen Angeklagten freigestellte „Antrag auf Wiederaufnahme des Verfahrens" völlig in das Ermessen des Gerichts, beziehungsweise des Staatsoberhauptes [1]) gestellt wäre und sich dadurch auf das Wesentlichste von der opposition des französischen Rechts und jenem willkürlichen Einspruch unterschiede. Auch machen die sächsische und die lübecker St. P. O. diesen Antrag von der Voraussetzung persönlicher Gestellung abhängig, während die vorhin genannten Gesetze, wie der Code, als Voraussetzung des Einspruchs nur hinstellen, daß der Verurtheilte innerhalb einer bestimmten Frist nach der Zustellung des Urtheils seinen Widerspruch erklärt, was auch ohne persönliche Gestellung geschehen kann. Doch ist in einzelnen jener Gesetzgebungen bestimmt, daß, wenn ein Edictalverfahren voraufgegangen war, jedenfalls auch noch der später erscheinende Angeklagte von dem Einspruch Gebrauch machen kann. [2])

---

1) Sachsen 1855 Art. 319 Absatz 3: „Auch kann der König auf geschehenes Ansuchen die Abhaltung einer anderweiten Hauptverhandlung anordnen."

2) Kurhessen 1863 §. 225.

Sowohl der motivirte als der willkürliche Einspruch werden nach den deutschen Gesetzen, abweichend vom französischen Recht, welches Anmeldung bei der Staatsanwaltschaft fordert, bei **Gericht** angebracht, und zwar entweder durch mündliche Erklärung zu Protokoll oder durch schriftlichen Antrag. Als das hierzu competente Gericht ist meistens dasjenige genannt, welches in der Sache **erkannt** hatte, vorbehaltlich der Beschwerde an das höhere Gericht, die nur in einzelnen Gesetzen ausgeschlossen ist.[1]) Auch ist hier und da vorgeschrieben, daß zugleich mit dem Einspruch die in dem neuen Verhandlungstermine etwa aufzunehmenden Beweismittel, beziehungsweise die Beschwerden in der Sache selbst angegeben werden sollen.[2]) Die Prüfung des Einspruchs als solchen gestaltet sich natürlich sehr verschieden, je nachdem es sich um einen Einspruch nach französischer Art oder um ein motivirtes Gesuch um Wiedereinsetzung handelt. Dort ist nur zu prüfen, ob die Fristen und die Formen der Einlegung gewahrt sind, beziehungsweise die Legitimation des Vertreters; hier dagegen kommt es auf eine sachliche Prüfung an, insbesondere ob der Angeklagte sein Ausbleiben in der Hauptverhandlung genügend entschuldigt. Bestimmte Formen für diese Prüfung sind von den meisten neueren Gesetzen nicht vorgeschrieben; doch verweist die östreichische St. P. O. auf das Verfahren bei einem Wiederaufnahmegesuch,[3]) und die hannoversche scheint eine mündliche Verhandlung mit dem Angeklagten und dem Staatsanwalt anzuordnen, auf Grund deren das Gericht über die Wiederaufnahme entscheidet.[4]) Wird das Gesuch für begründet gefunden, so wird von dem Gericht, soweit nicht schon durch den Einspruch selbst

---

1) Vgl. Hannover 1850 §. 164, 1859 §. 170. Preußen 1865 §. 428 u. 1867 §. 426 bestimmt, daß gegen die **Zulassung** des Gesuchs ein Rechtsmittel nicht stattfindet, unbeschadet der Befugniß der Staatsanwaltschaft, die Unzulässigkeit der Wiedereinsetzung bei der weiteren Verhandlung der Sache geltend zu machen.

2) Vgl. Baiern 1848 Art. 350, 358, Kurhessen 1848 §. 402, 1863 §. 196.

3) Oestreich 1850 §. 433, 1867 §. 445, 368 f.

4) Hannover 1850 §. 164, 1859 §. 170.

das frühere Urtheil außer Wirksamkeit tritt, der Vollzug des Erkenntnisses ausgesetzt und ein neues Verfahren angeordnet.[1]) Dabei bleibt aber die frühere Anklage bestehen, und zwar nach den meisten Gesetzen nicht nur dann, wenn dem Angeklagten in dem früheren Verfahren die Ladung zur Hauptverhandlung noch zugestellt worden war, sondern auch dann, wenn er schon im Vorverfahren nicht hatte gestellt werden können, wenn also die Versetzung in Anklagestand ohne seine Vernehmung ausgesprochen worden war. Nur in wenigen Gesetzen ist gesagt, daß unter Umständen hinter die Versetzung in Anklagestand zurückgegangen werden kann, oder daß die Voruntersuchung in bestimmten Fällen wieder aufgenommen werden müsse.[2]) Ob der Angeklagte bis zur neuen Hauptverhandlung zu verhaften, beziehungsweise wieder zu verhaften sei, hängt von dem Ermessen des Gerichts ab.[3]) Ebenso ist es Sache des einzelnen Falles, welche Maßregeln in Beziehung auf den Beweis etwa noch zur Vorbereitung der Hauptverhandlung erforderlich erscheinen, wie auch endlich die neue Hauptverhandlung selbst sich im Allgemeinen durchaus nach den gewöhnlichen Grundsätzen richtet. Keineswegs darf die Ausdrucksweise einzelner Gesetze, daß in der neuen Hauptverhandlung „geeignetenfalls das Contumacialerkenntniß durch Substitution eines anderen, wenn auch dem Einsprechenden nachtheiligeren Erkenntnisses zurückgezogen werden solle," u. dergl.[4])

1) Kurhessen 1848 §. 403, 1863 §. 197, Preußen 1849 §. 81, Baden 1851 §. 140, Hannover 1850 §. 163, 1859 §. 169, Hessen-D. 1860 Art. 406, 1865 Art. 419, Oestreich 1867 §. 446.

2) Nach der östreich. St. P. O. von 1850 §. 435 sollte in allen Fällen, wenn dem Angeklagten die Vorladung zur Hauptverhandlung vor seiner Entfernung noch nicht zugestellt worden war, die Sache in den Stand der Voruntersuchung zurücktreten. Nach dem östreich. Entwurf von 1867 §. 444 soll überdies, wenn das Contumacialurtheil auf Todesstrafe gelautet hatte, stets die Voruntersuchung, und zwar, wenn eine Vernehmung des Angeklagten schon stattgefunden hatte, von demjenigen Stand an wieder aufgenommen werden, in welchem sie sich bei seiner Entfernung befunden hatte.

3) Hannover 1850 §. 164, 1859 §. 170.

4) Vgl. Kurhessen 1848 §. 407.

zu der Annahme verleiten, als handle es sich in dem neuen Termin nur um eine Nachprüfung des ersten Erkenntnisses auf Grund der Acten. Vielmehr müssen Zeugen und Sachverständige ganz nach den allgemeinen Grundsätzen mündlich vernommen und überhaupt die Beweismittel möglichst unmittelbar vorgelegt werden. Nur wenn früher vernommene Zeugen aus irgend einem Grunde jetzt nicht mehr zur Sitzung gestellt werden können, [1]) dürfen statt ihrer mündlichen Aussage die Protokolle der früheren Vernehmungen vorgelesen werden, eine Vorschrift, die allerdings nach einzelnen Gesetzen ohne Beschränkung auf einen solchen Nothfall auf die Erklärungen früherer Mitangeklagter ausgedehnt worden ist. [2]) Nur Baiern 1848 Art. 352 bestimmt, daß in der neuen Verhandlung bloß diejenigen Zeugen mündlich vernommen zu werden brauchen, welche zu derselben geladen worden sind, und scheint danach in der That es dem Ermessen des Gerichts zu überlassen, ob die neue Verhandlung als eine wirklich mündliche Verhandlung gehandhabt werden soll, oder ob das Gericht nur eine Art Nachprüfung des Falls auf Grund der Acten und vielleicht einzelner mündlich erhobener Beweismittel für angemessen hält. Ausdrücklich findet sich in einem Gesetze bemerkt, daß in der neuen Verhandlung dieselben Richter mitwirken können, die das erste Mal mitgewirkt hatten. [3])

Bleibt der Angeklagte auch in der neuen auf seinen Antrag angeordneten Hauptverhandlung aus, so hat dies Ausbleiben, so weit in dieser Beziehung nicht besondere Bestimmungen getroffen sind, ganz dieselbe Wirkung wie bei der früheren Verhandlung; es wird also, je nach den Grundsätzen, welche die Gesetzgebung für die Contumacialverhandlung angenommen hat, entweder in Abwesenheit des Angeklagten mit der mündlichen Beweisaufnahme vorgegangen, oder es wird auf Grund der Acten entschieden oder nach dem thatsächlichen Inhalt der Anklage erkannt, und es kann

---

1) Ausdrücklich gesagt in Hessen-D. 1848 Art. 243, Oestreich 1850 §. 435, 398, 1867 §. 446, 370, Frankfurt 1856 Art. 283.

2) Hessen 1848 Art. 243, Frankfurt 1856 Art. 283.

3) Vgl. die revidirte sächs. Strafproceßordnung von 1868 Art. 319.

der zum zweiten Mal in contumaciam Verurtheilte sich gegen das Erkenntniß derselben Rechtsmittel bedienen wie das erste Mal. Hierbei sind diejenigen Gesetze, welche gegen das Contumacialerkenntniß nur einen motivirten Einspruch zulassen, meist stehen geblieben. Nur schreiben einzelne von diesen Gesetzgebungen vor, daß gegen das neue, durch wiederholtes Ausbleiben des Angeklagten veranlaßte Contumacialerkenntniß kein weiterer Einspruch zulässig sein soll.[1]) Offenbar ist dies letztere da, wo als Voraussetzung des Einspruchs der Nachweis unverschuldeter Versäumniß hingestellt ist, eine unbegründete Härte.[2]) Diejenigen Gesetzgebungen aber, welche gegen das Contumacialerkenntniß einen willkürlichen Einspruch nach Art des französischen Rechts kennen, haben meistens nicht nur die letzterwähnte Bestimmung aufgenommen, sondern zugleich bestimmt, daß, wenn der Angeklagte in der auf seinen Einspruch angesetzten neuen Verhandlung ausbleibt, gar kein neues Verfahren irgend einer Art stattzufinden braucht, sondern der Einspruch als verworfen angesehen werden und das frühere (Contumacial-) Urtheil einfach wieder in Kraft treten soll.[3]) Danach kann es vorkommen, daß ein Contumacialurtheil, welches sich durch die in Folge des Einspruchs des Angeklagten vorgenommenen neuen Erhebungen als völlig irrig herausgestellt hat, dennoch in definitive Wirksamkeit tritt. Insbesondere müßte jene Bestimmung da zu seltsamen Resultaten führen, wo in Folge des Einspruchs des Angeklagten auch die Anklage abgeändert werden konnte und also die Grundlage des neuen Verfahrens eine vielleicht ganz andere als die des früheren geworden war. Hier und da ist bestimmt, daß gegen das erste Contumacialurtheil willkürlicher Einspruch, gegen das zweite nur ein motivirtes Gesuch um Wiederaufnahme zulässig sein soll.[4])

---

1) Hannover 1850 §. 165, 1859 §. 171.

2) Vgl. Planck, syst. Darst. S. 493 Anm. 26.

3) Code Art. 188, 151, Hessen-D. 1848 Art. 244, Kurhessen 1848 §. 407, Baiern 1848 Art. 302, Frankfurt 1856 Art. 283.

4) Hessen-D. 1848 Art. 294, Kurhessen 1848 §. 409.

Eine nähere Erwägung erfordert noch die Frage, wie sich das dem Angeklagten von den meisten Gesetzen gewährte Einspruchsrecht oder Gesuch um Wiedereinsetzung zu den ordentlichen Rechtsmitteln verhält. In dieser Beziehung ist zunächst in mehreren Gesetzen ausdrücklich die zweckmäßige Vorschrift gegeben, daß, wenn gegen das Contumacialerkenntniß von Seiten des Anklägers ein Rechtsmittel, sei es die Nichtigkeitsbeschwerde oder das Rechtsmittel der Appellation oder Berufung eingelegt ist, das weitere Verfahren auf dieses Rechtsmittel ausgesetzt werden soll, sobald der Angeklagte seinerseits gegen das Erkenntniß Einspruch erhoben hat, damit zunächst über die Zulässigkeit des Einspruchs entschieden und nicht ein vielleicht ganz unnöthiges Rechtsmittelverfahren fortgesetzt werde.[1]) Besondere Schwierigkeiten aber bieten die Fragen: ob der Angeklagte innerhalb der Frist für den Einspruch das ordentliche Rechtsmittel einlegen, sowie ob er noch nach derselben sich des ordentlichen Rechtsmittels bedienen könne.

Was zunächst die erste Frage angeht,[2]) so ist dieselbe zunächst in Beziehung auf den motivirten Einspruch deswegen zu bejahen, weil der Angeklagte unter Umständen gar nicht im Stande sein kann, sein Ausbleiben zu entschuldigen, wohl aber in der Sache selbst vielleicht sehr erhebliche Gründe hat, das Contumacialerkenntniß anzufechten. Aber auch bei einem willkürlichen Einspruch wird dem Angeklagten deswegen, weil ihm noch ein weitergehendes Recht zu Gebote steht, wohl nicht verwehrt werden können, sich in jedem Falle sofort des gewöhnlichen Rechtsmittels zu bedienen. Die zweite Frage ferner[3]) (ob noch nach Ablauf der Einspruchsfrist das ordentliche Rechtsmittel gebraucht werden kann) ist ebenfalls wohl für beide Fälle zu bejahen, und zwar für den motivirten Einspruch deswegen, weil der Nichtgebrauch desselben nur auf die Schwierigkeit oder Unmöglichkeit einer Entschuldigung schließen läßt, keineswegs aber einen Verzicht auf materielle Anfechtung in sich schließt, und für den will-

1) Hannover 1850 §. 166, 1859 §. 172, Baiern 1848 Art. 349.

2) Vgl. Buchner, Gerichtssaal 1857 B. II, S. 130.

3) Vgl. Buchner, ebendaselbst.

kürlichen Einspruch deswegen, weil die Frist für das ordentliche Rechtsmittel nicht ohne gesetzlichen Grund verkürzt werden darf, und überdies unter Umständen dem Angeklagten sehr wohl an einer Nachprüfung bestimmter Punkte durch den höheren Richter, nicht aber an einer völligen Erneuerung des ganzen Verfahrens gelegen sein kann.

Vermieden sind diese Streitfragen in denjenigen Gesetzen, welche, wie Preußen 1865 §. 425, 473 und 1867 §. 414, 465 bestimmen, daß das Gesuch um Wiedereinsetzung nur im Wege des gewöhnlichen Rechtsmittels geltend gemacht werden kann, so daß von demselben Gericht, welches über dieses zu entscheiden hat, das Gesuch zu prüfen, und geeignetenfalls das angefochtene Urtheil aufzuheben und die Sache in die vorige Instanz zurückzuverweisen ist.[1])

3) Während nach den bisher erwähnten Gesetzen das Contumacialerkenntniß zwar der Anfechtung unterliegt, ohne eine solche Anfechtung aber seine volle Wirksamkeit entfaltet, ist in einzelnen Gesetzen, theils nur für schwurgerichtliche Fälle, theils auch für mittlere Straffälle, bestimmt, daß dasselbe in einem gewissen Falle von selbst seine Bedeutung verlieren soll, daß nämlich im Falle des Erscheinens des Angeklagten, und zwar sowohl wenn derselbe sich freiwillig stellt, als wenn er zur Haft gebracht wird, das in seiner Abwesenheit ergangene Erkenntniß bei Seite gesetzt und eine neue Verhandlung und Entscheidung der Sache vorgenommen werden soll. Am bekanntesten ist dies vom französischen Recht, welches für schwurgerichtliche Fälle ein derartiges Verfahren vorschreibt.[2]) Es sind aber eine Anzahl neuerer Gesetzgebungen hierin dem französischen Recht gefolgt, und einzelne haben dies Verfahren selbst auf mittlere Straffälle ausgedehnt. Für schwerere Schwurgerichtsfälle ist dasselbe angeordnet in Hessen-Darmstadt 1848 Art. 234 und Baiern 1848 Art.

1) Vgl. die Motive zu dem preußischen Entwurf von 1865 §. 425, S. 208.

2) Code d'instruction crim. Art. 476.

293 (in letzterem Gesetz mit einer noch zu erwähnenden nicht unwichtigen Modification), für alle schwurgerichtlichen Fälle wurde es eingeführt in Würtemberg 1849 Art. 249, Hessen 1860 Art. 391 und 1865 Art. 404, sowie in den preußischen Entwürfen und Gesetzen von 1851 §. 474, 1852 Art. 44, 1865 §. 467 und 1867 §. 459, — Gesetzgebungen, welche sämmtlich für die schwurgerichtliche Contumacialverhandlung theils gar keine, theils nur eine schriftliche Beweisaufnahme vorschreiben. Ebenso hat aber auch die östreichische St. P. O. von 1853 §. 394, obwohl dieselbe eine vollständige mündliche Beweisaufnahme für die Contumacialverhandlung vorschreibt, dennoch dem Erscheinen des Angeklagten jene Wirkung beigelegt, und endlich haben auch Oldenburg 1857 Art. 443 und Bremen 1863 §. 636 sowohl für die schwurgerichtlichen als auch für die mittleren Straffälle das verurtheilende Contumacialerkenntniß ebenfalls für ein nur provisorisches erklärt. Nach allen diesen Gesetzen soll das über den Angeklagten ergangene Contumacialerkenntniß zwar in seiner Abwesenheit, soweit es geschehen kann, vollzogen, also insbesondere Geldstrafen in das etwa zurückgelassene Vermögen vollstreckt werden; sobald aber die Vollstreckung des Erkenntnisses an der Person des Angeklagten möglich sein würde, soll die Vollstreckung ausgesetzt und das Contumacialerkenntniß als nicht vorhanden angesehen werden. Selbst nicht durch ausdrückliche Unterwerfung des Angeklagten unter das Contumacialerkenntniß kann dasselbe aufrecht erhalten werden, wie in einigen dieser Gesetze ausdrücklich gesagt ist.[1]) Nur das bairische Gesetz von 1848 macht in dieser Beziehung eine Ausnahme,[2]) indem nach diesem der Unterwerfung des Angeklagten unter das Contumacialerkenntniß allerdings jene Wirkung beigelegt ist. Abgesehen von dieser Ausnahme hat also nach diesen Gesetzen das Contumacialurtheil nur eine Scheinexistenz, und es beginnt das gewöhnliche ordentliche Verfahren, sobald der Angeklagte sich gestellt hat oder zur Haft gebracht worden ist. Nur darin finden unter den genannten

1) Hessen-D. 1848 Art. 235, Würtemberg 1849 Art. 250.
2) Baiern 1848 Art. 294.

Gesetzen gewisse Verschiedenheiten statt, bis zu welchem Zeitpunkte rückwärts das bisherige Verfahren annullirt wird, und von welchem Zeitpunkte dasselbe erneuert werden soll. In der Regel ist nur gesagt, daß eine neue Hauptverhandlung stattfinden solle, womit auch die Vornahme neuer dieselbe vorbereitender Handlungen von selbst als angemessen erscheinen kann. [1]) Insbesondere wird es sich jetzt um die Vernehmung des Angeklagten und die Berücksichtigung der etwa jetzt von ihm beantragten Beweismittel handeln. Die Anklage selbst wird in derselben Weise, wie sie in dem früheren Verfahren festgestellt worden war, beibehalten, und nur die Zustellung der Anklageschrift an den Angeklagten wird jetzt noch erforderlich, falls dieselbe dem Angeklagten nicht schon im früheren Verfahren zugestellt worden war. Ob der erschienene Angeklagte verhaftet, beziehungsweise der Festgenommene in Haft behalten werden soll, entscheidet sich nach den meisten Gesetzen durchaus nach den allgemeinen Grundsätzen; nur in einzelnen ist bestimmt, daß der erschienene Angeklagte stets verhaftet werden muß, beziehungsweise daß das Contumacialurtheil in diesem Falle stets als Haftbefehl betrachtet werden soll. [2])

Kommt es in Folge der Gestellung des Angeklagten zu einer neuen Verhandlung, so finden auch auf diese, ebenso wie auf die in Folge eines Einspruchs angeordnete Verhandlung, die gewöhnlichen Grundsätze Anwendung. Doch ist auch für diesen Fall in mehreren Gesetzen ausdrücklich bemerkt, daß, wenn früher vernommene Auskunftspersonen jetzt nicht mehr vernommen werden können, ihre früheren Aussagen vorgelesen werden sollen, und für schon abgeurtheilte Mitangeklagte ist diese Verlesung mitunter ohne eine solche Beschränkung gestattet. [3]) „Wird in dem neuen Verfahren auf Strafe erkannt, so ist auf dieselbe die etwa bereits vollstreckte Strafe in Anrechnung zu bringen. Erfolgt

1) Vgl. Würtemberg 1849 Art. 249, Preußen 1851 §. 474, 1852 Art. 44, 1865 §. 467, 1867 §. 459, Oestreich 1853 §. 394, Oldenburg 1857 Art. 443, Hessen-D. 1860 Art. 391, Bremen 1863 §. 636.

2) Hessen-D. 1848 Art. 236.

3) Vgl. Hessen-D. 1848 Art. 238, Baiern 1848 Art. 294.

dagegen die Freisprechung oder die Verurtheilung zu einer anderen Strafart, so muß die bereits ausgeführte Vollstreckung der vorher erkannten Strafe, soweit es möglich ist, rückgängig gemacht werden."[1]) „Die mit dem früheren Erkenntniß verbundenen Rechtsfolgen sind nur in soweit als aufgehoben anzusehen, als sie nach dem Gesetze nicht auch mit dem neuen Erkenntniß verbunden sind."[2])

Bleibt der Angeklagte auch in der neuen Verhandlung aus oder entfernt er sich vorzeitig, so muß an sich eine neue Contumacialverhandlung nach den gewöhnlichen Grundsätzen stattfinden. Doch ist auch hier, ähnlich, wie wenn der Angeklagte in der auf Einspruch angesetzten neuen Verhandlung ausbleibt, in der Regel vorgeschrieben, daß nicht auf's Neue in contumaciam verfahren werden soll, sondern daß das frühere Contumacialerkenntniß in einem solchen Falle wieder in Kraft tritt.[3]) Auch dies kann, insbesondere wenn inzwischen eine Abänderung der Anklage (soweit eine solche zulässig ist) erfolgt war, zu auffallenden Resultaten führen.

---

4) Einfluß der Abwesenheit des Angeklagten auf das Verfahren in höherer Instanz.

Die Anmeldung eines Rechtsmittels, sowie die sogenannte Rechtfertigung desselben setzt wohl nach allen neueren Gesetzgebungen in keiner Weise die Anwesenheit des Angeklagten vor Gericht voraus, vielmehr kann die Anmeldung des Rechtsmittels schriftlich oder durch einen Bevollmächtigten geschehen, und für die Rechtfertigung desselben ist die Einreichung eines Schriftstücks bei Gericht als der ausschließliche Weg vorgeschrieben. Auch die in

1) Preußen 1852 Art. 45, 1865 §. 468, 1867 §. 460, Hessen=D. 1865 Art. 405.

2) Oestreich 1853 §. 394.

3) Hessen=D. 1848 Art. 237, Würtemberg 1849 Art. 251.

den meisten Proceßordnungen vorgeschriebene Zustellung der Rechtfertigungsschrift des Gegners, falls dieser Berufung oder Nichtigkeitsbeschwerde eingelegt hatte, an den Angeklagten ist nicht in dem Sinne für nothwendig erklärt, daß im Falle der Abwesenheit des Angeklagten und dadurch herbeigeführter Unausführbarkeit jener Zustellung das weitere Verfahren gehemmt wäre. Vielmehr ist in der Regel, sei es stillschweigend, sei es ausdrücklich[1]) angenommen, daß, wenn der Angeklagte abwesend ist und Zustellungen an ihn nicht bewirkt werden können, es der Mittheilung von Rechtfertigungsschriften an ihn nicht bedarf.

Aber auch für die Verhandlung über das Rechtsmittel in höherer Instanz ist nach den meisten Gesetzgebungen die Gegenwart des Angeklagten gleichgültig. Zwar findet auch in der höheren Instanz, und zwar sowohl in der Nichtigkeits-, wie in der Appellationsinstanz, nach fast allen Gesetzen eine mündliche Verhandlung in dem Sinne statt, daß der Beschwerdeführer und sein Gegner mündlich gehört werden; allein der Fortgang des Verfahrens ist meistens in keiner Weise an das Erscheinen des Angeklagten gebunden. In dieser Beziehung ist zunächst beachtenswerth, daß nach den meisten neueren Gesetzgebungen jedenfalls in der Nichtigkeitsinstanz, vielfach aber auch in der Berufungsinstanz eine Vertretung des Angeklagten möglich ist.[2]) Während in erster Instanz nur bei geringeren Vergehen und Uebertretungen eine Vertretung zulässig ist, kann nach den meisten Gesetzen in der höheren Instanz der Angeklagte stets sich vertreten lassen. Dabei kann jedoch diese Vertretung in der Regel nur durch einen Rechtsverständigen oder solche, die als Vertheidiger zugelassen sind, erfolgen,[3]) und für die Nichtigkeitsinstanz ist hier und da vorgeschrieben, daß nur bei dem höchsten Gerichtshof fungirende Anwälte als Vertreter zugelassen werden sollen.[4]) Es wird fer-

1) Vgl. Preußen 1865 §. 213, 1867 §. 202.

2) Vgl. z. B. Preußen 1849 §. 134, 1851 §. 209, 1865 §. 225, 1867 §. 384.

3) z. B. Preußen 1849 §. 134.

4) z. B. Preußen 1849 §. 147, 1865 §. 406, 1867 §. 395.

ner der verhaftete Angeklagte zu der Verhandlung vor dem höchsten Gerichtshofe, bei welcher es sich nur um Rechtsfragen handelt, niemals[1]) und zu der Verhandlung in der Berufungsinstanz nach den meisten Gesetzen nur dann, wenn das Gericht seine Vernehmung für erforderlich hält, nach einzelnen wenn der Angeklagte selbst seine Vorführung ausdrücklich verlangt,[2]) vorgeführt. Mehrfach ist bestimmt, daß auch der Angeklagte selbst seine Vorführung nicht verlangen kann, sondern nur beanspruchen darf, daß ihm zu der Verhandlung in zweiter Instanz von Amtswegen ein Vertreter gestellt werde.[3]) Nur wenn eine Beweisaufnahme in zweiter Verhandlung in Aussicht steht, kann, wie in einzelnen Gesetzen bestimmt ist, der Angeklagte seine Vorführung verlangen.[4]) Auch die Grundsätze über die Ladung des nichtverhafteten Angeklagten erleiden für die höhere Instanz eine erhebliche Ausnahme. Für die Nichtigkeitsinstanz nämlich ist in den meisten Gesetzen nicht eine Ladung des Angeklagten,[5]) sondern nur die Bekanntmachung des Verhandlungstermins durch öffentlichen Anschlag vorgeschrieben.[6]) Nur der dem höchsten Gerichtshof rechtzeitig bezeichnete Anwalt, welchen der Angeklagte mit seiner Vertretung bevollmächtigt hat, soll nach einigen Gesetzen vorgeladen werden.[7]) Zu der Verhandlung in der Berufungsinstanz dagegen wird der Angeklagte selbst vorgeladen, wobei aber nicht nach allen Gesetzen die Angabe eines bestimmten Präjudizes

1) z. B. Preußen 1865 §. 406, 1867 §. 395.

2) Baden 1845 §. 285, Oestreich 1850 §. 380, Thüringen 1850 Art. 325, Hessen-D. 1860 Art. 428, Bremen 1863 §. 279.

3) Preußen 1849 §. 134, 1865 §. 394, 1867 §. 383, Oestreich 1867 §. 287.

4) Preußen 1865 §. 393, 1867 §. 382.

5) Vgl. jedoch Oldenburg 1857 Art. 424, Würtemberg 1863 Art. 439.

6) Preußen 1849 §. 145, 1851 §. 457, 1865 §. 406, 1867 §. 395, Würtemberg 1849 Art. 210, Hannover 1850 §. 224, Hessen-Darmstadt 1860 Art. 445, 1865 Art. 466.

7) Baiern 1848 Art. 241, Würtemberg 1849 Art. 210, Thüringen 1850 Art. 311. Die badische St. P. O. von 1864 §. 383 schreibt vor, daß der Angeklagte oder der Vertheidiger vorgeladen werden soll.

für den Fall des Ausbleibens in der Vorladung ausdrücklich vorgeschrieben ist.[1]) Bleibt nun der Angeklagte in der Verhandlung aus, so hat dies in der Nichtigkeitsinstanz nach den meisten Gesetzen gar keine Bedeutung,[2]) es wird vielmehr, mag der Angeklagte selbst oder sein Gegner das Rechtsmittel eingelegt haben, auf Grund der schriftlichen Ausführungen und der übrigen Acten über die Beschwerde entschieden.[3]) Nur in einzelnen Gesetzen ist für den Fall, wenn die Nichtigkeitsbeschwerde von Seiten des Angeklagten eingelegt war und zu der Verhandlung über dieselbe in höchster Instanz weder er selbst erscheint, noch auch für ihn ein zulässiger Vertreter, vorgeschrieben, daß dann die Nichtigkeitsbeschwerde als aufgegeben betrachtet werden und das weitere Verfahren unterbleiben soll.[4]) Auch in der Berufungsinstanz ist nach den meisten Gesetzen das Ausbleiben des Angeklagten, falls nicht das Gericht sein Erscheinen im einzelnen Falle für wesentlich hält und deswegen die Vertagung der Verhandlung beschließt,[5]) kein Hinderniß des weiteren Verfahrens; es wird vielmehr im Falle seines Ausbleibens, und zwar nach den meisten Gesetzen gleichmäßig, mag der Angeklagte selbst oder mag sein Gegner Berufung eingelegt haben, ganz in gewöhnlicher Weise verfahren und je nach dem Ergebniß das erste Erkenntniß bestätigt oder abgeändert.[6]) Doch haben auch hier

---

1) Vgl. über die für die Praxis daraus hervorgehenden Zweifel Goltdammer, Archiv B. X, S. 21 ff., XI, S. 231 f.

2) Ja, es ist nicht selten bestimmt, daß vor dem höchsten Gerichtshof auch der erschienene Angeklagte kein Recht hat, in der Sitzung selbst das Wort zu führen. Vgl. Preußen 1865 Art. 406, 1867 §. 395. Anders z. B. Oldenburg 1857 Art. 425.

3) Preußen 1849 §. 145, 1865 §. 406, 1867 §. 395, Thüringen 1850 Art. 311, Oestreich 1850 §. 361 f. u. s. w. Hier und da ist vorgeschrieben, daß für den Ausgebliebenen der Referent die etwa nöthigen Mittheilungen aus den Acten zu machen habe, vgl. Braunschweig 1849 §. 164.

4) Bremen 1863 §. 607, Kurhessen 1863 §. 195, Baden 1864 §. 384.

5) Preußen 1849 §. 135, 1865 §. 394, 1867 §. 383.

6) Vgl. u. A. Preußen 1849 §. 134 ff., 1851 §. 439, 1865 §. 396, 1867 §. 385, Baiern 1848 Art. 359, Sachsen 1855 Art. 384, Hessen-D. 1860 Art. 426, 1865 Art. 444, Lübeck 1862 §. 247.

einzelne Gesetze in dem Ausbleiben des Angeklagten, falls dieser es war, welcher Berufung eingelegt hatte, einen Verzicht auf das Rechtsmittel gefunden.[1]) — Gegen diese Folgen seines Ausbleibens ist nicht nach allen Gesetzen dem Angeklagten Restitution in Aussicht gestellt. Nur wenige gewähren dem in zweiter Instanz Ausgebliebenen mit dem französischen Recht (Code Art. 208, 176) willkürlichen Einspruch,[2]) in der Regel ist dem Angeklagten nur dann Wiedereinsetzung gewährt, wenn er sein Ausbleiben genügend entschuldigt,[3]) und auch für diesen Fall ist ihm zuweilen, wie im bestehenden preußischen Recht, jede Wiedereinsetzung versagt.

Welches Verfahren das richtige sei — ob in jedem Falle in Abwesenheit des Angeklagten verhandelt werden soll, ob in dem Ausbleiben des Beschwerdeführers ein Verzicht auf das Rechtsmittel zu erblicken ist, oder ob, wie vereinzelt vorgeschrieben ist, im Falle des Ausbleibens des Angeklagten stets die Verhandlung ausgesetzt und die Gestellung des Angeklagten betrieben werden soll,[4]) — ist nicht leicht zu bestimmen. Demjenigen, was für die erste Instanz oben zu entwickeln versucht wurde, würde offenbar die letztere Art der Behandlung am Meisten entsprechen, und in der That muß da, wo es sich um eine neue Beweisaufnahme in der Berufungsinstanz handelt und die Berufung vom Ankläger ausgegangen war, dieser letztere Weg als der richtige erscheinen. Wenn aber, wie in der Nichtigkeitsinstanz stets der Fall ist, es sich nur um die Prüfung von Rechtsfragen handelt, würde es der Natur der Sache wohl widersprechen, wenn das Ausbleiben des Angeklagten als Hinderniß der Entscheidung angesehen würde. Doch kann es sich allerdings fragen,

1) Hannover 1850 §. 211, 1859 §. 217, Frankfurt 1856 Art. 302, Hamburg 1862 Art. 256, Bremen 1863 §. 607, Kurhessen 1863 §. 190.

2) Baiern 1848 Art. 360, Frankfurt 1856 Art. 303.

3) Vgl. z. B. Kurhessen 1848 §. 400, 1863 §. 199, wo in erster Instanz willkürlicher Einspruch, in zweiter motivirte Restitution gewährt wird.

4) So scheint die oldenburgische St. P. O. von 1857 zu bestimmen, indem sie Art. 415 auf das Verfahren in erster Instanz verweist, für welches sie die Folgen des Ausbleibens in der obengenannten Weise bestimmt.

ob beim Ausbleiben des Angeklagten stets verhandelt und entschieden, oder ob, wenn der Angeklagte das Rechtsmittel eingelegt hatte, in dem Ausbleiben des Angeklagten ein Verzicht auf das Rechtsmittel gefunden werden soll. Diese Frage würde an sich, da es sich in dem Rechtsmittelverfahren nur um die Anfechtung eines an sich feststehenden Erkenntnisses handelt und deshalb auch die Durchführung derselben vom Angeklagten erwartet werden kann, wohl im letzteren Sinne zu beantworten sein.[1]) Es sprechen jedoch eine Reihe von factischen Verhältnissen mit, welche eine andere Antwort als angemessen erscheinen lassen können. Es kommt nämlich in Betracht, daß bei der größeren Entfernung des Obergerichts es eine zu große Zumuthung an den Angeklagten sein würde, persönlich zu erscheinen, und daß auch die Vertretung durch einen Anwalt von den meist vermögenslosen Angeklagten nicht erwartet werden kann. Dadurch mag es sich, besonders für die Nichtigkeitsinstanz, rechtfertigen, wenn auch über das vom Angeklagten selbst eingelegte Rechtsmittel in Abwesenheit des Angeklagten oder eines Vertreters verhandelt und entschieden wird.

---

5) Nebenwirkungen der Abwesenheit.

Außer dem Einfluß, den die Abwesenheit des Angeschuldigten auf den Gang des Processes und dessen Abschluß ausübt, kommen noch gewisse Nebenwirkungen derselben in Betracht. Hierhin gehört:

a) Die in einer Reihe von neueren Gesetzgebungen beibehaltene Beschlagnahme des Vermögens. Confiscation des Vermögens zur Strafe der contumacia, wie dieselbe im römischen Recht und vielfach im älteren deutschen Recht bestand und im sächsischen Achtsverfahren bis in die neuere Zeit in bestimm-

---

1) Vgl. Zachariae, Handbuch II, S. 627.

ten Fällen beibehalten wurde, ist in den neueren Gesetzgebungen nirgends angeordnet, wohl aber soll theils nach ausdrücklicher Bestimmung einer Mehrzahl von neueren Strafproceßordnungen,[1]) theils nach älteren neben diesen noch fortbestehenden Bestimmungen [2]) das zurückgelassene oder dem Gericht überhaupt erreichbare Gut des Abwesenden mit Beschlag belegt werden. Dabei ist diese Maßregel nur in einzelnen Gesetzen auf schwerere oder schwurgerichtliche Fälle beschränkt,[3]) während sie nach den übrigen auch in geringeren Straffällen zur Anwendung kommt.[4]) Nur einzelne ferner beschränken ihre Anwendung auf das Verfahren nach der Versetzung in Anklagestand,[5]) während andere, wie schon früher erwähnt wurde (s. oben S. 277 f.), sie schon im Vorverfahren für anwendbar erklären.[6]) Die erfolgte Beschlagnahme wird öffentlich bekannt gemacht, theils mit der öffentlichen Vorladung, theils von dieser gesondert in ähnlicher, in der Gesetzgebung näher bestimmter Weise. Auch hier sind theils bestimmte öffentliche Blätter genannt, in denen die Bekanntmachung erfolgen muß,

---

1) Code d'inst. crim. Art. 465 ff., Hessen-Darmstadt 1848 Art. 215 ff., 1860 Art. 382 ff., 1865 Art. 107 ff., Braunschweig 1849 und 1858 §. 175 ff., Würtemberg 1849 Art. 236 ff., 1863 Art. 474 ff., 1868 Art. 490 ff., Baden 1851 §. 126 ff., 1864 §. 342, 349 ff., Sachsen 1855 Art. 146 ff., Bremen 1863 Art. 142.

2) So in Preußen nach der Criminalordnung von 1805 §. 237; nicht aufgenommen ist die Vermögensbeschlagnahme in die preußischen Entwürfe von 1851 und 1865, sowie in die St. P. O. von 1867. Ebenso haben dieselbe fallen gelassen Kurhessen 1848, 1851 und 1863, Baiern 1848, Oestreich 1850, 1853 und 1867, Thüringen 1850, Hannover 1850 und 1859, Lübeck 1862, Hamburg 1862.

3) So im Code d'inst., Hessen-Darmstadt 1848, 1860 und 1865, Würtemberg 1849.

4) So nach Braunschweig 1849 und 1858, Baden 1851 und 1864, Sachsen 1855, Frankfurt 1856, Oldenburg 1857, Bremen 1863, Würtemberg 1863 und 1868. Doch ist meistens ein Fall, der zur Competenz der Collegialgerichte gehört, vorausgesetzt.

5) Code, Hessen-D. 1848 und 1865, Braunschweig 1849 und 1858, Würtemberg 1849, 1863, 1868, Oldenburg 1857, Bremen 1863.

6) Baden 1851 und 1864, Sachsen 1855, Hessen-D. 1860.

theils ist die Auswahl derselben dem Gerichte überlassen. Competent für die Verhängung der Beschlagnahme ist theils das Gericht, welches die Versetzung in Anklagestand ausspricht, theils das erkennende Gericht oder der Vorsitzende desselben.[1] Dabei verfährt das Gericht entweder ganz nach eigenem Ermessen, oder es ist (nach anderen Gesetzen) an den Antrag der Staatsanwaltschaft gebunden,[2] der nach dem Wortlaut einzelner Gesetze für das Gericht unbedingt maßgebend sein soll.[3] Ueber die Ausführung der Maßregel haben die meisten Gesetze nähere Bestimmungen getroffen, die hauptsächlich darin von den Anordnungen des Code d'instruction criminelle abweichen, daß nicht die Verwaltungs- oder Finanzbehörden, sondern meistens das Civilgericht mit dieser Ausführung betraut ist, welches für die Inventarisirung und die Aufstellung eines Curators zu sorgen hat. Dabei soll, wie auch in den neueren Gesetzen mehrfach bestimmt ist, auf die nächsten Angehörigen des Abwesenden thunlichst Rücksicht genommen, auch die ihnen zukommenden Unterstützungen aus dem in Beschlag genommenen Vermögen ihnen ertheilt werden. Die Dauer der Beschlagnahme ist in den neueren Gesetzen mehr oder weniger genau dahin bestimmt, daß dieselbe aufgehoben werden soll, wenn das gerichtliche Verfahren wieder eingestellt wird,[4] wenn der Angeschuldigte stirbt[5] oder für todt erklärt

1) Braunschweig 1849 spricht von dem Kreisgericht und dem Criminalsenat des Obergerichts, Würtemberg 1849 vom Criminalsenat des Kreisgerichts, Oldenburg 1857, sowie Würtemberg 1863 und 1868 von der Raths- und Anklagekammer, Frankfurt 1856 von der Anklagekammer, Bremen 1863 vom Obergericht u. s. w.; der Vorsitzende des Gerichts (nach dem Vorbilde des Code Art. 465) ist nur in Hessen-D. 1848 genannt.

2) So nach Braunschweig 1849 und 1858, Würtemberg 1849, 1863 und 1868, Sachsen 1855, Oldenburg 1857, Bremen 1863, Hessen-D. 1865.

3) Oldenburg 1857, Würtemberg 1849, Hessen-D. 1848, Bremen 1863.

4) Sachsen 1855 Art. 148.

5) Braunschweig 1849, Baden 1851, Sachsen 1855, Oldenburg 1857, Bremen 1863, Würtemberg 1863 u. 1868, Baden 1864.

wird,[1]) wenn das Verbrechen durch Verjährung[2]) oder Gnade getilgt ist,[3]) oder endlich wenn der Angeklagte sich stellt oder verhaftet wird.[4]) Mit der Beschlagnahme ist in der Regel die Unfähigkeit des Angeklagten, über sein Vermögen überhaupt oder wenigstens unter Lebenden (vgl. Sachsen 1855 Art. 147) zu verfügen, verbunden; es greift also die Beschlagnahme auch in die rechtlichen Befugnisse des Angeklagten wesentlich ein. Aber auch abgesehen hiervon möchte diese Maßregel, die doch, was die Person des Angeklagten angeht, factisch den Wirkungen einer Confiscation gleichkommen kann,[5]) erheblichen Bedenken unterliegen. So natürlich es erscheint, daß in Ermangelung der Person des Angeklagten der Staat sich an das erreichbare Vermögen desselben hält, so bedenklich muß es doch erscheinen, eine so tief in die privatrechtliche Sphäre eingreifende Maßregel zu Zwecken des Strafverfahrens überhaupt und insbesondere gegen einen möglicherweise Unschuldigen zur Anwendung zu bringen.

b) Der Verlust gewisser Rechte, der nach einzelnen der neueren Gesetze über den Angeschuldigten wegen seines Ausbleibens verhängt werden kann, bezieht sich theils auf die Ausübung der staatsbürgerlichen Rechte im engeren Sinne oder der sogenannten politischen Rechte,[6]) nach einzelnen aber auch auf das civilrechtliche Klagrecht.[7]) Wohl mit Recht haben aber die mei-

---

1) Oldenburg 1857, Bremen 1863, Würtemberg 1863 u. 1868.

2) Baden 1851 u. 1864, Sachsen 1855, Würtemberg 1863 u. 1868.

3) Würtemberg 1863 und 1868.

4) Braunschweig 1849, Baden 1851 und 1864, Sachsen 1855, Frankfurt 1856, Oldenburg 1857, Hessen-D. 1860, Würtemberg 1863 und 1868, Bremen 1863. Einige dieser Gesetze bestimmen, daß nicht schon die Gestellung des Angeklagten jene Wirkung haben soll, sondern erst die Einlieferung des Angeklagten in das Untersuchungsgefängniß. Vgl. Hessen-D. 1865 Art. 110.

5) Vgl. Höchster, Lehrbuch des französ. Strafprocesses S. 469, 477, Anm. 6.

6) Code Art. 465, Hessen-D. 1848 Art. 215, Braunschweig 1849 u. 1858 §. 176, Würtemberg 1849 Art. 236, 1863 Art. 474, 1868 Art. 490.

7) Code Art. 465, Hessen-D. 215, Würtemberg 1849 Art. 236, 1863 Art. 474, 1868 Art. 490, Frankfurt 1856 Art. 157.

sten neueren Gesetze diesen Rest der alten Verfestung und Achtserklärung beseitigt, indem man erkannte, daß, was die politischen Rechte angeht, es theils unpraktisch sei, einen Abwesenden, theils auch bedenklich, einen zunächst nur Angeklagten der politischen Rechtsfähigkeit zu entkleiden, sowie, daß jener Eingriff in die Privatrechtssphäre des Einzelnen den Grundgedanken des modernen Rechtes widerspricht. Wenn selbst zur Strafe im heutigen Recht nur noch ausnahmsweise Beschränkungen der Dispositionsfähigkeit des Verurtheilten vorkommen,[1]) so möchte sich jene Entziehung des Klagerechts als Zwangsmaßregel gegen den Abwesenden keinenfalls rechtfertigen.[2])

c) Es fragt sich ferner, ob über den Angeschuldigten um seines Ausbleibens willen eine Strafe verhängt werden soll oder nicht. In dieser Beziehung wird zunächst wohl kaum etwas eingewendet werden können, wenn, wie nach einzelnen Gesetzgebungen der Fall ist,[3]) gleich Zeugen und Sachverständigen auch der Angeschuldigte, und zwar sowohl vor das Untersuchungs-, als vor das erkennende Gericht, unter der Androhung einer bestimm-

1) Vgl. Preußen, Strafgesetzbuch §. 11 Absatz 2 und §. 73 Absatz 2.

2) Sehr eigenthümlich ist es, wenn noch heutzutage in folgender Weise deducirt wird: „Die Entziehung der bürgerlichen Rechte für die Dauer des Ungehorsams findet darin ihre Begründung, daß der Genuß dieser Rechte die Erfüllung der bürgerlichen Pflichten überhaupt und insbesondere der oben bezeichneten Pflicht (sich vor Gericht zu verantworten) voraussetzt. Leistet also der Staatsangehörige der gerichtlichen Ladung keine Folge, so setzt er sich selbst aus dem Rechtsgenusse (Frieden des Staats), und zwar ohne die ihm noch während seiner Staatsangehörigkeit erwachsene Pflicht erfüllt zu haben; er hat den Anspruch auf Genuß der bürgerlichen Rechte verwirkt auf die ganze Dauer seines Ungehorsams. Da nun der Staat die physische Person nicht erreichen kann, hält er sich an die Person quoad jus, suspendirt ihre Rechtsfähigkeit" u. s. w. So Walther, Lehrbuch des bairischen Strafprocesses, München 1859 S. 512. Vgl. Desselben Rechtsmittel im Strafverfahren II, S. 233. Als wenn wir wirklich noch im Mittelalter lebten und unser Privatrecht nicht auf allgemein ethischer Grundlage beruhte. Was möchten überdies die Staatsrechtslehrer zu dieser neuen Art von Verlust der Staatsangehörigkeit sagen? und kann nicht auch ein Fremder vor unseren Gerichten Klage erheben?

3) Vgl. Kurhessen 1848 §. 60, Lübeck 1862 §. 24.

ten geringeren Strafe für den Fall des Ausbleibens vor Gericht vorgeladen werden kann. Ja, es kann die Androhung einer solchen Strafe als Zwangsmittel gegen den Angeklagten um so angemessener erscheinen, wenn, wie in gegenwärtiger Schrift befürwortet wird, in allen erheblicheren Straffällen eine Aburtheilung in contumaciam nicht stattfindet. Darüber hinaus aber den Abwesenden um seines Ausbleibens willen mit Nachtheilen zu belegen, ist deswegen ungerechtfertigt, weil in der Weigerung des Angeklagten, vor Gericht zu erscheinen, höchstens ein passiver Widerstand gefunden werden kann, der, abgesehen von ganz besonderen Verhältnissen, straflos gelassen werden muß. Mit Recht hat der Code d'instruction criminelle von 1808 die Bestimmung der französischen Gesetze von 1791 und 1796,[1]) daß die Einkünfte des Vermögens des Abwesenden aus der Zeit der contumacia zur Strafe confiscirt werden sollen, verworfen, und in keiner der neueren Gesetzgebungen ist eine solche Bestimmung erneuert.

d) Die Kosten des durch sein Ausbleiben vereitelten Termins werden, vorbehaltlich des Nachweises schuldloser Versäumung, mit Recht dem Angeklagten zur Last gelegt, und bleiben demselben zur Last, selbst wenn er später freigesprochen werden sollte. Auch ist es gewiß gerechtfertigt, die Kosten derjenigen Zwangsmaßregeln, welche durch das Ausbleiben des Angeklagten veranlaßt sind, unter derselben Einschränkung dem Angeklagten aufzuerlegen. Doch gehen die Gesetzgebungen meistens weiter, indem sie bestimmen, daß der später freigesprochene Angeklagte die Kosten des ganzen früheren oder Contumacialverfahrens tragen soll, und indem sie hiervon auch den Fall nicht ausnehmen, wenn der Angeklagte ohne seine Schuld im ersten Verfahren ausgeblieben war.[2])

1) S. oben S. 220 f. u. 223.

2) Vgl. Code Art. 187, 478, Hessen-D. 1848 Art. 239, Baiern 1848 Art. 295, 301, 353, Würtemberg 1848 Art. 255, Preußen 1851 §. 475, 1852 Art. 44, 1865 §. 469, 1867 §. 461, Frankfurt 1856 Art. 283, Oldenburg 1857 Art. 444, Lübeck 1862 §. 323, Bremen 1863 §. 637, Kurhessen 1863 §. 226, Hessen-D. 1865 Art. 405. Nur wenige dieser Gesetze (wie Baiern 1848 Art. 295) beschränken die Verpflichtung auf die „durch das frü-

e) Wenn es sich ferner fragt, welchen Einfluß die Abwesenheit des Angeklagten auf die Verjährung des Verbrechens ausübt, so bietet diese Frage dann wenig Schwierigkeiten, wenn die Abwesenheit als ein Hinderniß der Entscheidung des Straffalles angesehen wird. Es kommt dann hinsichtlich der Verjährung nur der mehrfach noch bestehende (an sich wohl unrichtige) Grundsatz in Betracht, daß die Flucht des Angeschuldigten die Verjährung hindert, [1]) beziehungsweise daß, wenn der Angeschuldigte sich dem gegen ihn schon eingeleiteten Verfahren durch die Flucht entzieht, die durch das Verfahren unterbrochene Verjährung nicht von Neuem beginnen soll. [2]) Für die Begnadigung ferner ist dann maßgebend der Grundsatz des neueren Staatsrechts, daß nur rechtskräftig erkannte Strafen im Wege der Gnade erlassen, beziehungsweise daß eingeleitete Untersuchungen nur im Wege der Gesetzgebung niedergeschlagen werden können. [3]) Wo aber das Contumacialverfahren durch eine Entscheidung zum Abschluß gebracht werden kann, fragt es sich sowohl hinsichtlich der Verjährung, wie hinsichtlich der Begnadigung, ob diese Entscheidung in Abwesenheit des Angeklagten rechtskräftig werden kann oder nicht. Diese Frage wird nach den verschiedenen Gesetzen, und insbesondere danach verschieden zu beantworten sein, je nachdem es sich um eine nur provisorische oder definitive Entscheidung handelt, und je nachdem im letzteren Falle die gegen das Contumacialurtheil zulässigen Rechtsmittel an bestimmte schon in Abwesenheit des Angeklagten ablaufende Fristen gebunden sind, oder dem erscheinenden Angeklagten stets noch eine Anfechtung des in seiner Abwesenheit ergangenen Urtheils freigestellt bleibt. In einzelnen Gesetzen ist (wohl

---

here Nichterscheinen des Angeklagten veranlaßten Kosten," und nur selten ist die Ausnahme hinzugefügt, daß dem Ausbleiben des Angeklagten nachweislich eine gerechte Ursache zu Grunde lag. Vgl. jedoch Kurhessen 1863 §. 226, Hessen-Darmstadt 1865 Art. 405.

1) Vgl. Hessen-Darmstadt, Strafgesetzbuch von 1841 Art. 127.

2) Preußen, Strafgesetzbuch von 1851 §. 47.

3) Vgl. die preußische Verfassungsurkunde vom 31. Januar 1850 Art. 49.

entgegen dem Grundgedanken der Verjährung) bestimmt, daß durch das Contumacialurtheil die Verjährung gehemmt sein soll. (Vgl. Hessen-D. 1848 Art. 229, 1865 Art. 404, Würtemberg 1849 Art. 246.)

f) Es ist endlich die Frage erhoben und durch die Gesetzgebung theilweise verschieden beantwortet worden, welchen Einfluß die Abwesenheit eines Angeklagten auf das Verfahren gegen etwaige Mitangeklagte auszuüben geeignet sei. In dieser Beziehung ist in einzelnen Gesetzen, sei es allgemein, sei es nur für das Edictalverfahren, ausdrücklich bestimmt worden, daß das Ausbleiben des einen Angeklagten die Fortsetzung des Verfahrens gegen Mitangeklagte nicht aufhalten oder verhindern solle,[1]) während andere Gesetze es dem Ermessen des Gerichts überlassen, ob nicht wenigstens ausnahmsweise das Verfahren gegen die Anwesenden vorläufig vertagt werden soll.[2]) Hier und da ist bestimmt, daß gegen Anwesende und Abwesende der Regel nach gemeinschaftlich, und zwar in der Weise verhandelt werden soll, daß zuerst über jene in contradictorischer Form und sodann über diese in contumaciam erkannt wird.[3]) Vom allgemeinen Standpunkt wird sich wohl nur sagen lassen, daß, da das Verfahren gegen Mitangeklagte in mannigfacher Weise sich gegenseitig bedingen kann, es ebenso ungerechtfertigt sein würde, eine vorläufige Vertagung der Verhandlung gegen die Anwesenden absolut zu untersagen, als eine solche in schrankenloser Weise eintreten zu lassen. Soll also dieser Punkt überhaupt gesetzlich geregelt werden, so wäre eine bestimmte Frist zu benennen, über welche

---

1) Code Art. 474, Baiern 1848 Art. 296, Oestreich 1850 §. 436, 1867 §. 447, Preußen 1851 §. 476, Frankfurt 1856 Art. 156, Oldenburg 1857 Art. 445, Bremen 1863 §. 638, Würtemberg 1863 Art. 479, 1868 Art. 495.

2) Preußen 1852 Art. 36, Hessen-D. 1860 Art. 395, 1865 Art. 408, Sachsen 1855 Art. 318, Lübeck 1862 §. 221. Dabei ist in der sächsischen St. P. O. die Vertagung u. A. an die Voraussetzung gebunden, daß „die baldige Gestellung des Ausgebliebenen zu erwarten ist."

3) Baden 1851 §. 142, 1864 §. 361

hinaus ein Aufschub nicht stattfinden darf; doch möchte gerade die Bestimmung einer solchen Frist, mit Rücksicht auf die große Verschiedenheit der Straffälle, nach beiden Seiten hin erheblichen Bedenken unterliegen. [1])

---

6) Schluß.

Wenn es sich schließlich nach dem Ergebniß der voraufgegangenen Darstellung fragt, so glauben wir diese Frage in Uebereinstimmung mit dem Eingange dieser Schrift beantworten zu müssen. Alle die Wege, welche die neueren Gesetzgebungen hinsichtlich des Strafverfahrens gegen Abwesende einschlagen, verletzen mehr oder weniger die Natur der Sache, mit Ausnahme des einen, bis jetzt nur selten eingeschlagenen Weges, wonach eine Aburtheilung in Abwesenheit des Angeklagten in allen erheblicheren Straffällen unterbleibt. Wird in Abwesenheit des Angeklagten geurtheilt, sei es auf Grund der als richtig fingirten Behauptungen der Anklage, oder auf Grund einer abgekürzten, oder sei es selbst auf Grund einer möglichst vollständigen Beweisaufnahme, immer fehlt es der Contumacialentscheidung an der nach der Natur des heutigen Processes erforderlichen Garantie ihrer völligen Richtigkeit, an der Mitwirkung und Gegeneinanderwirkung beider Parteien in der mündlichen Verhandlung. Eine Ergänzung dieses Fehlers durch Rechtsmittel, die man dem in contumaciam Verurtheilten einräumt, ist ein nur sehr ungeeignetes Mittel der Abhülfe. Wird dem Angeklagten auf Grund einer

---

1) Auf den Fall der Aburtheilung von Mitangeklagten bezieht sich meistens auch die in einzelnen Gesetzen, nach Vorbild des Code, gegebene, an sich selbstverständliche Bestimmung, daß Beweisstücke, die für die Ueberführung des Angeklagten von Bedeutung sind, unter gewissen Garantieen vorläufig an die Eigenthümer oder sonst Berechtigten herausgegeben werden können. Vgl. Code Art. 474, Hessen-D. 1848 Art. 227, Würtemberg 1849 Art. 245, Oestreich 1850 §. 436, 1867 §. 447. Daß diese vorläufige Herausgabe stets erfolgen müsse, ist nirgends gesagt.

Entschuldigung seines Ausbleibens Wiedereinsetzung gewährt, so macht man von einem außerwesentlichen Umstande die Entscheidung der Strafsache abhängig und bestraft möglicherweise die Nachlässigkeit oder die Scheu des Angeklagten sich zu stellen mit einer an sich nicht begründeten erheblichen Criminalstrafe. Wird ferner dem abwesend Verurtheilten nach Art des französischen Rechts ein willkürlicher Einspruch gewährt, so wird die an sich vielleicht vollkommen begründete Entscheidung dem Belieben des Angeklagten anheimgegeben, und andererseits der Angeklagte in die Lage versetzt, zwischen der Unterwerfung unter ein materiell vielleicht wenig begründetes Urtheil und den Wechselfällen einer neuen Verhandlung wählen zu müssen. Es bleibt also kaum etwas anderes übrig, als, wie von einer erheblichen Anzahl von neueren Gesetzgebungen, und zwar von einzelnen nicht bloß für schwurgerichtliche, sondern auch für nichtschwurgerichtliche Straffälle, geschieht, das Contumacialurtheil für ein bloß provisorisches zu erklären und es damit seiner wesentlichen Bedeutung, ja seiner Bedeutung überhaupt zu entkleiden, und es zu einer für das Ansehen der Justiz sogar bedenklichen Maßregel herabzusetzen. [1])

Nur in geringeren Straffällen, in denen, wie nicht verkannt werden kann, die Möglichkeit einer irrigen oder nicht ganz correcten Entscheidung, obwohl an sich bedenklich, dennoch offenbar nicht so schwer wiegt, und bei denen deshalb auch in der contradictorischen Verhandlung von einzelnen Garantieen nach-

1) Nicht ganz vereinzelt möchten Zeitungsangaben, wie die folgende sein, die vor einigen Monaten in den öffentlichen Blättern zu lesen war: „In dem letzten Polenprocesse wurden bekanntlich die flüchtig gewordenen Herren Graf Joh. Dz. und A. von G. in contumaciam zum Tode verurtheilt. Die Amnestie konnte sie nicht berühren, weil das Urtheil gegen sie noch nicht rechtskräftig geworden war, weil vielmehr nach preußischem Gesetz eine Wiederaufnahme des gerichtlichen Verfahrens gegen sie stattfinden mußte, sowie sie sich stellten. Graf Dz. hat sich seitdem gestellt. Zur nochmaligen öffentlichen Verhandlung gegen ihn ist ein Termin auf den 22. Aug. c. anberaumt. Sollte Graf Dz., was wohl anzunehmen ist, zu einer Gefängnißstrafe verurtheilt werden, so hätte nach dem Wortlaut des Amnestie-Erlasses der Justizminister behufs der Begnadigung den Fall dem Könige vorzutragen."

gelassen werden kann, kann es sich rechtfertigen, auch gegen Abwesende mit einer Aburtheilung des Straffalles von nicht bloß provisorischer Bedeutung vorzugehen, — wobei aber auch hier dem in contumaciam Verurtheilten, mindestens im Falle schuldloser Versäumniß, die Möglichkeit einer Wiedereinsetzung offen gelassen werden muß. Wie in ganz geringfügigen Fällen (jedoch nur in solchen) selbst ein sogenanntes Mandatsverfahren seine Berechtigung hat, so möchte etwa für die übrigen zur Competenz des Einzelrichters gewiesenen Fälle eine Aburtheilung in contumaciam auf Grund mündlicher Beweisaufnahme befürwortet werden können, und es kann sich dabei unserer Ansicht nach nur fragen, ob dem in contumaciam Verurtheilten ein willkürlicher Einspruch nach Art des französischen Rechts oder ein motivirtes Gesuch um Wiederaufnahme auf Grund entschuldigten Ausbleibens freigestellt werden soll. Für die Beantwortung dieser letzteren Frage, die freilich zu denjenigen gehören möchte, die weniger nach theoretischer Ueberzeugung, als schließlich durch den Willen der Gesetzgebung zu entscheiden sind, kommt vielleicht in Betracht, daß in diesen geringeren Straffällen es nicht so leicht vorkommen wird, daß der Angeklagte sich scheut vor Gericht zu erscheinen, sondern daß dem Ausbleiben hier wohl meistens entweder wirklicher Verzicht auf Vertheidigung oder wirkliche Verhinderung zu Grunde liegt. Es braucht deshalb wohl nur dem am Erscheinen Verhinderten eine Restitution gewährt werden.

Eine Formulierung des Ergebnisses dieser Schrift in bestimmten Gesetzesparagraphen können wir um so mehr unterlassen, weil dieses Ergebniß ein wesentlich negatives ist: nämlich die Anforderung, daß die bisherigen Bestimmungen über eine Contumacialverhandlung, für alle erheblicheren Straffälle, aus den bestehenden Strafproceßordnungen beseitigt, beziehungsweise in die bevorstehende deutsche, zunächst norddeutsche Strafproceßordnung nicht aufgenommen werden. Doch sei zum Schluß noch an folgende Punkte erinnert:

1) Das Vorverfahren kann auch dann zu Ende geführt werden, wenn die Vernehmung des Angeschuldigten in demselben nicht bewirkt werden konnte.

2) Kann die erhobene Anklage dem Angeklagten nicht im gewöhnlichen Wege zugestellt werden, so ist derselbe, abgesehen von den zulässigen Zwangsmitteln, öffentlich aufzufordern sich zu stellen, um bei Gericht Einsicht von der Anklage zu nehmen und seine etwaigen Anträge vorzubringen. [1])

3) Die Vorladung zur Hauptverhandlung muß die Warnung enthalten, daß der Angeklagte im Falle des Ausbleibens (abgesehen von der Verpflichtung zur Tragung der Kosten und der etwa verwirkten Strafe des Ausbleibens vgl. oben S. 347 f.) seine Vorführung oder Verhaftung zu gewärtigen habe.

4) Bleibt in der Hauptverhandlung der Angeklagte unentschuldigt oder ohne genügende Entschuldigung aus und kann er nicht durch einen Vorführungsbefehl sofort gestellt werden, oder entfernt er sich wieder vorzeitig aus der Verhandlung, so ist die letztere zu vertagen und vom Gericht das Nöthige wegen Stellung und nach Befinden wegen einstweiliger Haft des Angeschuldigten zu verfügen. [2])

5) Erscheint die Aussetzung der Beweisaufnahme der Ermittlung der Wahrheit nachtheilig, so hat das Gericht, sei es von Amtswegen oder auf Antrag des öffentlichen Anklägers, für die Aufnahme des Beweises zu sorgen, insbesondere die bisher noch nicht eidlich vernommenen Zeugen und Sachverständigen eidlich vernehmen zu lassen. [3])

---

1) Vgl. etwa die Strafproceßordnung für Lübeck von 1862 §. 162 und 170.

2) Vgl. Lübeck 1862 §. 219, Würtemberg 1863 Art. 281, 1868 Art. 282.

3) Vgl. die ausdrückliche Bestimmung des sächs. Entwurfs von 1853 Art. 303, welche in die Strafproceßordnungen von Sachsen 1855 Art. 317, und Lübeck 1862 §. 219 Absatz 2 übergegangen ist. Die nähere Einrichtung dieser probatio in perpetuam rei memoriam hängt wohl zu sehr mit der sonstigen Gestaltung des Verfahrens zusammen, als daß hier näher auf die Form derselben eingegangen werden könnte. Es bezieht sich dies sowohl auf

6) In der höheren Instanz kann, soweit es sich nicht um eine neue Beweisaufnahme handelt, auch in Abwesenheit des Angeklagten entschieden werden. (S. oben S. 338 ff.)

7) Die Beschlagnahme des Vermögens und der Verlust von Rechten als Zwangsmaßregeln gegen den Abwesenden sind nicht zu befürworten.

8) Soweit in geringeren Straffällen eine Aburtheilung in contumaciam gebilligt werden kann, findet dieselbe, unter den oben angegebenen Gesichtspunkten, in den bestehenden Einrichtungen ein genügendes Vorbild. Das Gesuch um Wiederaufnahme müßte aber auch in diesen Fällen wohl nicht auf den Fall beschränkt werden, daß es dem Angeklagten aus äußeren Gründen unmöglich war zu erscheinen, sondern auch in dem Fall zulässig sein, wenn dem Angeklagten erweislich die Ladung unbekannt geblieben war.

---

die Gegenwart des Anklägers und die Zulassung oder Zuziehung eines Vertheidigers, als auf die Oeffentlichkeit oder Nichtöffentlichkeit dieser Acte und ihre etwaige Vereinigung zu einer Art von zusammenhängender mündlicher Verhandlung. Aber auch ohne eine solche ausdrückliche Bestimmung versteht sich die Nothwendigkeit einer Fürsorge für den Beweis von selbst.

Halle, Buchdruckerei des Waisenhauses.

Kolibri 360 GmbH
Ferdinand-Jühlke-Straße 7
99095 Erfurt, Deutschland
produktsicherheit@kolibri360.de